Johannes Heinrich (Hrsg.)

Akute Krise Aggression

Aspekte sicheren Handelns bei Menschen mit geistiger Behinderung

Lebenshilfe

Ihre engagierte Mitmenschlichkeit
bleibt Vorbild.

Meinen Kollegen
Frau Rita Hademer und
Herr Charlie Kaufmann
zum Gedenken

Johannes Heinrich (Hrsg.)

Akute Krise Aggression

Aspekte sicheren Handelns bei Menschen mit geistiger Behinderung

Mit Beiträgen von

Ch. Beuers, Th. Beutenmüller, Ch. Bradl,

D. Irblich, I. Sax-Eckes, J. Seifert u. a.

Herausgegeben von der Bundesvereinigung Lebenshilfe
für Menschen mit geistiger Behinderung e.V.

Lebenshilfe-Verlag Marburg 2007

Bibliografische Information Der Deutschen Bibliothek

Die Deutsche Bibliothek verzeichnet diese Publikation in der Deutschen Nationalbibliografie; detaillierte bibliografische Daten sind im Internet über http://dnb.ddb.de abrufbar.

Herausgegeben im Lebenshilfe-Verlag Marburg,
Verlagsabteilung der Bundesvereinigung Lebenshilfe für Menschen
mit geistiger Behinderung e.V.
Raiffeisenstraße 18, 35043 Marburg
Telefon: (0 64 21) 4 91-0
Telefax: (0 64 21) 4 91-16 7
E-Mail: bundesvereinigung@lebenshilfe.de
Internet: www.lebenshilfe.de

Titelfoto: Westeifel Werke Gerolstein

Redaktion und Lektorat: Hans-Volker Wagner, Johannes Heinrich
Textbearbeitung: Karin Jungclaus
Fotos: Hermann Dahm, Jochen Hank, Westeifel Werke Gerolstein

Satz, Druck und Gestaltung:
Ostfriesische Beschäftigungs- und Wohnstätten GmbH
Föhrstraße 4
26725 Emden
Telefon: (0 49 21) 9 48 86 63
Telefax: (0 49 21) 9 48 86 66

ISBN: 978-3-88617-206-1
2., durchgesehene Auflage 2007

Inhalt

Vorwort
des Herausgebers 9

Bestandsaufnahme: Aggression – Was ist das Problem?
Johannes Heinrich 13

Wider die Tabuisierung!
Gedanken zur Beratung von Mitarbeiter(inne)n und Teams
mit Gewalterfahrungen
Andreas Mohs 41

Aktuelle psychologisch-pädagogische Konzepte für behinderte Menschen mit massiv aggressiven Verhaltensweisen
Markus van der Vorst, Udo Schultheiss 59

Wie begegnen wir behinderten Menschen mit aggressiven Verhaltensweisen richtig?
Ein pädagogisch-psychologisches Konzept zur Krisenintervention
Johannes Heinrich 71

Prävention am Beispiel TEACCH
TEACCH – was ist das eigentlich genau?
Markus Kiwitt 115

Medizinische Aspekte der Beeinflussung massiver Aggressionen und bei Anwendung von Sicherungstechniken und Schutzmaßnahmen
Jürgen Seifert 125

Körperliche Schutz- und Sicherungstechniken
Johannes Heinrich 147

Organisatorische und technische Sicherheitsvorkehrungen
Johannes Heinrich 181

Das Leben ist ein Netz von Beziehungen
Institutionelle Eckpfeiler im Umgang mit Menschen mit geistiger Behinderung und massiven Aggressionen
Ilka Sax-Eckes 207

Ethische Aspekte bei Anwendung von Sicherungstechniken und Schutzmaßnahmen bei Menschen mit geistiger Behinderung
Dieter Irblich 223

Menschen mit intensiver Behinderung und herausforderndem Verhalten
Theologische Impulse im Umgang mit Gewalt im Assistenzverhältnis
Christoph Beuers 257

Aggressionen und Gewalt in stationären Wohneinrichtungen für Menschen mit geistiger Behinderung
Der Beitrag der Heimaufsicht zu Aspekten sicheren Handelns
Gunter Crößmann, Reinhard Etzel 275

Transparenz in der professionellen Krisenintervention
Massive Aggression als Thema für das Qualitätsmanagement
Dieter Daub, Hartwig Reichel 291

Die Organisation von Sicherheit und Entspannung unter Finanzierungsaspekten
Winfried Weber 299

Leistungsvereinbarung mit dem Kostenträger für einen besonderen Bedarf
Günter Wild 309

»Gewalt« im Umgang mit massiven Aggressionen?!
Ein Fragenkatalog an Juristen
Johannes Heinrich 329

Aspekte staatlicher Zuständigkeiten und Möglichkeiten ihrer Regelung in Schottland
Die Entwicklung und Umsetzung nationaler Standards bei Kriseninterventionen
Thomas Beutenmüller 341

Ausblick und Konsequenzen
Christian Bradl 351

Die Autoren 361

Vor-bild als Vorwort

Das Bild der Titelseite zeigt Frau Birgit Heck und Herrn N. N., eine Mitarbeiterin und einen Bewohner einer Einrichtung für Menschen mit geistiger Behinderung, die eine massive Aggressionsproblematik gemeinsam überwunden haben. »Akute Krise Aggression« und ein entspanntes Lächeln – ist das ein unüberbrückbarer Gegensatz? Nein. Erreicht haben beide dies mit Hilfe ihrer Kollegen, der Mitarbeiter der Werkstatt und des beratenden Psychologen. »Ich kann ihn jetzt wieder richtig gut leiden und ihm geht es viel besser bei uns«, sagt Frau Heck – und *das* ist das Ziel im Umgang mit massiven Aggressionen: *sich (wieder) mögen, Entspannung, Freude und Sicherheit wieder erleben können, wieder weitestgehend selbstbestimmt und integriert leben und arbeiten zu können.*

Die Ausgangslage ist oft eine andere: Heftige Aggressionen, die sich über Jahre entwickelt und verfestigt haben, zeigen fatale Wirkung: Zerstörte Gegenstände, Selbstverletzungen, Bedrohungen von Mitmenschen und Angriffe gegen sie belasten das Zusammenleben, die pädagogische Arbeit und die notwendigen positiven menschlichen Beziehungen dabei. Diese Aggressionen bedeuten intensiven negativen Stress, der stark verunsichert, im Alltag hilflos macht und weit über die akute Situation hinaus belastet.

Aggressives Verhalten aus dem emotionalen »Nebel« von Hilflosigkeit, Angst, Wut, aus institutionellen und Interessenkonflikten, aus der dramatischen negativen Dynamik herauszuführen und die Situation mit (innerlichem und äußerlichem) Abstand sachlich und differenziert in seiner Komplexität aufblättern zu können, ist ein Ziel dieses Buchs. Es möchte darüber hinaus die oft noch tabuisierte Thematik fassbarer und begreifbarer machen, einige Lösungsansätze und Perspektiven anbieten und zu Diskussionen anregen. Das Buch möchte auch Verständnis für die Situationen wecken, in die alle Betroffenen bei massiven und intensiven Aggressionen hineingeraten können: Verständnis für den »Aggressor«, für seine Angehörigen und für seine professionellen Begleiter – damit die Krise Aggression Menschen weniger entzweit als sie zusammen**zu**bringen.

Als Autoren dieses Buchs bieten Fachleute verschiedener Berufsgruppen, die in ihrer Praxis mit der Thematik zum Teil täglich konfrontiert sind, aus unterschiedlichsten fachlichen Perspektiven Analysen und Handlungsmöglichkeiten an. Einige von ihnen bieten darüber hinaus als konkrete Ergebnisse ihrer praktischen Arbeit zusätzlich Formular u. Ä. an, per E-Mail bei den Autoren abzufragen.

Nach einer Bestandsaufnahme und Abklärung der Problematik »Aggression« (HEINRICH), werden Gedanken zur Beratung von Mitarbeitern und Teams dargestellt (MOHS). Aktuelle psychologisch-pädagogische Behandlungskonzepte (VAN DER VORST und SCHULTHEISS) werden durch einen komplexen systemisch-verhaltenstherapeutischen Behandlungsansatz (HEINRICH) ergänzt und durch das TEACCH-Modell (KIWITT) vertieft. Noch zu oft wird verkannt, dass medizinische Diagnostik und Behandlung (SEIFERT) die notwendige Grundlage für alles weitere Vorgehen schaffen. Gegebenenfalls müssen zusätzliche organisatorische, technische und körperliche Maßnahmen Schutz und Sicherheit herstellen(HEINRICH). Medizinisches, pädagogisch-psychologisches Handeln und neu zu entwickelnde institutionelle Konzepte (SAX-ECKES) müssen sich an ethischen (IRBLICH) und theologischen Grundsätzen (BEUERS) orientieren und Vorgaben der Aufsichtsbehörde (CRÖSSMANN und ETZEL) erfüllen. Aspekte des Qualitätsmanagements helfen die notwendigen Rahmenbedingungen zu schaffen und weiterzuentwickeln (DAUB/REICHEL). Eine Analyse der finanziellen Probleme, die durch massive Aggressionen entstehen (WEBER) sollten in einer Leistungsvereinbarung mit dem Kostenträger (WILD) ihren Niederschlag finden. – Da bedauerlicherweise weder ein Jurist, noch die Berufsgenossenschaft die Einladung zu einer Mitarbeit angenommen haben, werden hier zu den rechtlichen Rahmenbedingungen Fragen formuliert (HEINRICH), die je im Einzelfall einer individuellen fachlichen Beantwortung harren –. Anregungen für politisch und institutionell im Umgang mit intensiven Aggressionen erforderliche Strukturen liefert ein Blick nach Schottland (BEUTENMÜLLER). Ausblickende Gedanken (BRADL) über zukünftige Möglichkeiten und Rahmenbedingungen des Umgangs mit intensiven und massiven Formen aggressiven Verhaltens in Deutschland schließen die Thematik ab.

Mein Dank gilt zuerst den Autorinnen und Autoren aus unterschiedlichsten Fachrichtungen, die ohne Zögern diesem Buchprojekt zugestimmt und unentgeltlich, fast ausschließlich in ihrer Freizeit, grundlegende Beiträge leisteten.

Danken möchte ich auch vielen Kolleginnen und Kollegen unterschiedlicher Fachrichtungen für ihre Unterstützung, Anregung und kritische Begleitung des Projekts: Frau Birgit Heck, Erzieherin mit sonderpädagogischer Zusatzausbildung, Leiterin des Wohnheims der Lebenshilfe der Wohngemeinschaften Eifel in Prüm; Frau Diplomsozialpädagogin Petra Heinz, Internatsleiterin bei der Landsschule für Blinde und Sehbehinderte in Neuwied; Frau Diplomsozialpädagogin Gudrun Wolter, Fachbereichsleiterin im St.-Paulus-Stift in Landau; Herrn Diplompsychologen Dr. Peter Aymanns, Fachbereich Psychologie der Universität Trier; Herrn Diplomsozialpädagogen Lothar Duschner, Leiter der Tagesförderstätte der Lebenshilfe Trier; Herrn Diplomsozialarbeiter Manfred Havlicek, Begleitender Dienst der Rhein-Mosel-Werkstätten in Kastellaun; Herrn Diplompädagogen Jürgen Morbach, Werkstattleiter der EuWeCo (Europäische Werkstätten Cooperation gGmbH) in Weinsheim; Herrn Diplomsozialpädagogen Joachim Müller, Wohnbereichsleiter St. Martin in Düngenheim; Herrn Sonderschullehrer Willi Pickenhahn, Stellvertretender Schulleiter der St.-Martin-Schule in Düngenheim und den Fachärzten für Orthopädie und Rheumatologie, den Herren Dr. Heribert Steyns und Dr. Karl-Heinz Teusch in Wittlich.

Ganz besonders danke ich dem ehemaligen Geschäftsführer der Westeifel Werke Gerolstein, Herrn Erwin Görgen, und seinem Nachfolger, Herrn Diplomkaufmann Ferdinand Niesen, sowie den Mitarbeiter(inne)n, Frau Diplomsportlehrerin Irene Arens, Frau Diplomsozialpädagogin Marion Bröder, Frau Diplomsozialpädagogin Alexandra Olk, beide vom Sozialen Dienst, Herrn Physiotherapeuten Jürgen Reisen, Herrn Grafiker Jochen Hank und ganz besonders dem Prokuristen, Herrn Diplomsozialpädagogen Hermann Dahm, für ihre engagierte und umfassende Hilfe. Ohne ihr Zutun wäre das Buch so nicht entstanden.

Ein Dankeschön gilt Frau Karin Jungclaus und Herrn Roland Böhm vom Verlag. Dem Leiter des Lebenshilfe-Verlags Marburg, Verlagsabteilung der Bundesvereinigung Lebenshilfe für Menschen mit geistiger Behinderung e. V., Herrn Hans-Volker Wagner, gilt mein großer Dank. Weit über den Rahmen üblicher Zusammenarbeit hinaus hat er das Buchprojekt gefördert, getragen und im Detail mit geformt.

Meiner Frau danke ich herzlich – sie weiß wofür.

Trier, im Juli 2005

Johannes Heinrich
Herausgeber

Bestandsaufnahme: Aggression – was ist das Problem?

Johannes Heinrich

Grundsätzlich kann man davon ausgehen, dass Menschen mit geistiger Behinderung in den Einrichtungen, in denen sie wohnen, leben und arbeiten, Begleitung und Förderung, Behandlung und Pflege erfahren, sich in der Regel wohlfühlen. Die Arbeit der sie begleitenden Fachleute ist fachlich begründet, engagiert, menschlich zugewandt und wertschätzend. Die Fachkräfte arbeiten zusammen und unterstützen sich gegenseitig. Sie werden von Vorgesetzten fachlich geleitet und menschlich geführt. Auch die Zusammenarbeit der Systeme wie Elternhaus, Kindergarten, Schule, Wohnstätte, Werkstatt für behinderte Menschen (WfbM) und den Bereichen Offener Hilfen wie z. B. Frühförderung und Familienunterstützende Dienste, Tagesförderstätte ist von gegenseitiger Akzeptanz und einem gemeinsamen Interesse geprägt.

Wenn Menschen mit Behinderung massive Aggressionen zeigen, kann alles ganz anders sein!

Durch eigene Beobachtungen und durch viele Schilderungen der Mitarbeiterschaft, der Leitungspersonen von Einrichtungen oder von Eltern ist der Autor mit massiv störenden oder schädigenden aggressiven Verhaltensweisen behinderter Menschen konfrontiert worden.

»Der A. ist immer aggressiv!« – Diese Aussage bezieht sich vordergründig auf eine einzelne Person. Bei näherer Betrachtung wird aber schnell die komplexere Problematik dahinter deutlich: Einerseits erleben die anderen Mitbewohner der Wohneinrichtung, Besucher der Tagesförderung oder behinderte Mitarbeiter in den Werkstätten und vor allem das Betreuungspersonal erhebliche negative Auswirkungen dieser aggressiven Verhaltensweisen; andererseits sind sie in die komplexe Dynamik dieses Problems in vielfältiger Weise involviert.

Sogar eine gesamte Institution kann erheblich beeinträchtigt werden – ein Umstand, dem all zu leicht zu wenig Bedeutung beigemessen wird.

Eine systemische oder ganzheitliche Betrachtung dieser Gesamtproblematik kann Grundlage sein für eine differenzierte Analyse und umfassende Änderung – und ist für das Verständnis einzelner Aspekte eines helfenden Konzepts notwendig.

Was ist aggressives Verhalten?

Eine unter den Beteiligten einheitliche Definition, eine einheitliche Sicht- und Bewertungsweise kann Grundlage wirksamen pädagogischen Handelns sein.

Fachpersonal oder Angehörige definieren Aggression oft nach einem angerichteten Schaden, manchmal nach der eigenen subjektiven Befindlichkeit oder vermischen die Beschreibung des Verhaltens mit dessen Ursachen, Funktionen oder Auswirkungen. Der Beginn einer aggressiven Aktion ist zeitlich nicht klar auszumachen; Symptome von Anspannung werden so mit »Aggressivität« verwechselt; »Aggression« oder »Aggressivität« wird als Wesensart, als Persönlichkeitseigenschaft, als Gefühl, Trieb oder Motivation angesehen. Schließlich können moralische Einstellungen oder pauschale Beurteilungen eine klare Beschreibung des Problems und des Problemverhaltens erheblich erschweren.

Der folgende Definitionsvorschlag kann die Sichtweise der Betroffenen vereinheitlichen, zu genauerem Beobachten und Dokumentieren anleiten, das aggressive Verhalten von anderen störenden Verhaltensweisen abgrenzen, unsachliche und emotionalisierte Interpretationen zurückdrängen, die Problematik auf ihre wirklichen Dimensionen zurückführen und zu einer sachlichen und fairen Einschätzung der Person führen.

»Aggression ist ein beobachtbares, absichtlich schädigendes Verhalten.«

Das Definitionskriterium »Absicht« oder »Intention« ist bei schädigenden und dauerhaft störenden Verhaltensweisen geistig behinderter Menschen, vor allem mit zusätzlicher autistischer Symptomatik und oft psychischer Erkrankung oder Störung nicht immer zu eruieren.

Darüber hinaus ist eine *Beabsichtigung* der eingetretenen Schädigung dem behinderten Menschen nicht immer zuzuschreiben, weil er die Folgen seines Verhaltens oft nicht abschätzen kann.

Die folgende weitergefasste Definition lässt das Kriterium »Intention« mehr in den Hintergrund treten. So kann »Aggressives Verhalten« im Einzelfall auch schädigendes stereotypes, zwanghaftes, impulsives, selbststimulierendes oder in hoher Erregung ausgeführtes Verhalten mit einschließen.

Deutlich wird die Problematik klarer Abgrenzung dieser erweiterten Definition. Dieselbe Unschärfe zeigen aber auch andere Definitionsversuche, z. B. »systemsprengendes«, »gewalttätiges« oder »herausforderndes« Verhalten. In der Praxis dürfte es dem betroffenen Personal nicht um die Lösung definitorischer Probleme gehen sondern um Einigkeit in der Sicht- und Bewertungsweise: »Was ist das problematische, schädigende Verhalten, das wir ändern müssen?«

Aggression – im weiteren Sinne – ist ein beobachtbares, manchmal zielgerichtetes Verhalten, das eine Schädigung bewirkt.

Aggressionen gehören zum Repertoire menschlichen Verhaltens und können neben schädigenden auch positive Wirkungen haben. So kann das die Aggression begleitende heftige Gefühl oder die Energie der Handlung als positives Zeichen von Lebendigkeit, Aktivität, Sozialkontakt oder als Selbstbehauptung verstanden werden. Überschreitet aggressives Verhalten in seiner Häufigkeit, Intensität oder Qualität die Toleranzgrenzen eines Systems, kann es als intensiv oder massiv bezeichnet und sollte als mit fachlichen Hilfen veränderungsnotwendig angesehen werden.

Verglichen mit altersentsprechenden Verhaltensweisen von Menschen ohne Behinderung, erscheinen Aggressionen geistig behinderter Menschen eher in (klein-)kindgemäßer Form und passen zu dem jeweiligen emotionalen, sozialen oder intellektuellen Entwicklungsstand. Aggressive Verhaltensweisen sind oft impulsiv, individuell, auf wenige Qualitäten begrenzt und wenig differenziert im Einsatz von Kraft und angewandter Technik. Da sie darüber hinaus oft in ähnlichen Situationen wiederkehren, erscheinen sie meist berechenbar. Problematisch werden sie durch altersgemäße Körpergröße oder Kraft, auch durch die langjährige Lernerfahrung des behinderten Menschen mit seinen immer wieder auftretenden aggressiven Verhaltensweisen oder durch die schädigende Qualität, z. B. bei selbstverletzenden Verhaltensweisen.

Anders als bei krimineller Gewalt fehlen bei Aggressionen oft die vorsätzliche Planung, die kriminelle Energie, Bandenbildung, Arglistigkeit, Übung und Vorbereitung. Auch ist von eingeschränktem Unrechtsbewusstsein und fehlender Einschätzung der realen, oft hohen Sach- oder Personenschädigung auszugehen.

Auch bizarre, von der Situation losgelöst erscheinende, aus innerem Antrieb oder plötzlichem Stimmungsumschwung impulsiv ausbrechende Aggressionsformen bei oft unausgeglichener Gefühlslage oder im Zusammenhang mit einer akuten psychiatrischen Erkrankung sind nicht die Regel.

Abzugrenzen sind aggressive Verhaltensweisen behinderter Menschen von suizidalem Verhalten und von Gewaltanwendungen unter Alkohol- oder Drogenrausch.

Als »Aggressor« wird, der Kürze wegen, im Folgenden jener behinderte Mensch bezeichnet, der *manchmal* aggressives oder anderes stark störendes oder schädigendes Verhalten zeigt.

Die Häufigkeit massiver Aggressionen

Sie ist von Situation zu Situation, von Person zu Person und/oder von System zu System sehr unterschiedlich und schwankt zwischen »mehrmals im Monat« bis zu »mehrmals täglich«. Auch selten erscheinendes, aber *hoch schädigendes* Verhalten kann ein großes Problem sein. Dramatisch wird die Situation für alle Beteiligten, wenn massive Aggressionen (z. B. körperliche Kämpfe) mehrmals am Tag auftreten oder mehrere Heimbewohner, Schüler oder Mitarbeiter in WfbM *gleichzeitig* intensive Aggressionen zeigen oder selbstverletzende Verhaltensweisen (z. B. Kopfschlagen) über Stunden oder *den ganzen Tag über anhalten.* »Bei Kindern und Jugendlichen mit geistiger Behinderung besteht ein mehrfach erhöhtes Risiko für emotionale Störungen oder schwere Verhaltensstörungen«, stellt Sarimski (2005) fest.

Beispiele für massive aggressive Verhaltensweisen

Von Angehörigen und Mitarbeitern in Einrichtungen werden am häufigsten folgende Qualitäten aggressiver Verhaltensweisen genannt:

- andere Menschen bespucken, ihnen gezielt ins Gesicht spucken, sie beschimpfen oder anschreien;
- andere Personen boxen, ins Gesicht schlagen, sie mit Füßen treten, (die Treppe hinab oder aus dem Rollstuhl) schubsen, umwerfen, anrempeln oder kräftig schütteln;
- andere Personen (in die Hand, in den Arm, in den Hals, ins Gesicht, in den Kopf) beißen, sie kräftig kneifen, ihre Gliedmaßen verdrehen oder die Haut aufkratzen;
- andere an den Haaren (zu Boden) ziehen, sie würgen oder sich an ihnen festkrallen und am Weglaufen hindern, sich in deren Kleidung verkrallen oder sie in körperliche Kämpfe verwickeln;

- andere auslachen oder durch verbale Äußerungen beleidigen, bloßstellen, demütigen und schlecht machen, ihnen Angst machen, sie unter Druck setzen oder um Geld oder Zigaretten erpressen (Beispiel: Frau Meier setzte ihre Mitbewohnerin unter Druck, indem sie die Lüge verbreitete, deren Mutter sei gestorben);
- eigene oder anderer Bekleidung oder Bettwäsche zerreißen oder wichtige persönliche Gegenstände (Brillen, Fotos, Spielzeug) zerstören;
- bei Tisch mit Essen, Besteck oder Geschirr werfen;
- im Wohnbereich, in der Schulklasse herumschreien oder randalieren, Tische, Stühle oder Schränke (um-)werfen, Türen eintreten, Fenster oder Spiegel einschlagen, Fernsehgeräte oder Radios hinunter werfen, Vorhänge, Bilder, Dekorationen oder Tapeten ab- oder herunterreißen, Türen schlagen;
- Toiletten zerstören oder mit Kleidungsstücken oder Papierrollen verstopfen, Räume unter Wasser setzen, elektrische Anlagen zerstören, Steckdosen herausreißen oder Kabel bloß kratzen oder (seltener) im Zimmer Feuer legen;
- das Betreuungspersonal unter Druck setzen, indem der »Aggressor« die Medikamenteneinnahme, Nahrungsaufnahme oder Aufnahme von Flüssigkeit verweigert;
- durch Verweigern von Mitarbeit oder der Erfüllung bestimmter Anforderungen das Personal provozieren, durch Anfassen im Intimbereich in ihrer persönlichen Würde verletzen, sie durch massive Zudringlichkeit entwürdigen und handlungsunfähig machen;
- in spezifischen (Vermeidungs-)Situationen gezielt erbrechen, das Essen hoch holen oder einkoten, einnässen, mit Kot schmieren.
- das Personal durch Vortäuschen epileptischer Anfälle oder durch Androhen suizidalen Verhaltens (sich den Arm ritzen; ankündigen, aus dem Fenster springen zu wollen, ...) erpressen, mit Schlägen bedrohen, deren Autos beschädigen oder sie während der Autofahrt angreifen.

Selbstverletzende Verhaltensweisen

Sie können als Aggressionen (im erweiterten Sinne) bezeichnet werden, wenn sie zielgerichtet schädigend eingesetzt werden oder als stereotypes, zwanghaftes oder selbststimulierendes Verhalten massive Schädigung bewirken.

Beispiel: Herr A. stellt seinem geistig behinderten Jungen mit Autismus eine Anforderung. Daraufhin schlägt dieser sich die Faust massiv an den Kopf. Der Vater kommt schnell unter Druck und nimmt die Anforderung zurück. Nach kurzer Zeit hört der Junge mit dem Kopfschlagen auf.

Von Bezugspersonen werden folgende selbstverletzende Verhaltensweisen oft als Aggressionen bezeichnet:

- sich die Haut oder Wunden aufkratzen;
- Haare büschelweise ausreißen;
- sich mit der Hand, der Faust oder Gegenständen heftig an den Kopf, ins Gesicht oder gegen den eigenen Körper schlagen;
- den Kopf intensiv gegen Kanten, Ecken oder auf den Boden schlagen, sich in die Hand beißen;
- mit der Hand in zufallende Türen greifen;
- sich (aus dem Rollstuhl) fallen lassen.

Problematische Auswirkungen massiver Aggressionsformen

Eine gelungene Auseinandersetzung mit dieser Problematik kann eine Familie, ein Fachleuteteam oder eine Einrichtung insgesamt festigen, das Vertrauen ineinander ausbauen und die Zusammenarbeit intensivieren, kann Verantwortlichkeiten und Zuständigkeiten verdeutlichen, gegenseitige Unterstützung, Solidarität und Unternehmensidentität (corporate identity) – u. a. in der Hierarchie einer Einrichtung – ermöglichen.

Krise kann Klarheit schaffen, kann Ressourcen mobilisieren und Konzepte verändern.

Im folgenden geht es zunächst um die komplexe Problematik *negativer* Folgen: Wie wirken sich massive Aggressionen auf den »Aggressor« selbst, auf die anderen behinderten Mitbewohner oder Mitschüler, auf WfbM-Mitarbeiter usw. sowie auf das Betreuungspersonal aus?

Eine differenzierte und konkrete Analyse bezieht auch das System »Institution« insgesamt, einschließlich des Zusammenspiels ihrer Abteilungen mit ein, ebenso die Interaktion unterschiedlicher Systeme miteinander (Wohnstätte–Schule–Elternhaus–WfbM–Tagesförderung).

Kurz- und langfristige Schädigungen und Beeinträchtigungen des »Aggressors« selbst

Neben möglichen kurzfristigen positiven Effekten direkt nach aggressivem Verhalten kann der behinderte Mensch, der manchmal Aggressionen zeigt, folgende negative Auswirkungen erleben, dazu ausführlicher auch in den nachfolgenden Beisträgen:

- Am häufigsten bei selbstverletzendem Verhalten sind Hautwunden, Blutergüsse, Prellungen, Knochenbrüche (vor allem Schädelbasisbruch durch Kopfschlagen) oder dauerhafte Schmerzen und Entzündungen, die behandelt werden müssen.
- Darüber hinaus können körperliche Beeinträchtigungen oder zusätzliche Behinderungen wie Einschränkungen oder Verlust des Sehens und Hörens, oder orthopädische Probleme Konsequenzen massiver Aggressionen sein.
- Der »Aggressor« kann von angenehmen Aktivitäten der Gemeinschaft langfristig ausgeschlossen werden. Zeitnah und kurzfristig als Außenseiter verliert er wohlwollende Zuwendung, Fürsorge, Achtung und Wertschätzung. Er kann »Opfer« eines überreagierenden Umfelds werden: Die Beziehungen zu ihm kühlen ab, er wird »dienstlich behandelt« und er erfährt oft nur noch eine wegen seiner Aggressionen erzwungene unfreiwillige Zuwendung.
- Seine Selbständigkeit und Freiheit kann durch sichernde Maßnahmen oder durch Konsequenzen pädagogischer Art intensiv eingeschränkt werden, eine pädagogische Förderung ist kaum noch möglich, und er kann einen problematischen Sonderstatus (z. B.: Es werden ihm keine Grenzen mehr gesetzt) erfahren.
- Aufgrund der negativen Erfahrungen kann das Betreuungspersonal übersensibel negativ auf das Verhalten des »Aggressors« reagieren: seine Mimik, sein Verhalten, seine Wünsche oder Gefühlsäußerungen können fehl interpretiert werden (z. B. wird sein Lächeln als »Grinsen«, sein fröhliches Lachen als »Provokation« gewertet).
- Personal und Bewohner konzentrieren ihre Wahrnehmung ausschließlich auf die problematischen Verhaltensweisen (»Der A. hat schon wieder...!«), er wird negativer Mittelpunkt des Systems. Vorurteile (Boshaftigkeit wird unterstellt!), Stigmatisierungen (»Da kommt das Monster!«)

greifen – eine Aura von »Gefährlichkeit« bildet sich –, sie verfestigen sich als Haltungen und Einstellungen gegenüber dem »Aggressor« über lange Zeit und werden unreflektiert weitergegeben.

- Seine Privat- oder Intimsphäre läuft Gefahr durch überhöhte Kontrolle in der gesamten Mitarbeiterschaft öffentlich zu werden.
- Er erfährt oft offene oder verdeckte (Gegen-)Gewalt primär durch das Personal, meist begründet durch – nachvollziehbare – Gefühle von Wut, Zorn, Hilflosigkeit, weniger z. B. durch sein sonstiges soziales Umfeld.
- Dem »»Aggressor«« geschieht Unrecht, weil ihm – nicht nur während der Krise – wichtige Persönlichkeitsrechte genommen werden.
- Wegen fehlender oder unklarer Anwendungskriterien, mangelnder Dokumentation oder dilettantischer Kontrolle kann das Personal – nicht fachlich, sondern emotional begründend – mit »Strafen«, Freiheitsentziehenden Maßnahmen (Einsperren, Fixieren, entwürdigendes Festhalten) oder einer sogenannten Bedarfs- oder Notfallmedikation missbräuchlich hantieren.
- Eine fachlich nicht vertretbare »ruhigstellende« Dauermedikation kann auf einer emotional verzerrten Information an den behandelnden Arzt beruhen, der (fast) nie eine akute Krise im System Wohnstätte, Schule, WfbM usw. erleben konnte und dem so die fachlichen Entscheidungskriterien genommen sind.
- Der Mensch mit Behinderung erlebt durch sein problematisches Verhalten häufigen Wechsel von Bezugspersonen. Ungefragt und ohne Berücksichtigung seines Willens muss er manchmal sein Wohnumfeld zumeist plötzlich und ohne Vorbereitung wechseln. Seine neuen Beziehungen, die er dann aufbauen muss, werden durch negative Vor»informationen« erheblich belastet.
- Schließlich wird sein (durch sein Verhalten) beschädigtes oder zerstörtes Eigentum »zu seinem eigenen Schutz« vom Personal entfernt, nicht mehr repariert oder erneuert.

  Beispiel: Für den 12-jährigen schwer geistig behinderten Peter ist Musik hören, vor allem seiner Lieblingskassette, das Wichtigste in seinem Alltag. Er hat schon seit Monaten keinen Kassettenrekorder mehr. »Der kriegt keinen neuen, der macht sie ja alle kaputt!«

Auswirkungen auf die anderen behinderten Menschen im Unterrichts-, Wohn- oder Arbeitsumfeld

Folgende mögliche kurz- und langfristige Störungen und Schäden werden von den begleitenden Fachkräften bei den Mitbewohnern, Mitschülern, WfbM-Mitarbeitern, Besuchern der Tagesförderung usw. berichtet:

- In einer akuten Krise entsteht schnell große Aufregung bei den meisten Anwesenden. Anspannung und Erregung können sich in einer Kettenreaktion hochschaukeln. Mehrere Personen können problematisches oder aggressives Verhalten zeigen. Anwesende werden verletzt, schreien, weinen, schauen ängstlich zu, suchen Schutz beim Personal, laufen weg, ziehen sich (so oft sie können) in ihr Zimmer oder nach außen zurück oder nehmen die Vorfälle einfach nur noch resignierend hin.
- Andere Personen kommen hinzugelaufen, zeigen Neugier oder Schadenfreude, machen sich lustig und kopieren das Verhalten.
- Schmerzhafte Verletzungen müssen gegebenenfalls behandelt werden.
- Eine angenehme Situation, ein gemeinsames Spiel oder ein Ereignis, auf das man sich lange freute (Geburtstagsfeier) muss abrupt abgebrochen werden und wird nicht wieder aufgegriffen.
- Eigentum, Wertsachen oder Gegenstände zur Freizeitgestaltung (Radio, Lieblings-Spielzeug, Bilder ...) sind zerstört.
- Gewohnte oder Sicherheit bietende Strukturen von Tages- oder Arbeitsabläufen werden gestört oder unterbrochen.
- Die Wohneinrichtung kann sich dramatisch verändern: Kein Schmuck mehr im Raum, keine Bilder an den Wänden, keine Vorhänge, nur noch beschädigte Möbel, vertraute Einrichtungsgegenstände fehlen – in manchen Gruppengemeinschaftsräumen hat die Qualität des Mobiliars oft nur noch Sperrmüll-Niveau.
- Hilflosigkeit, Angst und Verunsicherung entstehen, die angenehme Wohn- oder Arbeitsatmosphäre verschlechtert sich, Gemütlichkeit schwindet; die Freizeitgestaltung ist erheblich eingeschränkt; liebgewordene Gemeinschaftsaktivitäten sind unterbrochen, die fachpädagogische Begleitung geht gegen Null.

- Manche Mitbewohner, -schüler, -arbeiter zeigen (fast) nur noch unterwürfiges Verhalten und versuchen sich nach den Launen und Stimmungen des »Aggressors« zu richten. – Andere schämen sich, wenn Aggressionssituationen in der Öffentlichkeit ablaufen.
- Die Teilnahme an öffentlichen, zum Beispiel kulturellen Veranstaltungen kann erheblich eingeschränkt sein.
- Rückschritte in der persönlichen Entwicklung (Einnässen), Stereotypien, Hyperaktivität oder zwanghaftes Verhalten treten wieder auf oder nehmen zu. In manchen Gruppen kann über Wochen und Monate ständiger Stress herrschen, der auch von permanent angespanntem Personal ausgestrahlt werden kann.
- Die zeitliche, räumliche oder personelle Struktur eines ganzen Systems kann sich ändern: Weil verlässliche Abläufe oder gewohnte Gemeinschaftsaktionen aus Sicherheitsgründen anders geplant oder durchgeführt werden müssen, kann Verwirrung bis hin zu tiefgreifender Verunsicherung (z. B. bei Menschen mit autistischer Symptomatik) entstehen und hohe Unruhe, Missempfinden oder neues aggressives Verhalten verursachen.

  Beispiel: Weil Herr A. in der WfbM gelegentlich Gegenstände wirft, muss Frau B. (schwer geistig behindert mit autistischer Störung) oft ihren Sitzplatz ändern. Darüber hinaus ändern sich kurzfristig die Arbeitsabläufe – eine massive Beeinträchtigung ihres Wohlbefindens. Sie kommt in hohe Anspannung, ihr eingeschränktes Handlungsrepertoire lässt ihr nur die Möglichkeit, laut schreiend den Werkstattraum zu verlassen. Das wird vom aufgeregten Gruppenleiter wiederum als Arbeitsverweigerung gewertet: Sie bekommt eine Strafe oder wird schlimmstenfalls mit Gewalt zurück in den Arbeitsraum befördert.
- Oft können verbale Aggressionen, z. B. jemanden anschreien oder niederbrüllen, ähnliche Auswirkungen haben wie Treten oder Schlagen, wodurch Dritten zusätzlich geschadet wird.
- Langfristig können sich spezifische Ängste vor Personen oder Situationen entwickeln; oder schlimmer noch: Es entsteht anhaltende generalisierte Verängstigung, Ängstlichkeit. Anspannung oder Unruhe bleiben auch dann bestehen, wenn der »Aggressor« nicht im Blickfeld ist. Eine solche Dauersituation kann behinderte Menschen erheblich belasten.
- Das fachliche Begleitpersonal wird – auch über die akute Krise hinweg – als überfordert, gereizt und ungerecht erlebt: Es sind weder Zeit noch Ressourcen mehr vorhanden für die individuelle Beziehungspflege, für ein freundliches kurzes Gespräch, für ein gemütliches Beisammensein,

für angenehmen Körperkontakt, für kleine Hilfen, Ermunterungen, Verständnis oder Trost.

- Das Gefühl von Vertrauen wird gestört durch die Erfahrung, vom Personal nicht immer beschützt zu sein und nicht immer in Sicherheit leben zu können.
  Beispiel: Eine Wohngruppen-Mitarbeiterin hat die autistische 14-jährige Schülerin Maria mit den Mitbewohnern von der Schule abgeholt. Nachdem sie mit der sehr angespannt wirkenden Maria die Garderobe betreten hatte, griff ihr das Mädchen mit beiden Händen in die Haare und riss sie zu Boden. Alle Kinder, die noch vor der Tür im Regen standen, schauten zu, wie die Betreuerin, die sich befreien wollte, auf dem Boden mit Maria kämpfte, bis eine Kollegin zu Hilfe eilte und die Situation beendete. Manche Kinder erzählten den Vorfall zu Hause.
- Für die behinderten Menschen bedeutet die häufige Fluktuation des Personals, dass vertraute Bezugspersonen verschwunden sind und sie sich immer wieder auf neue Mitarbeiter oder Aushilfen einstellen müssen – eine nicht selten Angst machende und deprimierende Situation.
- Mitbewohner(innen), Mitschüler(innen) oder Mitarbeiter(innen) einer WfbM müssen oft erhebliche Einschränkungen ihrer Selbstständigkeit, ihrer Freiheit zur persönlichen Entwicklung und ihrer Würde im Moment der akuten Aggressionskrise hinnehmen.
- Aber auch danach können die (übermäßig) sichernden, aus pädagogischen Gründen heraus oder aus Kostengründen getroffenen Maßnahmen des Personals oder der Einrichtungsleitung Lebensqualität, Selbstständigkeit, Bewegungsfreiheit und ganz konkret zum Beispiel Freizeitmöglichkeiten der behinderten Menschen in großem Umfang beeinträchtigen oder deren Verzicht erzwingen.
  Beispiele: – Fernseher, Radio, Spielmaterial usw. stehen aus Sicherheitsgründen nur zu bestimmten »Aufsichts-Zeiten« zur Verfügung (ansonsten herrscht Leere und Langeweile). – Die Reparatur eines beschädigten Fernsehers dauert lange, der Fernseher wird für längere Zeit (oder für immer) aus Sicherheitsgründen aus der »Gefahrenzone« Wohnzimmer entfernt. – Gruppenausflüge in die Stadt oder in den Ferien werden umorganisiert oder fallen aus. – Alle Bewohner einer Wohngruppe müssen sich nach dem Abendessen aus Gründen der Aufsicht im Aufenthaltsraum aufhalten, Rückzug ins eigene Zimmer ist unmöglich, da alle Zimmertüren während dieser Zeit verschlossen sind.
  Alle Kinder werden schon nach dem Abendessen ins Bett geschickt, weil die Mitarbeiterin nach dem langen körperlichen Kampf mit dem »Aggressor« keine Kraft mehr hatte.
- Ziele wie »Entwicklung zu mehr Normalität«, »Integration in die Gesellschaft«, »Selbstbestimmtes Leben« oder »Teilhabe« erscheinen vor

diesem Hintergrund eher zu verschwimmen, als dass sich der behinderte Mensch mit Unterstützung seiner fachlichen Begleiter ihnen nähern könnte.

Negative Auswirkungen massiver Aggressionen auf die begleitenden Fachkräfte

Die Auseinandersetzungen mit massiven Aggressionen können das Personal zusammenschweißen. Positive Beziehungen und Verhaltensweisen können sich verstärken. Solidarität, gegenseitiges Verständnis, Vertrauen und Unterstützung können wachsen.

Eine ständig anhaltende oder immer wiederkehrende Konfrontation mit solchen Ausnahmezuständen kann unter ungünstigen Rahmenbedingungen aber auch problematische Entwicklungen in Gang setzen:

- Oft spitzt sich in der Dynamik der Krise Etwas deutlich zu, das vorher nur vage auszumachen war: Denken, Fühlen und Handeln des Personals, die Zusammensetzung und Interaktion eines Teams, die Beziehungen und Abläufe innerhalb einer Einrichtung oder die Interaktionen in der Einrichtung insgesamt (Unternehmensidentität, Corporate identity) können schon lange Zeit mit Problemen besetzt sein – erst die Konfrontation mit massiven Aggressionen lässt sie deutlich zu Tage treten. *So kann aggressives Verhalten eines behinderten Menschen manchmal als die Spitze eines Eisbergs institutioneller Problematik verstanden werden.*
- Mitarbeiter berichten von Verletzungen, die aus akuten Aggressionssituationen entstanden sind und die oft ärztliche Behandlung notwendig machten und längere Genesungszeiten erforderten: Ausgerissene Haarbüschel, tiefe Kratz- und Bisswunden, Blutergüsse, Stauchungen oder Zerrungen, gelegentlich Knochenbrüche oder sogar Traumata der Wirbelsäule.
- Psychosomatische Störungen oder Erkrankungen werden häufig berichtet: Schlafprobleme (Einschlaf- oder Durchschlafprobleme, Alpträume), Nervosität und Angstzustände, Magen-Darm-Probleme, Zunahme süchtigen Verhaltens (Koffein, Nikotin, Alkohol, Medikamente), Kopf- und Rückenschmerzen, Essprobleme, depressive Verstimmungen oder Belastungssyndrome (Burn out).

- Zusätzlich belasten können die aufkommenden unbearbeiteten Erfahrungen mit Gewalt und Hilflosigkeit, die sie selbst in ihrer Entwicklung und Biografie erfahren haben.
- Es wird mehr Zeit zur Regeneration und Erholung nötig. (Die gedankliche und emotionale Verarbeitung der letzten Aggressionskonflikte kann z. B. noch am dritten Urlaubstag in Mallorca Thema sein.)
- Betreuungspersonen erleben sich direkt nach massiven Aggressionen, aber meist auch lange danach, als im erhöhten Maße angespannt, unruhig, hektisch, reizbar und verunsichert.
- Begleitende Fachkräfte zweifeln an ihren menschlichen und fachlichen Fähigkeiten und geben sich selbst oder anderen Schuld an der eskalierenden Entwicklung.
- Anspannung, Ärger oder Verunsicherung werden mit in den Feierabend genommen und können Partnerschaft, Familie und das übrige soziale Umfeld erheblich belasten. Der Kontakt zum Freundeskreis und das aktive Freizeitverhalten insgesamt können sich ändern.
- Kleidung, Schmuck und Brillen können beschädigt oder zerstört werden (manchmal auch private Autos).
- Das begleitende Fachpersonal entwickelt problematisches Konfliktmanagementverhalten: männliche Kollegen werden vorgeschickt und als »Krisenmanagement« missbraucht, Nachtwachen schließen sich ein oder Fachkräfte laufen in der akuten Krise weg.
- Das *Gewaltpotential* des Personals kann zunehmen: Neben direkter Gegenaggression, die weit über Notwehr (notwendige Abwehr) hinausgeht, ist in Einzelfällen auch zu beobachten, dass Mitarbeiter behinderte Menschen treten oder schlagen.
  Beispiel: »Als der wieder so vor mir stand und mich angreifen wollte, habe ich ihn mir in den Nebenraum geholt und ihm zwei auf die Nuss (aufs Kinn) gegeben. Dann hatte ich Ruhe vor ihm!«
- Nicht selten ist eine unangemessene oder missbräuchliche Anwendung *Freiheitsentziehender Maßnahmen* wie Fixierung oder Einschließen, oder der nicht ärztlich verordnete Einsatz zusätzlicher, sedierender Medikamente festzustellen.
- Häufig ist auch weniger gravierende offene oder verdeckte Gewaltanwendung zu beobachten: vom pseudopädagogisch begründeten Zurückkneifen oder -spucken (»Damit du siehst, wie das ist!«) bis hin zu weit überzogenen »negativen Konsequenzen« und Strafen, die – als

pädagogische Maßnahmen verschleiert – nichts anderes als Abrechnung, Rache oder Vergeltung sind.
Beispiele: Zwei Monate Fernsehverbot; monatelange Rückzahlungen eines hohen verursachten Sachschadens durch Taschengeldeinbehalt; Verbot eines wichtigen Familienbesuchs, eine Woche »Spielzeug«verbot.

- In diesen Belastungssituationen werden nicht selten sehr subtile Formen von Gewalt durch das Personal eingesetzt – bei Verhaltensweisen, die man eigentlich als angenehm empfingen müsste, so z. B. der schmerzende zu feste Handgriff beim Begleiten, das übertrieben feste, schmerzhafte Reiben beim Abtrocknen, der abwertende, ironische Kommentar, der eine Hilfeleistung begleitet.

Weitere negative Auswirkungen massiver Aggressionen, die nicht in jedem betroffenen System oder gleichzeitig auftreten müssen, können sein:

- Die *Sichtweisen* und *Bewertungen* des Personals werden *voreingenommen*: das Verhalten des »Aggressors« wird nicht mehr sachlich wahrgenommen und objektiv berichtet, Gefühle wie Ärger, Unsicherheit, Resignation, Angst usw. verzerren die Wahrnehmung und geben Fehlinterpretationen Raum: So können Betreuer Krankheitssymptome oder Eigenheiten der Behinderung als provozierendes Verhalten missverstehen und entsprechend unangemessen reagieren.
- *Vorurteile verfestigen* sich, man handelt sehr eingeschränkt gegenüber dem »Aggressor«, fast nur noch in Erwartung der nächsten Attacke, überlegt sich »vorbeugend«, welche Gegen-/Abwehrmaßnahmen man ergreifen soll.
- Das emotionale Verhältnis zum »Aggressor« verändert sich. Menschliche Wärme, Nähe, Einfühlungsvermögen, Engagement und Geduld nehmen ab. Nach innerem Rückzug und emotionaler Distanzierung werden Pflege, Erziehung und Förderung, als »Dienst nach Vorschrift« abgeleistet.
- Die »Normalität« des fachlich-menschlichen Begleitsystems kann sich dramatisch ändern: Einerseits wird schon auf unbedeutende Hinweisreize (über-)reagiert, andererseits scheinen sich Begleit- und Leitungspersonen an immer wiederkehrende Konflikte, die »man nicht ändern kann«, zu gewöhnen. Die Konfliktsituationen werden verdrängt, rücken aus dem Zentrum der Beachtung und werden kaum noch als (überlebens-)wichtiges Signal des »Aggressors« erlebt.

- Fachkräfte müssen sich nach einem Konflikt aus der Position des Schuldigen heraus rechtfertigen und müssen erklären, warum sie z. B. nicht das Richtige getan haben. Manchmal werden aus der Konfliktsituation entstandene unausgesprochene Vorwürfe oder negative Einstellungen der Bereichsleitungs- oder der Einrichtungsleitungspersonen gegenüber bestimmten Mitarbeitern oder Teams belastender erlebt als offen ausgesprochene Kritik.

- Schließlich liegen dem Fachpersonal oft Probleme mit dem Team, mit dem Vorgesetzten als Last auf den Schultern, die sie stark verunsichern, schwächen, ihre Souveränität und Handlungsfähigkeit erheblich einschränken. Schon *vor* einem Konflikt ist oft abzusehen, wie er ausgehen wird (»sich selbsterfüllende Prophezeihung«). *Diese Belastungen haben aber mit dem »Aggressor« eigentlich gar nichts zu tun!*
  Beispiel: Frau A. hat Frühdienst. Sie verlässt ihr Auto und geht über den Parkplatz zum Haupteingang. Ihr gehen folgende Gedanken durch den Kopf: »Peter hat mich in dieser Woche schon zweimal heftig angegriffen und meine blauen Flecken sieht man noch. Nach dem Konflikt musste ich mein Verhalten dem Vorgesetzten gegenüber rechtfertigen und es blieb bei mir das Gefühl, dass er wohl meint, ich hätte wieder Etwas falsch gemacht. Kolleginnen sagen, ich sei in der letzten Zeit sowieso recht nervös. Peters Eltern haben sich nach der Konfliktsituation direkt an die Leitung gewandt, statt mit mir zu sprechen, und es wird in den nächsten Tagen dazu ein Gespräch beim Chef geben. Mein Kollege B. sagt, dass er solche Probleme mit Peter nicht habe, und niemand hat mir gesagt, was ich in einer solchen Situation tun soll und tun darf«. An der Wohngruppentür ist sie psychisch so geschwächt, dass sie zu Beginn einer möglichen Auseinandersetzung nicht die übliche Souveränität, Sicherheit, Klarheit, Autorität und freundliche Überlegenheit ausstrahlen kann – eher ist sie sozusagen zwangsläufig, als Hauptursache für eine nächste Aggressionssituation anzusehen.

- Gelegentliche institutionelle Sanktionen (Abmahnungen oder Kündigungen) auf offensichtliches Fehlverhalten fachlichen Begleitpersonals erscheinen unangemessen: sie werden von den Betroffenen als überzogen erlebt, als zum falschen Zeitpunkt verhängt oder es folgen gar keine Konsequenzen.
  Beispiele: Die Lehrerin hat eine Schülerin beim Spaziergang an der Hand und wird plötzlich heftig in den Arm gebissen. Auf ihre sofortige (emotionale Über-)Reaktion [sie schlägt das Kind mit der flachen Hand einmal auf den Rücken] folgt eine Abmahnung der Schulleitung. – Vom Gruppenleiter C ist intern bekannt, dass er unangemessene körperliche Methoden (z. B. Sicherungsgriffe, die durch Zufügen von Schmerzen wirken) anwendet. Weil er der einzige Mann im Team ist, erscheint er unersetzlich, sein Verhalten wird toleriert und nicht geahndet.

Massive Aggressionen können die Zusammenarbeit eines Teams negativ verändern:

- Die Qualität und Quantität von (pädagogischer) Arbeit leidet, Arbeitseffektivität nimmt ab; Verhaltensweisen des »Aggressors« werden zum überwiegenden Gesprächsthema; die pädagogische Zuwendung zu den übrigen Gruppenmitgliedern kann sich erheblich einschränken.
- Didaktisch geplantes Agieren kann zu (hilflosem) spontanem Reagieren werden.
- Die gemeinsamen fachlichen Grundannahmen eines Teams werden emotional überlagert und verschwimmen. Infolgedessen zeigen Mitarbeiter dem »Aggressor« gegenüber – nicht nur in Krisenzeiten – uneinheitliche, unkritische, manchmal fachlich und ethisch bedenkliche Verhaltensweisen, z. B. beharrt man rigide auf eingefahrenen Vorgehensweisen, statt sinnvolle Änderungen einzuführen.

  Beispiel: »Wenn ich Veränderungsvorschläge mache, sagen mir meine Teamkolleginnen, ›das haben wir schon 20 Jahre so gemacht‹. Sogar die Praktikantin sagt dasselbe, obwohl sie erst 19 Jahre zählt«.
- Mitarbeiter verlassen das Team, lassen sich in andere Arbeitsbereiche versetzen – oder werden versetzt –, wechseln die Arbeitsstelle oder gar den Beruf.
- Häufiger Personalwechsel wegen massiver Aggressionssituationen belastet ein Team zusätzlich. Verlässliche und vertraute Kollegen gehen, neue Mitarbeiter müssen eingearbeitet werden. Kurzfristige Festlegungen von dann zusätzlich zu leistenden Not-Dienstzeiten lassen Freizeit und Erholung unplanbar und völlig abhängig von dienstlichen Notwendigkeiten erscheinen.
- Kommunikationsprobleme können sich zu gravierenden Beziehungsstörungen innerhalb eines Teams entwickeln. In destruktiver Anspannung bilden sich konkurrierende Untergruppen (Männer gegen Frauen, ausgebildetes Personal gegen Hilfspersonen usw.); man schweigt sich an, schaut in Krisensituationen einfach weg, spricht nur noch das Nötigste miteinander, begegnet einzelnen Kollegen misstrauisch, schiebt sich gegenseitig Schuld zu, zeigt Schadenfreude oder wertet Kollegen sonst wie ab.

  Beispiel: Ein Kollege zur verunsicherten Kollegin: »Wenn *ich* im Dienst bin, macht er das nicht!«
- Sogar Mobbing im Team und in der Einrichtung werden geschildert.
- Einzelne Betreuer fühlen sich vom Team im Stich gelassen und bezeichnen sich dann nur noch trotzig als Einzelkämpfer.

- Nicht selten wird eine komplette Wohn- oder Arbeitsgruppe, eine Schulklasse, eine gesamte Einrichtung negativ stigmatisiert (z. B. von Eltern unproblematischer Kinder, die einen Heimplatz suchen, gemieden).

Die hier beschriebenen Problemzustände können manchmal relativ kurzfristig beendet werden – manchmal können sie aber auch über viele Monate anhalten.

Probleme innerhalb und außerhalb einer Institution durch massive Aggressionen

In Normalfall reagiert ein System angemessen und effektiv, lernt aus Krisen und nutzt Konflikte zu mehr Einigkeit, Unterstützung und Fachlichkeit, wenn bestimmte Voraussetzungen dafür wirksam sind. Hier soll die Konzentration auf das *Problematische* den Blick auf die hohe Bedeutung dieser notwendigen Vor- und Rahmenbedingungen lenken:

- Die beschriebenen akuten Aggressionskrisen sind hoch zeit- und kostenintensiv durch zusätzliche Personalstunden, Reparaturkosten, Anschaffung von Schutzvorrichtungen, Sicherheitsmaßnahmen oder spezielle Schulungen.

  Beispiel: Das technische Personal einer großen Einrichtung ist z. B. zeitweise oder überwiegend nur mit der Behebung von Schäden durch massive Aggressionen ausgelastet.
- Das Ansehen der gesamten Einrichtung nimmt ab, die Integration in die Gesellschaft leidet.

  Beispiel: Wegen häufiger aggressiver Vorkommnisse haben Bewohner eines Heims Hausverbot in Warenhäusern, Gaststätten oder Cafes.
- Die Arbeit einer Einrichtung kann durch häufigen Wechsel des Personals oder wegen Personalengpässen durch Ausfallzeiten (Krankheiten, Verletzungen ...) gestört werden. Die Tendenz, Arbeitsverträge zu verändern (Vollzeit-Stellen werden zu Dreiviertel-Stellen, nur noch befristete Verträge statt Anstellung auf Dauer) beschleunigt das Personalkarussell im Gruppendienst, verändert wichtige pädagogische Rahmenbedingungen und erschwert so den Umgang mit Aggressionen zusätzlich.
- Leitende Angestellte (Bereichs-, Abteilungsleiter usw.) können selbst hilflos werden und unter lähmenden Druck geraten. Einerseits erleben sie die akute Problematik in Wohn- oder Arbeitsgruppen, die Hilflosigkeit, Verunsicherung und den Ärger des Personals dort, dessen hohe Er-

wartungen an Leitung im Blick auf Unterstützung, konkrete Anleitung oder Verbesserung der Rahmenbedingungen. Andererseits müssen sie loyal die Vorgaben der Geschäftsführung, des Vorstands akzeptieren und umsetzen, die oft Rahmenbedingungen für pädagogisches Handeln aus wirtschaftlichen Gründen (Belegungsvorgaben, Pflegesatz) erschweren oder fachlich kompetentes Handeln (z. B. Entlassung, Verlegung, zeitliche Trennung) einschränken oder unmöglich machen.

Beispiel: Eine behinderte junge Frau mit massivem Aggressionsverhalten kann nach Anweisung des Vorstands nicht aus einer WfbM entlassen werden, obwohl laut Abteilungsleitung die Grenze der Behandelbarkeit und die Grenze der Belastung für die anderen behinderten Menschen und das Fachpersonal schon lange überschritten sei.

- Die ideologische/konfessionelle Ausrichtung einer Institution und die entsprechenden Vorgaben für pädagogisches Handeln im Umgang mit intensiven Aggressionen können von der Mitarbeiterschaft als belastend empfunden werden.

  Beispiel: Im Rahmen der Fortbildung *Umgang mit intensiven Aggressionen* stellt ein leitender Mitarbeiter einer christlich orientierten Einrichtung fest: »Wir müssen unsere Devise offensichtlich ändern. In meiner Einrichtung gilt: Wenn du auf die linke Wange geschlagen wirst, halte auch die rechte hin!«

- Unklarheit oder Vermischung von Werten und Begriffen bei Einrichtungsträgern, Leitungspersonen und Mitarbeitern einer Einrichtung bezüglich »Aggression«, »Einsatz von Gewalt«, »Notwehr«, »Strafen« können Unsicherheiten erhöhen: »Nächstenliebe«, »Engagement« usw. erscheinen vom Recht auf eigene Würde, vom Recht auf Notwehr oder vom pädagogischen Auftrag, auch Grenzen setzen zu müssen, nicht immer klar abgrenzbar zu sein.

- Der offizielle Umgang mit dem Problem »Aggression«, das Eingeständnis, dass es dieses Problem in der eigenen Einrichtung gibt, erscheint manchmal problematisch: Aggressionsproblematik oder entsprechende Belastungen werden offiziell von »oben« bagatellisiert oder häufig personifiziert.

  Beispiele:
  - »Die Mitarbeiter (einer Tagesförderstätte) sollen sich doch nicht so anstellen«.
  - »Es ist das Problem der Frau D., wenn sie mit G. nicht klarkommt, sie ist doch gelernte Erzieherin«.
  - »Immer wenn Herr N. im Dienst ist, macht Peter Probleme ...«.

- Die gravierende Aggressionsproblematik wird innerhalb der Einrichtung und nach außen offiziell negiert oder ausgeblendet:

Beispiele:
- Im Rahmen einer einrichtungsinternen Fortbildung zum Thema Grenzen setzen schildert das Personal den hohen Beratungsbedarf bezüglich des Umgangs mit intensiven Aggressionen – dies dürfe aber öffentlich nicht genannt werden, da »es bei uns in der Einrichtung offiziell gar keine Aggressionen gibt«.
- In einer Einrichtung für geistig behinderte Kinder und Jugendliche mit Schule und Wohnstätte wurde auch im Jahr 2004 die regelmäßige arbeitsmedizinische Schulbegehung durch die vom Kultusministerium beauftragte Gesellschaft (BAD – Gesundheitsvorsorge und Sicherheitstechnik GmbH) durchgeführt. Schulleitung, Personal, Sicherheitsbeauftragter, Vertreter der Menschen mit Behinderung, Hausmeister, Betriebsarzt, Fachkraft für Arbeitssicherheit und Vertreter des Schulträgers waren anwesend.
- Zu den Themen Unfallverhütung, Erste Hilfe, Hygiene, Werkräume und Schulküche, Unterrichts- und Nebenräume, Sportbereich, Gefahrstoffe, Mutterschutz, Hautschutz, Biostoffverordnung, Infektionsschutz sowie Vorsorgeuntersuchung und mögliche weitere Belastungen (Lärm, psychische Belastung) werden insgesamt 116 (!) Sachverhalte abgefragt, u. a.: Sind genügend Sicherheitsbeauftragte benannt? Gab es Arbeitsunfälle? Wurden die Unfälle ausgewertet? Werden vor Tätigkeitsaufnahme und jährlich Unterweisungen über Verhalten bei Unfällen durchgeführt? Ist Erste Hilfe auch für die Beschäftigten organisiert? Ist eine Rettungskette organisiert? Wird eine Alarmübung/Brandschutzübung durchgeführt? Die Liste geht bis hin zu: Sind die Lichtverhältnisse gut? Und: Gibt es Spender für die Hautreinigung?
- In der Einrichtung gab es massive Aggressionen von Schülern und Heimbewohnern. Ein gravierender Vorfall einige Wochen vorher, bei dem eine Mitarbeiterin von einem autistischen Jugendlichen bei einer körperlichen Attacke mehrmals massiv in den Bauch getreten wurde und seither krank geschrieben war, war allen Mitarbeitern und der Leitung bekannt. Dieses Ereignis wurde auch der Berufsgenossenschaft gemeldet. Trotz dieses gravierenden Vorfalls waren – laut Bericht einer Fortbildungsteilnehmerin – Probleme der Arbeitssicherheit und des Schutzes vor Schäden durch Aggressionen in dieser »Begehung zur Arbeitssicherheit« *kein* Thema.

- Die Problematik Aggression wird von Außenstehenden oder von Leitung umgedeutet: Massive Aggressionen werden als Zeichen von Lebendigkeit positiv gewertet, als notwendige Kommunikationsform angesehen, als außergewöhnliches soziales Verhalten definiert. Das Betreuungspersonal wird dadurch deutlich verunsichert.
- Im Verhältnis von Gruppenmitarbeitern zu Leitung sind gegenseitige Enttäuschungen durch frustrierte Erwartungen nicht selten.

  Beispiele: »Wenn wir schon eine problematische Neuaufnahme bekommen, müssen wir auch mehr Personal haben«, sind die Erwartungen des Personals. – »Jetzt hat die Gruppe noch einenZivildienstleitenden zusätzlich, und die werden mit den Aggressionen immer noch nicht fertig«, meint der Vorgesetzte. – »Leitung drückt sich vor Entscheidungen, die wollen sich nicht festlegen«.
- Unterschiedliche Gewichtungen oder Konflikte zwischen Leitung und Mitarbeitern über das richtige Vorgehen im Umgang mit problemati-

schen Verhaltensweisen können zu einem die Aktivitäten lähmenden Machtkampf ausarten.

Beispiele: Unangemessene Autoritätsbeweise, Einengung von Entscheidungsfreiheiten, Gängelung, Überkontrolle usw. einerseits; »Dienst nach Vorschrift« oder den Vorgesetzten auflaufen lassen mit der Einstellung: »Sag du mir, was ich tun soll – und ich werde dir beweisen, dass das nicht geht« andererseits.

Einflüsse von außen können die Problematik massiver Aggressionen verschärfen:

- Nicht selten verweigern *Eltern* oder *rechtliche Betreuer* die Mitarbeit zum Abbau aggressiven Verhaltens. Auch wenn die Mitarbeiter von Schule, Werkstatt, Wohnstätte usw. (frustriert) akzeptieren müssen, dass Angehörige mit dem Problemverhalten zu Hause anders umgehen, wird die fehlende Akzeptanz oder Unterstützung ihres fachlichen Engagements und Handelns durch die Angehörigen oft als zusätzliche und vermeidbare Belastung erlebt. Oft spitzt sich dann die z. T. langjährige Auseinandersetzung in einem Kompetenz- oder Machtkonflikt ggf. auf anderen Feldern zu, mit der Folge, dass sich das Angehen des eigentlichen Problemverhaltens einschneidend verschlechtert.
- Ein großer Streitpunkt ist die *fachärztliche Versorgung*. Oft verfälschen Eltern die nötige Diagnostik und Therapie durch den behandelnden Arzt mit einseitig weitergegebenen, ausschnitthaften Informationen. Wichtige Hinweise der Wohnheimmitarbeiter, Lehrer oder des WfbM-Personals werden z. T. bewusst ausgeklammert. Mitarbeitern wird der Kontakt zum Arzt nicht gewährt. Verordnete Medikamente gegen motorische Unruhe, psychotische Symptomatik, Schlafproblematik, emotionale Angespanntheit usw. werden zu Hause nicht verabreicht oder dürfen in den (Tages-)Einrichtungen nicht verabreicht werden. – Ein wichtiges Fundament für Wohlbefinden, für soziale Integration und für die therapeutisch-pädagogische Arbeit wird so nicht gelegt – und der »Aggressor«, sein soziales Umfeld und das Personal haben darunter im wahrsten Sinne des Wortes zu leiden.

  Beispiel: Eine geistig behinderte junge Frau mit autistischen Verhaltensweisen wird gegen ärztlichen, psychologischen und pädagogischen Rat von ihren Eltern in einer anderen Einrichtung untergebracht, nachdem in jahrelangem Engagement endlich eine Integration in die Gemeinschaft eines Wohnheims gelungen war: Das selbst- und fremdverletzende Verhalten konnte bis dahin weitestgehend abgebaut werden. Die Folgeeinrichtung muss die ursprüngliche massive Problematik über Jahre erneut erleben und aushalten, bis es auch hier abgebaut werden konnte. Die offizielle Begründung für den Wechsel war die Nähe zum Elternhaus (Differenz zu vorher: 40 km!), im Hintergrund war Unzufriedenheit mit dem Heimpersonal anzunehmen.

- Eltern versuchen, Regie über pädagogisches, psychologisches oder medizinisches Fachhandeln des Personals zu erlangen. Bisweilen wird bei diesen Konflikten mit dem Einschalten der Presse gedroht.
  Beispiel: Eine Mutter torpediert das pädagogische und medizinische Vorgehen der Einrichtung und macht erheblichen Druck, dass die Maßnahmen eines »Wunderheilers in Holland« in Heim und Schule übernommen werden.
- Mitarbeiter und Leitungspersonen von Einrichtungen für behinderte Menschen fühlen sich von gesetzlichen Vorschriften und Vorgaben in ihren Handlungsmöglichkeiten im Umgang mit massiver Aggressionsproblematik, bzw. zum Schutz der Bewohner davor, eingeengt.
  Beispiel: Eine Heimleiterin schildert, dass die Aufsichtsbehörde ihres Bundeslandes bestimmte fachlich begründete, individuell angemessene verhaltens- therapeutische Maßnahmen (kontrolliertes Time out unter Nutzung eines entsprechenden Raums) verbietet, aber keine Behandlungsalternativen nennt.
- Der »Heimvertrag« lässt offensichtlich Einrichtungen bezüglich Kündigung keine klare Grenze ziehen: Heimleitung kann einen Heimbewohner mit anhaltendem massivem aggressivem Verhalten nicht (nach Hause) entlassen, obwohl unterschiedliche fachliche Behandlungswege keinen Erfolg bringen, diese von den rechtlichen Betreuern verboten werden oder eine zusätzlich dringend notwendige medizinische Behandlung von diesen abgelehnt wird.
- Die Rechte der Mitarbeiterschaft bezüglich »Schadenersatz« oder »Schmerzensgeld« im Zusammenhang mit Aggressionssituationen sind oft unklar. Die Einrichtungsleitung ist oft über den Rahmen ihrer Fürsorgepflicht oder die Zuständigkeit der Berufgenossenschaft im Unklaren.
- Manche Einrichtungsleitungen bemängeln die fehlende Bereitschaft anderer Einrichtungen, sich der Problematik Aggression zu stellen, indem sie kategorisch z. B. »Problemfälle« in der Probezeit schnell entlassen oder erst gar nicht aufnehmen und entsprechende Anfragen einfach abschieben.
  Beispiel: Ein leitender Angestellter eines Wohnheims berichtet, dass seine Einrichtung für problematische Kinder aus Regionen weit außerhalb ihres Einzugsgebiets angefragt wird, weil »Eltern in anderen Einrichtungen nicht einmal ein Vorstellungsgespräch bekommen.«

An dieser Stelle soll noch einmal betont werden, dass diese Sammlung problematischer Faktoren und Interaktionen keinesfalls typisch ist für Einrichtungen der Behindertenhilfe – eben sowenig wie aggressives Verhalten eine Eigenheit von Menschen mit geistiger Behinderung ist.

Wenn aber nur einige wenige der aus der Praxis berichteten Probleme um Aggression herum zutreffen, muss man für sie Konzepte entwickeln und vorhalten, die sich nicht nur ausschließlich auf den »Aggressor« beziehen.

Eine umfassende und differenzierte systemische und ganzheitliche Sichtweise versucht die folgende Skizze zu veranschaulichen:

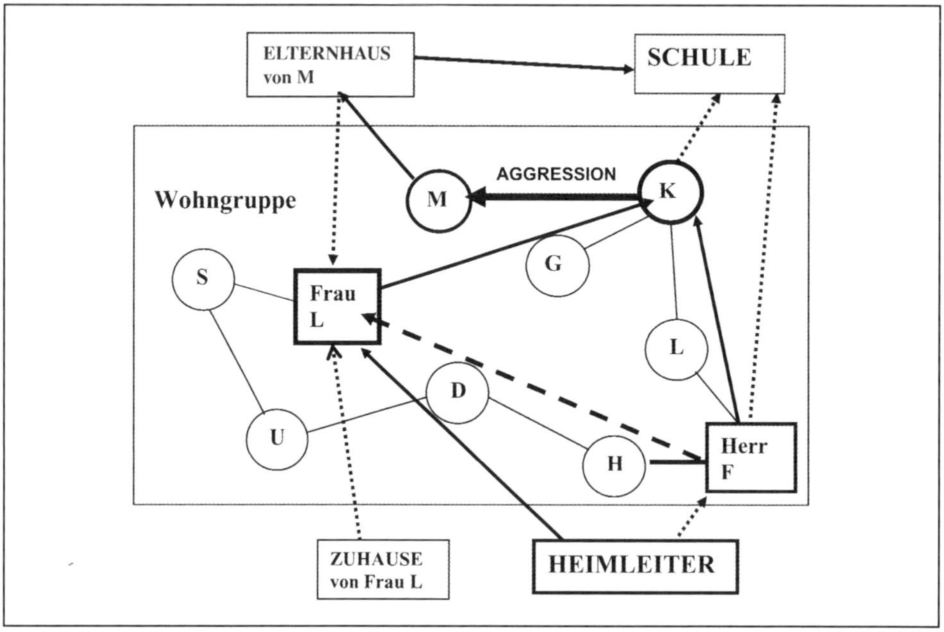

Systemisches Modell von Interaktionen und Beziehungen bei massiven Aggressionen

○ = Bewohner(innen); □ = Mitarbeiter(innen): Die Pfeile symbolisieren Aktionen bzw. Kommunikationen

Die Skizze verdeutlicht ein Geflecht sozialer Interaktionen durch massive Aggressionen innerhalb und außerhalb eines Systems »Wohngruppe« an einem fiktiven Beispiel (wobei die Bewohner durch Kreise, die Mitarbeiter durch Rechtecke dargestellt wurden).

Beispiel: Frau L und Herr F sind gemeinsam im Frühdienst. Der Bewohner K, ein 12-jähriger Schüler mit geistiger Behinderung, wird von Frau L beim Frühstück mehrmals aufgefordert, langsamer zu essen. K, der in der Schule schneller essen darf, weil die Lehrerin es aufgegeben hat, ihn in seiner Essweise zu reglementieren, schlägt die neben ihm sitzende

M ins Gesicht, springt auf und rennt aus dem Raum. Herr F geht anschließend zu K, nimmt ihn in den Arm und fragt ihn, was denn gewesen sei. Später weist er seine Kollegin Frau L zurecht, ob sie denn nicht wisse, dass K heute nicht gut drauf sei. Sie entschuldigt ihre Reaktion mit ihrer Gereiztheit, weil sie in der letzten Zeit Probleme mit ihrer kleinen Tochter habe. Einige Tage später teilt Herr F, der eine freundschaftliche Beziehung zu seinem Heimleiter pflegt, ihr mit, dass der sie in sein Büro einbestellt habe. Zwischenzeitlich hat der Vorgesetzte vom Schulleiter erfahren, dass sich die Eltern von M bei der Lehrerin von K über Frau L beschwert hätten, als sie ihre Tochter zum Wochenende in der Schule abholten. Persönlich ansprechen wollten sie Frau L nicht, da sie »nicht so gut mit ihr könnten«.

Frau L ist sehr verunsichert und fragt sich, wie sie unter diesen Umständen in zukünftigen Konflikten mit K pädagogisch richtig umgehen soll.

Welche Konsequenzen lassen sich aus dieser komplexen Aggressionsproblematik ableiten?

Sieben elementare Konsequenzen und Schlussfolgerungen

1. Aggression ist zwar ein komplexes, aber dennoch ein veränderbares Problem

Wenn die für eine Behandlung massiver Aggressionen erforderlichen Rahmenbedingungen geschaffen werden, können Schädigungsmöglichkeiten verringert und die Gesamtsituation kann nachhaltig verbessert werden. So können geschädigte oder traumatisierte Beziehungen wieder gesunden. Ein menschenwürdiger Umgang der Beteiligten, mehr Sicherheit und Entspannung, die Wiederherstellung der Gruppe(nbeziehungen) als Ganzes, mehr Selbstständigkeit für die Einzelnen und für die Gruppe sowie ein verbessertes gemeinsames Wohlgefühl usw. sind erreichbare realistische Ziele: indem massiv aggressives Verhalten deutlich reduziert oder eliminiert – oder zumindest die große Schädigung durch entsprechende Organisation und Technik deutlich verringert wird.

2. Die Problematik Aggression muss die richtige Aufmerksamkeit und Gewichtung erhalten

Die Gesamtproblematik massiver Aggression scheint heute in Einrichtungen von Menschen mit geistiger Behinderung oft »verdeckt«. Sie wird übervorsichtig und oft nur unzureichend angegangen oder nur bruchstückhaft in der Öffentlichkeit angesiedelt, wie es vor einigen Jahren mit dem Thema »sexueller Missbrauch« gang und gäbe war.

- Aggression ist schlimm, teuer, schädlich, sie zerstört für viele Menschen wichtige Grundlagen des (Zusammen-)Lebens.
- Akzeptanz, Duldung von Aggressionssituationen oder Gewöhnung an sie, auch positive Umdeutung sollten kritisch hinterfragt werden. Die zwingende Notwendigkeit, dass hier etwas geändert werden muss, sollte innerhalb der gesamten Einrichtung deutlich werden.
- Schon allein hinsichtlich des Ausmaßes von Schädigungen sollte massive Aggression nicht weiterhin als Nebenthema im alltäglichen Arbeitspensum des Gruppenleiters der WfbM, der Lehrerin in einer Klasse, der Betreuerin im Gruppendienst angesehen werden. Die Annahme, massives Problemverhalten nebenbei in den Griff zu bekommen, erweist sich meist als falsch – die Problematik muss die richtige Beachtung bekommen. Zumindest findet sie zur Zeit schon im Rahmen der »Individuellen-Hilfe Planung« (IHP) formale Berücksichtigung. Für eine umfassende und nachhaltig wirksame Änderung ist dagegen mehr nötig.
- Eine angemessene Gewichtung kann die *Zielehierarchie* eines Systems auf einige Zeit hin total ändern: Aggressives Verhalten und die damit einhergehenden objektiven, sozialen und persönlichen Schädigungen abzubauen kann für eine begrenzte Zeit ähnliche Dringlichkeit erhalten, wie z. B. ein Dachstuhlbrand oder ein Wasserrohrbruch in der Hauptleitung eines Hauses.
- Eine Veränderung bedarf oft finanzieller, personeller und fachlicher Investitionen.

3. Schädigung muss schnellstmöglich verringert oder beendet werden

- Die Vermittlung von Sicherheit als Grundlage für menschliche Beziehungen sollte nicht nur als Menschen- und Persönlichkeitsrecht, sondern auch als Grundlage des fachlichen Umgangs mit Menschen mit Behinderung dienen.
- Das Weltjahr für Seelische Gesundheit 1961 nannte Sicherheit als zweites von sechs Lebensgrundbedürfnissen für Menschen (Liebe, Sicherheit, Erfolgserlebnis(se), Erlebnisse mit Erinnerungswert, Freiheit und

Selbstachtung.). Die Praxis fragt oft dringend nach technischen, organisatorischen und körperlichen Schutz- und Sicherheitsmaßnahmen, die zeitlich vor oder parallel zu pädagogischen, psychologischen oder medizinischen Konzepten der Krisenintervention eingesetzt werden können. Schnell und effektiv wirksame *sanfte* Sicherheitsmaßnahmen sind oft Voraussetzung, eine eskalierende Aggressionsdynamik zu stoppen.

- Da Aggressionsproblematik nur im Prozess aufgearbeitet werden kann, sind zur zwischenzeitlichen ersten Schadensbegrenzung sichernde Maßnahmen notwendig.
- Neben Zeit benötigt dieser Prozess auch Raum und Ruhe in den Köpfen des Personals: Zuerst müssen Druck und Unruhe durch die Erwartung ständiger Schädigungen und (Zer-)Störungen verringert werden. Erst dann kann ein Team wieder den nötigen Abstand gewinnen, sein Vorgehen fachlich planen und auch den »Aggressor« wieder in seiner Gesamtpersönlichkeit wahrnehmen. Eine ständige starke emotionale Betroffenheit blockiert und lässt nur zu, immer nur reagieren zu müssen.

4. Die Thematik Aggression sollte versachlicht werden

- Der »Aggressor« ist nicht als der Schuldige an dieser Gesamtproblematik anzusehen. Auch sein Handeln steht in ständigen Interaktionen zu seiner Umwelt. Seine Aktion und Reaktion sind im Netzwerk der sich aus der jeweiligen Situation ergebenden Faktoren angesiedelt. Wie die Analyse von Ursachen und Effekten in nachfolgenden Texten zeigen wird, kann der »Aggressor« meist gar nicht anders handeln.
- Das Betreuungspersonal hat ebenso wenig »Schuld« an den immer wieder auftretenden Aggressionskonflikten. Auch bei früheren Begleiter(inne)n hatte der »Aggressor« schon dasselbe Verhalten gezeigt.
- Das aktuell begleitende Fachpersonal ist oft nur Glied einer Kette. Sind aktuelle aggressive Verhaltensweisen nicht früher schon erfolgreich angegangen worden, werden sie auch in Zukunft bei *anderen Begleitpersonen* weiterhin auftreten. Diese Verhaltensweisen haben oft eine lange systemübergreifende individuelle Geschichte: Bevor sie in einem System, z. B. in der Wohnstätte oder in der WfbM, zum Problem wurden, haben sie sich oft schon in den vorangegangenen Systemen (Familie, Kindergarten, Schule) entwickelt und verfestigt, oder wurden mit

(kurz- oder mittelfristigem) Erfolg behandelt, um im späteren System erneut zum Ausbruch zu kommen. Den Kinderschuhen entwachsen, entwickelt sich das problematische Verhalten weiter, und bei zunehmendem Alter, zunehmender Lernerfahrung und Körperkraft wird es zu einem so schwerwiegenden Problem, dass es spätestens dann – oft unter erheblich eingeschränkteren Behandlungsmöglichkeiten als in früheren Systemen – verändert werden *muss*. Selten entstehen Aggressionsprobleme im Erwachsenenalter neu oder zum ersten Mal!

Hier ist eine Sensibilisierung, fachliche Anleitung und Unterstützung von Angehörigen und Fachkräften schon im Kindergartenalter oder in den ersten Schuljahren dringend notwendig. Eine frühe, rechtzeitige Erkennung und effektive Behandlung entlasten alle Folgesysteme: Um wie viel höher ist der Preis an Kraft, Engagement, Kosten usw., wenn ein Abbau massiver Aggressionen statt im achten erst im 28. Lebensjahr erzielt werden kann? Und wie viel Lebens- und Beziehungsqualität geht dem »Aggressor« in dieser langen Zeit verloren?

5. Umgang mit massiven Aggressionen ist ein Arbeitsauftrag

- Der am Konflikt beteiligte Betreuer ist zwar involviert in die Ursachen-Wirkung-Interaktionen und in die Dynamik der Abläufe, z. B. der sich gegenseitig aufschaukelnden Spannung. Sein Denken, Wahrnehmen, Fühlen und Handeln bewegt sich im Netzwerk von Agieren und Reagieren und ist oft zusätzlich erheblich belastet oder eingeschränkt durch Variablen (wie Kollegen, Team, Chef).
- Aggression ist allermeist ein Problem, das nicht auf ein oder mehrere »typische« Betreuer bezogen ist.
- Aggression ist das in aller Regel *fachliche Problem eines Systems*, einer Institution, nicht der darin arbeitenden und lebenden Personen. Eine ganzheitliche Sichtweise zeigt: die Institution hat ein Aggressionsproblem, z. B. eine Aggressionen verursachende Struktur. Das aggressive oder gestresste Verhalten des behinderten Menschen oder des Personals ist nur dessen sichtbarer Teil.
- Ein Mensch mit geistiger Behinderung und zusätzlich aggressivem Verhalten stellt für jede Einrichtung eine zusätzliche Aufgabe, einen (bis zur Integration oder bis zur Entlassung befristeten) zusätzlichen Arbeitsauf-

trag dar,– ebenso wie sich z. B. die Betreuungsaufgabe für einen Menschen erweitert, der neben einer geistigen Behinderung zusätzlich stark körperbehindert ist.

6. Aggressives Verhalten muss fachgerecht behandelt werden

Einrichtungen, in denen Menschen mit Behinderung leben, arbeiten und gefördert werden, müssen in der Lage sein, sich diesem komplexen Arbeitsauftrag zu stellen.

- Leitung und Personal müssen dahingehend kompetent *planen und handeln* können.
- Die das Handeln einschränkenden Faktoren innerhalb und außerhalb der Institution müssen verringert oder beseitigt werden.
- Zeitliche, räumliche, technische, organisatorische und personelle Rahmenbedingungen müssen geschaffen werden, um aggressivem Verhalten fachgerecht begegnen zu können.
- Eine Einrichtung muss sich im Umgang mit massiv aggressivem Verhalten ihrer Grenzen bewusst sein und ergänzend entsprechende Strukturen schaffen für Unterstützung und Zusammenarbeit mit anderen Institutionen im Rahmen eines Verbundnetzes.

7. Änderungen bedürfen eines komplexen, vernetzten Behandlungsplans

- Aggressives Verhalten ist meist innerhalb des betroffenen Systems behandelbar.
- Dazu ist ein differenziertes, komplexes und modular aufgebautes interdisziplinäres Konzept notwendig.
- Um das zu erreichen, sind darüber hinaus oft auch zusätzlich Änderungen im System nötig, die weit über diese individuelle verhaltenstherapeutische und/oder medizinische und/oder psychotherapeutische Konzeption hinausgehen: Die Problematik Aggression ist immer im Überschneidungsbereich pädagogischer, psychologischer, psychotherapeutischer, juristischer, ethischer, medizinischer Ebenen anzusiedeln. Zur Behebung dieser komplexen Problematik sollte man auf Handlungs-

konzepte, Erfahrungen und Abklärungen eben dieser unterschiedlichen Bereiche zurückgreifen können und sie wirksam vernetzen.

- Einzelkämpfer haben wenig Chancen: Umgang mit Aggression benötigt ein kooperationsbereites tragfähiges Team mit klarer Kompetenzzuteilung und Leitung sowie mit Unterstützung, Führung und Absicherung »von oben«. Vorgehensweisen müssen vom direkten Vorgesetzten und auch von der Geschäftsführung und ggf. weiterer fachlicher Zuständigkeiten mitgetragen und mitverantwortet sein.
- Alle in einer Einrichtung durch eine Aggressionssituation betroffenen Systeme müssen in das Lösungskonzept mit einbezogen werden.
- Das Angehen des Problems stellt auch Anforderungen an Informationserhebung und Dokumentation.
- Es muss rechtzeitig definiert werden, wann die *Grenzen* einer Person, eines Systems (Wohngruppe, Schulklasse, Mitarbeiterteam usw.) oder einer Einrichtung insgesamt bezüglich Arbeitsauftrag, Belastung, Dauer, Risiko usw. erreicht oder überschritten sind. Einem möglichen Scheitern der Bemühungen sollte frühzeitig dadurch Rechnung getragen werden, dass notwendige, unter Umständen einschneidende oder schmerzliche Konsequenzen vorbereitet sind.

Die Ressourcen einer Einrichtung, das Fachwissen, die jahrelange Berufserfahrung, das Engagement und der solidarische Zusammenhalt der Mitarbeiter und ihrer Leitung kann die zum Teil außergewöhnlichen Belastungen akuter und anhaltender Krisen meistern.

Bewährte und erprobte Maßnahmen zum geplanten Abbau aggressiven Verhaltens stehen zur Verfügung, die in Aggressionssituationen entstehenden Belastungen aller auf einem Mindestmaß zu halten, den »Aggressor« (wieder) in sein soziales System weitestgehend zu integrieren und dieses mit seinen lebenswichtigen positiven Beziehungen gesunden zu lassen, oder zumindest massive Schädigungen durch angemessene Sicherheits-, Sicherungs- und Schutzmaßnahmen deutlich zu verringern.

Literatur:

Sarimski, K. (2005): Zum Beratungsauftrag der Sozialpädagogischen Zentren. Fallbeispiele, Chancen und Grenzen der Beratung für Schüler mit geistiger Behinderung und herausforderndem Verhalten. In: Geistige Behinderung Heft 4/2005, 286-308.

Wider die Tabuisierung!

Gedanken zur Beratung von Mitarbeiter(inne)n und Teams mit Gewalterfahrungen

Andreas Mohs

Gewalt und Aggressionen finden statt. Sie sind natürliche Zeichen des Lebens. Zerstörende Gewalt nimmt zu. Die Fähigkeit ihre Destruktivität in konstruktives Gestalten umzuwandeln nimmt ab. In komplexen Gesellschaften und sozialen Einrichtungen führen die natürlichen Reaktionsweisen auf erfahrene Gewalt und Aggression – Angriff oder Flucht – zumeist nicht zum Ziel. Das stellt alle Beteiligten vor große Probleme. In der Folge droht eine Ausblendung destruktiver Gewalterfahrung aus dem Alltagsbewusstsein und damit ihre Tabuisierung.

Dieser Beitrag thematisiert Möglichkeiten und Ansätze der Integration von Gewalt- und Aggressionserfahrungen im Alltag von Mitarbeiterinnen, Teams und Bewohnern in Einrichtungen der Behindertenhilfe.

Der Autor bezieht sich dabei auf eigene Erfahrungen, möchte Anregungen geben und – vor allem – Mut machen offen und aktiv mit dem Thema umzugehen. Er arbeitet in einer Wohneinrichtung für Menschen mit geistigen und psychischen Beeinträchtigungen als pädagogischer Berater für die Fachkräfte. Aus seinem Blickwinkel möchte er die Aufmerksamkeit auf die Aspekte richten, die in der Zeit nach solchen oder ähnlichen Gewalterfahrungen von Bedeutung sind. Schwerpunkt seiner Betrachtung sind die Mitarbeiterinnen und Mitarbeiter und die Frage, welche Schritte hilfreich sind, um Gewalt- und Aggressionserfahrungen individuell und in den Teams zu bearbeiten.

Beispiel: Susanne hat Nachtwache, macht, 20-jährig, ihre ersten Berufserfahrungen. Sie befindet sich in einer Wohngruppe eines Heims für geistig behinderte Menschen. Bei einem Rundgang geht sie in das Zimmer des Herrn K. Das Zimmer ist durch eine kleine Lampe nur spärlich beleuchtet. Susanne betritt das Zimmer. K. liegt nicht im Bett. Er steht hinter ihr in einer Nische am Waschbecken. Sie wendet sich ihm zu, möchte fragen, wie es ihm geht. K. schaut sie mit weit geöffneten Augen an. Dann geht alles sehr schnell: Mit der Wucht seiner 95 Kilogramm wirft er Susanne zu Boden würgt und schlägt sie. Sie versucht sich freizumachen, was ihr beinahe misslungen wäre. Zum Glück entgleitet ihr ein sehr schriller hoher Schrei und zum Glück eilt daraufhin Hilfe herbei. Susanne kann aus der Gewalt von K. befreit werden. Sie hätte den Angriff nicht überlebt.

Herr K. hat folgerichtig gehandelt. In seiner (psychotischen) Phantasie meint er, Susanne wolle ihm sein neues Fahrrad stehlen ... .

Jahre nach dieser traumatischen Erfahrung erinnert sich Susanne noch immer mit großer innerer Erregung an diese Situation. Aber nicht, wie man meinen sollte, die Erfahrung der massiven Gewalt alleine hat deutliche emotionale Narben hinterlassen. Es waren auch die Folgeerfahrungen, die ihr den Vorfall zum Trauma geraten ließen: Kaum ein Mensch aus ihrem Team hatte je mit ihr darüber gesprochen. Sie wurde einfach »nach Hause« geschickt, wo sie alleine lebte. Sie fühlte sich leer, allein gelassen und hilflos. Die Arbeit in der Gruppe musste sie nach einigen Monaten aufgeben. Herr K. wurde in die Psychiatrie eingewiesen, aus der er wenige Wochen später zurückkehrte.

Solche und ähnliche Situationen sind Alltag – mag sein nicht immer so extrem und lebensgefährlich. Es fällt uns zumeist schwer, das Thema Aggressionen und Gewalt offen und rational zu be-arbeiten, – mit Schwester Susanne wurde nicht gesprochen. Zu nahe sind eigene Ängste, Befürchtungen und eine eigentümliche innere Abwehr. Was aber, wenn sich die Thematik aufdrängt, wenn es »passiert« ist, wenn Betroffene, Kollegen, Vorgesetzte im »emotionalen Ausnahmezustand« sind? In solch unwägbarem Gelände benötigen wir Orientierung und Sicherheit, um uns darin bewegen zu können.

Gleichsam als Kompass für die Praxis meiner Beratungen und für meine Darstellungen nutze ich das Modell der Themenzentrierten Interaktion (TZI) nach Ruth Cohn (1980), das manche Leserinnen und Leser als pädagogische Gruppenmethode kennen. Zu den wesentlichen Botschaften dieses Modells gehört die Erkenntnis, dass kein zwischenmenschliches Ereignis alleine dasteht. Immer ist es eingebunden in eine je einmalige Gesamtkonstellation aus verschiedenen sich gegenseitig bedingenden Faktoren: Individuum (ICH), menschliche Beziehungen und Gruppen (WIR), einem (oder mehreren) zugrunde liegenden Problem(en) (Thema, Aufgabe) und äußeren Rahmenbedingungen, (soziale, politische, institutionelle Umwelt, Ruth Cohn nennt es »globe«).

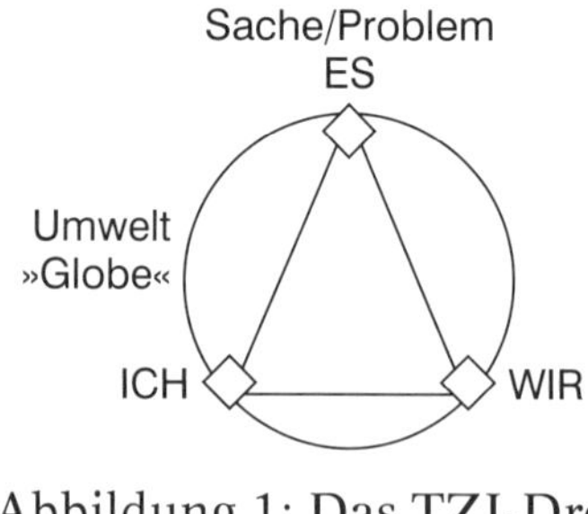

Abbildung 1: Das TZI-Dreieck

All diese Faktoren beeinflussen Wahrnehmungen und Handlungen. Den betroffenen Personen ein bewusstes, selbstbestimmtes und sozial verantwortbares Handeln zu ermöglichen und sie dazu zu befähigen und zu ermutigen, ist der politische und ethische Anspruch der Themenzentrierten Interaktion.

Die (häufig zu beobachtende) Betrachtung nur eines dieser Aspekte verstellt nicht selten den Blick für die notwendige »systemische« Vernetzung aller Gesichtspunkte: Ein Element (sei es eine Person, eine Rahmenbedingung, eine »Krankheit« usw.) wird für »schuldig« erklärt, das »Übel« muss ausgemerzt werden, es gilt möglichst bald wieder zur Sicherheit bietenden Tagesordnung, den Tagesgeschäften zurückzukehren: Das »System« reagiert auf Aggression und Gewalt tendenziell oder handfest mit seiner eigenen, strukturellen Gewalt: Ausschluss von Klienten oder Mitarbeitern, medikamentöse Behandlung, Totschweigen u. a. m. Alle wollen die Erinnerung an die »schrecklichen Dinge« möglichst schnell überwinden, wieder mit sich, anderen und der Umwelt ins Gleichgewicht kommen. Soziale Systeme (Beziehungen, Gruppen, Institutionen) reagieren dabei ähnlich wie biologische Organismen: Sie suchen in der Folge von Störungen, Erregungen, Verunsicherungen einen Zustand des inneren Gleichgewichts, der Ausgeglichenheit und der sozialen Ruhe, auch wenn zum Erreichen dieses Zustands wichtige Aspekte der Realität ausgeblendet werden müssen. Ein dafür gewähltes Modell ist nicht selten das *Tabu*: der Ausschluss der »bösen Geister«.

Doch durch Ausgrenzen und Verweigern oder Verdrängen des Problems können betroffene Menschen – und die betroffenen Institutionen schon gar nicht– das eigentliche seelische Ungleichgewicht, in dem sich die Personen momentan befinden, wieder herstellen. Die verbliebenen negativen Affekte wie Schmerz, Scham, Schuld und Angst sind so nicht *wirklich* zu lösen. Es kommt zu spezifischen Gefahren für Einzelne und das soziale Miteinander: es entstehen individuelle oder/und kollektive Traumata.

Daher lautet meine Kernfrage: Wie ist es möglich, Gewalterfahrungen im Arbeitsalltag bearbeitbar zu machen und einer drohenden Traumatisierung, einem drohenden seelischen Schock, einer seelischen Verletzung vorzubeugen? Welchen Beitrag können hier (Fach-Dienst-)Berater(innen) neben Vorgesetzten und Mitarbeiter(inne)n im Erziehungsdienst leisten?

Dazu wende ich mich im Folgenden den vier TZI-Systemelementen im einzelnen zu, um Hypothesen und Maßnahmen für die Praxis zu erläutern: der Sache/dem Problem (ES), den Mitarbeiter(inne)n (ICH), der Wir-Perspektive (WIR) und der Einrichtung (UMWELT, GLOBE), siehe Diagramm.

Die Sache: Ein heißer Stoff – Aggressionen und Gewalt

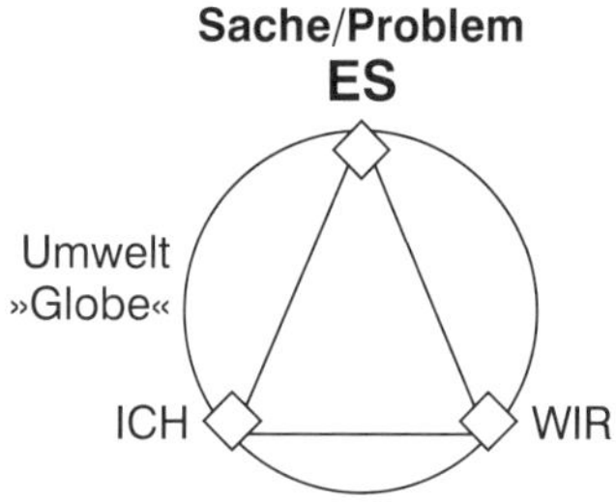

Grundlage aller Beratung und Therapie, sei es mit Menschen mit Behinderungen oder mit den professionellen Helfern, muss ein vertieftes Verständnis der Thematik sein. Mit wenigen Anmerkungen skizziere ich hier einige grundlegende Annahmen, die meine Beratungstätigkeit beeinflussen.

In der Definition von *Aggressionen* folge ich Kretschmer und Würkert (2000), die zwischen konstruktiven und destruktiven Aggressionen unterscheiden. Sie machen klar, dass Aggressionen an sich zu den natürlichen Grundlagen menschlichen Handelns gehören. Alles Eingreifen, Gestalten, Schutz gewähren, Abgrenzen und auch die Liebe sind ohne Aggression, ohne etwas »Vorantreibendes« (lateinisch = aggredere: heranschreiten, sich nähern, angreifen – also in jedem Fall etwas Aktives) nicht denkbar. In diesem positiven Sinne erleben wir Aggressionen als sinnvolle Bewältigung von Herausforderungen und Aufgaben. Die destruktiven Aggressionen andererseits sind zumeist »unglückliche«, danebengegangene Versuche, innere, zwischenmenschliche oder strukturelle Konflikte zu bewältigen. Ihre Auswirkungen bleiben so lange destruktiv, wie das positiv konstruktive Element an ihnen nicht erkannt und in soziales wie emotional sinnvolles Verhalten und Handeln umgesetzt wurde.

Kretschmer unterteilt die destruktiven Aggressionen wie folgt:

1. Instrumentelle Aggressionen	Alle aggressiven Verhaltensweisen, deren Ziel es ist, etwas erreichen zu wollen, z. B. das sich Süßigkeiten ertrotzende Kind.
2. Expressive Aggressionen	Aggressionen, die sich aus inneren Spannungszuständen ergeben – die wahrscheinlich häufigste Art aggressiven Verhaltens in der Behindertenhilfe.
3. Feindselige Aggressionen	Alle Verhaltensweisen, die auf Rache, Verletzung oder Vernichtung des Gegenübers zielen. Ein eher geringerer Prozentsatz dieser Art wird sich in der Behindertenhilfe wiederfinden.
4. Somatisch bedingte Aggressionen	Aggressionen in Folge krankhafter hirnorganischer Veränderungen usw.

Abgesehen von den somatisch bedingten Aggressionen können destruktive Aggressionen auch als Reaktionen auf die konflikthafte Nicht-Erfüllung zentraler Grundbedürfnisse aufgefasst werden. Solche Grundbedürfnisse sind:

1. Das Bedürfnis nach einem sicheren Platz in der eigenen Lebenswelt;
2. Das Bedürfnis nach körperlicher Unversehrtheit, nach Schutz, Nahrung usw.;
3. Das Bedürfnis nach sozialer Anerkennung, Akzeptanz und Liebe;
4. Das Bedürfnis nach Entwicklung und Identität (So sein können, wie man ist);
5. Das Bedürfnis nach Selbstbestimmung, Gestaltung, »Spuren hinterlassen«.

Es gibt in der Literatur unterschiedlichste Zusammenstellungen von Grundbedürfnissen, so z. B. von der Weltgesundheitsorganisation (World Health Organisation; WHO) aus dem Jahr 1971: Liebe, Sicherheit, Anerkennung durch Bestätigung und Erfolgserlebnisse, Raum zu freiem schöpferischem Tun, Erlebnisse mit Erinnerungswert, Selbstachtung), deren inhaltlicher Kern zahlreiche Übereinstimmungen zeigt (vergleiche auch Literaturtitel MASLOW).

In der Diagnostik aggressiver Verhaltensweisen konzentriere ich mich zuerst auf das Auffinden möglicher Bedürfniskonflikte. Erst das Verständnis auf der Ebene von Bedürfnissen und die Einschätzung der individuellen Ressourcen und Kompetenzen zu deren Befriedigung ermöglicht mir eine sinnvolle pädagogische oder therapeutische Intervention.

Die Suche nach Gründen aggressiver Handlungen gleicht nicht selten einer kriminalistischen Untersuchung. In der Perspektive eines Beraters kann durch die an den inneren und äußeren Konflikten orientierte genaue Verhaltensbeobachtung, Hypothesenbildung und Interventionsplanung eine Versachlichung der bedrängenden Erfahrungsinhalte gelingen: Die Zusammenhänge von Gewalt, Gefühlen, Bedürfnissen können den Mitarbeit(inne)n im Beratungsprozess *transparent* werden, verlieren dann etwas von ihrem »Schrecken«. Wegweiser zum Verständnis der individuellen Bedürfnisse bieten uns dabei die Gefühle. Sie sind für das Verständnis unserer Thematik von eminenter Bedeutung.

Alle Informationen, die das Gehirn aufnimmt, werden in einer kleinen anatomischen Struktur des Mittelhirns, dem Mandelkernbereich (Amygdala) emotional gefärbt. Niemand nimmt etwas von seiner Umwelt wahr, ohne es mit Gefühlen verbunden zu haben. Auch die weitere Verarbeitung der ankommenden Reize hängt zentral von deren affektiver Färbung ab: Interessiert es mich, weckt es Aufmerksamkeit und Konzentration, ist es uninteressant, wie etwa der vorbeifließende Autoverkehr, lasse ich die Informationen kaum in mein Bewusstsein vordringen.

Luc CIOMPI (1997), ein interdisziplinär arbeitender Psychiater, unterscheidet einige wenige *Grundgefühle*:

- Interesse und Wachheit,
- Angst,
- Traurigkeit,
- Wut,
- Ekel,
- Scham.

Im Erleben sind ihm zufolge zumeist Mischformen aus diesen Gefühlsbereichen vorherrschend, jedoch entwickelt jedes dieser Gefühle eine eigene »Affektlogik«, die den gesamten Körper mit all seinen biologischen (Atmung, Puls, Hautwiderstand, Stoffwechsel usw.) und psychologischen Funktionen (Aufmerksamkeit, Motivation, Denken, Handeln usw.) mit einbezieht.

Ist ein Grundbedürfnis im Mangelzustand, kann es konfliktbedingt nicht erfüllt werden, zeigt sich dies zuerst in der affektiven Stimmung der Person. Diese kann sich dann auch in Aggressionen ausdrücken. Kurz: Alle Wahrnehmungen werden mit positiven, gleichgültigen, negativen Gefühlen verbunden, diese verweisen auf die Erfüllung oder Nichterfüllung der gerade in diesem Moment aktuellen Bedürfnisse eines Menschen (Rosenberg 2001).

Die psychologische Struktur und Wechselwirkung zwischen Wahrnehmung, Gefühlen und Bedürfnissen weist auch den Weg zu sinnvollen beraterischen Interventionen und Hinweisen für das Fachkräftekollegium und die Institution insgesamt.

Die Mitarbeiterin, den Mitarbeiter im Blick: Prävention und Intervention bei Gewalterfahrungen (ICH)

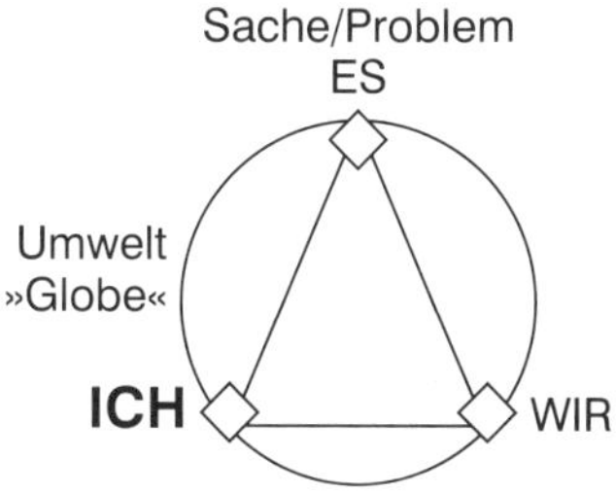

Nicht jede Mitarbeiterin, nicht jeder Mitarbeiter, die Gewalt und Aggressionen erleben, werden dadurch notwendigerweise seelisch belastet. In manchen speziellen therapeutischen Wohn- oder Arbeitsgruppen, in manchen Tagesförderstätten stehen intensive Aggressionen mehrmals täglich auf der Tagesordnung. Sie sind größtenteils erwartbar. Entsprechend der jeweiligen Konzeptionen und den für diese Arbeit umgesetzten Rahmenbedingungen haben Mitarbeiter(innen) hier Methoden gefunden, sich mit dieser allgegenwärtigen Belastung auseinander zu setzen: Erwartbarkeit der Reaktion, Verständnis der individuellen Reaktionsweise, angemessene Interventionen, gemeinsam abgesprochenes Handeln, häufige Teamgespräche, intensive psychologische Beratung, Supervision, personelle Mehrfachbesetzung u. a. m. helfen, die erlebte Bedrohung auf ein erträgliches Maß zu reduzieren. Allerdings finden sich derartige Arbeitsbedingungen meines Wissens leider nur selten.

Die ernsteren Probleme entstehen in Werkstatt- oder Wohngruppen, in denen betreute Menschen eine prinzipielle Aggressionsbereitschaft haben, aber niemand weiß, ob und wann diese zum Ausbruch kommt. Anders auch, wenn intensive Aggressionen urplötzlich und unerwartet auftreten. Die betroffenen Fachkräfte sind meist allein und selten geschützt. Anders auch, wenn Mitarbeiter(innen) bereits eine traumatische Gewalterfahrung in ihrer Lebensgeschichte zu verarbeiten hatten und es durch eine entsprechende Situation zu einer Rethematisierung (mit allen möglichen sich wiederholenden Belastungen) führt.

Die meiner Einschätzung nach größte Belastung findet sich aber in solchen Arbeits- und Lebensbedingungen, in denen Gewalt und Aggressionen erwartbar auf der Tagesordnung stehen und es für die Mitarbeiter(innen) keine adäquaten Unterstützungsformen gibt (was tragischerweise natürlich auch für die Menschen mit Behinderungen gilt und nur wegen der besonderen Themenstellung meiner Erörterung hier nicht weiter ausgeführt werden soll). Wenn Mitarbeiterinnen ohne entsprechende Ausbildung, Fortbildung, Begleitung, Supervision usw. unter derartigen Bedingungen zu arbeiten haben, ist eine persönliche wie auch institutionelle Traumatisierung vorgezeichnet (siehe Traumatyp II).

Das posttraumatische Belastungssyndrom

Vielen Opfern intensiver Aggressionen und den Menschen, die sie umgeben, sind die folgenden Zusammenhänge nicht bewusst oder nicht bekannt.

Beispiel: Susanne erinnert sich ungern, nicht nur an die Tatsache, dass sie beinahe erwürgt wurde, sondern auch an die Zeit, etwa zwei Jahre nach dem Ereignis. Susanne hatte sich gerade neu (in ihren heutigen Ehemann) verliebt. Damals erlebte sie beim Kauf eines Pullis einen Schwächeanfall: Scheinbar aus heiterem Himmel versagen ihr die Beine. Ein Arzt verabreicht ihr ein Beruhigungsmittel. In der darauf folgenden Zeit leidet sie unter häufigen Hitzegefühlen und Schlafstörungen. Als sie sich während ei-

ner Autofahrt bei starken Phantasien beobachtet, am liebsten gegen einen Baum fahren zu wollen, sucht sie einen Psychiater auf. – Susanne hatte nach der Gewaltsituation nur sehr wenige Menschen, mit denen sie über ihre Erlebnisse sprechen konnte.

Was ist da passiert? – Die Wahrnehmung des Menschen und die Verarbeitung aller Reize stehen immer im Dienste seines Überlebens. Gefahr löst den biologisch in uns festgelegten Stress-(Kampf-/Flucht-)Mechanismus aus. Die Stresshormone Adrenalin und Noradrenalin verhelfen dem Körper zu großer Muskelkraft, maximaler Aktivierung und abgesenkter Schmerzempfindung. Die Aufmerksamkeit wird nach außen gerichtet, die Emotionen werden kaum mehr in ihren einzelnen Bestandteilen wahrgenommen (dissoziiert). Eine solche Reaktion ist normal! Sie verschwindet jedoch nur langsam. Abhängig von der Stressintensität und der (sozialen) Umwelt der beeinträchtigten Person kann es mehrere Wochen dauern, bis die Symptome abgeklungen sind.

In Susannes Fall konnte die Stressreaktion nur teilweise »abgebaut« werden.

Neurobiologisch konnten bei traumatisierten Personen Erregungszentren nachgewiesen werden, die eine Art körperliche »Narbe« im Hirngewebe bilden: Die Erfahrungen haben sich so körperlich manifestiert (BAUER, 2003). Therapeutisch erscheinen diese Zustände wie eine Art innerer Trancezustand. Durch zunächst nicht erkannte Schlüsselreize können diese »neuronalen Narben« wieder aktiviert werden und der gesamte Körper wird erneut in eine Stressreaktion gebracht.

In der psychotherapeutischen Behandlung erkannte Susanne den (zu) engen Kragen des neuen Pullis als Auslöser ihrer Stressreaktion.

Es hätten auch bestimmte Geräusche, Gerüche, Lichtkonstellationen oder anderes zum *Schlüsselauslöser* werden können, denn alle begleitenden Reize und Wahrnehmungen im Moment der traumatischen Erfahrungen wurden in der Schlüsselsituation quasi »gelernt« (klassische Konditionierung) und gespeichert. – Auch die spontane Suizidalität hängt vermutlich mit weiteren in der Zwischenzeit unbewusst abgelaufenen seelischen Prozessen zusammen.

Wie kann solch unangenehmen Folgen vorgebeugt werden? – Die entscheidenden Interventionen und Maßnahmen sollten schnellstmöglich nach dem traumatischen Erleben beginnen. Es ist nicht günstig, das Erlebte unreflektiert und unbearbeitet stehen zu lassen, es »in sich hineinzufressen«. Hilfreich sind das unmittelbar auf das traumatische Erleben folgende (Kollegen-)Gespräch, soziale Kontakte, emotionale Zuwendung und menschliche Unterstützung. Häufig genug passiert dies aber nicht oder nur unzureichend. Die Gründe dafür sind vielfältig. So gehen Mitarbeiter(innen) nach belastenden Erfahrungen »krank« zum Arzt, der sie dann mehrere Tage arbeitsunfähig schreibt. In der Folge kann es dann unter Umständen passieren, dass diese Personen weiterhin ohne nennenswerte Gesprächsmöglichkeiten zur Aufarbeitung des traumatischen Erlebnisses verbleiben. So wird es verdrängt und taucht unvermittelt und in einer scheinbar nicht im Zusammenhang damit stehenden Situation wieder auf – siehe Beispiel Susanne.

Von nicht zu unterschätzender Kraft sind Gefühle der Scham und der Schuld. Sie zeigen sich bei vielen Menschen, die von anderen misshandelt wurden. Der Versuch Scham und Schuld zu verbergen geht einher mit einer Verringerung der Kommunikation über das Erlebte.

Traumatypen I und II

Gisela Perren-Klingler (2001) unterscheidet zweierlei Traumatypen: Typ I bezeichnet die durch ein einmaliges Ereignis beeinträchtigte Person. Beim Typ II wird die Person immer den gleichen, zwar vorhersehbaren aber nicht abwendbaren Ereignissen ausgesetzt. Hilflosigkeit wird zum Mittelpunkt allen Erlebens. Diese quasi »schleichende« Traumatisierung – begleitet von negativer Selbstbewertung (Scham) – wird häufig nicht aus- und angesprochen und somit nicht hinreichend verarbeitet. Auch in den obengenannten Gruppen mit eher latent aggressiven Menschen, wo sozusagen die Gefahr beständig lauert, kann in Abhängigkeit von den beteiligten Personen, eine »schleichende Traumatisierung« einzelner Mitarbeiter(innen) stattfinden.

Was hilft?

Im Angesicht einer erlittenen traumatischen Erfahrung sollten sowohl das soziale als auch das betriebliche Umfeld konstruktive Hilfen für die Betroffenen bereit halten. Hilfreich sind:

- Das Erzählen der Erlebnisse, auch mehrmals innerhalb der Stress-Erholungsphase (Das sind die Wochen danach), ggf. auch das Aufschreiben der Erlebnisse;

- Regelmäßiges Ansprechen der Belastungssituationen bei Gefahr von Traumatyp II;
- Aktives, einfühlsames Zuhören in einer sicheren nicht als bedrohlich empfundenen Umgebung;
- Die Erlaubnis, Gefühle zeigen zu dürfen;
- Die Betonung der Normalität der Stressreaktion;
- Toleranz und Verständnis für die während des Erzählens auftretenden Gefühlsäußerungen und -ausbrüche;
- Die Erinnerungen an die positiven Erlebnisinhalte vor dem traumatischen Ereignis ausdrücken;
- Die Hoffnung auf positives Erleben nach der Stress-Erholungphase formulieren (Worauf ich mich wieder freuen kann);
- Das Erarbeiten von Methoden zur individuellen Entspannung: zum Müdewerden vor dem Schlaf, Sport um sich fit zu halten usw.;
- Gesprächs-Patenschaften: Menschen, die den Kontakt zur betroffenen Person suchen und ihn wenigstens über die Stress-Erholungsphase hin halten.

Diese Vorgehensweisen sind nach Perren-Klingler professionellen psychotherapeutischen Methoden ähnlich, können aber auch ohne Fachausbildung von allen Mitgliedern des sozialen und betrieblichen Umfelds in der ersten Zeit wirkungsvoll angewendet werden. Professionelle Beratung kann innerhalb der Institutionen von in therapeutisch-psychologischen Fachdiensten qualifizierten Mitarbeiter(innen) angeboten werden.

Je nach persönlicher Belastung ist auch eine kurzzeitige psychotherapeutische Behandlung angezeigt: Dauert die Belastungsreaktion länger als zwei Wochen an, sollten sich die Betroffenen *unbedingt* professionelle Hilfe von Ärzten oder Psychologen holen.

Die WIR-Perspektive: Gewalterleben im Team

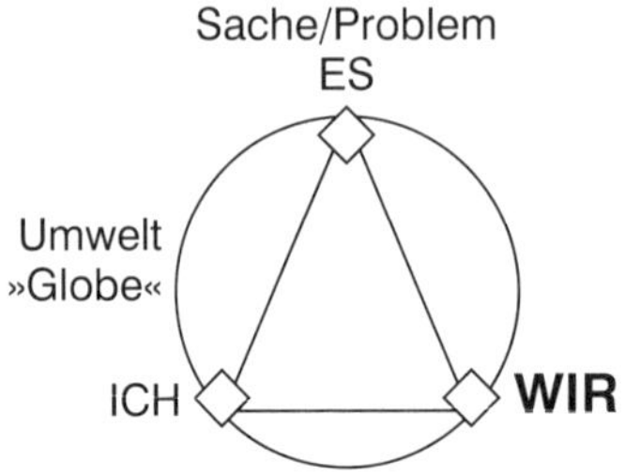

Wie schon im vorherigen Abschnitt gezeigt, sind die kollegialen und sozialen Unterstützungsprozesse für den Umgang mit Aggressionen und Gewalt von großer Bedeutung. Die Beziehungen Ich–Wir bilden ein stabilisierendes, heilsames Moment der Stressentlastung. Doch ist ein gewaltsamer Übergriff nicht nur eine Katastrophe für den oder die Betroffenen. Er zieht auch die Gesamtdynamik eines Mitarbeiterteams in seinen »affektlogischen« Strudel.

Beispiel: Ein erst vor wenigen Monaten zugezogener Bewohner zeigt aggressive Verhaltensweisen. Der Gruppenleiter ruft den Berater: Eine Mitarbeiterin komme mit dem Bewohner nicht zurecht. Sie habe als einzige des Teams damit ein Problem, sie sei ja auch noch so jung und unerfahren. – In der Gruppenberatung zeichnet sich etwa folgendes Bild ab: Der Bewohner zeigt gegenüber allen Teammitgliedern aggressive Verhaltensweisen, die vermutlich aus einem aktuellen Entwicklungskonflikt resultieren (Etwas vereinfacht: Er möchte mehr als er kann; u. a. hat er sexuelle Interessen, die er noch nicht konstruktiv umsetzen kann und ist sehr unzufrieden mit den Beschränkungen, denen er in der Wohngruppe begegnet. Seine Eltern können ihn wegen ihres hohen Alters nicht mehr in den Ferien und an Wochenenden nach Hause holen – dort konnte er handeln, wie er wollte). Die Teammitglieder erkennen aber seine »Not-«lage nicht (die er zwar einem jeden von ihnen durch seine aggressiven Verhaltensweisen zeigt), weil sie nicht über ihr Erleben sprechen, bzw. »dienstplantechnisch« kaum Gelegenheit haben, sich darüber auszutauschen.

Die Mitarbeiter(innen) des Teams sind der Meinung, der Bewohner wäre in ihrer Gruppe am falschen Ort, er mache mit seinen Verhaltensweisen der Bewohnergruppe Angst. Denn in der Gruppe ist es zu einer Selbstverständlichkeit geworden, die Grenzen klar und sehr straff zu ziehen, die Bewohner(innen) laut zurechtzuweisen und sie ins Zimmer zu schicken. – So verfahren sie auch mit dem neuen Bewohner, schicken ihn in sein Zimmer, wo er dann in Schaukelbewegungen verfällt (Effektstereotypie). Die junge Mitarbeiterin möchte oder kann aber so nicht reagieren. Etwas mitleidig wird ihr von den Teammitgliedern ihre »Unfähigkeit« gespiegelt: Schau her, so musst du das machen – wie wir alle!

Im Wechselspiel der Teamreaktionen überprüft jeder einzelne seine eigene Bedrohtheit. Der Schreck und – in der Folge – Angst nach unerwarteten Gewaltereignissen bemächtigen sich aller Teammitglieder. Kein Gefühl bleibt bei einer Person alleine, die Störung verschafft sich Vorrang vor allen weiteren Erlebnisinhalten und formt diese entscheidend mit:

Typisch ist hier das Entstehen von Täter-Opfer- bzw. Schuld-Scham-Modellen im Bewusstsein und Erleben. Die unangenehme Erfahrung wird abgespalten und anderen (nicht mir!) zugeordnet. Das bringt eine psychische Entlastung. Das Opfer empfindet Ohnmacht und Scham, eventuell auch Wut, die sich gegen sich selbst richtet. Das »System« Arbeitsgruppe/Team entwickelt unbewusst ein Tabu.

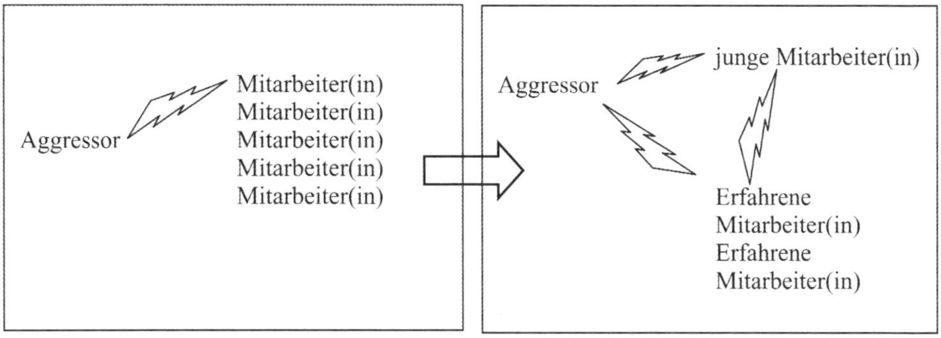

Ausgangssituation

Ausschluss des Aggressors *und* des identifizierten Opfers

Wie kann dem entgegengewirkt werden? – Zunächst: auch diese Reaktionen sind normal und erwartbar. Dabei besteht die »Störung« in der Unmöglichkeit das Stressreaktions-Programm (Gegenwehr oder Flucht) auszuleben, weil es gesellschaftlich/sozial nicht erlaubt ist. Folglich muss das System andere Wege finden, in seinen Gleichgewichtszustand zurückzufinden, eben durch Ausschluss und Tabuisierung.

Für die Planung meiner Beratungsinterventionen mache ich mir klar: Hier wird ein Teil der Realität ausgeklammert, weil es zunächst zu schwer ist, diese anzunehmen. Folglich kann es in der Beratung nur darum gehen, die Realität der Tat und des damit zusammenhängenden Erlebens schrittweise wieder ins Bewusstsein zu heben und es konstruktiv umzudeuten (»Reframing«). Dabei leitet mich das Modell der »Gewaltfreien Kommunikation« nach Rosenberg (2001). Es folgt der oben ausgeführten Logik der Gefühle und Bedürfnisse.

Eine zentrale Intervention dafür ist das »aktive Zuhören« nach Carl ROGERS (Rosenberg ist Rogers-Schüler, siehe annotierte Literaturtitel). Im Beratungsprozess können durch Akzeptanz, Verstehen und In-Übereinstimmung-Bringen der gefühlsmäßigen Reaktionen mit der erlebten Szenerie die zugrunde liegenden (verletzten) Bedürfnisse transparenter werden. Diese Unterstützung der Personen ist zugleich Modell für die Kooperation – im Sinne von Akzeptanz und gegenseitiger Stützung – der Teammitglieder. Ich folge in der Beratung der hier nur schematisch und ohne methodische Ausgestaltung dargestellten »psycho-logischen« Schrittfolge:

- Was habe ich erlebt ? (Wahrnehmung)
- Wie war meine erste Reaktion ? (Abwehr)
- Welche Gefühle begleiten mich, wenn ich heute daran denke? (Gefühle)
- Was brauche ich, um mit den beteiligten Personen weiter arbeiten zu können? (Bedürfnisse)
- Was können wir vereinbaren, um unsere Bedürfnisse wieder (besser) zu erfüllen? (Lösungen)

Schrittweise wird so eine Integration des Erlebten in die individuelle wie auch in die kollektive Wahrnehmung ermöglicht: Die Realität von Gewalt und Aggression kann anerkannt und kooperativ wie konstruktiv bearbeitet werden. Eine behutsame, die Schutzreaktionen der Betroffenen respektierende und gleichsam öffnende Beratung ist in dieser Situation angezeigt.

Die Institution: Standards gegen destruktive Gewalt

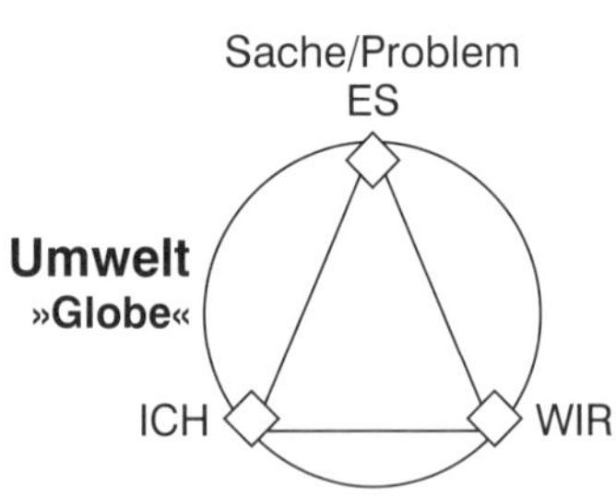

»Wer den ›globe‹ nicht kennt, den frisst er!« lautet ein Ausspruch von Ruth Cohn. Alle oben beschriebenen Aspekte finden im institutionellen und gesellschaftlichen Rahmen statt. In diesem Bereich sind momentan erhebliche Veränderungen im Zuge des massiven Umbaus des Sozialstaats Bundesrepublik Deutschland zu verzeichnen. In seiner Folge werden die Bedingungen zur Prävention und zur Bearbeitung von Gewalterfahrungen in den Einrichtungen und Diensten der Behindertenhilfe nicht besser: Abbau der Betreuungszeiten, Herabsetzung der Anzahl qualifizierter Mitarbeiter(innen), Einschränkungen in der pädagogischen und therapeutischen Angebotsvielfalt usw. sind zu verkraften.

Einrichtungen und Dienste der Behindertenhilfe müssen folglich lernen, mit weniger Mitteln Gleiches zu leisten. Im Zusammenhang mit dem Thema Aggression prognostiziere ich sogar einen Anstieg in Menge und Intensität aggressiver Verhaltensweisen: Die Anzahl verhaltensgestörter Menschen in den Einrichtungen nimmt (auf Grund des gesellschaftlichen Strukturwandels?) allerorts zu. An erforderlichen Interventionen seitens der Einrichtungen, Dienste und Organisationen der Behindertenhilfe sind hier zu nennen:

- Politische Bemühungen, um genügend Finanzmittel im Bereich der psychologischen und pädagogischen Fachdienste zu sichern.
- Bemühungen im Bereich Qualifizierung, um Fort- und Weiterbildung trotz (oder wegen!) eingeschränkter Ressourcen zu verstärken.
- Bemühungen zur Verbesserung der innerinstitutionellen Kommunikation: Erarbeiten von Standards im Umgang mit Gewalt, Festigung der Beratungsarbeit der Fachdienste, innerinstitutionelle Thematisierung der Probleme als Mittel zur Bewältigung drohender Tabuisierungen.

Last, but not least: Mit einer genauen Analyse der konkreten Lebensbedingungen der (aggressiven) Bewohner(innen) und der Herstellung individueller und flexibler Betreuungsformen gegebenenfalls unter Einbindung aller im Betreuungssystem beteiligten Personen und Institutionen, ist der »globe« immer Gegenstand der Fallberatung und -supervision. Ort und Platz im Leben zu finden, eine Heimstatt zu haben, die zu mir passt, ist in unserem Zusammenhang ein besonders hoch einzuschätzendes menschliches Grundbedürfnis!

Im Sinne der Betreuten und Fachkräfte müssen diese Orte der Gesellschaft, den Institutionen und dem Alltag immer wieder aufs Neue mühevoll »abgerundet« werden, soll eine menschenwürdige Rehabilitation keine Utopie (griechisch: uk-topos = Nicht-Ort) bleiben.

Ein gutes Ende?

Beispiel: Die junge, »unerfahrene« Mitarbeiterin erhält durch die Beratung im Team neue Wertschätzung. Sie war es nämlich, die auf das schon lange vorhandene aggressive Verhalten des neuen Bewohners als erste reagierte und damit (seismografisch) allen anderen anzeigte, welchen Belastungen jeder andere im Team bereits seit einiger Zeit (unbewusst) ebenfalls ausgesetzt war. Die »Unerfahrene« stellt dem Team durch ihren unbelasteten »Erfahrungsvorsprungs« ihre Erfahrungen zur Verfügung und macht dadurch rechtzeitiges koordiniertes fachlich und menschlich motiviertes Handeln möglich.

Zum Abschluss: TZI als Beratungsansatz

Beratung und Supervision aus dem Blickwinkel der TZI zu konzipieren heißt, die vier Faktoren ICH, WIR, ES und »GLOBE« mit ihren Verbindungslinien als den Beratungsprozess leitend anzuerkennen. Helmut Reiser, Professor für Sonderpädagogik an der Universität Hannover, spezifiziert die sich daraus für die TZI-Supervisionsarbeit ableitenden Ziele wie folgt:

ES (Aufgabe)	=	Ziel: Effizienz
GLOBE (Rahmenbedingungen)	=	Ziel: Transparenz
ICH (Person)	=	Ziel: Unterstützung
WIR (Team und Vorgesetzte)	=	Ziel: Kooperation

(Hahn u. a. 1998, 27)

Ich verstehe es als meine Aufgabe, diese Ziele ins Bewusstsein der Mitarbeiter(innen) zu heben, sie in ihrer Bezogenheit aufeinander und Abhängigkeit voneinander verstehbar zu machen. Aggressionen, Gewalt, Affektlogik und Gruppendynamik sind damit nicht nur Phänomene und Probleme, die mittels Beratung schnellstmöglich aus der Welt zu schaffen sind. Sie werden zu Themen gewinnbringenden lebendigen Lernens in Teams und Organisationen.

Literatur:

BAUER, Joachim (2003): Das Gedächtnis des Körpers. Piper.

CIOMPI, Luc (1997): Die emotionalen Grundlagen des Denkens. Göttingen: Vandenhoek und Ruprecht.

CIOMPI, Luc (1998): Affektlogik. Klett-Cotta.

COHN, Ruth (1980): Von der Psychoanalyse zur themenzentrierten Interaktion. Stuttgart.

HAHN, Karin; Marianne SCHRAUT; Klaus-Volker SCHÜTZ; Christel WAGNER (Hrsg.) (1998): Themenzentrierte Supervision, 27. Mainz.

KRETSCHMER/WÜRKERT (2000, Nr. 12): Aggression und Rehabilitation. In: Zeitschrift Psychologie, Heft 11–12.

MASLOW, Abraham H. (1954): Motivation and Personality. New York: Harper and Row.

PERREN-KLINGLER, Gisela (2001): Gewalterfahrungen und präventive Interventionen. In: Debriefing: Erste Hilfe durch das Wort. Bern, Stuttgart, Wien.

ROGERS, Carl (1982): Die Kraft des Guten. München: Kindler.*)

ROGERS, Carl (1988): Lernen In Freiheit. Frankfurt (Main): Fischer.*)

ROGERS, Carl (1994): Die nicht-direktive Beratung. Frankfurt (Main): Fischer.*)

ROSENBERG, Marshall (2001): Gewaltfreie Kommunikation. Aufrichtig und Einfühlsam miteinander sprechen. Paderborn: Junfermann.

*) Die beiden ersten Rogers-Titel werden bei Rosenberg aufgeführt (in englischer Sprache); der dritte eignet sich gut als themenbezogener Einstieg für Neuleser.

Aktuelle psychologisch-pädagogische Konzepte für behinderte Menschen mit massiv aggressiven Verhaltensweisen

Markus van der Vorst, Udo Schultheiss

Eine Übersicht

In der akuten Konfrontation mit massiv aggressiven Verhaltensweisen steht die Gewährleistung der physischen und psychischen Unversehrtheit aller beteiligten Personen im Vordergrund. Sicherheit und Souveränität im Umgang mit aggressivem Verhalten ermöglichen oft erst ein normales Zusammenleben und -arbeiten behinderter Menschen mit ihren Bezugspersonen.

Umgang mit und Behandlung von massiv aggressiven Verhaltensweisen bei behinderten Menschen und die fachliche wie persönlich-menschliche Intervention kann dabei immer nur Teil einer *umfassenden* Hilfe- und Therapieplanung sein, die den ganzen Menschen im Blick hat und ihn nicht auf seine problematischen Anteile reduziert.

Eine systemisch-ökologische Sichtweise weitet traditionelle personzentrierte Erklärungs- und Interventionsmöglichkeiten auf viele Ebenen aus. Neben den in der Person des behinderten Menschen, in seiner Entwicklungs- und Lerngeschichte liegenden Bedingungsfaktoren, werden sein Lebens- und Arbeitskontext, familiäre und institutionelle Rahmenbedingungen, sein soziales Bezugssystem und die Wechselwirkungen zwischen den betroffenen Personen als mitbedingende, auslösende oder aufrechterhaltende Faktoren aggressiven Geschehens in den Blick genommen. All diese Faktoren sind auch Ansatzpunkte von Interventionen.

Nutzbringende Ergänzung bei der Entwicklung von Interventionskonzepten im Bereich der Behindertenhilfe stellen Ideen eines lösungsressourcenorientierten Therapieansatzes dar. Eine systematische Darstellung dieses Ansatzes findet sich bei Walter und Peller (1994). Weniger die Erklärung und die Suche nach Ursachen problematischen Verhaltens, als vielmehr die Suche Ressourcen in der Person und ihrem sozialen System sowie ihre Nutzbarmachung kennzeichnen diesen Ansatz, sind Ausgangspunkte pädagogischer, therapeutischer Interventionen. In der praktischen Umsetzung heißt dies kurz zusammengefasst: Entwerfen von Lösungsszenarien, die für die Beteiligten passen. Aufgliederung dieser Lösungsszenarien eindeutig definierte, konkrete Verhaltensziele (Operationalisierung). Initiierung und Begleitung eines Prozesses zur Umsetzung dieser Ziele im Alltag.

Entsprechend der Bedingungsvielfalt und -komplexität massiv aggressiven Verhaltens wird deutlich, dass Behandlungskonzepte am ehesten zielführend sind, wenn sie

a) theorie-, »schulen«- und professionsübergreifend angelegt sind;

b) unterschiedlichen Interventionsebenen laufen, d. h. Person- und Kontextvariablen und deren komplexes Wechselwirkungsgefüge berücksichtigen;

c) dabei jeweils auf den konkreten Einzelfall hin angepasst werden;

d) sich nicht nur – symptomorientiert – auf die Beseitigung des als problematisch bewerteten Verhaltens konzentrieren, sondern gleichzeitig und in gleichem Maße auf die Entdeckung und Nutzbarmachung von Ressourcen und Schutzfaktoren in der Person und in ihrem sozialen System abzielen, um zu aggressivem Geschehen alternative Verhaltens- und Umgehensmuster zu fördern und als feste Größen im Alltag einzurichten.

So propagiert Dalferth eine » Drei-Ebenen-Strategie« der Krisenintervention bei schwer behinderten Menschen. Er zeigt beispielhaft auf die jeweiligen Betreuungspersonen, auf die Person des behinderten Menschen selbst, als auch auf das Umfeld bezogene Maßnahmen auf.

Betreuerbezogene Maßnahmen (Ebene 1):

Es handelt sich um Maßnahmen, welche die Betreuungspersonen befähigen in kritischen Situationen »... selbst nicht in einen Ausnahmezustand aus Angst und Überforderung zu geraten und dadurch handlungsunfähig zu werden, sondern an Sicherheit zu gewinnen.« (Dalferth 2004, 161). Unter anderen nennt der Autor:

- die Formulierung realistischer, den jeweiligen Rahmenbedingungen angepasster, Überforderung für alle Beteiligten vermeidender Zielsetzungen in der alltäglichen Betreuung, Begleitung und Förderung des behinderten Menschen;
- regelmäßige Reflexion des Entwicklungsstands des behinderten Menschen in Fall- und Teambesprechungen, in denen nicht nur problema-

tische Aspekte im Verhalten und Erleben thematisiert, sondern auch Kompetenzen und Ressourcen bewusst gemacht werden als Ansatzpunkte zur Stärkung erwünschten Verhaltens;

- eine pädagogische Leitlinie, ein pädagogisches Konzept, dem sich die Betreuer verpflichtet fühlen und das ihnen Orientierung und Handlungssicherheit im Alltag, insbesondere in konkreten Belastungssituationen gibt;
- die Erstellung und regelmäßige Aktualisieren individuell auf den behinderten Menschen *angepasster Kriseninterventionsprogramme mit Risikoplan* (Beschreibung individueller Gefährdungen: Was ist gemeint?) und *Interventionsplan für akute Notsituationen* (konkret beschriebene spezifizierte Verhaltensstandards für akute Situationen mit Selbst-, und Fremdgefährdung);
- die praktische Unterstützung, Mitarbeit und Erreichbarkeit hochqualifizierter Fachdienstmitarbeiter im Gruppendienst bzw. die Möglichkeit, sie einzuziehen im Sinne einer ambulanten Krisenintervention;
- Supervision und qualifizierte Fort- und Weiterbildung der Betreuer sowie Möglichkeiten zum fachlichen und zum Erfahrungsaustausch im interdisziplinären Team;
- als konzeptionelle und strukturelle Maßnahmen:
  - eine den Betreuungsnotwendigkeiten und -vorhaben entsprechende Arbeitszeitstruktur und ein entsprechender Stellenschlüssel;
  - die Etablierung eines dauerhaften Bezugsbetreuersystems, mit nötigenfalls einer zeitweisen Einzelbetreuung eines behinderten Menschen;
  - geplante und strukturierte Aufteilung belastender Aufgaben im Alltag, so dass für einzelne Mitarbeiter die Arbeit mit den schwierigsten Personen zeitlich begrenzt bleibt
  - nicht zuletzt: regelmäßige und aufbauende Rückmeldung von Vorgesetzten und Außenstehenden an die Betreuungspersonen (162–164).

Behindertenbezogene Maßnahmen (Ebene 2):

Sie sollen bei dem behinderten Menschen Lernprozesse initiieren und zum Aufbau von alternativen Handlungsmöglichkeiten und -kompetenzen zu seinem Problemverhalten führen, die ihm eine Bewältigung seiner schwierigen Lebenssituationen erlauben.

- Im Falle schwer behinderter Menschen sieht Dalferth (164–168) vor allem verhaltensmodifikatorische und kommunikationsfördernde Programme (augmentative, ikonografische, unterstützende Kommunikationshilfen) als zielführend an.
- Der Verzicht auf die Anwendung aversiver Maßnahmen durch die Mitarbeiter und der Einsatz alternativer, die Situation entschärfender (deeskalierender) Maßnahmen (Handlungsangebote an den behinderten Menschen wie z. B. Snoezelen) können Anspannung und Erregung auf sozial akzeptable Art abbauen.
- Die Erweiterung der Mobilität des behinderten Menschen, etwa durch Abbau fixierender Maßnahmen bei gleichzeitiger Intensivierung der Betreuung (z. B. zeitweise Eins-zu-Eins-Betreuung) und des Beschäftigungsangebots kann ebenfalls zur Entspannung führen.
- Auf die jeweiligen Kommunikationsmöglichkeiten des behinderten Menschen abgestimmte einzeltherapeutische Angebote (z. B. Gestalt-, Kunsttherapie) helfen, traumatische Lebensereignisse in der Biografie der Person (z. B. Gewalterfahrung) zu verarbeiten und können auch auf evtl. bevorstehende Veränderungen seiner Lebenssituation (z. B. Trennung und Verlusterleben bei Umzug in eine Heimeinrichtung, bei Gruppen- oder Einrichtungswechsel) vorbereiten.

Umfeldbezogene Maßnahmen (Ebene 3):

Sie zielen im Sinne eines »therapeutischen Milieus« darauf ab, schwer behinderten Menschen »grundständige Sicherheit und Schutz, ausreichend Ruhe und Rückzugsmöglichkeiten, Kommunikationsangebote, Betätigungsmöglichkeiten und Befriedigung ihrer Grundbedürfnisse« (Dalferth, 169) zu garantieren. Als wesentliche Elemente eines solchen Lebensraums nennt der Autor:

- Strukturierung, Rhythmisierung des Alltags, beispielsweise durch Sicherheit spendende Rituale;
- An den ›besonderen Nöten‹ der Bewohner(innen) orientierte räumliche Ausstattung, Beziehungsstrukturen und pädagogische Programme, Bewegungs-, Entspannungs- und Betätigungsmöglichkeiten, die den Nutzern im Alltag selbstständig und selbstverständlich zugänglich sind.

In den späten 1940er Jahren gründeten und führten Redl und Wineman (1976) eine Heimeinrichtung, das Pioneer House, für schwer gestörte, verhaltensschwierige aggressive Kinder und Jugendliche, die auch herkömmliche pädagogische Konzepte und therapeutische Behandlungsmethoden versagten.

Ausgehend vom psychoanalytischen Persönlichkeits-Instanzenmodell (ES–ICH–ÜBER-ICH) sehen die Autoren die Symptomatik dieser Kinder vor allem als durch eine gestörte bzw. fehlende Entwicklung des »ICH« und seiner Funktionen bedingt an. Eine der wichtigsten Funktionen des ICH-Systems ist, eine Synthese zwischen den verschiedenen nach Befriedigung drängenden ES-Impulsen einerseits und den Forderungen der äußeren Realität sowie dem eigenen Gewissen andererseits zu schaffen. Eine gestörte ICH-Entwicklung kann zu Fehleinschätzung und Verkennung der Realität, zu Angst und Unsicherheit in neuen, ungewohnten Situationen, zu herabgesetzter Frustrationstoleranz, Einschränkungen oder gar zum Verlust der Selbstkontrolle und bewusster Handlungssteuerung führen und sich in aggressivem Verhalten niederschlagen. Dieses Phänomen ist auch bei geistig behinderten Menschen feststellbar.

Als Konsequenz ergibt sich daraus: pädagogische und therapeutische Bemühungen müssen auf die Stützung und Förderung der ICH-Funktionen dieser Kinder abzielen.

Mit dem Pioneer schufen House Redl und Wineman ein speziell auf diese Zielsetzung hin ausgerichtetes therapeutisches Milieu (umfeldbezogene Maßnahmen) und entwickelten eine Reihe von Erziehungsprinzipien (betreuerbezogenen Maßnahmen) und Interventionstechniken (personenbezogene Maßnahmen) für den Umgang mit aggressivem Verhalten im pädagogischen Alltag von Klinik- und Heimkontexten und – mit Abwandlungen – auch im familiären Kontext. Die so genannten insgesamt siebzehn »ICH-stützenden« Maßnahmen reichen von *Bewusstem Ignorieren* über *Eingriff durch Signale, Kontrolle durch körperliche Nähe und Berührung, Spannungsentschärfung durch Humor, Umstrukturierung kritischer Alltagssituationen* bis hin zu *Bestrafung* bzw. *Strafandrohung.*

Die Methoden zur »Steuerung aggressiven Verhaltens« von Redl und Wineman sind auch heute noch als praktische und angemessene Vorgehensweisen anerkannt. So finden sich bei Theunissen (1997, 120–129) neben anderen auch viele dieser Verfahren – allerdings ohne expliziten Bezug auf die psychoanalytische Theorie – als Empfehlungen für ein »pädagogisches Situationsmanagement« im Umgang mit problematischen Verhaltensweisen behinderter Menschen.

Zum Umgang mit Verhaltensauffälligkeiten bei geistiger Behinderung entwickelte Theunissen ein Arbeitskonzept der »speziellen Pädagogik«. Sein Ausgangspunkt ist dabei die sogenannte »Verstehensdiagnose«, die er einer etikettierenden, letztlich stigmatisierenden Diagnostik entgegenstellt, welche sich ausschließlich an in der Person liegenden möglichen Ursachen (z. B. hirnorganische Störung) oder an Kriterien psychiatrischer Klassifikationsschemata orientiert. »Verstehensdiagnose« meint hingegen eine umfängliche »›verstehende‹ Problemaufbereitung«, wobei die ganze Person mit ihrer Lebens- und Entwicklungsgeschichte, ihren Bedürfnissen, Beeinträchtigungen und Kompetenzen in ihrem jeweiligen interpersonalen und situativen Kontext zu erfassen ist. Verhaltensauffälligkeiten sind somit als Manifestation zahlreicher Wechselwirkungen zwischen dem sogenannten Symptomträger und seiner Lebenswelt anzusehen und werden nur so versteh- und veränderbar. Theunissen formuliert einen umfangreichen Katalog diagnostischer Fragestellungen und Leitsätze, an denen die Problemaufbereitung, die Verstehens-Diagnose, sich im jeweiligen Einzelfall orientiert.

An die so gewonnene Problemdefinition und -einschätzung, schließen sich die Formulierung von Zielsetzungen, die Planung, die Durchführung und die Evaluation von Interventionsmaßnahmen an.

Entsprechend dem zu Grunde liegenden system-ökologischen Verständnis auffällig-problematischen Verhaltens sind zu seiner Veränderung sowohl symptomzentrierte pädagogisch-therapeutische Arbeitsformen mit dem behinderten Menschen, als auch auf das soziale und räumlich-materiale Umfeld zentrierte Maßnahmen denkbar.

Ein solch breit angelegter Prozess, wie ihn Theunissen in seinem Konzept der Verstehensdiagnose und der speziellen Pädagogik beschreibt, verlangt ein multiprofessionelles Vorgehen, interdisziplinäre Teamarbeit und die Systematisierung der einzelnen Arbeitschritte pädagogisch-therapeutischer Hilfen im jeweiligen Einzelfall (siehe dazu Theunissen 1997, 184–186).

Nach Kretschmer und Würkert korrelieren mit der erfolgreichen Behandlung aggressiven Verhaltens vor allem *zwei* Vorgehensweisen:

Zum einen sind dies Verfahren, die den Bezugspersonen praktische *Handlungsweisen* an die Hand geben zur Eingrenzung, Situationsentspannung (Deeskalation), Auflösung aggressiven Geschehens in der akuten Situation und welche die Autoren »Pädagogisches Time Out«, »Cool Down« und »Kontrollierter Dialog« nennen.

Mit Pädagogischem Time Out werden eindeutige Begrenzungen unakzeptablen Verhaltens verdeutlicht und gesetzt. Das »Cool Down« ist eine Möglichkeit zum Abbau von Erregung und Anspannung. Im »Kontrollierten Dialog« werden Bewältigungsstrategien zur angemessenen und konstruktiven Bearbeitung interpersoneller Konflikte vermittelt und eingeübt (KRETSCHMER UND WÜRKERT 1998).

Zum zweiten gilt es nach Kretschmer und Würkert aggressivem Geschehen zugrundeliegende »Leitkonflikte« zwischen Menschen mit Behinderung und ihrem sozialen Umfeld aufzudecken und zu bearbeiten. – Leitkonflikte sind das Ergebnis bestimmter von der Person als stark belastend erlebte Person-Umwelt-Beziehungen. So etwa »Entwicklungskonflikte«, die aus der Diskrepanz zwischen eingeschränktem Entwicklungspotential auf Seiten des behinderten Menschen und den in verschiedenen Kompetenzbereichen vorgegebenen oder angestrebten Entwicklungszielen resultieren. Dies kann als massive und dauerhafte Überforderung erlebt werden, mit sich ständig aufs neue bestätigenden Erfahrungen des Versagens, der eigenen Unzulänglich- und Minderwertigkeit einhergehen. Aggressives Verhalten wird dann als hilfloser und untauglicher Lösungs- und Bewältigungsversuch dieser permanenten Überforderung verstehbar. Ansatzpunkte zur Veränderung aggressiven Geschehens in diesem Zusammenhang wären beispielsweise:

- die Aufdeckung und Bewusstmachung des zugrunde liegenden Konflikts und seiner Auswirkungen auf Erleben und Verhalten des behinderten Menschen (oder der sein aggressives Verhalten bedingenden und aufrechterhaltenden Wirkung und Funktion);
- die genaue diagnostische Abklärung des Entwicklungsstands und des Leistungsniveaus des behinderten Menschen sowie seines daraus ableitbaren zukünftigen Entwicklungspotentials und der nächstmöglichen Entwicklungsschritte;
- die (Neu-)Anpassung von Entwicklungszielen, abgestimmt auf die individuellen Entwicklungsmöglichkeiten und -grenzen der Person;
- die Ableitung, Planung und Umsetzung entsprechender Fördermaßnahmen.

Im Sinne einer systemischen Perspektive ist anzumerken, dass Konflikterleben und das Gefühl der Überforderung sich nicht auf den behinderten Menschen beschränkt, sondern auch seine Bezugspersonen betrifft. Die Wahrnehmung, mit seinen Bemühungen um Rehabilitation und Entwicklungsförderung des behinderten Menschen hinter den aufgestellten/selbst gesteckten Zielsetzungen ständig zurückzubleiben und zusätzlich noch mit aggressiven Reaktionen des behinderten Menschen konfrontiert zu werden, wirkt auf fachliche Begleitpersonen und Angehörige massiv belastend. Dies kann bei Mitarbeitern zu Selbstabwertung, Zweifeln an der eigenen sozialen und fachlichen Kompetenz und in Folge zu Überlastungsreaktionen führen – im Extrem sogar zu aggressiven Gegenreaktionen. Positiver emotionaler Bezug zum behinderten Menschen, pädagogisches Engagement, Arbeitszufriedenheit, notwendige Souveränität und Gelassenheit im Umgang mit ihm gehen verloren, verfestigen und verstärken die Konfliktträchtigkeit der Beziehungen im System. Spätestens dann wird supervisorische Unterstützung als zusätzliche Intervention notwendig: zur Reflektion und Klärung der persönlichen emotionalen Situation und Betroffenheit sowie der professionellen Rolle und Aufgabenstellung der Mitarbeiter.

Eine gute Einsicht in die Zusammenhänge bei aggressiven Problemverhaltensweisen gibt DUTSCHMANN (1982). Schwerpunktmäßig geht es dabei um konkrete Konfliktsituationen. Weiterhin stellt er Überlegungen an, welche Mittel Bezugspersonen zur Verfügung haben, um Aggressionsneigungen längerfristig nachhaltig zu beeinflussen. Es wird ein umfangreiches Spektrum an Möglichkeiten geboten – von einfachen »Tricks« in der konkreten Situation, über Denkanstöße für eine optimale Gestaltung des pädagogisch-therapeutischen Milieus (Entspannung, Sicherheit, Verlässlichkeit) bis zur Zusammenarbeit mit Psychologen. Eine Vielzahl von Beispielen erleichtert die Umsetzung der vermittelten Erkenntnisse in die eigene Praxis.

Der Autor orientiert sich an einem bewährten Schema der modernen Verhaltenstherapie, dem S-O-R-C-Schema. Das in Frage kommende Verhalten (R) wird von situativen (S, auslösende Reize usw.) und/oder biologischen (O, Organismusvariablen) Determinanten (sog. vorausgehenden Bedingungen) hervorgerufen, ihm folgen bestimmte Konsequenzen (C, z. B. Verstärker). Entsprechend unterteilt er die Reaktionsmöglichkeiten auf aggressive Handlungen in:

- stimulusorientierte Maßnahmen – beeinflusst werden unmittelbar wahrnehmbare äußere Gegebenheiten;
- organismusorientierte Maßnahmen – dem aggressiven Menschen sollen z. B. Hilfen geboten werden, seine Spannung abzubauen;

- konsequenzorientierte Maßnahmen, mit dem Ziel, Begleitumstände und Folgen einer Aggressionshandlung, welche eine verstärkende Wirkung haben könnten, auszuschalten oder zu modifizieren.

Diese Variablen werden heute um mehrere Varianten erweitert, um Erwartungen und Einstellungen sowie weiteren Aspekten einer funktionalen Analyse von Verhalten gerecht zu werden (vergleiche Kognitive Verhaltenstherapie).

Das *Aggressions-Bewältigungs-Programm (ABPro)* von DUTSCHMANN (1999 und 2000) ist ein Programm zum Umgang mit Aggressionen von Kindern und Jugendlichen, im Umgang mit Erwachsenen durchaus brauchbar und auf Menschen mit geistiger Behinderung übertragbar.

Ziel des Aggressionsbewältigungsprogramms ist es, praktische Hilfestellungen zum kompetenten Umgang mit akuten Aggressionshandlungen zu bieten. ABPro ist kein Therapieprogramm, es eignet sich jedoch zur Ergänzung von Therapien und Trainings sowie zur gezielten Beratung von Bezugspersonen.

Nach DUTSCHMANN (2000b), gibt es Möglichkeiten, Verhaltensauffälligkeiten einer gewissen Systematik zu unterwerfen und entsprechende Regeln für den Umgang mit ihnen abzuleiten. Ein möglicher Ansatzpunkt ist das akute Ausmaß der an aggressiven Handlungen beteiligten Erregung, insbesondere der emotionalen.

So gibt es Aggressionen (z. B. Autoaggressionen), die ohne sichtliche Erregung als Instrument zum Erreichen von Zielen oder zum Vermeiden bestimmter Dinge operant eingesetzt werden – das sogenannte Vermeidungsverhalten.

Andere aggressive Handlungen werden durch mehr oder minder hohe Erregung ausgelöst oder begleitet und sind z. B. Ausdruck einer bestimmten Befindlichkeit. Hier steht ein zu verfolgendes Ziel eher im Hintergrund.

Bei einer weiteren Form von Aggressionen kommt es zu heftigen und ungesteuerten Erregungsausbrüchen mit Gefährdung aller beteiligten Personen und Sachen.

In diesem Sinne unterscheidet DUTSCHMANN (2000a) drei unterschiedliche Typen von Aggressionsformen und sein Programm für den konstruktiven Umgang mit Aggressionen und ähnlichen Verhaltensweisen basiert folglich in erster Linie auf einer Kategorisierung von Aggressionen: der A-B-C-Typologie. Sie dient der Einschätzung konkreter aggressiver Handlungen und orientiert sich am aktuellen Ausmaß der emotionalen Erregung der Person bzw. der Personen. Dabei gibt es fließende Übergänge und Mischformen zwischen diesen Aggressionshandlungen:

Typ A, die instrumentelle Aggression, ist der Versuch, anderen Menschen zur Erlangung eines persönlichen Vorteils gezielt Schaden zuzufügen. Emotionale Erregung ist hierbei weniger von Bedeutung.

Typ B, der sogenannte Emotionstyp, ist ein durch erhöhte emotionale Erregung hervorgerufenes und/oder begleitetes Verhalten zum Abbau innerer Anspannung und zur Abwehr bedrohlicher Reize, wobei die Schädigung anderer in Kauf genommen wird.

Typ C, der sogenannte Erregungstyp, ist ein durch extrem hohe Erregung hervorgerufenes, weitgehend ungesteuertes Verhalten mit schwerer Gefährdung von Menschen und Sachen (Dutschmann 1999a, 1999b).

Die Erregungsniveaukurve

Es handelt sich um eine graphische Darstellung, welche es ermöglicht, das Ausmaß einer akuten emotionalen Erregung – die des aggressiven Menschen, aber auch die der Bezugspersonen – einzuschätzen. Dies ist insbesondere im Zusammenhang mit Typ B und Typ C von praktischer Bedeutung, da bei beiden die Wirksamkeit von Lösungsansätzen vom Ausmaß der Erregung abhängig ist. In der Regel ist es z. B. sinnlos, hoch erregte Menschen mit kognitiven Methoden beeinflussen zu wollen. Hier muss gegebenenfalls erst mittels medikamentöser Intervention ein Niveau für pädagogisch-therapeutische Zugänge geschaffen werden.

Aus der A-B-C-Typologie und den Erregungskurvenniveaus lassen sich praktische Schlussfolgerungen ableiten. Nach Dutschmann (2000a) sind v. a. folgende Strategien und Grundlagen zu beachten:

Umgang mit Verhaltensweisen vom Typ A (Instrumenteller Typ)

Da hier gezielte Handlungen und/oder Absichten eine vorrangige Rolle spielen, stehen Techniken im Vordergrund, mit denen man versucht, dem aggressiven Menschen das Erfolgserlebnis zu entziehen (Verstärkerentzug bei unangemessenen Verhaltensweisen). Parallel dazu muss alternatives, sozial akzeptables Verhalten aufgebaut werden (Verstärkung, Förderung alternativer Verhaltensweisen). Der alleinige Abbau unerwünschter Verhaltenweisen würde beim »Aggressor« zu einer weiteren Übernahme des Verhaltens oder zu einem Verhaltensvakuum führen.

Umgang mit Verhaltensweisen vom Typ B (Emotionstyp)

Bei diesem Typ spielt die emotionale Erregung eine primäre Rolle. Es geht hier vor allem darum, die emotionale Erregung so zu verringern, dass eine konstruktive Problemlösung möglich wird. Folglich stehen Techniken der Erregungskontrolle im Vordergrund.

Umgang mit Verhaltensweisen vom Typ C (Erregungstyp)

Da von diesem Verhalten Gefahr für Personen und Sachen ausgeht, sind in erster Linie Deeskalations- und Sicherheitsmaßnahmen angezeigt. Pädagogische Beeinflussungsversuche sind hier meist ohne Erfolg – im Gegenteil: sie können in den meisten Fällen sogar gefährlich werden.

Das ABPro liegt vor in Form dreier Trainer- und Teilnehmerhandbücher, je zu den einzelnen Aggressionsformen der A-B-C-Typologie:

- Verhaltenssteuerung bei aggressiven Kindern und Jugendlichen. Der Umgang mit gezielten – instrumentellen – Aggressionen (Typ A);
- Aggressionen und Konflikte unter emotionaler Erregung. Deeskalation und Problemlösung) (Typ B);
- *Aggressivität und Gewalt bei Kindern und Jugendlichen. Steuerung fremdgefährdenden Verhaltens (Typ C).*

Literatur

Dalferth, M. (2004): Krisenintervention bei nichtsprechenden Menschen mit schwerer geistiger Behinderung. In: WÜLLENWEBER, E. und THEUNISSEN, G. (Hrsg.): Handbuch Krisenintervention; Band 2 Praxis und Konzepte zur Krisenintervention bei Menschen mit geistiger Behinderung (Kohlhammer), 153–171.

DUTSCHMANN, A. (1982): Aggressivität bei Kindern. Handbuch für die pädagogische Praxis. Dortmund: verlag modernes lernen.

DUTSCHMANN, A. (1999a): Das Aggressions-Bewältigungs-Programm (ABPro). Aggressivität und Gewalt bei Kindern und Jugendlichen. Steuerung fremdgefährdenden Verhaltens. Manual zum Typ C des ABPro. Materialie Nr. 46. Tübingen: dgvt-Verlag.

DUTSCHMANN, A. (1999b): Aggressionen von Kindern und Jugendliche. Das Aggressions-Bewältigungs-Programm (ABPro). Unveröffentlichtes Referat. 5. Deutscher Psychologentag Berlin.

DUTSCHMANN, A . (2000a): Das Aggressions-Bewältigungs-Programm (ABPro). Verhaltenssteuerung bei aggressiven Kindern und Jugendlichen. Der Umgang mit gezielten – instrumentellen – Aggressionen. Manual zum Typ A des ABPro. Materialie Nr. 44. Tübingen: dgvt-Verlag.

DUTSCHMANN, A. (2000b): Das Aggressions-Bewältigungs-Programm (ABPro). Aggressionen und Konflikte unter emotionaler Erregung. Deeskalation und Problemlösung. Manual zum Typ B des ABPro. Materialie Nr. 45. Tübingen: dgvt-Verlag.

KRETSCHMER, I. und WÜRKERT, B. (1998): In Aggression eingreifen. Ein förderdiagnostisches Modell. In: GEWALT-ige Herausforderung. Tagungsbericht Arbeitstagung für leitende Mitarbeiterinnen und Mitarbeiter in Diagnose, Therapie und Förderung. Verband katholischer Einrichtungen und Dienste für lern- und geistigbehinderte Menschen e.V.; Verband katholischer Einrichtungen und Dienste für körperbehinderte Menschen e.V. (Hrsg.), 63–88.

KRETSCHMER, I. und WÜRKERT, B. (2000): Aggression und Rehabilitation. In: Report Psychologie, 25, 11–12, 734–740.

PAPENBERG, W. und SMIAR, N. (2004): PART 20000. Professionell handeln in Gewaltsituationen. http://www.part2000.de/4655/4844.html

REDL, F. und WINEMAN, D. (1976): Steuerung aggressiven Verhaltens beim Kind. Serie Piper.

RICHTER, D., FUCHS, J. M. und BERGERS, K. H. (2001): Konfliktmanagement in psychiatrischen Einrichtungen. Gemeindeunfallversicherungsverband Westfalen-Lippe, Rheinischer Gemeindeunfallversicherungsverband, Landesunfallkasse Nordrhein-Westfalen (Hrsg.), 1. Auflage.

THEUNISSEN, G. (1997): Pädagogik bei geistiger Behinderung und Verhaltensauffälligkeiten. Bad Heilbrunn: Klinkhardt.

WALTER, J. L. und PELLER, J. E. (1994): Lösungsorientierte Kurztherapie. Dortmund: verlag modernes lernen.

Wie begegnen wir behinderten Menschen mit aggressiven Verhaltensweisen richtig?

Ein pädagogisch-psychologisches Konzept zur Krisenintervention

Johannes Heinrich

Wenn die akuten, oft nur wenige Sekunden oder Minuten dauernden massiv-aggressiven Geschehnisse im Blickpunkt stehen, heißt Krisenintervention Dazwischentreten, direktes Eingreifen.

Diese eingeschränkte, weil auch spontane Sicht- und Handlungsweise bei immer wiederkehrenden intensiven Aggressionen führt auch zu immer wiederkehrenden, spontanen oder geplanten, leider oft vergeblichen Versuchen, diese Krisensituationen zu bewältigen.

Aggression kann Ursache einer Krise sein oder auch eine Krise auslösen. Aggression kann Hauptherd, zentrale Problematik einer Krise sein, als Symptom einer Krise angesehen werden, aber auch als erlösende Entladung eine krisenhafte Entwicklung beenden. Krise kann Aggression verursachen – und Aggression eine Krise. Krisen können sich entwickeln, Anfang und Ende sind nur schwer, teilweise gar nicht auszumachen.

Als »*akute* Krise« bezeichnen wir hier den punktuellen Ausschnitt aus einem zeitlichen Kontinuum, als *Teil*aspekt einer Krisenentwicklung. Diese kann sich schon lange vor der akuten Situation abzeichnen und nach dem Moment aggressiven Geschehens noch über Minuten, Stunden oder gar Tage nachwirken. In Krisenentwicklungen können sich beruhigende und spannungserhöhende Zeitabschnitte abwechseln. Intervention bei Krisenentwicklungen verstehen wir als geplantes Vorgehen, das

a) bereits im Vorfeld *Ursachen* von Krisen erkennen und ändern will (Prävention);

b) in Spannungsabläufe eingreift und Erregung abbaut (Deeskalation);

c) Sicherheit und Schutz herstellt;

d) mittelfristig durch pädagogisch/therapeutische Methoden aufrechterhaltende oder verstärkende *Effekte* ändert (Sanktion);

e) zu aggressivem Verhalten *alternative Handlungsmöglichkeiten* aufbaut;

f) kurz- und mittelfristig institutionelle, personelle und beziehungsmäßige *Bedingungen* für adäquates Handeln schafft.

So verstanden bietet Krisenintervention als komplexer, manchmal langwieriger Prozess eine Chance, Bedingungen des Zusammenlebens behinderter Menschen mit ihren Bezugspersonen in Familie, Wohnstätte, Werkstatt usw. grundlegend zum Besseren zu verändern.

Akute Kriseninterventionen sind Strategien, die aggressives Verhalten zum Zeitpunkt des Auftretens begrenzen oder beenden und Schutz und Sicherheit wiederherstellen.

Ziel von Krisenintervention bei Sach- und Fremdaggressionen kann nicht das »Eliminieren« dieses Problemverhaltens sein, z. B. durch Angst vor unangemessenen Strafen, durch überhöhte medikamentöse Sedierung, durch Fixierung oder indem man dem »Aggressor« um des lieben Friedens willen ständig nachgibt.

Ziel *mittel- oder langfristiger* Krisenintervention ist, die Beziehungen zu entspannen und »Gesundung« im System (wieder-)herzustellen.

Die Gesamtschau mit ihrer Fülle der zu berücksichtigenden Einzelelemente erweitert die Handlungsperspektiven Schritt für Schritt und führt in systematischer Vorgehensweise zu vielen konkreten Änderungs- und Handlungsmöglichkeiten auf unterschiedlichen Ebenen. Gesundung der Beziehungen heißt dabei: Die Bezugspersonen müssen wieder handlungsfähig werden, Sicherheit und Souveränität zurückgewinnen, sich mit sich selbst und mit dem »Aggressor« wieder wohl fühlen, damit sie den ihnen anvertrauten behinderten Menschen wieder Verständnis und Halt bieten, ihnen Nähe, Zuneigung und insgesamt wieder ein menschliches Verhalten entgegen bringen können.

Aggressionen – warum?

Drei theoretische Erklärungsrichtungen aggressiven Verhaltens stellt SCHIRMER (2004) übersichtlich dar:

- *Die biologische Perspektive*, welche von angeborenen Verhaltensmustern bzw. Dispositionen ausgeht, die prä- und postnatalen Entwicklungsbedingungen sowie die biochemischen und hirnorganischen Grundlagen erforscht.

- *Die psychosoziale Perspektive*, welche den Brennpunkt auf das (Modell-)Lernen von Verhaltensmustern, auf kognitive Prozesse und Wahrnehmungen richtet und die die kindliche Entwicklung beeinflussenden Beziehungen und Umwelteinflüsse hervorhebt.
- *Die soziale Perspektive*, die den Zusammenhang zwischen menschlichem Verhalten und den Aspekten der physikalischen und sozialen Umwelt in den Blick nimmt und u. a. soziale Merkmale der Herkunftsfamilie, Vorerfahrungen mit Gewalt oder allgemeine Stressfaktoren mit der Entwicklung aggressiver Verhaltensweisen in Zusammenhang bringt.

Der im Folgenden dargestellte systemisch-verhaltenstherapeutische Ansatz betont die lerntheoretischen Grundlagen menschlichen Verhaltens und betrachtet das sich weiter entwickelnde Individuum mit seinem Wahrnehmen, Denken, Fühlen und Handeln immer in einem sozialen System, mit dem es in Interaktionen steht. Aussagen der biologischen, psychosozialen und sozialen Erklärungsmodelle werden mit einbezogen. Der systemisch-verhaltenstherapeutische Behandlungsansatz zum Abbau massiv aggressiven bzw. schädigenden Verhaltens ist Teil des Tri.A.S.-Programms (Trierer Aggressionsbewältigungs- und Sicherheits-Programm), das der Autor in enger Kooperation mit Betreuungspersonal in Einrichtungen der Behindertenhilfe entwickelt hat.

Aggressive und schädigende Verhaltensweisen geistig behinderter Menschen lassen sich diagnostisch in drei Typen klassifizieren (siehe auch Dutschmann 1999):

Typ A: »Emotionale« Aggressionen: Hier stehen die Ursachen des aggressiven Verhaltens im Vordergrund. Emotionen (Frustration, Ärger, Neid usw.) erscheinen als Handlungsmotiv. Die physiologische Erregung ist kontrollierbar, Handlungseffekte spielen eine untergeordnete Rolle.

Behandlungsschwerpunkt ist die *Prävention*.

Typ B: »Funktionale« Aggressionen: Das aggressive Verhalten erscheint wegen der Effekte ausgeführt zu werden (Zuwendung, Befriedigung, Ruhe usw.). Die begleitenden Gefühle steuern das Verhalten gering, die Anspannung ist kontrollierbar. Behandlungsschwerpunkt sind *Sanktionen und Aufbau von Handlungskompetenz.*

Typ C: »Eruptive« Aggressionen: Bei impulsivem oder stetig sich steigerndem Erregungsaufbau verliert das Individuum seine Selbstkontrolle, ungesteuerte, heftige Aggressionen sind die Folge. Die Ursachen allein können nicht die Dynamik der Entwicklung erklären, Effekte spielen eine untergeordnete Rolle.

Behandlungsschwerpunkt ist hierbei die *De-Eskalation.*

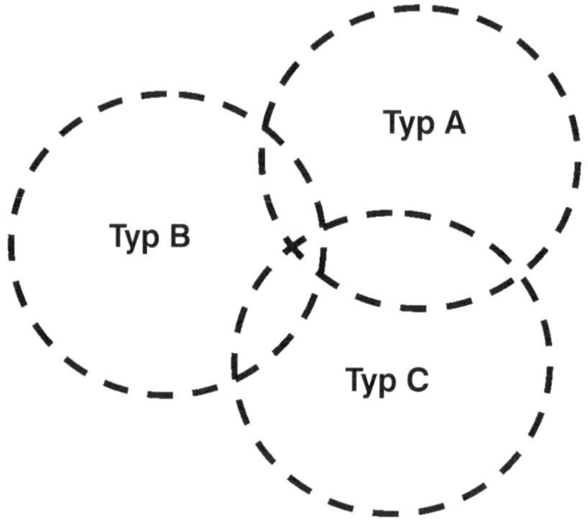

Abb.: Die drei Typen aggressiver und schädigender Verhaltensweisen

Die skizzierten Typen sind in der Realität nicht immer eindeutig voneinander abzugrenzen, sie überschneiden sich: Typ C kann aus Typ A oder B entstehen, innerhalb einer Krisensituation können die Typen A und B wechseln, und gelegentlich ist ein Verhalten sowohl A als auch B gleichzeitig zuzuordnen.

Das Tri.A.S.-Programm als komplexes Behandlungskonzept

Grundvoraussetzung für einen individuellen Therapie- und Behandlungsplan sind – vor dem skizzierten Hintergrund – eine komplexe, differenzierte und detaillierte Informationssammlung und eine einheitliche Sicht- und Bewertungsweise aller am Veränderungsprozess beteiligter Mitarbeiter.

Um aggressive Verhaltensweisen geistig behinderter Menschen innerhalb ihrer sozialen Systeme (Elternhaus, Wohngruppe, Werkstatt, Schule usw.) überhaupt behandelbar zu machen, ist ein Plan notwendig, der sich aus verschiedenen gleichgewichtigen Modulen zusammensetzt. Die im folgenden einzeln vorgestellten Bausteine können in der konkreten Behandlungsplanung, je nach Bedarf und Dringlichkeit, in unterschiedlicher Reihenfolge bearbeitet werden.

Definition und Dokumentation

- Was genau ist das problematische Verhalten?
- Warum und mit welchen Verfahren sollte es dokumentiert werden?

Gewichtung

- Wie schwer wiegen massive Aggressionen wirklich?
- Welche negativen Auswirkungen erleben das soziale Umfeld und die Institution? (vergl. Kapitel 1)

Ursachenforschung

- Welche Ursachen, Auslöser oder Bedingungen könnten *vor* dem aggressiven Problemverhalten eine Rolle gespielt haben?

Spannungsanalyse

- Was sind die frühen Symptome eines sich entwickelnden Spannungs- bzw. Erregungsverlaufs beim »Aggressor« und innerhalb seines sozialen Systems?
- Welche inneren und äußeren Faktoren wirken bei ihm spannungssteigernd?

Prävention

- Wie können Ursachen von Aggressionen in Zukunft geändert werden?

Deeskalation

- Welche konkreten Deeskalationsmethoden nutzt der »Aggressor«?
- Mit welchen Maßnahmen kann man innerhalb des Systems eingreifen, um Spannung umzulenken, abzubauen oder zu stoppen?

Analyse der Effekte und der Lerngeschichte

- Welche Effekte erlebt der »Aggressor« aus seiner Sicht während und direkt *nach* dem problematischen Verhalten und wie bewertet er sie?
- Welche Lernerfahrungen hat er in der Vergangenheit mit seinem aggressiven Verhalten gemacht?

Sanktionen und Strafen

- Welche pädagogischen Sanktionen können positive Effekte aggressiven Verhaltens fördern und/oder als negative Konsequenzen wirken?
- Welche Bedingungen sind nötig, um strafende Maßnahmen angemessen einsetzen zu können?
  »Strafen« werden in diesem Zusammenhang nicht im moralischen sondern im verhaltenstherapeutischen Sinn verstanden.

Aufbau von Handlungskompetenz

- Welche Funktion kann schädigendes aggressives Verhalten haben und welches zu Aggression alternatives Verhalten könnte dieselbe Funktion übernehmen?
- Über welche positiven Fähigkeiten und Eigenschaften verfügt der »Aggressor« und wie kann man diese auf- bzw. ausbauen?

Begrenzungen

- Wann sind persönliche und fachliche Grenzen des Mitarbeiters, Grenzen eines Teams oder einer Institution erreicht, wann bereits überschritten?
- Wie können im Rahmen einer Interventionsplanung Situationen, in denen Grenzen erreicht oder überschritten werden, im Vorhinein mit bedacht, eingeplant und vorbereitet werden?

Notwendige institutionelle Rahmenbedingungen

- Was benötigt ein Mitarbeiter von seinen Teamkollegen, um massive Aggressionen eines zu begleitenden Menschen abbauen zu können?
- Was benötigt er von seinem direkten Vorgesetzten?
- Was benötigt er von der Leitungsebene seiner Einrichtung?

Sicherheit und Schutz

- Mit welchen organisatorischen, technischen und körperlichen Maßnahmen können schnell und in menschenwürdiger Form objektive und emotionale Sicherheit (wieder-)hergestellt werden?
- Welche Voraussetzungen sind dabei notwendig (vergleiche die nachfolgenden Beträge des Autors)?

Entlastungsmöglichkeiten und Kraftquellen

- Was benötigt das Betreuungspersonal *direkt nach* einem intensiven Aggressionskonflikt?
- Wann und wo können Mitarbeiter für zukünftige Auseinandersetzungen neue Kraft tanken?

Jedes dieser aufgeführten Module sollte in einer präventiven Planung berücksichtigt werden.

Die Reihenfolge der Bearbeitung richtet sich nach der jeweiligen individuellen Situation und nach den Dringlichkeiten.

Definition und Dokumentation

Wie in Kapitel eins ausgeführt, ist eine einheitliche Sichtweise und Bewertung des aggressiven Verhaltens durch das Betreuungspersonal eine notwendige Grundlage jeder Behandlungsplanung. Das definierte Problemverhalten genau zu beobachten und zu dokumentieren ist dabei ein wichtiger Bestandteil. Zwar sind Interpretationen von Verhalten notwendig, je weiter sie sich aber von der realen Beobachtungsebene entfernen, um so mehr können subjektive, vor allem in Krisen heftige emotionale Anteile der begleitenden Fachkräfte die Beschreibung und Bewertung von Situation und Verhalten verzerren. Beim Umgang mit massiven Aggressionen sollte eine umfassende Sammlung und Analyse von Informationen aus Vergangenheit und Gegenwart (z. B. Videoaufnahmen, Aktennotizen, Protokolle, Gutachten sowie konkrete Verhaltensbeobachtungen) selbstverständlich sein.

Eine fachliche Dokumentation aggressiven Verhaltens sollte dessen Qualitäten, Intensitäten und Häufigkeiten, sowie die Schädigungen, die situativen Bedingungen, Ursachen und Effekte erfassen, z. B. in Strichlisten, standardisierten Erhebungsbögen usw. darstellen. Darüber hinaus kann Dokumentation:

- Transparenz, Klarheit und Kontrolle fachlichen Handelns ermöglichen;
- pädagogischen, medizinischen, juristischen, finanziellen und sonstigen fachlich zu begründenden Entscheidungen eine sachliche Grundlage liefern;
- als Informationsgrundlage für Mitarbeiter, Leitung oder Angehörige dienen;

- sachliche Zusammenarbeit innerhalb eines Teams oder von (Einrichtungs-)Systemen begründen;
- Entwicklungen innerhalb bestimmter Zeiträume oder bestimmter Vorgehensweisen aufzeigen, Behandlungsmethoden kontrollieren und deren Änderungen begründen;
- differenzierte Ursachenforschung, Spannungsdiagnostik und Effektanalyse ermöglichen.
- Dokumentation kann schließlich Grundlage für die Erstellung eines individuellen Behandlungs- und Hilfeplans sein.

Ursachenforschung

Nicht nur zur angemessenen Behandlung aggressiven Verhaltens ist die Erforschung von Ursachen selbstverständlich notwendig; darüber hinaus ändern Bezugspersonen ihre Einstellung zum »Aggressor«, wenn sie die Ursachen für dieses Verhalten kennen. »Je plausibler die Erklärungen für das Verhalten eines Menschen sind und je sinnhafter sie dem Außenstehenden erscheinen, um so weniger wird er sich von dem konkreten Verhalten gestört fühlen« (Schirmer 2004).

Menschen mit einer geistigen Behinderung sind oft schon seit Geburt erheblich eingeschränkt, sich und die dingliche und soziale Umwelt angemessen sinnlich zu erfahren, zu begreifen und zu erlernen. Sie erleben, verglichen mit ihrer Altersgruppe, mehr Einschränkungen, Fremdbestimmung, Angstzustände und zwangsläufig mehr Ohnmachtserfahrungen. Andererseits verfügen sie nur über ein eingeschränktes Handlungsrepertoire, vor allem zur Krisenbewältigung.

Die Fülle der Ursachen von Krisen, von Spannungen und Aggressionen erfordert für jeden Einzelfall eine genaue, konkrete und umfassende Diagnostik. Dazu möchte der folgende Katalog anregen. Hilfreich für die Ursachenforschung kann auch die Betrachtung von Situationen sein, in denen aggressive Verhaltensweisen *nicht* auftreten, um aus einem Vergleich diagnostische Schlüsse ziehen zu können. Als Ursachen von Krisen bzw. »emotionalen Aggressionen« (Typ A) werden von Angehörigen und Personal genannt:

- zu stark einengende soziale Grenzen;
- Überbehütung oder zuwenig Zuwendung;

- (unklare) Anforderungen und Regeln des Alltags, unnötige Reglements, »starre Regeln«, die ohne Einbeziehung des zu Betreuenden oder ohne notwendige Erklärungen als Willkür des Personals verstanden werden;
- Mißverständnisse;
- mangelnde oder zu starre Abgrenzung der Bezugsperson;
- inkonsequentes, rigides oder unterschiedliches, willkürlich erscheinendes Betreuerverhalten;
- zuviel oder zuwenig körperliche Nähe;
- Anspannung oder aggressives Verhalten der Betreuer oder deren Hilflosigkeit, Ohnmacht und Angst in Krisenzeiten;
- Kritik, pädagogische Sanktionen, Anforderungen oder Verbote im alltäglichen Umgang;
- mangelnde (Selbst-)Akzeptanz oder mangelnde (Selbst-)Wertschätzung im sozialen System (PETERMANN & PETERMANN 1996).

Aggressionsursachen können auch sein:

- Bedingungen des Zusammenlebens in Wohnstätten (THEUNISSEN 2000);
- Störungen des gewohnten Tagesablaufs oder feststehender Regelungen;
- Aggressionen oder Provokationen anderer Mitbewohner, Lärm, eine gespannte Atmosphäre im System oder unter den Bezugspersonen;
- Trennung durch Personalfluktuation;
- Wechsel der Bezugssysteme (nach Schulende, am Feierabend, an Wochenenden oder in den Ferien der Familie);
- äußere Rahmenbedingungen (Anzahl und Ausstattung der Räumlichkeiten, fehlende Rückzugsmöglichkeiten);
- Wetterfühligkeit.

Schließlich können individuelle Bedingungen beim Zustandekommen emotionaler Aggressionen (Typ A) eine nicht unerhebliche Rolle spielen:

- körperliche oder psychische Anspannung (freudige Erregung im Vorfeld von Festen und Feiern);

- zuwenig Schlaf, Unwohlsein, Schmerzen, Aussetzen von psychopharmakologischer Medikation oder paradoxe Reaktionsweisen auf sie;
- körperliche und psychische Erkrankungen, erhöhte Anspannung und Reizbarkeit (z. B. im Umfeld epileptischer Anfälle).

Die Zusammenhänge von psychischen Störungen und aggressiven Verhaltensweisen geistig behinderter Menschen stellt HENNICKE (2003) ausführlich dar. WARNKE (2003) schätzt das Auftreten psychischer Störungen und Erkrankungen bei Menschen mit leichter geistiger Behinderung auf 30 Prozent, bei Menschen mit schwerer geistigen Behinderung sogar auf 50 Prozent. Organische Ursachen psychischer Erkrankungen können Stoffwechselstörungen, Epilepsien, Depressionen, akute Psychosen und organische Psychosyndrome sein.

Weiterhin können Mitursachen aggressiven Verhaltens sein:

- psychische Verletzungen durch traumatische Erfahrungen;
- (phasenweise auftretendes) psychotisches Empfinden und Erleben;
- Zwänge und rigides Beharren auf bestimmten Ritualen;
- Einengung der Wahrnehmung bei steigender Spannung (Scheuklappeneffekt, wodurch Gefühle von Bedrohtsein, Hilflosigkeit, Angst, Panik entstehen können);
- Suche nach Sicherheit, Halt und Geborgenheit;
- sexuelle Wünsche;
- Eifersucht, Einsamkeit, Ungerechtigkeiten oder Zurücksetzung;
- Überprüfung des Selbstbilds (die Rolle des »schwarzen Schafs«) und der sozialen Realität (Neugier, Grenzen auszutesten);
- (unerfüllbare) Wünsche und (unrealisierbare) Erwartungen;
- Erwartungen durch positive Lernerfahrung mit aggressivem Verhalten;
- Kommunikationswünsche;
- geringe Impulskontrolle und Warten müssen;
- Ungeduld und die Nähe zum begehrten Objekt;
- private Sorgen und familiäre Probleme;

- Trennung der Eltern, unüberschaubare oder fehlende Heimatkontakte, Gewalterfahrungen in der Herkunftsfamilie (Hennicke 1996; Schädler 1998).

Der realitätsferne Umgang mit der Zeit (Escalera 2004) kann massive Aggressionen auslösen: Geschehnisse, die schon Wochen oder Monate vorüber sind, können als gegenwärtig erlebt werden. Wegen der diffusen Wahrnehmung ist eine realitätsbezogene haltgebende Zuordnung der Ereignisse nicht möglich: Es entstehen Irritation, Anspannung und Angst.

Überforderung

Eine der häufigsten Ursachen aggressiven Verhaltens wird im alltäglichen Umgang mit geistig behinderten Menschen offensichtlich häufig übersehen und stellt sich bei genauerer Betrachtung als äußerst vielschichtig dar. Es sind Überforderungen unterschiedlichster Art.

Überforderung der intellektuellen Leistungsfähigkeit und der kognitiven Strukturen

Dabei geht es um eingeschränkte Fähigkeiten, (von sich selbst) erwartete Leistungen (ständig) erbringen, Zusammenhänge erkennen, komplexe Situationen oder schnelle Abläufe ordnen zu müssen, trotz eingeschränkter aktiver Kommunikationsmöglichkeiten, fehlender oder eingeschränkter Sprache und Einschränkungen der passiven Kommunikation, trotz Verständnisschwierigkeiten durch – gerade in Krisenzeiten – für die betreffende Person besonders unverständlich, unklar, umständlich, weil zu umfangreich, wirkende sprachliche Anforderungen des Personals. Es geht um Überforderung bei eingeschränktem Handlungsrepertoire angemessener Krisenbewältigungsmöglichkeiten und bei eingeschränkter Flexibilität, sich auf neue Situationen oder Veränderungen des Gewohnten einstellen zu können, es geht um Überforderung bei Wahrnehmungs- und Wahrnehmungsverarbeitungsstörungen und um Fehlinterpretationen von Kommunikation durch das Personal.

Soziale Überforderung

Sie tritt ein durch die zu hohe Anzahl, die überhand nehmenden Geräusche und Bewegungen der (ständig) Anwesenden, vor allem bei Stresssituationen, bei dichten Anwesenheitskonstellationen wie Mittagessen, Busfahrten usw.

Überforderung der Selbststeuerung und der emotionalen Stabilität

Auch der Verlust der emotionalen Stabilität führt zu Überforderungen, zum Beispiel durch zu hohe (positive) soziale oder emotionale Anreize bei der langfristigen Ankündigung, der endlich beginnenden Vorbereitung oder Durchführung von Festen, Ausflügen und Feiern. Verlust der Selbststeuerung tritt auch ein, wenn sich die aggressionsgefährdete Person bei erhöhtem Erregungsniveau nicht angemessen »bremsen« kann, oder durch ein Zuviel an Wahl- oder Auswahlmöglichkeiten, z. B. bei eigenständiger Einteilung des Taschengelds, durch zu viel Nähe zum begehrten Objekt bei den Mahlzeiten oder bei grundsätzlich eingeschränkter Fähigkeit, abwarten, Entscheidungen aufrecht erhalten und Frustrationen ertragen zu können. Weitere Ursachen sind mangelnde Kontrolle intensiver Handlungsimpulse oder sein Verhalten eher situationsbezogen einzusetzen statt sich durch die – vom Personal erwartete – Einsicht oder »Vernunft« selbst zu steuern. Überforderungen der Selbststeuerung werden, leider, aber auch verursacht durch emotionale Instabilität und Unsicherheiten im Verhalten des Betreuungspersonals, das in Krisensituationen keinen Halt und keine Sicherheit vermitteln kann, weil es sich zu wenig eindeutig, konsequent und klar gibt.

Überforderung durch organisatorische Bedingungen

- Nicht ausreichende oder fehlende Strukturen in alltäglichen Abläufen oder bei sozialen Ereignissen, z. B. Hektik auf dem Pausenhof, Gedränge im Werkstatteingangsbereich, im Umkleide- oder Toilettenraum;
- Zeitdruck (in der Wohngruppe kurz vor Beginn der Schule, zu Hause, bevor morgens der Bus zur WfbM kommt);
- Verspätungen bei angekündigten Ereignissen oder deren Absetzen, z. B. wegen Personalmangels;
- fehlende Arbeit und fehlende Ersatzbeschäftigung in der Werkstatt für behinderte Menschen;
- zu kleine Klassenräume;
- fehlende Einzelzimmer oder fehlende Rückzugsmöglichkeiten.

Überforderung der physischen und psychischen Befindlichkeit und Kraft

Krankheiten, Unwohlsein oder »ein schlechter Tag« werden vom Personal nicht erkannt – statt Rücksichtnahme erfährt der behinderte Mensch zusätzlichen Druck. Die vorzeitige Abnahme von Leistungs- und Konzentrationsfähigkeit, Alterungsprozesse usw. werden nicht als solche erkannt oder ihnen wird – aus falsch verstandenem Engagement – »entgegengefördert« (»Wir wollen, dass er seine Selbständigkeit solange wie möglich behält und deshalb helfen wir ihm nicht beim Ankleiden. Der kann das allein!«). Weitere Ursachen können Reglements sein, die die Individualität nicht berücksichtigen (Ein hyperaktiver Junge muss in der engen Schulklasse, ein junger Mann in der Arbeitsgruppe der Werkstatt (zu) lange still sitzen).

Überforderung der behinderten Menschen mit psychischer Störung oder Erkrankung

Ihr Verhalten wird fehlinterpretiert. Krankheitssymptome werden z. B. als Provokationen gewertet und durch – unbewusst unterlassene – Rücksichtnahme, durch nicht gewährte Hilfestellung oder sogar Verweigerung medizinischer Versorgung »behandelt«.

Überforderung von Ausdauer, Geduld und Belastbarkeit, unangemessene oder willkürliche »pädagogische« Ziele oder »erzieherische« Methoden ertragen zu können

Überforderung durch den Anspruch des Personals auf eine »gleichschaltende Normalität«, »Gerechtigkeit«, d. h. Nichtberücksichtigung dessen, was dem Einzelnen lieb und wert ist, unter Berufung darauf, dass dies und jenes nun mal für alle gelte – so sei es vereinbart.

Beispiel: Herr M., ein geistig behinderter junger Mann mit Autismus, sieht in seiner Werkstatt am 11.11.2004 die Ankündigung einer Martinsfeier für denselben Tag, ausgehängt im Speisesaal. Er wendet sich an die Sekretärin und fragt, ob er das Papier bekommen dürfe, wegen der vier Einser. Die Sekretärin erlaubt ihm, den Aushang am Feierabend um 16.30 Uhr abzunehmen. Als die Küche um 15.30 Uhr schließt, entfernt die Küchenchefin auch das Plakat im Speiseraum – es ist nun überflüssig –, zerreißt es und wirft es in den Papierkorb. Der junge Mann sieht das: »Du hast mir weh getan«, ruft er in hochschießender Erregung, »das darfst Du nicht!« Er solle sich nicht so anstellen, der Aushang sei jetzt nutzlos und schließlich sei sie für den Speiseraum zuständig, antwortet die Küchenchefin zunehmend ärgerlich, und da könne sie schon über ihre Arbeit selbst entscheiden.

Nur durch den Einsatz ihrer Kollegen, deren beruhigender Zusprache und mit einem Fetzen des Plakats konnte sich der junge Mann schließlich beruhigen – und hatte Tage später diese Ungerechtigkeit noch nicht verarbeitet.

Sich nicht einfühlen können, sich nicht vorstellen können, dass dieser Bruch einer Zusage mit Vernichtung des für ihn so wichtigen Papiers für den jungen Mann vielleicht dieselbe Enttäuschung darstellt, als wenn unsereins nach Hause kommt und feststellen muss, dass der Partner, die Partnerin »den gelben Schein mit den vielen Kästchen« weggeworfen hat, auf dem man sechs Zahlen angekreuzt hat. Spätestens samstags abends vor der

Tagesschau, wenn bei der Ziehung der Lottozahlen genau diese Zahlen genannt werden, ereignet sich für uns ein ähnlicher Weltuntergang, ein Zusammenbruch, wie ihn der junge Mann bei der Vernichtung seiner Zahlen erleben musste.

Wie dieses Beispiel illustriert: Aggressionsursache ist manchmal fehlendes Verständnis, nicht im kommunikativen Sinne, sondern als Wert-Schätzung (»Ich schätze und respektiere die Werte und Wichtigkeiten, die der behinderte Mensch hat ... .«)

Von Person zu Person, von Situation zu Situation je unterschiedlich fließen meist mehrere Bedingungen und Ursachen zusammen, die sich gegenläufig auswirken, weil dem einzelnen Beteiligten (in der jeweiligen Situation) die Gesamtinformation fehlt, bis dann nur noch ein Tropfen genügt, das »Fass zum Überlaufen zu bringen«. Nicht nach dem letzten und oft nicht zu ändernden Auslöser ist daher zu suchen, entscheidend sind oft die (zeitlich weit) vorangegangenen »verborgenen« und stetig das »Ursachenfass« füllenden Bedingungen.

Die Spannungsanalyse

Viele massive Aggressionskrisen bei geistig behinderten Menschen entstehen nicht wie der Blitz aus heiterem Himmel – sie haben eine *Entwicklung*. Diagnostisch sinnvoll kann eine Betrachtung von Krisenverläufen sein, um einen Spannungs*aufbau* zu entdecken. Kenntnis der spannungserhöhenden oder -verringernden Faktoren im zeitlichen Vorspann einer Aggressionsentladung ermöglicht, viele dieser »Ursachenrohre« zu ver-

sperren oder ein »Entspannungs-Ventil« einzubauen – bevor sich Spannung explosiv erhöht und sich als »eruptive Aggression« (Typ B) entlädt! Im individuellen Einzelfall ist zu beantworten, woran man Spannung (frühzeitig) erkennt und welche Faktoren den Spannungsverlauf innerhalb einer Krisensituation bei dieser Person erhöhen oder verringern, und – darüber hinaus – wie sich die Anspannung bei den Betreuer(inne)n und den anderen Anwesenden erhöht. Am Beispiel einer gezeichneten Spannungskurve lässt sich der zeitliche Verlauf von Ursachen, Bedingungen und Auslösern verdeutlichen. Die jeweiligen Spannungssymptome sind dabei *kursiv* dargestellt.

Spannungskurve

Ein konstruiertes Beispiel: (A) Petra wird um 6.30 Uhr geweckt. Sie ist noch sehr müde, murrt und reibt sich die Augen. (B) Sie dreht sich noch einmal herum und möchte weiter schlafen. (C) Frau Meier kommt zum zweiten Mal herein und spricht sie ärgerlich an, sie müsse sich beeilen. Sie bleibt im Zimmer, bis Petra aufgestanden ist und schimpfend zur Toilette geht. (D) Petra sitzt auf der Toilette, verrichtet ihr Geschäft und bleibt weiterhin still sitzen. (E) Frau Meier ruft sie und mahnt zur Eile. (F) Petra spielt mit dem Toilettenpapier. (G) Frau Meier kommt, holt sie mit energischer Stimme von der Toilette und begleitet sie zum Waschen. Petra zetert und beschimpft Frau Meier. (H) Die Betreuerin redet ruhig auf Petra ein und hilft ihr beim Ausziehen des Schlafanzugs. Petra folgt den Anweisungen und wäscht sich. (I) Als ihr aber Frau Meier die Zahnpasta auf die Zahnbürste gibt und sie zum Zähneputzen auffordert, schlägt ihr Petra die Zahnbürste aus der Hand und beschimpft sie. (J) Frau Meier verlässt schimpfend den Raum und droht Petra mit dem Entzug des Frühstücks. (K) Petra spielt mit dem Wasser, nach einigen Minuten putzt sie sich oberflächlich die Zähne und geht Hände klatschend in ihr Zimmer. (L) Sie spielt mit ihrer Bluse und summt. (M) Frau Meier kommt nervös ins Zimmer, drängt sie sich anzuziehen – der Bus zur WfbM käme gleich – und kleidet sie energisch an. Petra heult und schlägt gegen die Wand. (N) Schnell rennt sie über den langen Flur zum Frühstückstisch, setzt sich und beginnt den Kaffee zu trinken. (O) Willy, ein Mitbewohner, schimpft über ihr Zuspätkommen und will ihr die Kaffeekanne abnehmen. Andere Mitbewohner werden laut, nervös und unruhig. Petra protestiert und hält die Kanne fest. Ihr Kopf ist rot und ihre Stimme schrill. (P) Sie rennt in ihr Zimmer, wirft die Tür schreiend hinter sich zu und liegt laut weinend auf ihrem Bett. (Q) Aufgeregt und ärgerlich betritt Frau Meier ihr Zimmer und fährt sie an. (R) Petra dreht sich von ihr weg. Ihr Weinen wird trotziger und sie beschimpft die Betreuerin. (S) Die Betreuerin geht auf Petra zu, fasst sie an der Schulter und versucht, ruhig auf sie einzureden. Petra springt daraufhin auf, schlägt Frau Meier ins Gesicht, tritt gegen die Tür und rennt schreiend hinaus.

Wir erkennen deutlich die spannungserhöhenden und spannungsmindernden Faktoren in diesem kurzen Zeitausschnitt. – Die untere Kurve der Betreuerin zeigt einen anderen Verlauf. Obwohl hier zu Beginn noch relative Entspannung vorherrschte, steigt die Erregung der Betreuerin rapide an: Sie steht unter Zeitdruck und erwartet wieder einen Konflikt und eine Störung des morgendlichen Ablaufs. Im oberen Überschneidungsbereich ist die Anspannung der Betreuerin deutlich höher und schaukelt sich mit Petras Anspannung und die der anderen Anwesenden gegenseitig hoch. Petra verfügt immer weniger über die Möglichkeit, ihre Erregung zu kontrollieren.

Ihre Versuche, der angespannten Situation zu entkommen, werden von der Betreuerin missverstanden und verhindert. Diese wähnt sich in einem Machtkampf und kann wegen vermeintlichem Autoritätsverlust nicht nachgeben. Beide und auch andere Bewohner unterliegen einer Verselbstständigung ihrer Erregung, ein Teufelskreis gegenseitiger Spannung eskaliert, aus dem alle nur schwer herausfinden können. Die »Explosion« aggressiven Verhaltens erscheint vorprogrammiert, vor allem bei der Person, die sich am wenigsten selbst steuern (zurücknehmen, bremsen) kann, bei Petra.

Prävention und Änderung aggressionsauslösender Bedingungen

In der Realität erweist sich leider nicht jede erkennbare ursächliche Bedingung als änderbar. Oft kann es schon ein Fortschritt sein, die *Schnelligkeit* einer Krisenentwicklung zu beeinflussen, um Spannung umzulenken oder schon auf niedrigem Niveau abzubauen. Betreuer(innen) sollten den aggressiven Menschen in seiner individuellen Eigenart und seiner Entwicklung verstehen und ihn auf seiner individuellen sozialen, emotionalen und intellektuellen Entwicklungsebene erreichen, um mit Fähigkeiten und Begrenzungen adäquat umgehen zu können. Vorschläge für mögliche Änderungsmaßnahmen sind:

- Schutz und Stärkung des sozialen Umfelds (Hilbert 1999);
- Erkennen und Behandeln verschiedener Erkrankungen, Beeinträchtigungen, autistischer und psychotischer Symptome bzw. entsprechende Rücksichtnahmen;
- Einsatz psychiatrischer Medikation mit unter anderen beruhigender, Angst nehmender, stabilisierender, Reiz abschirmender, antipsychotischer, stimmungsaufhellender und sozial aufschließender Wirkung;
- Schlafregulierung;

- Nutzen spezieller Förder- und Therapieangebote (z. B. Autismus-Therapie-Institute, Frühberatungs- und Frühförderstellen, Gruppen- oder Einzelpsychotherapie, Selbsthilfe- oder Angehörigengruppen, Spiel- und Sportgruppen).

Betreuer(innen) müssen sich sicher fühlen; sie sollten Sicherheit und Souveränität vermitteln und Vertrauen schaffen, Individualität und Selbständigkeit fördern und Integration ermöglichen. Ihr Verhalten und ihre Motive sollten überschaubar sein. Sie sollten klar sein, (immer ein wenig) Zeit haben und auch mal Fünf gerade sein lassen.

In Krisenzeiten sollten Betreuer(innen) als verständnisvolle Begleiter(innen) erscheinen, gegebenenfalls aber auch als *positive Autorität*, die – in annehmender und helfender Beziehung zum »Aggressor« – eindeutig die Regie übernimmt, Sicherheit vermittelt, problematische Entwicklungen stoppt, den nötigen emotionalen (und wenn nötig auch körperlichen) Halt gibt, die Situation lenkt und leitet – und nach Beendigung der Krise zum gewohnten Alltag wieder zurückkehren kann.

Beispiel: Ein junger Mann, der heftige Aggressionen zeigen konnte, schilderte, wie er seine Betreuerin, die er sehr gern hat, in diesen Krisenzeiten erlebt: »Du hast eine strenge Güte im Kopf.«

Sich in Krisenzeiten zu erinnern, dass für den behinderten Menschen das Erleben von *Menschlichkeit* des Personals mit deren Gefühlen, Möglichkeiten und Grenzen manchmal wichtiger sein kann als hundertprozentig korrekt durchgeführte Pflegearbeit oder Förderplanung, relativiert die Ziel- und Wertehierarchie täglicher Arbeit.

Bei Veränderung der Aggressionsursache »*Überforderung*« können folgende Maßnahmen im Vordergrund stehen:

- die zeitlichen, dinglichen und sozialen Abläufe so strukturieren, dass sie für den behinderten Menschen vorhersehbar, überschaubar und einschätzbar werden;
- Arbeits-, Spiel- und Förderangebote entsprechend der aktuellen Fähigkeiten begrenzen, individuell abstimmen, durch Tages- oder Wochenpläne (u. a. mit Bildern, Symbolen, Piktogrammen) darstellen und ordnen;
- Veränderungen mehrmals ankündigen und vorbereiten.

Schopler, Mesibov und Hearsey (1995) stellen im TEACCH-Ansatz räumliche, zeitliche und organisatorische Strukturierungen als Hilfe zum Verstehen und Handeln vor. Wenn auch der Beitrag von Kiwitt sich primär auf Menschen mit Autismus bezieht (von denen der überwiegende Anteil auch geistig behindert ist), können das Konzept und die Methoden auch für Menschen ohne Autismus eine große Hilfe sein.

Überforderungen können auch abgebaut werden durch:

- Vereinheitlichen und Verdeutlichen weniger, aber klarer Anforderungen;
- Einhalten von Regeln und Absprachen;
- Abstimmen verschiedener Betreuer oder Systeme bezüglich Förderzielen und Methoden;
- Aufgabenstellungen in kleine Schritte aufteilen, Begleitung anbieten und Positives in Aussicht stellen;
- Rituale modifizieren und dadurch Druck aus der Situation nehmen;
- Abbau von Hilflosigkeit und Verunsicherung durch Mitarbeitertraining, Fall- und Teamsupervision;
- überschaubare Tagesplanung, in der sich in kleinen festgelegten Abständen Rückzugsmöglichkeiten, Pausen und Anwesenheits-/(Arbeits-)Zeiten abwechseln;
- Die oft zu großen »Zwangsgemeinschaften« in Werkstattgruppen durch Zwischenwände, Sichtblenden und individuell ausgestattete Einzelarbeitsplätze aufzuteilen und kleine Gruppen zu bilden, hat sich bewährt.

Neben anderen Autoren fordert auch Mühl (2001) die Veränderung großer Wohngruppen hin zu kleineren Lebensgemeinschaften, in denen jedem Bewohner ein Mitarbeiter als Begleitperson zuzuordnen ist.

Manche Krisensituationen, z. B. Mahlzeiten, lassen sich durch verschiedenste, oft kleine organisatorische Möglichkeiten entzerren: Hier werden intensive Wünsche und Bedürfnisse von vielen Regeln bestimmt, die es einzuhalten gilt, obwohl das angenehme Reizmaterial »zum Greifen« nah ist, die Gemeinschaft am engsten beieinander sitzt, die Atmosphäre oft freudig angespannt ist und die Betreuer hier die meiste Arbeit haben, nicht selten nicht nur unter Zeitdruck stehen. Änderungsmöglichkeiten können sein:

- Schaffen einer gemütlichen, entspannten Essensatmosphäre durch entsprechendes Ambiente (Tischdecken, Blumen usw.);
- Flexibilität bei den Essenszeiten oder Staffelung;

- unterschiedliche Pausenzeiten;
- Möglichkeiten, das Essen individuell zu beenden;
- Individualisieren von Essplatz und Essgeschirr, Gewöhnung an festen Sitzplatz;
- Einbinden in Gemeinschaftsaufgaben oder Anvertrauen besonders verantwortlicher Tätigkeiten;
- Aufteilen in mehrere kleine Tischgemeinschaften;
- räumliche Trennungen, z. B. durch Essmöglichkeit von der Wohngruppe abgewandt, im eigenen Zimmer oder im Nebenraum;
- Portionieren in mehrere kleine Mahlzeiten anstatt einer großen Mahlzeit;
- Vermeiden von Überreizung (Essensangebote überschaubar gestalten) und Störungen (Telefon und Besucher);
- Wahlmöglichkeiten und Wahlfreiheiten anbieten;
- Konzentration auf das Geschehen bei Tisch (Betreuer(innen) essen früher oder später).

Der Sinn und die Notwendigkeit von Regeln und Grenzen können gegebenenfalls mit dem zu Betreuenden besprochen werden: in entspannten Situationen wird der »Aggressor« einbezogen, seine Interessen werden ernst genommen (z. B. im regelmäßig stattfindenden Morgenteam einer Schulklasse, im monatlichen Kinderteam). Im gemeinsamen Gespräch können vielleicht Kompromisse gefunden oder Ausnahmen geregelt werden. Ziel sollte sein, dass Regelungen und pädagogische Maßnahmen verstehbar werden, nachvollziehbar und gerecht, d. h. für alle gültig erscheinen, und *vor* einer Krise bekannt sind. Innerhalb einer Krisensituation kann dann daran erinnert werden.

Somit kann pädagogisches Handeln (z. B. der Einsatz von Sanktionen) nicht willkürlich, abwertend und als Machtdemonstration erscheinen, sondern als eine bekannte (vorher besprochene), sachliche und selbstverständliche Alltagshandlung (»Normalität«).

Kommunikation, gerade in Krisensituationen, sollte *klar,* eindeutig und verständlich, *rar,* ohne Umschweife und ausschweifende Nebensätze, und *wahr,* zuverlässig und wahrhaftig, sein. Der behinderte Mensch sollte angeschaut, *persönlich*, also namentlich, angeredet, wenn möglich in »seiner Kommunikationsform« langsam, relativ leise und mit entspannter Stimme angesprochen werden. Dabei kann es hilfreich sein, die gesprochenen Worte zu *visualisieren* und sie so nonverbal zu unterstützen (Hinzeigen, Zeigen von Bildern und benannten Gegenständen).

Günstig sind kleine Gesprächspausen und das Reduzieren ablenkender Reize (Hintergrundgeräusche, hektisches Handeln, zu viele oder fremde anwesende Personen).

Es ist weiterhin darauf zu achten, dass die Informationsmenge begrenzt bleibt. Hilfreich für beide Kommunikationspartner ist eine *Vergewisserung* des (Nicht-)Verstandenen: z. B. kann der Betreuer durch behutsames freundliches Nachfragen abklären, ob der Gesprächsinhalt inhaltlich verstanden wurde.

Eine Übersicht über verschiedene in ihrer Wirksamkeit überprüfte Trainingsprogramme für Eltern problematischer Kinder, die, zumindest ansatzweise, natürlich auch bei geistig behinderten Kindern mit massiven Aggressionen angewandt werden können, bietet CORDES (2000) (das Münchener Trainingsmodell, das Elterntraining von Barkley & Döpfner, das BASIC-Training für Familien mit aggressiven Kindern).

Streit zwischen Heimbewohnern, Schülern oder Mitarbeitern einer WfbM ist oft (Mit-)Ursache massiver Aggressionen. Das Konzept der Streitschlichtung oder Mediation ließe sich gegebenenfalls auch als Konfliktbewältigungsmethode bei geistig behinderten Menschen anwenden.

Streitschlichtung (Mediation)

Ulrike Schena-Heinrich

Konflikte im menschlichen Zusammenleben sind normal, da Unterschiede aufeinander prallen können (unterschiedliche Interessen, Sichtweisen, Bedürfnisse, Vorerfahrungen), es im Alltag immer wieder zu Unachtsamkeiten und Missverständnissen kommen kann. Dies gilt auch für das Miteinander von geistig behinderten Menschen. Folge können Streit und massive Aggressionen sein. An Grund-, Haupt-, Real- und Berufsschulen setzt sich mehr und mehr das *Streitschlichterkonzept für Schüler* durch. Auch das *Personal von Einrichtungen der Behindertenhilfe*, gegebenenfalls auch Menschen mit geringerer geistiger Behinderung, können dieses Konzept übernehmen, zumindest von seinem Geist profitieren. Eine Konfliktlösung nach dem Streitschlichterkonzept hilft den Beteiligten:

- Verantwortung für das eigene Verhalten zu übernehmen;
- Streitigkeiten gewaltfrei zu lösen;
- sich der eigenen Gefühle und Motive bewusst zu werden;
- sich in andere Menschen einzufühlen;
- Beziehungen zu erhalten, auch wenn Konflikte auftreten.

Ein Vorgehen nach dem Streitschlichterkonzept ist besonders geeignet, Konflikte zwischen zwei Konfliktpartnern zu lösen (z. B. zwischen zwei Schülern, zwischen zwei behinderten Menschen und auch zwischen der Betreuungsperson und dem zu Betreuenden).

Zum Streitschlichten eignet sich ein »Schlichter«, der

- Ruhe ausstrahlt, freundlich, geduldig und ermutigend wirkt;
- neutral und verschwiegen ist;
- seine eigene Meinung und eigene Lösungswege zügelt;
- gut zuhören kann;
- nonverbale Botschaften wahrnimmt;
- die Beteiligten auf ihre Gefühle ansprechen kann.

Diese Schlichterrolle übernimmt im Bereich Schule zumeist ein (älterer) Schüler, in der Arbeit mit behinderten Menschen kann diese Rolle eher von einer Bezugsperson übernommen werden.

Wie kann eine Schlichtung ablaufen?

Voraussetzung ist eine ruhige Atmosphäre, eventuell – wenn der erste Zorn verraucht ist – setzen sich der Schlichter und die beiden Konfliktbeteiligten zusammen. Der Schlichter erklärt *seine Rolle* (»Ich helfe Euch, den Streit zu klären und ich traue Euch zu, dass Ihr das mit meiner Hilfe schafft«). Er erklärt den *Ablauf* (»Jeder darf erzählen, was er erlebt hat. Ihr selbst werdet am Schluss eine Lösung vorschlagen!«) und die *Regeln, die während des Schlichtungsgesprächs gelten*

(Jeder lässt den anderen ausreden, niemand beschimpft den anderen. Es werden keine Unterstellungen geäußert.).

Er holt sich nach jedem Schritt das *Einverständnis* von den Beteiligten (»Ist das für Euch so, wie ich es vorgeschlagen habe, in Ordnung?«).

Nacheinander tragen die Konfliktparteien ihren *Standpunkt* vor. Der Schlichter fasst mit eigenen Worten das Wichtigste zusammen, vergewissert sich, ob er alles richtig verstanden hat, fragt nach, wenn Informationen fehlen. Er fragt nach den *Gefühlen* der Beteiligten, bittet die Betroffenen, sich in die Lage des anderen zu versetzen und sich einzufühlen. Er fragt jeden nach *eigenen Anteilen* am Konflikt (»Kann es sein, dass jeder von Euch etwas dazu beigetragen hat, dass der Streit entstanden ist? – Dass jeder sich falsch verhalten hat?«). Er fordert die Betroffenen auf, sich *Lösungen* zu überlegen (»Was bist du bereit zu tun, damit der Streit beendet werden kann und was erwartest du von dem anderen?«).

Die Vorschläge werden besprochen und die Beteiligten einigen sich auf eine *gemeinsame* Lösung.

Die sehr konkreten *Vereinbarungen* (Wer macht was?) werden schriftlich festgehalten, damit sie nach einiger Zeit auf ihre Einhaltung überprüft werden können.

Der Streitschlichter lobt die Konfliktpartner dafür, dass sie bei der Schlichtung so gut mitgemacht haben.

Dieses Vorgehen bei der Schülerstreitschlichtung kann den Umgang mit Konflikten geistig behinderter Menschen sicherlich bereichern. Die Bezugsperson, die die Rolle des Mediators übernehmen will, sollte dazu entsprechend fortgebildet werden.

Literatur

Braun, G. (2000): Streitschlichtung durch Schülerinnen und Schüler. PZ-Informationen 20.

Jefferys-Duden, K. (2000): Konfliktlösung und Streitschlichtung. Das Sekundarstufen-Programm. Weinheim: Beltz Verlag.

Maßnahmen zur Deeskalation

»Es kam über mich, ich konnte nichts dafür, ich konnte mich nicht mehr bremsen. Ich habe mich nachher immer geschämt. Strafe hat nichts genutzt ... «, schilderte ein junger Mann seine »eruptiven« Aggressionen aus Spannung heraus (Typ B). Notwendig ist es oft, *innerhalb einer akuten Krisensituation* einzugreifen mit dem Ziel, die sich in Hochspannung aufschaukelnden Interaktionen zu deeskalieren. Die genaue Analyse eines Spannungsverlaufs liefert konkrete Möglichkeiten, spannungs*erhöhende* Faktoren zu verringern und spannungs*mindernde* Elemente einzusetzen. Maßnahmen zur Deeskalation können sein:

- Rückzug auf die Toilette, ins eigene Zimmer, auf den Flur, ins Freie, in den Ruhe- oder Snoezelenraum;
- kurze Unterbrechung von Arbeit oder Anforderungen (Zigarettenpause);
- Wechsel von Anforderungen oder Einschieben interessanter oder sozial anerkannter Arbeit oder Lieblingsbeschäftigungen (Kaffee kochen, Tisch decken, Brötchen einkaufen);
- Ablenkungen (»Könntest du mir bitte den Zucker aus der Küche holen?«);
- beruhigende Ansprache oder im Einzelgespräch Verständnis aufbringen;
- Auswechseln der angespannten Betreuer(innen) durch eine Bezugsperson, die nicht in den Konflikt verwickelt ist;
- den »Aggressor« für eine Zeit eng an sich binden, ihn auf Botengänge mitnehmen oder schicken;
- bekannte Abläufe bieten (gemeinsames Lied singen, Gebet sprechen);
- Körperkontakte bieten (Hand halten, in den Arm nehmen);
- Sicherheit vermittelnde Verhaltensweisen (Stereotypien) oder Gegenstände zulassen (ein Holzklötzchen in der Hand halten, in einem Heft blättern);
- Zwänge befriedigen lassen;
- Entspannungsmöglichkeiten einbauen (Baden, Massieren, Spielen, Musik hören);

- Flucht aus der Situation ermöglichen, zum Weggehen ermutigen oder zumindest einen Fluchtweg offen halten;
- in soziale Abläufe eingreifen und zusätzliche Stressoren abwehren;
- im Moment auf Kritik und Tadel verzichten, die Anforderung zurücknehmen und auf entspannteren Zeitpunkt verschieben;
- soziale Überforderung durch Veränderung des Sitzplatzes abbauen (Blickrichtung von den Anderen weg);
- Zusammenarbeit mit oder kurzfristige Kontaktaufnahme zu einer bevorzugten, befreundeten Person ermöglichen;
- Verhalten widerspiegeln, ruhig ermahnen, auf Folgen von Aggressionen hinweisen oder spielerisch Konsequenzen aufzeigen;
- erwartetes frustrierendes Ereignis aufschieben, abwenden, oder »versüßen«;
- Kompromisse anbieten, trösten, Schönes in Aussicht stellen;
- in unangenehme Abläufe Positives einbauen (den morgendlichen Weckvorgang durch das Einschalten des Radios statt des Weckers, durch mehrmalige freundliche Kontakte angenehmer machen);
- für geleistete Arbeit loben;
- Positives benennen (»Du hast heute einen schönen Pullover an!«);
- Thema wechseln oder über interessante Themen reden (Hobbies, Familie oder »wie Borussia gestern gespielt hat«);
- humorvoll intervenieren, einen Witz oder Spaß machen;
- verstärkte Aufsicht bieten oder in Situationen, in denen Konflikte wahrscheinlich sind, deutlich sichtbar freundliche und souveräne Präsenz zeigen.

Manchmal ist es möglich, dem »Aggressor« zu helfen, seinen Zustand zu benennen, seinen Spannungszustand zu erkennen, ihm vor einer Eskalation frühzeitig Signale zu setzen oder eine (ihm vertraute) Deeskalationsmethode (hinauslaufen, sich zurückziehen usw.) auszuführen. Das Personal sollte versuchen, die Energie des »Aggressors« nicht zu stoppen, sondern sie zu kanalisieren. Deshalb kann es notwendig und hilfreich sein, zu *erlaubten* Aggressionen und Maßnahmen zur Spannungsabfuhr geradezu aufzufordern, z. B.:

- den Bewegungsdrang zulassen und Bewegung anbieten: in die Hände klatschen, um die Werkstatt laufen oder den Hausflur entlang rennen, Trommeln, körperlich anstrengende Arbeiten verrichten, (die, wenn auch objektiv sinnlos, für das Subjekt sehr wohl einen Sinn haben können), z. B. Holz stapeln, Steine tragen, Mobiliar versetzen, Stampfen, gegen die Wand treten, im Freien Stöcke, Steine, Sand werfen;
- Schreien;
- ins nicht angeschlossene Telefon schimpfen;
- sich beim Vorgesetzten (Heimleiter) beschweren;
- Gegenstände zum Zerstören (Zeitungen, Kataloge, Kartons usw.) anbieten
  (Im Keller des Wohnheims durfte eine Bewohnerin ihre über Wochen angestaute Anspannung durch das Zerschlagen ausgesonderten Geschirrs abbauen. »Danach ging es ihr wochenlang besser«, schildert die Betreuerin).

Als ob man sie »ausgeknipst« hätte, beendet manch paradoxe Intervention oder unerwartete Ablenkung hohe Spannungszustände *vor* Ausbruch massiv aggressiven Verhaltens. Eine Mutter schilderte: »Als mein Sohn mit hoch erhobenen Stuhl bedrohlich vor mir stand, habe ich ihm ruhig gesagt, seine Hose wäre offen. Sofort war er abgelenkt und seine Anspannung war vorbei«.

Analyse der Effekte

Viele aggressive Handlungen lassen sich nicht durch das Ursachen- (Typ A) oder das Spannungsmodell (Typ B) allein erklären. Betreuer(innen) haben nicht selten den Eindruck, dass der »Aggressor« mit seinem Verhalten etwas erreichen will (funktionale Aggressionen, Typ C).

Menschen, auch ohne Behinderungen, scheinen Aggressionen geradezu bewusst dazu einzusetzen und können sich dabei auch in Spannung und Erregung hineinsteigern. Oft ist der Beginn einer solchen Krise eine Provokation, eine Grenzüberschreitung, bei der die Mimik des »Aggressors« schon zu verraten scheint, was er im folgenden erwartet: Was habe ich von meinem Verhalten? Wie könnte mir die Krise nutzen?

Neben *unangenehmen* Folgen (z. B. negative Sanktionen und deren Androhungen, Verwirrungen und Verunsicherungen, Ängste und Schmerzen, Schuld- und Schamgefühle, Ablehnung und Isolation) kann – unmittelbar auf aggressives Verhalten folgend – eine Fülle individuell als *positiv/angenehm* erlebter Konsequenzen eintreten:

- deutliche Zuwendung und Beachtung; der »Aggressor« rückt sofort in den Mittelpunkt des Geschehens: ihm wird gut zugeredet, er wird besänftigt und manchmal mit einer angenehmen Beschäftigung oder Süßigkeit von weiteren Aktionen abgehalten;
- er spürt Körperkontakt und kann Nähe, Distanz und Kommunikation nach seinen Bedingungen herstellen und bestimmen;
- er führt Regie über die Ereignisse, spürt Macht und sieht sein Gegenüber oft machtlos, ohnmächtig;
- er erlebt das (vielleicht aus Hilflosigkeit, Verunsicherung oder Erschrecken geduldete) Überschreiten von Grenzen und das Durchsetzen des eigenen Willens;
- er spürt soziale Anerkennung durch Zuschauer, Bestätigung oder Ausweitung seines sozialen Status oder Selbstwerts;
- er erfährt Sicherheit durch vertraute Verhaltensmuster, bekannte Reaktionen oder Grenzsetzungen;
- er bleibt in ihn verunsichernden Situationen dennoch handlungsfähig und kann z. B. Schmerzen oder Ängste überlagern;
- er kann Lustgewinn durch biochemische Reaktionen, Befriedigung von Neugier oder Genugtuung durch das Entfernen der unangenehmen Person erfahren;
- seine Angst wird durch das Zerstören des beängstigenden Objektes abgebaut;
- Freude am Schaden oder an den turbulenten Ereignissen bringen »action« in einen langweiligen, eintönigen Alltag;
- er erfährt Entspannung und Erschöpfung durch Abbau von Anspannung und Ärger;
- er kann unangenehme Situationen vermeiden, weil An- oder Aufforderungen an ihn schnell zurückgenommen werden,
- er kann von eigenen Problemen oder Fehlern ablenken;
- der »Aggressor« erlebt schließlich unterschiedliches Erzieherverhalten, Konflikte und Schuldzuschreibungen innerhalb des Teams der alles bestimmenden Betreuer bzw. der Eltern und Angehörigen.

Eine differenzierte Analyse der Effekte zeigt, dass angenehme und unangenehme Konsequenzen auf aggressives Verhalten oft gemischt sind. Wenn die vielen positiven Effekte die wenigen unangenehmen überlagern, hat sich Aggression für den »Aggressor« gelohnt.

Lerngeschichte aus der Lebensgeschichte

Jahrelanges, zum Teil tägliches Erfahren derartiger »Belohnungen« kann die eigentlichen, weiter zurückliegenden Ursachen massiver Fehlverhaltensweisen in den Hintergrund treten lassen. Neue Auslöser entstehen: *Erwartungen*! Intermittierende (gelegentliche) Verstärkung, z. B. durch ein unterschiedlich handelndes Team oder gescheiterte Ignorierungsversuche, fördert Ausdauer – der Einsatz aggressiven Verhaltens und der (körperliche) Kampf hatten letztlich doch Erfolg –, Hartnäckigkeit und Beharrlichkeit werden so zwangsläufig trainiert.

Das in Krisen bewährte problematische Verhalten verfestigt sich, weitet sich in Qualität und Quantität aus; alternative, nicht aggressive Verhaltensweisen erscheinen vor diesem Hintergrund dem »Aggressor« deutlich aufwendiger und verkümmern in seinem Handlungsrepertoire.

Differenzierte Informationen über die individuelle Entwicklung aus früheren Lebensräumen, -abschnitten und Beziehungen sind – gerade bei Neuaufnahmen – deshalb unverzichtbar. Fachliche Begleitpersonen umfassend zu informieren heißt aber nicht, sie durch die Art und Weise der Informationsübermittlung voreingenommen zu machen. Oft erhalten über diese wichtigen Informationen zur Vorgeschichte z. B. der neue Heimbewohner und das neue System erst eine begründete Chance, ein verträgliches Miteinander herzustellen.

Sanktionen als Änderungsmöglichkeiten positiver Aggressionseffekte

Oft lassen sich nicht alle belohnenden Effekte nach funktionalen Aggressionen (Typ C) eliminieren (z. B. Spannungsreduktion, Aufmerksamkeit, Beachtung). Manchmal können oder wollen auch nicht alle Betreuer(innen) dieselben vereinbarten negativen Sanktionen einsetzen. Entscheidend bei einer Effektänderung ist aber die *gleiche Richtung* der ergriffenen pädagogischen oder therapeutischen Maßnahmen und *dasselbe Ziel* – massive Aggression darf sich nicht mehr lohnen! – trotz unterschiedlicher Methoden. Nur so ist auf Dauer wirksame Änderung der Effekte erreichbar.

Jede der im folgenden Katalog dargestellten Methoden, Verstärker zu reduzieren und/oder negative Konsequenzen deutlich zu erhöhen, gründet sich auf eine individuell und situativ eindeutige Analyse der Effekte: Jede Methode kann bei unterschiedlichen Individuen und in unterschiedlichen Situationen konträre, völlig andere Wirkungsrichtungen haben.

Ignorieren

Löschung durch Nichtbeachten ist eine sehr problematische Vorgehensweise bei massiven Aggressionen. Sie sollte nur unter ganz bestimmten Bedingungen angewandt und eingehend vorbereitet werden. Bei genauerer Betrachtung erweisen sich viele Ignorierungsversuche als Schutzbezeichnung für »Hilflosigkeit« und wirken meist als deutliche Belohnung des Problemverhaltens! Nicht-beachtet-Werden eines Problemverhaltens wirkt nur dann, wenn die Bezugsperson dabei ausgeglichen und emotional unbeteiligt bleibt. Organisatorische oder technische Sicherheitsvorkehrungen können dabei auch hilfreich sein.

Entzug angenehmer Effekte

Angenehme Konsequenzen direkt nach aggressivem Verhalten entziehen heißt, materielle, soziale oder Handlungsverstärker ganz oder teilweise auszuschließen, zu unterbrechen oder zu beenden (Redl und Wineman 1993; Kehrer 1997): Es kann dabei um Ausschluss von Gruppenaktivitäten, Wegnahme von Verantwortung gehen, darum, Langeweile und Leerlauf zu schaffen oder eine bestimmte Zeit den »Aggressor« nicht zu beachten.

Ein zeitlich befristeter kurzer oder längerer Ausschluss aus der sozialen Gemeinschaft kann folgende Formen haben: der »Aggressor« muss sich abwenden, oder alle anderen verlassen für eine bestimmte Zeit den Raum; oder er wird für eine kurze Zeit hinausgeschickt (ins Freie, auf den Flur oder in sein Zimmer); er muss sich für eine festgelegte Zeit mit oder ohne Betreuer(innen) in einem Time-out-Raum (der hell, warm, sicher und leer sein sollte) aufhalten oder er erhält für einen Tag »Werkstattverbot«. Eine differenzierte Beschreibung des Time-out-Verfahrens liefert HEINRICH (1998 b, 115).

Jede Form geplanter Freiheitsentziehender Maßnahmen, z. B. das Time-out-Verfahren mit geschlossener Tür, Fixierungen usw. bedürfen der richterlichen Genehmigung und der Zustimmung des rechtlichen Betreuers.

Jede dieser – und der nachfolgenden – Maßnahmen trägt die Gefahr des Missbrauchs in sich. Notwendig sind deshalb eindeutige, (schriftliche) Vereinbarungen und Dokumentationen nach einheitlichem Schema sowie institutionelle und rechtliche Absicherungen und Kontrolle, damit willkürliche, überzogene oder gar menschenunwürdige Behandlung ausgeschlossen bleibt.

Einsatz unangenehmer Konsequenzen

Negative Konsequenzen sind Maßnahmen der Bezugspersonen, die unmittelbar auf aggressives Fehlverhalten folgen; sie sollen deutlich negativ erlebt werden:

- Weit oder schnell laufen bzw. sich bewegen müssen;
- im Wiederherstellungsverfahren den angerichteten Schaden wiedergutmachen; bei Überkorrektur nicht nur das Fehlverhalten korrigieren, sondern darüber hinaus einen Zustand herbeiführen, der weit über die vorangegangene Situation hinausgeht (Nicht nur die provokativ verschüttete Mahlzeit wird vom Boden aufgewischt, sondern das ganze Zimmer muss gewischt werden);
- bei der Pflichtentspannung muss der »Aggressor« z. B. im Bett bleiben und Langeweile erleben;
- Negative Übung (nach dem Zerreißen von Kleidung ist das unfreiwillige weitere Reißenmüssen eine unangenehme Konsequenz) oder paradoxe Intervention (Peter beleidigt durch Beschimpfungen – die Betreuerin fordert ihn daraufhin auf, noch lauter und immer häufiger diese Beschimpfungen zu wiederholen) führen zu einer Umkehrung provokativer Effekte.

Der Entzug positiver Effekte (Verstärker) und der Einsatz negativer Konsequenzen (»Strafen«) sollten in direkter zeitlicher Beziehung zum Fehlverhalten stehen und recht bald beendet sein. Der alleinige Einsatz von Strafen (Strafen hier nicht »moralisch« sondern lerntheoretisch verstanden) verlagert funktional aggressives Verhalten oder erzeugt Angst. Wenn Strafen eingesetzt werden müssen, dann immer in Verbindung mit dem Aufbau nicht-aggressiven Verhaltens, innerhalb eines individuellen Behandlungsplans und kontrolliert von Kollegen und Vorgesetzen.

Ständige Kontrolle der Effekte pädagogischer Maßnahmen soll ein »Umkippen« des negativen in einen positiven Effekt vorbeugen.

Kombination negativer und positiver Konsequenzen

Ein Bewohner zerstört immer wieder seine Zimmereinrichtung und erlebt dabei u. a. die Aufregung und Hilflosigkeit des Personals als deutlich positiven Effekt. Nach einer weiteren Beschädigung oder Zerstörung wurden ihm einige Gegenstände (Radio, Mobiliar usw.) aus seinem Zimmer entzogen. Für positives Sozialverhalten oder für sein Helfen bei der Reparatur erhält er Pluspunkte, die bei einer vorher bestimmten Anzahl es ihm ermöglichten, seine Zimmergegenstände zurück zu bekommen oder gar neue für die zerstörten anzuschaffen.

Eine geplante Änderung von Effekten muss berücksichtigen, dass massive Aggressionen, die über Jahre belohnt worden sind, nicht einfach »von jetzt auf gleich« verschwinden. Im Gegenteil: Anfangs ist mit einer Zunahme an Intensität und Häufigkeit zu rechnen – hat der »Aggressor« doch meist schon mehrmals erfahren, dass bei genügender Ausdauer die pädagogisch-therapeutische Vorgehensweise in sich zusammenbricht.

Ermahnungen haben erst dann Wirkung, wenn der Ermahnende in dieser Situation ernst genommen wird, d. h. deutlich und demonstrativ Handlung gezeigt hat.

Aufbau von Handlungskompetenz

Menschen mit geistiger Behinderung erleben sich selbst, ihre soziale und objektive Umwelt nicht nur erheblich eingeschränkter, sie sind auch in deren Verarbeitung und in ihrer sozialen Entwicklung deutlich beeinträchtigt, zum Beispiel durch ein gering ausgebildetes Repertoire an Konfliktbewältigungsmöglichkeiten.

Escalera (2004) unterscheidet drei Entwicklungsstufen von Konfliktlösungsverhalten:

Die *körperliche,* die *sprachlich einseitige* und die *sprachlich kooperative* Konfliktlösungsstrategie.

Kleinkinder sind auf rein körperliche, motorische Versuche angewiesen, Konflikte zu lösen. Beginnt ein Kind über Sprache zu verfügen, hat es neue Möglichkeiten, seine Umwelt zu beeinflussen. Zwar kann das Kind sich sprachlich mitteilen, verfügt aber noch nicht über die Fähigkeit, andere Meinungen und Interessen zu erkennen und in die eigenen Überlegungen zur Problemlösungen mit einzubeziehen, also Sprache kooperativ zu nutzen.

Die Mehrzahl der Menschen mit geistiger Behinderung ist wegen mangelnder sozialer Erfahrungen und nur einfacher kognitiver Fähigkeiten nicht in der Lage, dieses Niveau zu erreichen. Erleben sie Situationen, in denen sprachliche Konfliktlösungen scheitern, greifen sie auf die aus ihrer Entwicklung heraus bekannten einfacheren Strategien zurück. So steht die soziale Umwelt ihren körperlichen Lösungsversuchen bei altersbedingter Zunahme an Körpergröße und -kraft mehr und mehr hilflos gegenüber – mit entsprechender »positiver« Lernerfahrung für den behinderten Menschen. Warum sollte er diese schließlich sicher zum Erfolg führenden Verhaltensweisen aufgeben oder ablegen? Eine umfassende Änderung funktionaler Aggressionen (Typ C) bedarf zweier sich ergänzender Vorgehensweisen:

1. Aggressives Verhalten darf sich nicht mehr lohnen;
2. Angemessene, zu aggressivem Verhalten alternative Konfliktlösungsstrategien müssen aus-, bzw. aufgebaut werden.

Methoden der Effektänderung *allein* sind also keine ausreichende Krisenintervention. Ohne gleichzeitigen Aufbau alternativer Handlungsmöglichkeiten kann sich die Problematik verlagern: Negativ sanktionierte Aggressionen sind zwar gestoppt, aber nun werden neue aggressive Verhaltensweisen ausprobiert.

Bei der Behandlung selbstverletzender Verhaltensweisen z. B. bei Menschen mit schwerer geistiger Behinderung oder mit Autismus stehen Maßnahmen zum Aufbau »nicht-aggressiven Verhaltens«, bzw. alternativer Handlungskompetenz deutlich im Vordergrund (Rohmann und Elbing, 1998)

Abhängig von Ursache und Wirkungen lassen sich verschiedene Funktionen aggressiven Verhaltens postulieren, die hilfreich bei der Suche nach dem *Sinn* dieses Verhaltens sein können. Funktionen massiven sach- oder fremdaggressiven Verhaltens können sein:

- soziale Bestätigung und Anerkennung;
- Wunsch und Bedürfnis nach Kommunikation;
- Aufbau von Selbstwert und Überlagerung von Schwächen;
- Reaktion auf Bedrohung;
- Vermeidung von Überforderung;
- soziale Exploration;
- Ausdruck krankhaften Erlebens und Befindens;
- Spannungsreduktion und Ausdruck von Protest.

Vor diesem Hintergrund können sozial akzeptable oder für das jeweilige Bezugssystem tragbare Ausdrucks- und Verhaltensweisen erlaubt, ausgebaut oder sogar gezielt gefördert werden.

Der (z. B. schwer-)behinderte Mensch muss oft erst zwischen erwünschtem und nicht erwünschtem Verhalten unterscheiden lernen. MÜHL (2001) forderte im Zusammenhang mit der Behandlung selbstverletzenden Verhaltens, dass Belohnungen immer dann gegeben werden sollten, wenn innerhalb eines bestimmten *Zeitraums* aggressive Verhaltensweisen nicht auftreten und andere erwünschte Verhaltensweisen zu beobachten sind (DRO[1]). Eine spezielle Form des Verstärkens ist das Belohnen inkompatiblen Verhaltens, bei dem eine mit der Verhaltensstörung unvereinbare *Tätigkeit* verstärkt wird (DRI[2]). Hierbei sollte der behinderte Mensch erfahren, dass sich auch anderes, zu Aggression alternatives oder zu Aggression gegenteiliges Handeln lohnt.
Beispiel: Katrin nimmt Kontakt auf, indem sie die Vorbeikommenden schlägt; die Betreuerin übt mit ihr, auf andere Kinder zuzugehen und sie zu streicheln. Dafür wird Katrin gelobt und in den Arm genommen.

Auch jedes spezielle Verhalten, das z. B. dieselbe Funktion wie das aggressive erfüllt, aber nicht oder nicht so massiv problematisch ist, sollte mit deutlicher Unterstützung auf- bzw. ausgebaut werden. Lob, Anerkennung,

1 DRO = Differential Reinforcement of Other behavior

2 DRI = Differential Reinforcement of Incompatible behavior

freundliche Aufmerksamkeit, Zärtlichkeiten, gemeinsame Aktivitäten, körperliche Nähe, individuell abgestimmte Belohnungspläne usw. können dabei wichtige »Verstärker« sein.

Zum Aufbau von Selbstwertgefühl und Selbstsicherheit eignet sich besonders gut, dem »Aggressor« spezielle Aufgaben mit hohem sozialem Wert oder hoher eigener Verantwortung zu übertragen.

Darüber hinaus kann jede Fördermaßnahme Elemente alternativen Verhaltens zum Inhalt haben und den »Aggressor« (über die Zeit) erfahren lassen, dass sich auch anderes Handeln in bestimmten, früher Aggressionen auslösenden Zusammenhängen oder Situationen lohnt.

Wie schon im Zusammenhang deeskalierender Maßnahmen aufgezeigt, kann auch das gezielte Training von Techniken erlaubter Spannungsabfuhr oder das Lernen von Entspannungstechniken das Handlungsrepertoire des »Aggressors« erheblich erweitern. Als wichtiger Bestandteil des Handlungsrepertoires ist *angemessenes Kommunikationsverhalten* auf- bzw. auszubauen. Hierbei sollten die vorhandenen zum Teil rudimentären Möglichkeiten entdeckt und weiter entwickelt werden.
Beispiel: Eine Mutter konnte dem einzigen Laut ihres schwer geistig behinderten Kindes zwanzig unterschiedliche Bedeutungen zuordnen – geradezu ein »Wörterbuch« für das Personal der Wohneinrichtung!

Je nach Entwicklungsstand und -möglichkeiten bieten die am Ende dieses Textes zusammengestellten Hinweise unterschiedliche Methoden und Techniken zum Ausbau kommunikativen Verhaltens an. Auch Firmen, die technische Hilfsmittel als Kommunikationshilfen für Menschen mit Behinderung vertreiben, sind dort aufgeführt.

Sicherheits-, Sicherungs- und Schutzmaßnahmen

Manchmal kann es notwendig sein, im Rahmen einer Behandlung massiver Aggressionen auch sichernde oder schützende Maßnahmen einzuplanen. Ziel dieser Maßnahmen ist nicht nur, andere Personen oder Gegenstände vor Schäden zu schützen. Ziel ist auch eine Entwicklung aufzuhalten, in der sich der »Aggressor« zwangsläufig mehr und mehr seinen emotionalen und sozialen Lebensraum zerstört. (Organisatorische und technische Schutzvorkehrungen werden auf den Seiten 181 bis 205, körperliche Sicherungstechniken auf Seite 147 ff. ausführlich beschrieben.)

Begrenzungen

Grenzen werden oft erst sehr spät, aus der akuten Überforderung heraus und dann deutlich emotional überfrachtet gezogen. Bei ständigen Auseinandersetzungen, intensiven Konflikten oder Krisen erfolgt oft eine übersteigerte, übertriebene Grenzziehung »ohne Wiederkehr«: Entlassung oder Verlegung ist dann meist die einzige und letzte Möglichkeit!

Kompetenz fachlichen Handelns definiert sich auch nach der Klarheit ihrer Begrenzung: Nicht selten übernimmt sich das Personal, ein Team oder eine Institution beim Anspruch, massive Aggressionen *jederzeit* behandeln zu können. Oder Systeme scheinen sich an kritische und belastende (Dauer-)Zustände mangels positiver Perspektiven oder besserer Alternativen »gewöhnt« oder sich mit dem – für alle – problematischen Zustand »arrangiert« zu haben. Das Thema Begrenzung wird in Einrichtungen manchmal tabuisiert, oder Mitarbeiter resignieren mit der Erfahrung: »Wir kriegen den ›Aggressor‹ doch sowieso nicht los!«. Die für den einzelnen Mitarbeiter, für das Team oder eine ganze Einrichtung wichtige Thematik *Begrenzung* in der Arbeit mit geistig behinderten Menschen, die massive Aggressionen zeigen, kann in verschiedene Bereiche unterteilt werden.

Die Begrenzungen, die der Mensch mit Behinderung setzt

Hier sind weniger die schon genannten Überforderungen als Ursachen von Aggressionen gemeint. Vielmehr stellt sich hier die Frage nach dem eigentlichen *Arbeitsauftrag*: Bei der Hilfe- und Pflegeplanung ist nicht nur dahin zu schauen, was dem behinderten Menschen nutzt, was er benötigt, wo Förderung ansetzen kann usw. Oft ist nicht klar und im Alltag nicht berücksichtigt, was der behinderte Mensch *nicht will*, wo Förderangebote, alltägliche Abläufe und Regeln an seinen Interessen und Möglichkeiten vorbei gehen oder diesen sogar entgegen stehen, – spätestens dann, wenn Aggressionen die Folge sind, müssen eine differenzierte Ursachenforschung und präventives Handeln dies berücksichtigen.

Die Begrenzungen, die die einzelnen Mitarbeiter(innen) einbringen oder benötigen

Nicht nur Beeinträchtigungen oder Begrenzungen körperlicher oder psychischer Belastbarkeit (Körperkraft, emotionale Stabilität, Engagement, belastende Erfahrungen mit aktiver oder passiver Gewalt, moralische Wertehaltung usw.) können die Arbeit mit massiven Aggressionen zum Teil erheblich beeinträchtigen. Solche persönlichen Einschränkungen bei Betreuungspersonen sollten im Team, beim Vorgesetzten bekannt sein und berücksichtigt werden.

Das Thema der »individuellen Begrenzung der Mitarbeiterin, des Mitarbeiters« stellt auch die Frage, wo sie/er eigene Grenzen überschreitet:

- Ist der Erzieherin in der Wohngruppe ihr fachlicher Auftrag bewusst, zu dem auch – zumindest gelegentlich – fachlicher Abstand gehört?
- Oder bleiben Handlungsweisen – vor allem im Umgang mit dem »Aggressor« – allein ihrem Engagement, ihrer Gefühlslage, ihrer Entscheidung »aus dem Bauch heraus« überlassen?
  Beispiel: Ein engagierter Betreuer schränkt die Essensmenge eines übergewichtigen Bewohners erheblich ein, verbietet Süßes und Cola, und geht bei der Durchführung seines Diätplans auch körperliche Kämpfe ein. Weder der Sinn dieses Vorgehens, noch die konkreten Maßnahmen, noch eine für diesen behinderten Menschen angemessene menschenwürdige Durchführung sind mit dem behandelnden Arzt, dem rechtlichen Betreuer oder gar mit dem Betroffenen selbst besprochen.
- In welcher Beziehung steht das Betreuungspersonal zum »Aggressor« : Als Mutter- bzw. Vaterersatz, Freund oder Freundin, Vertraute, strafender Kontrolleur, Begleiter(in) oder Assistent(in)? Wer bin ich und wer bin ich nicht? ist hier die Frage.
- Wann und wie erleben Teamkollegen, erlebt Leitung, dass ein Mitarbeiter ständig seine fachlichen, psychischen und physischen Grenzen übersteigt – und wie gehen sie damit um?

Die Begrenzungen des Teams und der Einrichtung

Besteht Klarheit über die institutionellen, personellen, finanziellen, technischen, organisatorischen und fachlichen Bedingungen, die zur Erfüllung des Arbeitsauftrags Wohnen, Arbeiten und Fördern behinderter Menschen, die massive Aggressionen zeigen, notwendig sind? Vor allem: Sind diese Bedingungen systematisch geplant und werden sie in der Praxis erfüllt, wenn z. B. ein neuer Bewohner mit massiven Aggressionen aufgenommen wird? Einrichtungen, Abteilungen, Teams oder einzelne Bezugspersonen richten sich manchmal aus der Not der Stunde heraus auf vorübergehende Einschränkungen, auf »Provisorische Zustände« ein, die dann schnell die belastende Situation dauerhaft zementieren können, ohne realistische Perspektive auf Verbesserung der Bedingungen. Die verstreichende Zeit, Ablenkungen durch andere Arbeitsanforderungen oder Gewöhnungen können Provisorien in der Praxis schnell zu Dauerzuständen werden lassen. Werden gar unter »vorübergehend eingeschränkten« Bedingungen *Erfolge* erzielt, die auf außergewöhnliche, d. h. alle belastende Dienstplangestaltung oder auf besonderes Engagement zurückzuführen sind, ist die Gefahr groß, dass sich die Norm verschiebt. Für das Personal aufwendige Ausnahmebedingungen (Provisorien) können so über die Zeit als normal angesehen und sich in einem Automatismus in die Zukunft fortschreiben – eine anfangs geplante finanzielle, organisatorische oder personell bessere Ausstattung hat sich damit erübrigt (»Der Fluch der guten Tat«).

Im Interesse des behinderten Menschen kann es fachlich begründet, menschlich fair und ein Zeichen von Engagement und Verantwortung sein, die Grenzen eigener Handlungs- und Beziehungsfähigkeit *rechtzeitig* zu erkennen, darauf zu achten und frühzeitig für entsprechende Maßnahmen zu sorgen. Die in Ruhe abgeklärte Frage, bis wohin der Betreuer, das Team, die Einrichtung, die Eltern, die Familie belastbar sind, noch aushalten und adäquat handeln können – und ab wann nicht mehr – kann Raum für Perspektiven und Sicherheit vermitteln.

Kein Mitarbeiter, kein Team und keine Institution muss glauben, sie sei die einzige und beste.

Im Gegenteil: mit dieser problematischen Einstellung nehmen sich ein Team oder eine Institution gegebenenfalls die Chance für Veränderungen. Notwendige institutionelle Anpassungen (Binnendifferenzierung des Betreuungsangebots, veränderte Personalausstattung oder -verteilung), Veränderungen des Pflegesatzes, Vernetzung von Hilfesystemen werden oft erst durch die *Akzeptanz eigener* fachlicher *Begrenzung* möglich.

Lösungen können z. B. die Vernetzung und Zusammenarbeit mit der zuständigen psychiatrischen Klinik, der Ambulanz oder einem Facharzt sein. Eine vorurteilsfreie und vertrauensvolle Kooperation ist nicht immer Ausgangslage, oft muss sie erst geschaffen werden. Bei einer zeitlich befristeten Verlegung des »Aggressors«, z. B. in eine Klinik, könnte nicht nur eine angemessene medizinische Diagnostik und Behandlung (oder nur eine Überprüfung bestehender Medikation) erzielt werden. Die begrenzte (und mit den Systemen abzusprechende) Dauer sollte auch als Entlastung für die Mitbewohner und als Denk- und Beruhigungspause für das Personal verstanden werden, das mit den Mitarbeitern der Klinik diese Zeit gemeinsam nutzen könnte, einen Behandlungsplan zu erarbeiten oder zu überprüfen.

Beispiel: Nach Rücksprache mit dem behandelnden Arzt und der Klinik wurde ein junger Mann nach anhaltenden heftigen körperlichen Fremdaggressionen im Rahmen einer vorher festgelegten Krisenintervention in eine Klinik verlegt. Dort erfuhr er u. a. eine Überprüfung seiner Medikation und einen beruhigenden Abstand zu seiner angespannten Wohnsituation. Unter Einbeziehung aller betroffener Systeme (Klinik, Wohngruppe, Werkstatt und Elternhaus) wurde sein Aufenthalt genutzt, einen neuen Behandlungsplan zu erarbeiten. Gegen Ende des Aufenthalts konnte der Bewohner seine Wohngruppe zunächst einmal für kürzere Zeiten besuchen, um anschließend in ein (pädagogisch, technisch, organisatorisch) auf seine Problematik neu eingestelltes System zurückkehren.

Eine Öffnung unterschiedlicher (benachbarter) Einrichtungen zueinander und ein Bewussterwerden der eigenen fachlichen Schwerpunkte kann zu wirksamer Vernetzung der Systeme und zu effektiver(er) Zusammenarbeit führen, was Regel und nicht Ausnahme sein sollte.

Eine hessische Wohneinrichtung für geistig behinderte Menschen belegt ein für Krisenintervention bereitstehendes Zimmer (»Gästezimmer«) auf einer bestimmten Wohngruppe mit einem »Aggressor« einer anderen Wohngruppe. Er kann dort eine bestimmte Zeit wohnen. Das Personal wird in dieser Zeit fachpsychologisch begleitet – und auf der Herkunftsgruppe wird zwischenzeitlich eine neue Vorgehensweise geplant. Die zeitliche Trennung – als Auszeit und Beziehungspause – durch einen (zeitlich begrenzten) Wechsel in ein anderes soziales Bezugsumfeld, hat für den »Aggressor«, seine Mitbewohner und das Personal deutlich positive Effekte (die mit dem Preis, den diese Maßnahmen eventuell dem Personal und den Bewohnern der Gastgruppe abverlangt, sachlich abzuwägen sind).

Sinnvolle Begrenzung kann auch eine vorläufige Befristung der Zusammenarbeit, *eine Probezeit,* bei Aufnahme eines neuen Bewohners oder Mitarbeiters einer WfbM sein. Probezeit im eigentlichen Wortsinn ist gemeint: Die neue Wohngruppe, eine neue Institution, versucht mit allen ihr zur Verfügung stehenden Mitteln, dem neuen Mitbewohner mit massiven Aggressionen eine neue Chance zu geben, ist sich dabei aber bewusst, dass ein Scheitern möglich sein kann. Vereinbarung von Probezeit als Voraussetzung und Perspektive erscheint fair allen Beteiligten gegenüber und nimmt vor allem dem Personal viel Druck. Der »Neuling« selbst erhält damit eine reale Chance, unter anderem zu einer entspannten positiven Beziehung.

Auch Veränderungen der finanziellen, personellen, technischen und organisatorischen Rahmenbedingungen, der Konzeption und/oder einer fachlichen Erweiterung oder Spezialisierung (z. B. die Einrichtung von Sondergruppen, begleitender Dienste oder externer Betreuungs-, Unterstützungs- oder Kriseninterventionssysteme) werden oft erst nach Festlegung eigener Begrenzung möglich:

So können Menschen mit geistiger Behinderung und besonders schädigenden Verhaltensweisen in Sondergruppen (»Intensiv-«, »Therapie-«, »Sonderwohngruppen«) zeitlich mittel- oder langfristig begrenzt oder relativ unbegrenzt wohnen oder arbeiten. Das sind Konzepte, die aus der Sicht des betroffenen Individuums, seines derzeitigen Wohn- bzw. Arbeitssystems oder aus der Sicht der zuständigen Institution sehr sinnvoll sein können. Bezüglich der Sondergruppen vertritt MÜHL (2001, 185) – im Zusammenhang mit der Behandlung selbstverletzenden Verhaltens – zwar die Ansicht, dass keine Wohn-»gruppen« gebildet werden sollen, in denen sich Betreute mit Problemen bzw. mit hohem Förderungs- und Hilfebedarf häufen. »Ideal ist eine Gruppenbildung, bei der in einer tragfähigen Beziehung nur ein Bewohner oder eine Bewohnerin besondere Probleme aufweist.« Abzuwägen dabei bleibt aber neben wirtschaftlichen, organisatorischen und anderen Argumenten auch die Frage nach Möglichkeiten des Selbstschutzes des »Aggressors« und der Sicherheit für seine unproblematischen Mitbewohner. Ebenso sollen die Frage nach den emotionalen, sozialen und anderen »Kosten«, die die Mitbewohner auferlegt bekommen (siehe S. 13 ff.) und das Postulat der Menschenwürde *aller* Beteiligter abgeklärt sein. Als Beispiel für die Errichtung therapeutischer Sondergruppen mit zeitlich befristetem Aufenthalt beschreibt MÜHL (2001, 182) die Kriseninterventionseinheit für Kinder und Jugendliche mit geistiger Behinderung und selbstverletzendem Verhalten innerhalb der Kinder- und Jugendpsychiatrischen Abteilung der Rheinischen Kliniken in Viersen. Auch Heilpädagogische Heime oder Wohneinrichtungen für geistig behinderte Menschen richten zunehmend Sondergruppen für besonders problematische Bewohner ein. Dieses Buch stellt beispielhaft eine Konzeption für eine Sondergruppe in der Kreuznacher Diakonie in Meisenheim dar. Neben BUSCH (2001), der eine ambulante Krisenintervention bei Menschen mit geistiger Behinderung im Rahmen des Berliner Modellprojekts beschreibt, bieten WÜLLENWEBER & THEUNISSEN (2004) einen umfassenden Überblick über neue Konzeptionen des Krisenmanagements für Träger von Einrichtungen mit geistig behinderten Menschen.

Als eine konzeptionelle Erweiterung der Behandlung massiver Aggressionen *innerhalb* bestehender Wohn- oder Arbeitssysteme sei abschließend die Möglichkeit erwähnt, im Rahmen von *Outsourcing* sich ambulante pädagogische, psychologische Beratung oder (systemische, bzw. verhaltensmodifizierende) Psychotherapie neben regionalen, institutionsübergreifenden Diensten auch von ambulant tätigen psychologischen oder pädagogischen Fachleuten einzukaufen.

Notwendige institutionelle Rahmenbedingungen

Einzelkämpfer haben nur geringe Chancen, sich und dem behinderten Menschen langfristig zu helfen, aus der Abfolge immer neuer Krisen und aus dem Teufelskreis von Aggression und Stress herauszufinden. So fordert Escalera (2004, 181) für Betreuer(innen), die belastende Aggressionskonflikte bewältigen müssen, folgende fachlichen und persönlichen Fähigkeiten:

> »Eine gesunde Selbsteinschätzung der eigenen Fähigkeiten in der Konfliktbewältigung und ihrer Grenzen;
>
> Wertschätzung der Subjektivität, d. h. der subjektiven Erfahrungen, Bewertungen und Handlungsneigungen aller Klienten und Kollegen;
>
> Empathiefähigkeit, Echtheit und Annahmebereitschaft des anderen;
>
> Da Kränkungen und Verletzungen nicht auszuschließen sind, benötigen ›Helfer‹ ein klares Bild ihrer Entlastungs-, Kompensations- und Verarbeitungsstrategien. Das Empfinden von Wut oder Angst ist nicht das Problem der Arbeit, sondern die Tabuisierung dieser und anderer Gefühle. Ein klares Bild der Situationen, die sie ängstlich oder wütendmachen können, sowie ein Repertoire an Strategien, die einerseits das Gefühl ausdrücken und andererseits den Dialog mit dem Klienten sichern, sind Dinge, die ›Helfer‹ unbedingt brauchen;
>
> Konstruktives Eingehen auf systemische Zusammenhänge;
>
> Die Bereitschaft, sich intellektuell, emotional und körperlich mit dem Thema Gewalt, behinderte und behinderter Subjektivität auseinander zu setzen.«

Diese Fähigkeiten zu pflegen, aus- oder wieder aufzubauen ist u. a. Thema von *Supervision*, vor allem vor dem erschwerenden Hintergrund, dass Änderungen von Aggressionsursachen oft erst Wochen später Erfolg zeigen können und funktional aggressives Verhalten zu Beginn einer Behandlung sogar zunehmen kann, wenn man dessen Effekte ändert. Auf die

Möglichkeiten und Bedingungen von Supervision bei Krisen von Menschen mit geistiger Behinderung und ihren Betreuer(inne)n geht MATTKE (2004) in ihrem Aufsatz ausführlich ein (siehe hierzu auch den Beitrag von Andreas MOHS).

Kriseninterventionen ohne eine Klärung der *Beziehungen* zu Vorgesetzten, Kollegen und zum Team bzw. zu den anderen Familienangehörigen und ohne emotionale, fachliche und institutionelle Unterstützung sind kaum hilfreich. Im Gegenteil: auf sich selbst gestellt und allein gelassen, machen sich Betreuer(innen) leicht persönlich angreifbar, ihre Unsicherheit und Selbstzweifel nehmen zu, sie handeln oft (nur noch) emotionsgeladen, ohne den Überblick zu haben und ohne jegliche Perspektive. Hier ist Leitung gefragt. Ein z. B. verunsichertes und dadurch stark handlungseingeschränktes Team benötigt neben Supervision vor allem Führung und Anleitung für die weitere Arbeit, benötigt einen Handlungsrahmen, der organisatorische und pädagogische Maßnahmen gegebenenfalls auch vorgibt.

Rechtliche Sicherheit ist herzustellen

Nicht nur, dass Kriseninterventionen sich im rechtlichen Rahmen bewegen müssen (vergl. hierzu Kapitel 6), Mitarbeiter von Einrichtungen benötigen auch das *Gefühl*, rechtlich abgesichert zu arbeiten. Es muss Eindeutigkeit in der Verantwortungshierarchie bestehen, wer wann für was verantwortlich ist. Beispiel: Die Wohn- und Pflegeeinrichtung St. Martin in Düngenheim, versuchte, Rechtssicherheit und eindeutige Abklärung juristischer Fragen im Zusammenhang mit Kriseninterventionen bei massiven Aggressionen herzustellen, indem alle Wohngruppenleiter, die Bereichs- und Heimleitung und der beratende Psychologe an einer internen eintägigen Fortbildungsveranstaltung zum Thema: »Notwehr, Gewaltanwendung, Freiheitsentziehende Maßnahmen« teilnahmen. Hauptreferent war der für diese Institution zuständige Richter, der über viele Jahre bei Fragen, z. B. einer geschlossenen Unterbringung, der Anwendung Freiheitsentziehender Maßnahmen (Fixierung oder Timeout) die notwendige Erlaubnis erteilen musste. Daher kannte dieser Jurist die Institution, jenen Teil der Bewohner mit massiven Aggressionen und deren Lebensumstände. Auf konkrete Fragen konnte er an konkreten Beispielen u. a. eindeutig festlegen, welche Maßnahmen und Handlungsweisen im Rahmen von Krisenintervention rechtens sind und welche nicht.

Komplexe Kriseninterventionen benötigen *Zeit*, Wochen bis Monate, und die Möglichkeit einer regelmäßigen Erarbeitung ihrer verschiedensten »Bausteine«, zum Beispiel im Rahmen von Fall- oder Teamsupervisionen, Organisations-, oder Fachberatung und Fortbildung.

Dieser lang dauernde Änderungsprozess – mit möglichen Rückschlägen und stets verbunden mit dem Risiko einer Zunahme des Problemverhaltens zu Anfang – macht zusätzliche *Kraftquellen* notwendig: angenehme Erlebnisse mit dem zu Betreuenden, mit Kollegen und in der Familie, Anerkennung und Achtung, Rückschau auf schon geleistete Arbeit, Offenheit unter gleich Betroffenen, effektive Pausen- und Freizeitgestaltungen usw. können Kraft und Halt geben und positive Perspektive aufzeigen.
Beispiel: Die Rheinischen Kliniken in 41721 Viersen ermöglichen im Rahmen ihres Fortbildungsprogramms ihren Mitarbeiter(inne)n auch die Teilnahme an einer zweitägigen internen Veranstaltung »Das Wohlfühlprogramm – ein Genusstraining«.

Die in diesem Kapitel beschriebene komplexe Interventionsstrategie zur Behandlung massiver Aggressionen kann – weit über eine akute Krise hinaus – dem behinderten und den ihn begleitenden Menschen neue Möglichkeiten eines entspannten Zusammenlebens eröffnen, in der engagierte Betreuung und fachliche Arbeit in einem Rahmen stattfinden, in dem alle Beteiligten sich wieder wohlfühlen und manchmal auch mögen (lernen) können.

LITERATUR

Im Text zitierte Literatur

BREAKWELL, G. (1998): Aggression bewältigen. Bern, Göttingen, Toronto.

HEINRICH, J. (1994): Aus der psychologischen Praxis: Umgang mit massiven Aggressionsproblemen. Ein komplexer Therapieansatz. In: Motorik, Jahrgang 17, Heft 4, 122–125.

HEINRICH, J. (1998 a): Therapie massiver Aggressionen. Ein systemisch-verhaltenstherapeutischer Ansatz. In: Geistige Behinderung, Heft 2, 160–178.

HEINRICH, J. (1998 b): Aggression und Stress. Entlastung und Entspannung durch Abbau massiver Aggressionsformen. Weinheim.

HEINRICH, J. (2001): Krisenintervention bei Fremd- und Sachaggressionen. In: WÜLLENWEBER, E., G. THEUNISSEN (Hrsg.): Handbuch Krisenintervention. Stuttgart: Kohlhammer.

HENNICKE, K. (1996): Kontexte von Gewalt und Gegengewalt. In: Geistige Behinderung, Heft 4, 290–306.

HILBERT, C. (1999): »Hau ab!« Mädchen mit Behinderung lernen, sich gegen Angriffe zur Wehr zu setzen. In: Zusammen, Heft 5, 34–36.

KEHRER, H. (1997): Praktische Verhaltenstherapie bei geistig Behinderten. Dortmund.

LINGG, A. & THEUNISSEN, G. (Hrsg.) (1999): Wohnen und Leben nach der Enthospitalisierung. Bad Heilbrunn.

LINGG, A. & THEUNISSEN, G. (2000): Psychische Störungen bei geistiger Behinderung. Freiburg.

MARQUARD, A.; P. RUNDE & G. WESTPHAL (1993): Psychische Belastungen in helfenden Berufen. Bedingungen, Hintergründe, Auswege. Opladen.

PETERMANN, F. & PETERMANN, U. (1996): Training mit aggressiven Kindern. Weinheim.

REDL, F. & WINEMAN, D. (1993): Steuerung des aggressiven Verhaltens beim Kind. München.

SCHÄDLER, J. (1998): Gewaltprobleme in Familien mit behinderten Kindern. In: Geistige Behinderung, Heft 4, 348–359.

SCHOPLER, E.; G. B. MESIBOV & K. HEARSEY (1995): Structured teaching in the TEACCH system. In: SCHOPLER, E. & MESIBOV, G. B. (Hrsg.) Learning and cognition in autism. New York, 243–267.

THEUNISSEN, G. (1997): Pädagogik bei geistiger Behinderung und Verhaltensauffälligkeiten. Bad Heilbrunn.

THEUNISSEN, G. (Hrsg.) (2000): Verhaltensauffälligkeiten – Ausdruck von Selbstbestimmung? Bad Heilbrunn.

Weiterführende Literatur

BUSCH, E. (2001): Ambulante Krisenintervention bei Menschen mit geistiger Behinderung. Ein Berliner Modellprojekt. In: WÜLLENWEBER; E. & THEUNISSEN, G. (Hrsg.): Handbuch Krisenintervention. Kohlhammer, Stuttgart.

CORDES, R. (2000): Videogestütztes Trainingsprogramm für Risikofamilien: Entwicklung und Erprobung eines Video-Interaktionstrainings. Hamburg: Kovac (Studien zur Familienforschung; Bd. 8).

DUTSCHMANN, A. (1999): Das Aggressions-Bewältigungs-Programm (ABPro).Aggressivität und Gewalt bei Kindern und Jugendlichen. Steuerung fremdgefährdenden Verhaltens. Manual zum Typ C desABPro. Materialie Nr. 46. Tübingen: dgvt-Verlag.

ESCALERA, C. (2004): Eine Krise, die viele Krisen entstehen lässt. Krisenintervention und geistige Behinderung. In: MÜLER, W. & SCHEUERMANN, U. (Hrsg.): Praxis Krisenintervention, Kohlhammer, Stuttgart.

FURGER, M. UND KEHL, D. (Hrsg.) (2003): »... und bist du nicht willig, so brauch ich Gewalt«. Zum Umgang mit Aggressionen und Gewalt in der Betreuung von Menschen mit geistiger Behinderung. Edition SZH, Luzern.

HENNICKE. K. (2003): Psychische Störungen und aggressives Verhalten bei Menschen mit geistiger Behinderung. In: FURGER. M. & KEHL, D. (Hrsg.): »... und bist Du nicht willig, so brauch ich Gewalt«. Edition SZH, Luzern, 67–84.

MATTKE, U. (2004): Den Blick öffnen. Supervision bei Krisen von Menschen mit geistiger Behinderung und ihren BetreuerInnen. In: WÜLLENWEBER; E. & THEUNISSEN, G. (Hrsg.): Handbuch Krisenintervention, 45–60. Kohlhammer, Stuttgart.

MÜHL, H. (2001): Zum pädagogischen Umgang mit selbstverletzendem Verhalten bei Menschen mit geistiger Behinderung. In: WÜLLENWEBER; E. & THEUNISSEN, G. (Hrsg.): Handbuch Krisenintervention, 163–189. Kohlhammer, Stuttgart.

ROHMANN, U. & ELBING, U. (1998): Selbstverletzendes Verhalten. Überlegungen, Fragen, Antworten. Modernes leben, Dortmund.

SCHIRMER, B. (2004): Aggressionen: Thesen über die Entstehung und Konsequenzen für den Unterricht. In: KUMMER-WYSS, A. & WALTHER-MÜLLER; P. (Hrsg.): Integration: Anspruch und Wirklichkeit Edition SZH. Luzern, 223–240.

WARNKE, A. (2003): Psychische Störungen bei Menschen mit Behinderungen. Vortrag bei der Würzburger Fachtagung (15. & 16.05.03) »Menschen mit Behinderung und psychischen Störungen«.

SCHENA-HEINRICH, U. Schulsozialarbeit am Schulzentrum, 54439 Saarburg.

Hinweise zum Thema Kommunikationsförderung

TEACCH-communication curriculum WATSON, L. R.(1985) oder: www.teacch.com

PECS Picture Exchange Communication System – von FROST, L. & SULZER-AZAROFF, B. unter: www.pecs.com (in englischer Sprache)

Unterstützte Kommunikation

ISAAC = International Society for Augmenative and Alternative Communication (Internationale Gesellschaft für ergänzende und alternative Kommunikation). Die Gesellschaft für Unterstützte Kommunikation e.V. ist die deutschsprachige Sektion von ISAAC: www.isaac-online.de

Anschriften von Firmen, die Kommunikationshilfen vertreiben

REHAKOMM, Lange Straße 44, 89129 Langenau, Tel.: (0 73 45) 50 44

Technik für Behinderte, Gesellschaft für Rehabilitationstechnik mbH
Hildesheimer Str. 154, 30880 Laatzen, Tel.: (05 11) 8 28 33 00,
E-Mail: tfb-team@t-online.de

Prentke Romich Deutschland, Zentrale, Goethestraße 31,
34119 Kassel, Tel.: (05 61) 78 55 90,
E-Mail: info@prentke-romich.de; www.prentke-romich.de

REHA VISTA, Pulsstraße 7, 14059 Berlin,
E-Mail: info@rehavista.de; www.rehavista.de

INCAP GmbH, Blücherstraße 32, 75177 Pforzheim,
Tel.: (0 72 31) 94 63 30, E-Mail: info@incap.de; www.incap.de

REHAMEDIA, Bismarckstraße 142, 47057 Duisburg,
Tel.: (02 03) 3 06 19 50,
E-Mail: rehamedia@compuserve.com

Prävention am Beispiel TEACCH

TEACCH – was ist das eigentlich genau?

Markus Kiwitt

Die Buchstaben TEACCH sind eine Abkürzung für: *T*reatment and *E*ducation of *A*utistic and related *C*ommunication handicapped *CH*ildren. Das bedeutet sinngemäß übersetzt: Behandlung (Therapie) und pädagogische Förderung für autistische und in ähnlicher Weise kommunikationsgestörte Kinder (Jugendliche und Erwachsene).

Hinter dieser komplexen Bezeichnung verbirgt sich ein staatliches Programm im amerikanischen Bundesstaat North Carolina, das mittlerweile ein eigener Fachbereich der School of Medicine der University of North Carolina (UNC) ist und in der Form schon seit über 30 Jahren besteht. Division TEACCH gilt als eines der erfolgreichsten Förderprogramme für Menschen mit Autismus. Demzufolge haben sich weltweit viele Kooperationen ergeben.

Ausschlaggebend für diesen Erfolg waren sowohl die Lernerfolge, die Eric Schopler in den 1960er Jahren durch seine wissenschaftlichen Projekte des »strukturierten Unterrichtens« (= structured teaching) mit autistischen Kindern erzielte als auch die von Schopler angestrebte Kooperation mit Eltern betroffener Kinder.

Mittlerweile gibt es neun regionale TEACCH-Zentren, die ihre Dienstleistungen für Menschen mit Autismus, betroffene Angehörige sowie professionelle Betreuer (aus Schulen, Wohnstätten, Werkstätten usw.) flächendeckend in North Carolina anbieten.

Bei der Arbeit mit dem TEACCH-Ansatz stehen vor allem der einzelne Mensch mit Autismus und die Individualität seiner Person im Vordergrund. Demzufolge wird für jede spezifische Lebenssituation einer Person ein konkretes Förderprogramm entwickelt, das die individuellen Fähigkeiten, Interessen und Bedürfnisse dieser Person besonders berücksichtigt. Dies umfasst auch das Bemühen nachzuvollziehen, welche Auswirkungen der Autismus auf die individuelle Lebenssituation einer Person hat (understanding autism). Um diese Vorgehensweisen sowohl überprüfen als auch weiterentwickeln zu können, werden die praktischen Erfahrungen kontinuierlich wissenschaftlich begleitet.

Inzwischen hat sich TEACCH zu einem lebensbegleitendem Programm entwickelt, das nicht nur individuelle Fördermöglichkeiten für jeden Lebensbereich (Arbeit, Wohnen und Freizeit) bietet, sondern darüber hinaus auch jeden Lebensabschnitt eines Menschen individuell berücksichtigt. Um dies erfolgreich umsetzen zu können, bedarf es einer umfangreichen Förderdiagnostik. Im Rahmen des TEACCH-Programms gibt es dafür sowohl informelle (Assessment) als auch standardisierte Verfahren (PEP-R für Kinder und AAPEP für Jugendliche und Erwachsene), um ein individuelles Entwicklungs- und Fähigkeitenprofil einer Person erstellen zu können.

Die grundlegende Zielsetzung der Förderung nach dem TEACCH-Ansatz basiert auf dem fortwährenden Prozess, die Selbstständigkeit einer Person zu erhöhen, um sie besser in die Gesellschaft integrieren zu können. Umfang und Grad der Selbstständigkeit stehen dabei in Abhängigkeit zu den individuellen Fähigkeiten, Stärken und Interessen der Person. Dieser Leitgedanke wird durch einen Zwei-Wege-Ansatz praktisch umgesetzt. Einerseits wird die Umwelt durch Visualisierung und Strukturierung bedürfnisgerechter angepasst. Andererseits werden die individuellen Fertigkeiten der Person durch das strukturierte Unterrichten spezifisch gefördert und somit das Fähigkeitspotential der Person erweitert. (Das ist auch der Grundgedanke des Paradigmas Inklusion.)

Gerade durch den verstärkten Einsatz von Visualisierung und Strukturierung werden die bei Menschen mit Autismus häufig auftretenden Schwierigkeiten in der Verarbeitung verbaler Informationen durch ihre zumeist gute visuelle Wahrnehmung kompensiert. Auf diese Weise gelingt es, eine bedürfnisgerechtere und leichter verstehbare Kommunikation aufzubauen – einerseits zum besseren Verstehen, andererseits aber auch, um seine eigenen Bedürfnisse besser mitteilen zu können (TEACCH Communication Curriculum).

Im gesamten TEACCH-Programm bildet der auf die einzelne Person zugeschnittene Einsatz von Visualisierung und Strukturierung den Rahmen für die wichtigen Förderschwerpunkte:

- Sozialverhalten;
- Kommunikation;
- berufliche Fertigkeiten, inklusive Arbeitsverhalten;
- Selbstständigkeit, vor allem bei lebenspraktischen Fertigkeiten;
- Freizeit.

Wenn Menschen mit Behinderungen ohne Autismus ebenfalls Schwierigkeiten in einem dieser Bereiche haben und zu erwarten ist, dass sie von den Vorgehensweisen ebenfalls profitieren, können sie natürlich auch mit dem TEACCH-Ansatz gefördert werden.

Doch welche Voraussetzungen müssen erfüllt sein, um strukturiert zu arbeiten? Eric Schopler hat 1971 in einer Studie über die Effektivität des strukturierten Unterrichtens definiert, wann eine Lernsituation strukturiert ist und wann nicht. Sie ist strukturiert, wenn die Lehrperson folgende Vorgaben macht:

- Vorgabe des Arbeitsmaterials;
- Vorgabe des Umgangs mit den Arbeitsmaterialien;
- Vorgabe der Dauer der Arbeitseinheit.

Eine Arbeitssituation ist nach Schopler unstrukturiert, wenn der Schüler diese drei Bereiche selbst bestimmt.

Beide Situationen, strukturiert und unstrukturiert, sind Bestandteile des Alltags für Menschen mit Autismus, die nach dem TEACCH-Ansatz gefördert werden. Es ist jedoch wichtig zu unterscheiden, wann eine Situation strukturiert sein soll (Fördersituation) und wann sie unstrukturiert sein kann (Pause).

Viele Menschen mit Autismus haben große Schwierigkeiten ihre Freizeit eigeninitiativ zu gestalten. Um Freizeitaktivitäten durchführen zu können, sind sie häufig auf Angebote von anderen angewiesen. Demzufolge ist Freizeit für viele Menschen mit Autismus wesentlich schwerer zu ertragen als Arbeit, weil sie oftmals gar kein Konzept von Freizeit haben und demnach auch nicht wissen, mit welchem Material sie sich wie für welche Zeit beschäftigen sollen (unstrukturierte Situation). Daraus folgt, dass Menschen mit Autismus in ihrer Freizeit häufig gar nichts machen, sondern zumeist eher herumsitzen und sich durch das Ausleben ihrer unterschiedlichen Stereotypien zu stimulieren versuchen. Aus diesem Grund ist der Lebensbereich »Freizeit« auch ein wichtiger Förderbereich im TEACCH-Ansatz.

Beim »strukturierten Unterrichten« unterscheidet Schopler vier wesentliche Komponenten:

- die räumliche Organisation (räumliche Struktur);
- die zeitliche Struktur (Tagespläne);

- der Aufbau bzw. die Struktur von Beschäftigungsbereichen (Aktivitätensysteme);
- die Gestaltung einer Aktivität.

Da die Förderplanung die individuellen Fähigkeiten, Interessen sowie Bedürfnisse einer Person berücksichtigen soll, folgt daraus, dass die visuellen Strukturierungshilfen des strukturierten Unterrichtens nur dort eingesetzt werden, wo sie auch wirklich nötig sind, also in Förderbereichen, in denen eine Person ein im Ansatz vorhandenes Konzept hat, in der aktuellen Situation jedoch Schwierigkeiten hat, diesen Ansatz vollkommen selbständig, d. h. ohne die Hilfe anderer, ausführen zu können.

Die räumliche Organisation

Eine grundlegende Voraussetzung – wahrscheinlich die wichtigste – für ein selbständiges Leben ist eine gute räumliche Orientierung. Nur wenn bekannt ist, was wo stattfindet und wie man dort hingelangt, kann sich eine Person innerhalb eines Raums selbständig bewegen. Räumliche Orientierung wird in unserem Alltag aber häufig dadurch erschwert, dass sich viele Funktionen in einem Lebensbereich überschneiden.

Bestes Beispiel dafür ist in vielen Haushalten der Küchentisch. Dort findet eine Vielzahl sehr unterschiedlicher Aktivitäten statt, die gleichzeitig mit einer großen Bandbreite verschiedener Anforderungen verbunden sind. So nimmt man alle Mahlzeiten am Küchentisch ein, man ließt dort Zeitung, man setzt sich mit seinem Besuch an den Küchentisch, um sich zu unterhalten, die Kinder machen dort ihre Hausaufgaben, es wird daran gespielt, das Essen wird daran zubereitet usw. Um diese Aufgabenvielfalt bewältigen zu können, ist es notwendig, dass man genügend Informationen aus den Rahmenbedingungen erhält. Einerseits um über eigene Erfahrungen ableiten zu können, welche Anforderungen mit den vorhandenen Arbeitsmaterialien in Zusammenhang zu bringen sind; andererseits um einschätzen zu können, welche sozialen Erwartungen in diesem Zusammenhang an eine Person gestellt werden. Schließlich ist es noch entscheidend, dass man alle situativen Informationen richtig interpretiert und sein eigenes Verhalten entsprechend einrichtet. Kurzum, ein komplizierter Prozess, der bei Menschen ohne Beeinträchtigungen kaum wahrnehmbar und somit eher routiniert und automatisiert abläuft.

Menschen mit Beeinträchtigungen (vor allem mit Autismus) fällt es jedoch sehr schwer, diesen Prozess zu bewältigen. Aus diesem Grund muss der Aufbau ihres Lebensumfelds, gemäß ihrer individuellen Bedürfnisse, eindeutig und klar organisiert sein. Deshalb ist darauf zu achten, dass sich nicht zu viele Funktionen in einem Bereich überschneiden – siehe Tischbeispiel. Außerdem kann durch den Einsatz klarer physischer (z. B. Möbel) oder visueller (z. B. ein durch Klebestreifen am Boden markierter Bereich) Begrenzungen verdeutlicht werden, wo ein Raum anfängt und wo er aufhört. Dies setzt jedoch voraus, dass die folgenden Bereiche räumlich deutlich voneinander getrennt sind:

- ein Arbeitstisch, um selbstständig zu arbeiten;
- ein Arbeitstisch, um neue Dinge zu lernen (für die Lern- oder Eins-zu-Eins-Situation);
- Freizeit-/Pausenbereich;
- Bereich für Gruppenaktivitäten;
- Essensbereich;
- Bereich für Körperpflege/Hygiene;
- Übergangsbereich (von einem Standort des Tagesplans zum anderen).

Die Gestaltung dieser unterschiedlichen Bereiche sollte darüber hinaus berücksichtigen, inwieweit es für die individuellen Bedürfnisse einer Person wichtig ist, dass ablenkende Umweltreize (z. B. Geräusche oder visuelle Reize) verringert werden müssen, damit sie sich gegebenenfalls besser konzentrieren kann.

Die zeitliche Struktur

Wechsel und Übergänge, von einer Situation zur nächsten, fallen Menschen mit Autismus sehr schwer. Vor allem dann, wenn sie vor dem Wechsel nicht vorhersehen können, was jetzt folgt, wohin sie gehen sollen und was sie dort erwartet. Jede Person, die schon einmal gefragt wurde: »Kannst Du mir einen Gefallen tun?«, ohne vorab nähere Einzelheiten zu erfahren, wird nachvollziehen können, wie groß der innere Widerstand sein kann, wenn diese Vorhersehbarkeit fehlt.

Um Menschen mit Autismus vorhersehbare Situationen zu ermöglichen und ihnen das damit verbundene Gefühl von Sicherheit zu geben, setzt das TEACCH-Programm Tagespläne ein. Er visualisiert den zeitlichen Ablauf und verdeutlicht, was in welcher Reihenfolge stattfinden wird. Nebeneffekt des Tagesplans: Menschen mit Autismus können dadurch lernen, flexibler zu sein – vorausgesetzt der Tagesablauf variiert. Je nach individueller Abstraktionsfähigkeit eines Menschen kann man folgende visualisierenden Kommunikationsmittel für eine bedürfnisgerechtere Verständigung nutzen:

- Gegenstände des Alltags;
- Fotos;
- Zeichnungen;
- Piktogramme;
- auf Kärtchen geschriebene Wörter.

Der Tagesplan ist in der Umfänglichkeit seiner Aufgabenstellung auf die individuelle Organisationsfähigkeit einer Person abgestimmt. Demzufolge gibt es Tagespläne, die nur aussagen, was als nächstes passiert und andere, die die Übersicht für den gesamten Tagesablauf bieten. Ob die visuellen Kommunikationsmittel dabei von links nach rechts oder von oben nach unten auf dem Tagesplan angeordnet sind, ist wiederum personenabhängig.

Der Zeitpunkt, wann die nächste Aktivität beginnt, wird ebenfalls veranschaulicht, z. B. durch eine Tagesplankarte.

Aufbau und Struktur von Beschäftigungsbereichen (Aktivitätensysteme)

Aktivitätensysteme sollen Menschen mit Autismus helfen, Materialien und Aufgaben in einem Arbeitsbereich selbständig zu organisieren. Aktivitätensysteme kann es in vielen Alltagsbereichen geben: in der Küche, im Badezimmer, im Garten, in der Turnhalle, am Arbeitstisch, eben überall dort, wo es notwendig ist, mehrere Aktivitäten hintereinander durchzuführen. Der Aufbau eines Aktivitätensystems muss der Person mit autistischer Störung die folgenden Fragen mit Hilfe von Anschauungsmaterialien beantworten:

- Was ist zu tun?
- Wie viel ist zu tun und in welcher Reihenfolge?
- Wann ist es vorbei?
- Was passiert danach?

Die Gestaltung eines Aktivitätensystems richtet sich nach der individuellen Abstraktionsfähigkeit einer Person. Demzufolge gibt es für die Präsentation der Arbeitsmaterialien verschiedene Varianten:

- Anordnung der Arbeitsmaterialien von links nach rechts, wobei die »fertigen« Materialien einen »Fertigbereich« (z. B. eine Kiste, in der das fertige Produkt landet und die rechts neben dem Tisch steht) 'haben sollen, um auch optisch ein Konzept von »fertig« zu verdeutlichen.
- Anordnung der Arbeitsmaterialien von oben nach unten (auch mit Fertigkiste am Ende)
- Anordnung der Arbeitsmaterialien in Körben oder Kisten oder anderen geeigneten Gefäßen (Entweder mit Fertigkiste oder aber die fertigen Materialien werden zurück in den Korb gelegt, in dem sie sich zuvor befanden).
- Zuordnung von Farben, Buchstaben, Zahlen, Symbolen usw., um sich die Arbeitsmaterialien aus einem Regal oder einem Materialraum selbstständig holen zu können. Nach der verrichteten Arbeit werden die Materialien entweder zurückgebracht oder aber dort hingebracht, wo sie weiter verarbeitet werden.
- Knappe, eindeutige schriftliche Hinweise, wie die Arbeitsmaterialien zu organisieren sind.

Die Gestaltung einer Aktivität

Jede Person, die schon einmal versucht hat einen zur Selbstmontage vorgesehenen Schrank zusammenzubauen, wird sich wahrscheinlich dankbar an die visuellen Hilfen der detaillierten Aufbauanleitung erinnern, die es erst ermöglichte, diesen Schrank (nahezu) selbständig zusammenzubauen, obwohl man ihn noch nie zuvor aufgebaut hat. Vielen Menschen mit Autismus geht es in zahlreichen Alltagssituationen ganz ähnlich. In allen drei Lebensbereichen (Arbeit, Wohnen und Freizeit) stoßen sie auf Anforderungen, denen sie zum ersten Mal begegnen oder deren zusammenhängendes Konzept sie ohne zusätzliche Anleitung nicht verstehen.

Der TEACCH-Ansatz setzt genau an dieser Stelle an. Natürlich nicht unbedingt mit dem Zusammenbau eines Schranks, vielleicht aber mit dem Kaffeekochen, mit Memory spielen oder dem Zusammenschrauben von Magnetventilen. Mit Hilfe der folgenden personenunabhängigen Hilfen gelingt es, das Fähigkeitenpotential einer Person zu erweitern:

- mit veranschaulichenden Organisationshilfen (um die Arbeitsmaterialien zu organisieren);
- mit visueller Klarheit (um wichtige Informationen hervorzuheben);
- mit visuellen Anweisungen (um das Vorgehen und die Reihenfolge der Arbeitsschritte dabei zu verdeutlichen).

Natürlich gibt es bei der Verwendung visueller Strukturierungshilfen kein Patentrezept. Es ist wichtig herauszufinden, welche Ideen und Vorstellungen eine Person von einer Aufgabe hat, bevor man damit beginnt diese Aufgabe zu strukturieren, denn zu viel Struktur kann auch verunsichern und behindern. Demzufolge müssen die visuellen Strukturierungshilfen auch immer auf den bereits von der Person erzielten Lernerfolgen aufbauen und gegebenenfalls mit der Zeit verringert werden.

Durch den Einsatz der visuellen Strukturierungshilfen, die den Raum, die zeitlichen Abläufe, die Arbeitsbereiche sowie die Aktivitäten aller Lebensbereiche des Alltags für Menschen mit Autismus bedürfnisgerechter gestalten, gelingt es, Menschen mit Behinderungen mehr Selbständigkeit und Flexibilität zu ermöglichen, ohne, dass sie dabei auf das Gefühl von Sicherheit verzichten müssen. So wird deutlich, dass die Verwendung von Strukturierungshilfen nicht eine starre oder mechanische Vorgehensweise sein kann, sondern ein Instrument, das flexibel zu handhaben ist, weil erst dadurch der behandelnden Person Flexibilität möglich wird!

Literatur

MESIBOV, G. B. (1997): Formal and informal measures on the effectiveness of the TEACCH programme. In: Autism. The International Journal of Research and Practice, Heft 1, 25–35.

MESIBOV, G. B.; E. V. SHEA: The culture of autism. TEACCH-Homepage www.teacch.com.

MESIBOV, G. B.: TEACCH – What is TEACCH? An Overview of Division TEACCH. TEACCH-Homepage (www.teacch.com).

SCHOPLER, E.; G. B. MESIBOV; K. A. HEARSEY (1994): Structured Teaching. In: Schopler, E.; G.B. Mesibov (eds.): Behavioral issues in autism. New York, Plenum Press, 19–297.

Medizinische Aspekte der Beeinflussung massiver Aggression und bei der Anwendung von Sicherungstechniken und Schutzmaßnahmen

Jürgen Seifert

Einleitung

Im Zusammenhang mit der Behandlung geistig behinderter Menschen mit massiven Aggressionen haben Angehörige und Fachpersonal von Einrichtungen für Menschen mit geistiger Behinderung oft Vorurteile gegenüber psychiatrischen Kliniken oder Fachärzten. Entweder haben sie Befürchtungen vor diesen Fachleuten oder haben gegebenenfalls in der Vergangenheit auch schlechte Erfahrungen mit ihnen gemacht.

Das folgende Kapitel will die Notwendigkeit und die Möglichkeiten medizinischer Diagnostik und Therapie darstellen. Psychiatrische Hilfen sind oft neben pädagogischen, psychologischen u. ä. Vorgehensweisen als selbstverständliche Bausteine in einem professionellen Behandlungsplan in Anspruch zu nehmen.

Aggressive Verhaltensweisen bei Menschen mit geistiger Behinderung und Mehrfachbehinderung sind häufig. Sie erfordern ein rasches und zielgerichtetes, kriseninterventorisches Handeln.

Angesichts der Vielfalt möglicher Ursachen und der unterschiedlichen Ausprägungsformen selbst- oder fremdaggressiven Verhaltens ergeben sich hohe Anforderungen an die Einschätzungs- und Handlungskompetenz der Bezugspersonen. Um eine rasche und sichere Umsetzung von Maßnahmen zum Selbst- und Fremdschutz zu gewährleisten ist eine vorausschauende Handlungsplanung sinnvoll. Die verschiedenen kriseninterventorischen Maßnahmen sollten klar definiert sein und von den durchführenden Personen sicher beherrscht werden; dies erfordert eine fachlich qualifizierte Ausbildung sowie regelmäßige Übung, Weiterbildung und Supervision. Diese Aufgaben und Zielsetzungen haben ihre Voraussetzungen.

Formen und Epidemiologie selbst- oder fremdaggressiven Verhaltens

Formen

In dem hier relevanten Kontext können Selbst- und Fremdaggressionen jeweils als beobachtbare, zielgerichtete Verhaltensweisen beschrieben werden, welche eine Schädigung bewirken. Die insbesondere bei sinnesbehinderten Kindern und Jugendlichen gehäuft zu beobachtenden motorischen Stereotypien und selbststimulierenden Handlungen zeigen oft einen fließenden Übergang zu selbstverletzendem Verhalten. Spezielle selbstschädigende Handlungen mit Gebrauch von Instrumenten und Gegenständen wie zum Beispiel das sich Schneiden mit scharfen Klingen, sind bei geistig behinderten oder mehrfachbehinderten Kindern und Jugendlichen vergleichsweise seltener zu beobachten als bei Patienten ohne Behinderung.

Des Weiteren können anhaltendes Schreien, zum Widerspruch herausforderndes verweigerndes Verhalten, Beschädigung oder Zerstörung von Gegenständen sowie das Quälen und Misshandeln von Tieren als aggressive Verhaltensformen in Abhängigkeit von Intensität und Dauer zu Krisensituationen führen.

Häufigkeit impulsiv-aggressiven, selbst- und fremdgefährdenden Verhaltens

Trotz deutlicher Variationen der Schätzwerte für psychiatrische Störungen bei geistig- oder mehrfach behinderten Personen in der internationalen Literatur kann festgestellt werden, dass die Rate psychischer Störungen bei dieser Gruppe deutlich höher ist als bei normal intelligenten oder normal entwickelten Menschen. Geistig Behinderte haben mit Prävalenzraten von einem bis zu zwei Dritteln ein um drei- bis viermal höheres Risiko für eine psychische Störung, wobei Formen schwerer geistiger Behinderung häufiger als leichte betroffen sind. Bei intelligenzgeminderten Kindern und Jugendlichen liegt ebenso die Wahrscheinlichkeit für impulsiv-aggressives Verhalten um das Drei- bis Vierfache höher als für gleichaltrige Normalintelligente. Ballinger u. a. (1991) beschrieben aggressives Verhalten bei 62 Prozent und speziell selbstverletzendes Verhalten bei 25 Prozent aller geistig behinderten Personen.

Andere Autoren sahen aggressives Verhalten bei 30 bis 55 Prozent, davon speziell selbstverletzendes Verhalten bei zehn bis 20 Prozent aller institutionalisierten Betroffenen. Etwa 40 bis 50 Prozent aller Kinder und Jugendlichen, die in Heimeinrichtungen leben, zeigen selbstverletzende Verhaltensweisen in Form von Kratzen, Zwicken, Schlagen und Beißen. Intensität und Häufigkeit korrelieren oft mit der Schwere der Behinderung(en) und sind besonders bei zugrunde liegenden Stoffwechselstörungen und Missbildungssyndromen (zum Beispiel Lesch-Nyhan-Syndrom, Cornelia-de-Lange-Syndrom) anzutreffen.

Die oben beschriebenen selbstverletzenden Verhaltensweisen können sich in gleicher Weise auch als nach außen gerichtetes fremdaggressives Verhalten manifestieren.

Psychische Störungen als (Mit-)Ursachen aggressiven Verhaltens

Die Entstehung von Krisensituationen kann in körperlichen (organischen) und psychiatrischen Erkrankungen, aber auch durch Umwelteinflüsse begründet sein. Aggressiven Verhaltensweisen liegen nur selten auf nur eine Ursache zurückgehende Auslösebedingungen zugrunde. In der Mehrzahl der Fälle spielen gestörte Wechselwirkungen zwischen den individuellen entwicklungsabhängigen körperlich-konstitutionellen Lebensvoraussetzungen, lebensgeschichtlichen Einflüssen und aktuellen Lebensanforderungen eine zentrale Rolle.

Oft sind es aber Wechselwirkungen zwischen aus der Situation heraus gegebenen Einflüssen und körperlich-seelischer Befindlichkeit. In der Gesamtheit der an der Entstehung und Entwicklung der Krankheit beteiligten Faktoren sind genetische und nicht genetische körperliche oder seelische Vorgänge eine mögliche Erklärung.

Spezifische Zusammenhänge zwischen geistiger Behinderung oder Mehrfachbehinderung und einer besonderen Verhaltens- und Persönlichkeitscharakteristik bzw. psychopathologischen Merkmalen sind nicht bekannt. Gleichwohl ist ein erhöhtes Risiko für verschiedene psychopathologische Phänomene bei Intelligenzminderung im Sinne einer geistigen Behinderung festzustellen.

Zu den wichtigsten Störungen zählen häufig autistische Symptome, affektive und emotionale Störungen, pathologische Ängste, desintegrative und schizophrene Psychosen, die affektiven Psychosen, Hyperaktivität und Aufmerksamkeitsstörung, Stereotypien im Bereich der Bewegung und Selbstverletzungen, Einnässen und Einkoten, Essstörungen sowie Auffälligkeiten in den Bereichen Psychomotorik, der Emotionen, der Affekte, der Triebfunktionen und des Schlafs. Grundsätzlich können aus allen genannten Symptombereichen auch selbst- und fremdaggressive Verhaltensweisen hervorgehen.

Bei leichten Formen geistiger Behinderung ist das Spektrum psychischer Störungen den bei durchschnittlich Begabten relativ ähnlich. Dabei dominieren bei Ersteren die emotionalen und die sozialen Störungen. Ferner werden Persönlichkeitsabweichungen und verschiedene Entwicklungsstörungen diagnostisiert.

Bei den schweren Formen geistiger Behinderung und bei schweren Mehrfachbehinderungen sind organische Psychosyndrome, Aufmerksamkeitsdefizit-Hyperaktivitäts-Störungen, Psychosen, Stereotypien und Tics sowie tiefgreifende Entwicklungsstörungen im Sinne autistischer Syndrome vorherrschend. Hier sind verhältnismäßig häufig organisch fassbare Hirnschäden (zum Beispiel Frontalhirnsyndrom) die Ursache für die psychische Störung. Gleichzeitig sind aber auch weitere Faktoren sowohl symptomauslösend als auch die Symptome aufrechterhaltend wirksam. Sie können in inadäquaten Erziehungsbedingungen, Beziehungsstörungen mit Bezugspersonen, sozialen Stigmatisierungen und verschiedenen Kommunikationsbeeinträchtigungen begründet sein.

Ferner sind als aggressionsauslösende oder -aufrechterhaltende Faktoren zerebrale Anfallsleiden und Epilepsien sowie organische Erkrankungen, insbesondere in Verbindung mit Schmerzsyndromen zu nennen.

Sogenannte klinische Syndrome bei geistiger und Mehrfachbehinderung sind unter Umständen ursächlich auf Genmutationen (z. B. Neurofibromatose von Recklinghausen), Chromosomenabweichungen (z. B. Fragiles X-Syndrom, Rett-Syndrom, Down-Syndrom), Fehlbildungs-Retardierungs-Syndrome (z. B. Cornelia-de-Lange-Syndrom, Prader-Willi-Syndrom), Fehlbildungen des Nervensystems (z. B. Porenzephalie), exogen verursachte Entwicklungsstörungen (z. B. Infektionen, Traumata), Stoffwechselstörungen (z. B. Hypothyreose, Lesch-Nyhan-Syndrom), also mit medizinisch diagnostischen Instrumenten fassbare, organ-assoziierte Ursachen zurückzuführen. In der weitaus größeren Zahl (60 bis 80 Prozent) – bei den sogenannten idiopathischen, aus sich heraus entstandenen Behinderungen – sind die Ursachen nicht bekannt.

Diagnostische Zugänge

Die Komplexität aggressiven selbst- und fremdgefährdenden Verhaltens sowie die vielschichtigen organischen, psychischen und situationsbezogenen Begründungszusammenhänge erfordern eine mehrdimensionale (multiaxiale) Diagnostik. Diese ist oft vor einem ersten Ereignis selbst- und fremdaggressiven Verhaltens nicht gegeben – sie sollte aber unbedingt Folge eines solchen Ereignisses sein.

Um adäquate und effektive Interventionsstrategien in Krisensituationen mit aggressivem Verhalten bei geistig oder mehrfachbehinderten Personen entwickeln zu können, ist eine möglichst genaue diagnostische Einordnung der Ursachen für das selbst- oder fremdschädigende Verhalten erforderlich. Dabei ergeben sich bei geistigbehinderten und mehrfachbehinderten Kindern und Jugendlichen häufig besondere Schwierigkeiten: durch die stark eingeschränkten Kommunikationsmöglichkeiten, eine weniger typische Symptomatik, eine oft erschwerte Durchführung technisch-apparativer Untersuchungen (zum Beispiel Elektroenzephalogramm, EEG; Magnetresonanztomografie, MRT), eine Ausprägung symptomatischer Merkmale bereits bei »Normalbefinden« (zum Beispiel übermäßig schwacher oder übermäßig starker Antrieb), eine relativ höhere Basisrate auffälligen Verhaltens und nicht zuletzt durch die Tatsache, dass auffälliges Verhalten irrtümlich oft allein durch die bestehende(n) Behinderung(en) erklärt wird.

Im Rahmen der kinder- und jugendpsychiatrischen Untersuchung hat sich die diagnostische Einordnung auf der Grundlage des multiaxialen Klassifikationsschemas (nach Remschmidt, Schmidt und Poustka 2001) sehr bewährt:

1. Achse: Klinisch-psychiatrisches Syndrom;
2. Achse: Umschriebene Entwicklungsstörungen;
3. Achse: Intelligenzniveau;
4. Achse: Körperliche Symptomatik;
5. Achse: Assoziierte aktuelle abnorme psychosoziale Umstände;
6. Achse: Globale Beurteilung des psychosozialen Funktionsniveaus.

Im diagnostischen Prozess empfiehlt sich ein entsprechend leitlinienorientiertes Vorgehen:

Die wesentliche Grundlage zu Beschreibung, Objektivierung und Einordnung impulsiv aggressiver Verhaltensweisen bilden Verhaltens*beobach-*

tungen; diese sollten nach standardisierten Kriterien erfolgen und – soweit möglich – unter Verwendung definierter Fachbegriffe dokumentiert werden, um ein möglichst hohes Maß an Objektivität und Nachvollziehbarkeit für Dritte zu erreichen. Eine ergänzende Videodokumentation kann im Einzelfall wichtige Zusatzinformationen liefern.

Im Falle gegebener Voraussetzungen können Verhaltensbeobachtung und -beschreibung durch Selbst- und Fremdbeurteilungsinstrumente ergänzt werden. Eine adäquate Selbstbeurteilung ist bei intelligenzgeminderten oder schwer mehrfachbehinderten Kindern und Jugendlichen jedoch gar nicht oder nur unzureichend möglich und in der Regel mit einer hohen Fehlerrate behaftet. An Selbstbeurteilungsskalen stehen unter anderem die *Barratt Impulsiveness Scale* und das *Eysenck Impulsiveness Questionnaire* zur Verfügung. Bei den Fremdbeurteilungsinstrumenten reicht das Spektrum bis zu spezifischen Skalen für aggressives Verhalten wie die *Overt Aggression Scale* (OAS), die *Disability Assessment Schedule* (DAS), die *Aberrant Behavior Checklist* (ABC) und die *Checklist for Challenging Behaviour*.

Voraussetzungen für die Anwendung diagnostischer und therapeutischer Maßnahmen

Aus medizinischer Sicht stellt die Diagnostik möglicher Ursachen für aggressives selbst- und/oder fremdschädigendes Verhalten die wesentliche Grundlage für ein therapeutisches Vorgehen dar. Die Anwendung klinischer und apparativer ärztlicher Untersuchungsmethoden ist jedoch bei Menschen mit geistiger oder Mehrfachbehinderung aufgrund eingeschränkter Kommunikations- und Kooperationsfähigkeit, uncharakteristischer Symptomausprägung u. a. nur eingeschränkt möglich. Die zur Ursachenanalyse notwendige genaue und systematische Verhaltensbeobachtung erfordert eine nach Möglichkeit standardisierte Beschreibung und Dokumentation. Die sich daraus ergebenden medizinischen sowie psychologischen diagnostischen Notwendigkeiten sollten wiederum den Bedürfnissen und Besonderheiten der Menschen mit geistiger und Mehrfachbehinderung angepasst werden, um einerseits Belastungen zu verringern und andererseits den Informationsgewinn zu steigern.

Das adäquate Setting zur Behandlung fremd- und selbstschädigenden Verhaltens und die dafür notwendigen Infrastrukturen sind häufig weder im ambulanten noch im stationären Versorgungsbereich erfüllt (keine behindertengerechte Zugänge, fehlende adaptierte Testverfahren und Untersuchungsinstrumente, zu wenig im Umgang mit behinderten Personen erfahrenes Personal usw.). Entscheidungen bezüglich der Wahl örtlicher Rahmenbedingungen sowie der einzusetzenden Methoden sind daher kritisch abzuwägen, im Bedarfsfall sind behinderungsspezifische und entsprechend erfahrene ärztliche Praxen oder Zentren aufzusuchen.

Es ist zu betonen, dass die psychotherapeutische und medikamentöse Behandlung bei impulsiven Verhaltensstörungen mit selbst- und/oder fremdgefährdendem Verhalten grundsätzlich besonderen fachlichen, ethischen und rechtlichen Bedingungen unterliegt (s. u.). Bei Kindern und Jugendlichen im allgemeinen und speziell bei intelligenzgeminderten oder mehrfachbehinderten bzw. nicht einwilligungsfähigen Menschen, sollten diagnostische, psychotherapeutische und psychopharmakologische Interventionen Bestandteil eines multimodalen Gesamttherapiekonzepts sein und auf der Grundlage einer fundierten Diagnostik erfolgen. In diese sind organische, neurologische, entwicklungspsychologische, sozialpsychologische, psychodynamische und situative Faktoren einzuschließen.

Psychotherapeutische ebenso wie medikamentöse Therapiemaßnahmen bedürfen grundsätzlich einer klaren Indikationsstellung und sollten im Behandlungsverlauf hinsichtlich der Effizienz und des Risiko-Nutzen-Verhältnisses qualifiziert und kritisch überprüft werden.

Rechtliche, ethische und formale Voraussetzungen für diagnostische, therapeutische und sichernde Maßnahmen

Diagnostik und Therapie in der Kinder- und Jugendpsychiatrie erfolgen unter Beachtung der Verantwortung und Rechte von Kind/Jugendlichem (Patient), Eltern oder der sorgeberechtigten Personen und auch der Gesellschaft. Die Achtung der Würde und Selbstbestimmung der kranken und/oder behinderten Kinder und Jugendlichen und ihrer Sorgeberechtigten ist Voraussetzung jeder Behandlung. Für den Umgang mit Krisensituationen, in denen Maßnahmen zur Anwendung kommen, die zeitweise die Freiheit des Kindes oder Jugendlichen einschränken können, ergeben sich verschiedene Anforderungen. Zwischen den Therapeuten, pflegerischen und pädagogischen Betreuern, den betroffenen jungen Menschen selbst und den sorgeberechtigten Personen sollten dabei Vorgehensweisen vereinbart werden, die *als Kriseninterventionstrategien transparent, vorhersehbar* und *verbindlich* gestaltet sind.

Angesichts der bestehenden Defizite ist zur Verbesserung der gegenwärtig in Deutschland bestehenden Qualitätsstandards die Entwicklung strukturierter und inhaltlicher Konzepte in enger interdisziplinärer Kooperation von Fachkräften aus den Bereichen Pädagogik, Psychologie und Kinder- und Jugendpsychiatrie/-psychotherapie dringend erforderlich.

Möglichkeiten der akuten Krisenintervention und Prävention

Die Anpassung von Maßnahmen an Art und Schwere des aggressiven selbst- und fremdgefährdenden Verhaltens

Die Festlegung des unmittelbar notwendigen Interventionsniveaus richtet sich nach den jeweils bestehenden Zielsymptomen, deren Schweregrad und der jeweiligen Zielsetzung. Aus den eigenen Erfahrungen können exemplarisch *drei Handlungsebenen* beschrieben werden.

Im Bereich der *Ebene eins* finden sich nicht als unmittelbar gefährlich einzuschätzende Symptome wie zum Beispiel zum Widerspruch herausforderndes Verhalten, Ärger, Wut, oder verbale Attacken. Die möglichen Auswirkungen bestehen in einer Bedrohung bzw. Beeinträchtigung der Umgebungsbedingungen, des Milieus, in dem sich der Betroffene aufhält. Die Interventionstechniken beschränken sich hier auf Maßnahmen zum Verhaltensmanagement sowie auf das Gespräch und haben zum Ziel, Autonomie und Milieubedingungen zu bewahren.

Im Bereich der *Ebene zwei* können als Zielsymptome krankhafte Ängste, ein erhöhtes Antriebsniveau mit starker psychovegetativer Anspannung und/oder vermehrter psychomotorischer Unruhe, bis hin zu agitiertem Verhalten – gegebenenfalls einhergehend mit Zerstörung von Sachgegenständen – eingeordnet werden. Hinsichtlich des Schweregrads ist das jeweilige Verhalten als potenzielle Bedrohung aber nicht im Sinne einer heftig einsetzenden (perakuten) Gefahrensituation zu werten. Die Interventionsmaßnahmen können in diesen Fällen in einer erhöhten Personalpräsenz, in einer räumlichen Trennung, in pädagogischen Sanktionen, in verhaltenstherapeutischen Maßnahmen und/oder im Einsatz einer symptomspezifischen Medikamentgabe mit dem Ziel der Verringerung der Zielsymptomatik bestehen.

Die *Ebene drei* umfasst aggressives Verhalten mit Selbst- und/oder Fremdgefährdung in einem Ausmaß, welches als akute Gefahrensituation eingeschätzt werden muss. Das primäre Interventionsziel besteht hier in der Wiederherstellung und Gewährleistung von Sicherheit des betroffenen geistig oder mehrfachbehinderten Kindes oder Jugendlichen und seiner Umgebung. Hier kommen in Abhängigkeit von Art und Schwere der Symptomatik sowie deren Auslösebedingungen sedierende Medikamente, Festhalten, räumliche Isolierung – gegebenenfalls unter geschlossenen Bedingungen – , oder eine Teil- bis Komplettfixierung zum Einsatz.

Verhaltenstherapeutische Interventionen

Bei der verhaltenstherapeutischen Behandlung selbst- und fremdgefährdenden Verhaltens kommen Techniken des Entzugs positiver und negativer Verstärkung (Ausschlussverfahren; zum Beispiel Time-out, Sichtblockaden), Korrekturverfahren (Over-correction) und aversive Verfahren (Strafe, zum Beispiel Time-out, Verbote u. a.) zur Anwendung (von Aster 1993, Kehrer 1997).

Korrektur- und Ausschlussverfahren haben in jüngerer Zeit hoch aversive Methoden weitestgehend ersetzt. Eine Kombination mit positiver Verstärkung zu Aggressionen alternativem Verhalten ist einer alleinigen »Bestrafung« vorzuziehen.

Strafen sollten, wenn sie unvermeidbar sind, nur unter klarer Indikation, strenger Kontrolle, in unmittelbarem Zusammenhang mit selbst- oder fremdgefährdenden Verhaltenssequenzen, konsequent und unter der Garantie einer sich daraus ergebenden Lernmöglichkeit angewandt werden. Das setzt immer auch einen ausreichenden intellektuellen und sozio-emotionalen Entwicklungsstand bei dem betroffenen geistig oder mehrfachbehinderten Kind oder Jugendlichen voraus. Strafen sollten keinesfalls als Notlösung für unzureichende personelle, räumliche und materielle Bedingungen dienen.

Ergibt die Bedingungsanalyse selbst- oder fremdaggressiven Verhaltens definierte vorausgehende situative Umstände als (mit-)verursachend, kann neben der Veränderung dieser das Verhalten auslösenden Situationen auch eine Reiz-Reaktions-Kontrolle zur Korrektur beitragen. Hierbei setzt man den Patienten »dosierten« Reizen aus, um die Reizgrenze zu finden und sie sukzessive unter verhaltenstherapeutischen Interventionen erhöht werden kann.

Eine weitere Technik ist die Reaktions*verhinderung*, die sich insbesondere bei zwanghaftem Verhalten bewährt hat. Die Reaktion auf einen Reiz wird dabei zum Beispiel durch Zuwendung, Ablenkung, Spiel, Sport o. a. hinausgezögert, bis der eingeschliffene ungünstige Reiz-Reaktions-Zusammenhang gelöscht ist.

Ferner gehört eine *Umlenkung* in tolerierbare alternative Verhaltensweisen zum verhaltenstherapeutischen Inventar. Aggressives Verhalten, das sich gegen die eigene Person oder gegen andere richtet, darf hier an »gefahrlosen« Objekten, wie Sandsäcken, Kissen, Knautschtieren usw. ausgeführt werden, Wut, Ärger, Frustration, Spannungen usw. können so abreagiert werden.

Auch *körperliche Aktivierung*, bis hin zur Ermüdung, kann aggressives Verhalten vorbeugend verhindern bzw. in seiner Intensität mindern.

Ein sogenanntes »anger management training« entwickelte Benson (1985), mit dessen Hilfe die Patienten die Kontrolle über aggressive Gefühle und Handlungen erlernen können. Ein sowohl für Einzel- als auch Gruppentherapie ausgearbeitetes Programm umfasst dabei folgende Teile:

- Identifikation von Gefühlen: die Patienten lernen bei sich und anderen drei Gefühle (Glück, Ärger, Bosheit) zu unterscheiden;
- Entspannungsübungen zum Abbau psychischer Spannungen über Muskelrelaxation;
- Autosuggestion: der Patient bedient sich bestimmter Denkformeln, die ihm bei der Kontrolle bestimmter Situationen behilflich sein können;
- Problemlösung: praktische Übungen in gespielten und konkreten Situationen (Dosen 1997).

Psychopharmakologische Maßnahmen

Die allgemeine Psychotherapie ist für Menschen mit geistiger Behinderung oder Mehrfachbehinderung nach wie vor unzureichend entwickelt. Auch für die vor allem hier zum Einsatz kommenden verhaltenstherapeutischen Maßnahmen fehlen oft die notwendigen Rahmenbedingungen und therapeutischen Qualifikationen zu einer effektiven Umsetzung.

Darüber hinaus tragen sowohl die Schweregrade der psychischen Störungen als auch die diagnostischen Schwierigkeiten mit dazu bei, dass der Einsatz an neuropsychopharmakologischen Medikationen insbesondere in Einrichtungen für Menschen mit Behinderungen relativ hoch ist (zwölf bis 40 Prozent). Aufgrund zumeist fehlender fundierter psychopharmakologischer Studien zur Behandlung psychischer Störungen bei Kindern und Jugendlichen mit geistiger oder Mehrfachbehinderung, begründen sich die Empfehlungen wesentlich aus Erfahrungswerten (Konsensus) einer Summe von Heilversuchen (Matson u. a. 2000; Meins 2000).

Voraussetzungen und Besonderheiten der pharmakologischen Intervention

Bei der Medikation von Kindern und Jugendlichen mit geistiger Behinderung oder mit Mehrfachbehinderung ist eine Reihe von Besonderheiten zu beachten:

- Die Diagnostik ist erheblich erschwert, da mit zunehmendem Schweregrad der Behinderung die Symptomatik oft nur sehr schwer zu ermitteln ist.
- Aus gleichen Gründen ist die Ermittlung von Wirkung und unerwünschten Wirkungen einer Medikation schwer zu erkennen und zu beurteilen.
- Die eigentlichen Ursachen der geistigen Behinderung bzw. der Mehrfachbehinderungen sind oft unbekannt, so dass eine Behandlung der Ursache(n) (psychische Erkrankung? Geistige Behinderung? Aggressives Verhalten?) prinzipiell erschwert ist.
- Die pharmakologische Behandlung muss deshalb häufig nach den beobachtbaren Verhaltenssymptomen und im Zusammenhang mit der spezifischen Situation, in der das problematische Verhalten auftritt, erfolgen; dies umso mehr, je weniger sich der Mensch mit Behinderung sprachlich mitteilen kann.
- Psychiatrische und organische Erkrankungen sind mit zunehmendem Schweregrad der Behinderung gehäuft, so dass eine medikamentöse Mehrfachbehandlung die Kontrolle von Wirkung, unerwünschten Wirkungen und Wechselwirkungen erschwert. *Bei Hirnschädigung können die im Regelanwendungsfall typischen medikamentösen Wirkungen ausbleiben; veränderte oder auch paradoxe Effekte sind wahrscheinlicher.*

- Die Compliance, die Bereitschaft zur Mitarbeit, ist erschwert, fehlt völlig oder – im Gegenteil – medikamentöse Behandlung wird (körperlich) abgewehrt, da mit zunehmenden Grad der geistigen Behinderung Mitteilungsfähigkeit und eigenständige Verhaltenskontrolle reduziert sind und die Medikation sowie die Kontrolle ihrer Wirkungsweise wesentlich durch Bezugspersonen geschehen muss. Die Bezugspersonen müssen dafür verlässlich verfügbar und hinsichtlich des Erkennens von Wirkungen und unerwünschten Wirkungen ausreichend geschult sein.

Die Neuropsychopharmakotherapie ist in den hier relevanten Anwendungsfällen störungsspezifisch bzw. symptomorientiert, d. h. auf das problematische Verhalten oder Befinden gerichtet. Eine medikamentöse Behandlung der Intelligenzminderung ist nicht möglich. – *Aber*: Oft wird erst nach Einsatz oder in Begleitung durch eine angemessene neuropsychopharmakologische Medikation pädagogische und/oder psychologische Beeinflussung möglich. Sie stellt zum Beispiel ein Mindestmaß an Beruhigung und Konzentration her, fördert die Aufgeschlossenheit und Beziehungsfähigkeit, stabilisiert emotionale Zustände.

Autoaggressives selbstverletzendes und fremdaggressives Verhalten

Nach den Richtlinien für den Einsatz von Neuroleptika in Pflegeeinrichtungen (Omnibus Budget Reconciliation Act, OBRA) und der Gesundheitsbehörde Health Care Financing Administration (HCFA) bedürfen neben den typischen selbstverletzenden Handlungen wie zum Beispiel Schlagen, Beißen, Kratzen auch Verhaltensweisen wie anhaltendes Schreien, Weinen, Stampfen und Schimpfen, wenn sie eine funktionelle Beeinträchtigung zur Folge haben, unter Umständen einer unterstützenden medikamentösen Therapie. Die Medikation entspricht im Wesentlichen der bei geistig nicht Behinderten. Zu beachten ist aber eine geringere Anfangsdosis und ein langsameres Erhöhen (Auftitrieren) der Medikation.

Zum Einsatz kommen hier insbesondere in der Akuttherapie und/oder bei damit einhergehenden psychotischen Symptomen sowohl hoch wirksame (Haldol), als auch mittel und niedrig potente Neuroleptika (Chlorprothixen, Pipamperon, Levomepromazin).

Die Gabe von Benzodiazepinen (Lorazepam, Diazepam) ist bei aggressiven Unruhe- und Erregungszuständen und bei vorwiegend angstbedingter Aggressivität angezeigt. Oft werden sie in der Notfalltherapie mit hoch wirksamen Neuroleptika kombiniert. Zu beachten ist eine mögliche paradoxe Wirkung mit Aggressionssteigerung, die vor allem bei zu niedriger Dosierung eintreten kann. Als dauerhafte Therapie sind Benzodiazepine wegen des Abhängigkeitsrisikos nicht (mehr) zu empfehlen.

Bei selbst- und fremdverletzendem Verhalten im Zusammenhang mit affektiven (depressiven) Störungen, Zwangssymptomen sowie pathologischen Ängsten oder ausgeprägter emotionaler Instabilität sind auch Serotoninwiederaufnahmehemmer (Citalopram, Fluoxetin, Sertralin, Fenfluramin u. a.) besonders in der längerfristigen Therapie hilfreich. Bei selbst- und fremdaggressiven Verhaltensweisen in Verbindung mit EEG-Auffälligkeiten, sowohl mit als auch ohne objektivierbaren zerebralen Krampfanfall bzw. Epilepsien, ist der Einsatz von Antiepileptika (Carbamazepin, Oxcarbazepin, Valproinsäure, Phenytoin u. a.) angezeigt. Dagegen sind Phasenprophylaktika (Lithium-Salze) und Antiepileptika in der rein symptomatischen Behandlung aggressiven Verhaltens bzw. der Bereitschaft dazu nur Medikamente zweiter bzw. dritter Wahl.

Störungen der Impulskontrolle

Im Falle ausgeprägter Impulskontrollstörungen in Verbindung mit aggressiver Gespanntheit und geringer Frustrationstoleranz ist vorrangig der Einsatz von mittel- bis niedrig wirksamen Neuroleptika (zum Beispiel Chlorprothixen, Levomepromazin oder Pipamperon) zu erwägen.

Aufmerksamkeits-Defizit-Hyperaktivitäts-Syndrom (ADHS)

Hyperaktivität ist ein bei geistig behinderten Kindern gehäuft auftretendes Phänomen. Während Psychostimulantien Mittel der ersten Wahl bei Aufmerksamkeits-Defizit-Hyperaktivitäts-Syndrom (ADHS) bzw. hyperkinetischem Syndrom (HKS) sind, liegt der Wirkungseffekt solcher psychostimulierender Mittel, zum Beispiel von Methylphenidat, bei hyperkinetischen intelligenzgeminderten Kindern deutlich unter der normalintelligenter. Unerwünschte Wirkungen sind häufiger. Bei Epilepsie ist insbesondere auf Wirkspiegelveränderungen der Antiepileptika zu achten und eine besonders sorgfältige Kontrolle von EEG und Anfallssymptomatik sowie -häufigkeit vorzunehmen.

Mittel der Wahl ist Methylphenidat, ab sechs Jahren, in einer Dosierung von bis ca. 1 mg pro kg Körpergewicht, maximal 60 mg pro Tag, verteilt auf zwei bis drei Einzelgaben.

Akute Symptomatik	Empfohlene Medikation	Wiederholbarkeit pro Tag	Maximale Tagesdosis (mg)
Schwere Aggressivität, Unruhe und ausgeprägte psychotische Symptome	Haloperidol 10 mg i. v. + Lorazepam 2 mg i. v. Beachte: Lorazepam langsam injizieren	2- bis 3-mal	Haloperidol 30 (bis 60) Lorazepam 6 (bis 7,5)
Aggressivität, leichte oder keine psychotischen Symptome	Mittel/niedrig potente Neuroleptika:		
	Chlorprothixen 50 mg i. m./p. o.	2- bis 4-mal	100 bis 200
	Pipamperon 30 mg p. o.	3- bis 4-mal	2 bis 6 pro kg Kg
	Levomepromazin 50 mg i. m./p. o.	2- bis 3-mal	150
	Zuclopenthixol 2-30 mg p.o.	2- bis 3-mal	30 bis 70
Aggressivität bei Angst	Benzodiazepine: Lorazepam 2,5 mg (expidet) p. o.	3-mal	7,5
Selbstverletzendes Verhalten, Suizidalität	Benzodiazepine: Lorazepam 2,5 mg (expidet) p. o.	3-mal	7,5

Tab. 1: Symptomatische psychopharmakologische Behandlung akuter Aggressivität und Autoaggressivität (Mehler-Wex, Warnke 2004)

Störungen des Sozialverhaltens bei Intelligenzminderung

In der medikamentösen Behandlung von Störungen des Sozialverhaltens mit fremd- und autoaggressivem Verhalten bei geistig und mehrfach Behinderten haben sich folgende Substanzen als effektiv erwiesen: Risperidon, ab sechs Jahren, 0,5 bis 2 mg (maximal 3 mg) pro Tag; Zuclopenthixol, 2 bis 20 mg (maximal 40 mg pro Tag). Als *dritte* Wahl ist der Einsatz von Antidepressiva zu erwägen. Dabei kommen SSRI (Citalopram, Fluoxetin, Sertralin, Fenfluramin u. a.) in Frage, wenn die Verhaltensstörungen wesentlich im Zusammenhang mit depressiven Episoden,

Angst- oder Zwangserkrankungen erklärt werden können (siehe Tabellen 1 oder 2).

Bei nicht ausreichendem Ansprechen auf eine Monotherapie sind Kombinationen wie die von Risperidon und Methylphenidat bzw. Risperidon und Zuclopenthixol durchaus sinnvoll.

Sonstige Präparate wie Beta-Rezeptorenblocker (Propranolol, Pindolol), adrenerge Alpha-Agonisten (Clonidin, Guanfacin) und Opiat-Rezeptor-Antagonisten (Naltrexon) kommen wegen ungünstiger Wirkungs-Nebenwirkungs-Profile sowie mangels kontrollierter Studien nur in seltenen bzw. in Ausnahmefällen zur Anwendung.

Assoziierte Symptomatik	**Empfohlene Pharmakotherapie**
Störung des Sozialverhaltens; Autismus und geistige Behinderung mit selbstverletzendem Verhalten.	Hoch potente Neuroleptika, zum Beispiel Risperidon 0,25 bis 1,5 mg abends (max. 2 bis 4 mg)
Aggressive Gespanntheit; Impulskontrollstörung; geringe Frustrationstoleranz.	Mittel und niedrig potente Neuroleptika, z. B. Chlorprothixen 4 x 15 bis 50 mg pro Tag Levomepromazin 4-mal 25 bis 50 mg pro Tag Pipamperon 4-mal 30 mg pro Tag
ADHS	Psychostimulanzien, zum Beispiel Methylphenidat 3-mal 5 bis 10 mg (bis spätestens 16 Uhr)
Depression, affektive Beteiligung, zwanghafte Komponente; Ängstlichkeit; emotionale Instabilität mit Selbstverletzungen.	SSRIs, zum Beispiel Citalopram, Fluoxetin 20 bis 40 mg pro Tag Sertralin 50 bis 150 mg pro Tag
Phasische Stimmungsschwankungen, Manie, familiäre Häufung bipolarer Erkrankungen, emotional instabile Persönlichkeit.	Medikamente zur Phasenprophylaxe, zum Beispiel Lithium-Salze (Plasmaspiegel 0,6 bis 1,2 mmol/l) Carbamazepin (Plasmaspiegel 4 bis 10 ug/ml) Valproinsäure (Plasmaspiegel 50 bis 100 ug/ml) Phenytoin (Plasmaspiegel 4 bis 15 ug/l)

Assoziierte Symptomatik	Empfohlene Pharmakotherapie
Angst, Suizidalität.	Benzodiazepine, zum Beispiel Lorazepam 3-mal 1 mg Diazepam 3-mal 2,5 bis 5 mg Beachte: Nur Kurzzeit-Therapie!!!
Ausgeprägte vegetative Beteiligung (Tremor, Tachykardie, Hypertonie); hirnorganische Erkrankungen; geistige Behinderung.	Beta-Rezeptorenblocker, zum Beispiel Propranolol, ab 300 mg pro Tag Beachte: Vegetative Nebenwirkungen!!!
Impulsivität bei ADHS.	Adrenerge Alpha-Agonisten, zum Beispiel Clonidin bis 0,4 mg pro Tag Guanfacin 0,5 bis 3 mg pro Tag Beachte: Kardiovaskuläre Nebenwirkungen!!!
Impulskontrollstörung und Hyperaktivität bei Autismus.	Opiat-Rezeptor-Antagonisten, zum Beispiel Naltrexon 1 mg/kg KG pro Tag Kontraindikation: Rett-Syndrom!!!
EEG-Auffälligkeiten, Epilepsie.	Antiepileptika, zum Beispiel Carbamazepin (Plasmaspiegel 4 bis 10 ug/l) Valproinsäure (Plasmaspiegel 50 bis 100 ug/ml) Phenytoin (Plasmaspiegel 4 bis 15 ug/l)

Tabelle 2 Empfehlungen zur längerfristigen Therapie von Aggressivität, Impulsivität und Autoaggressivität (Mehler-Wex, Warnke 2004)

Die Behandlung isoliert auftretender bzw. nicht mit selbst- oder fremdaggressiven Verhaltensweisen einhergehender psychischer Störungen (zum Beispiel tiefgreifende Entwicklungsstörungen im Sinne autistischer Syndrome, psychotische Störungen, depressive Erkrankungen, Zwangs- und Angststörungen) erfolgt entsprechend den Medikationsrichtlinien bei Kindern und Jugendlichen ohne Intelligenzminderung (Matson u. a. 2000).

Bei der Verordnung der genannten Neuro-Psychopharmaka muss der verordnende Arzt die Besonderheiten zur Aufklärung bei zwar für Kinder und Jugendliche nicht zugelassenen Medikamenten, die aber auch in diesen Altersgruppen verantwortlich und erfolgreich eingesetzt werden, ausdrücklich beachten.

Gibt es Hinweise auf Erfolge psychiatrischer Medikation bei aggressivem Verhalten geistig behinderter Menschen?

Durchführung sichernder Maßnahmen bei akut selbst- oder fremdgefährdendem Verhalten von Kindern und Jugendlichen mit geistiger oder mit Mehrfachbehinderung

Intensivstationäre und freiheitsbeschränkende oder freiheitsentziehende Maßnahmen sind manchmal Grundvoraussetzung des Versorgungs- und Förderrahmens auch geistig oder Mehrfachbehinderter, dienen dem Selbst- und Fremdschutz sowie der Umsetzung psychotherapeutischer, psychopharmakologischer und heilpädagogischer Maßnahmen im Gesamtprozess.

Prinzipiell sollten alle stationären medizinischen Versorgungseinrichtungen sowie vollstationäre Behindertenheime dazu in der Lage sein, auch Möglichkeiten der Behandlung bzw. Betreuung unter intensivstationären Bedingungen zu realisieren. Intensivstationen sind bedarfsweise geschlossen führbare Versorgungseinheiten mit besonders hohem Personalschlüssel. Sie gewährleisten eine qualifizierte, individuelle Fürsorge und Betreuung.

Die Zuständigkeit des Fachgebiets der Kinder- und Jugendpsychiatrie/-psychotherapie begründet sich hierbei in vielen Fällen damit, dass die Eigen- oder Fremdgefährdung, zumindest zu einem wesentlichen Teil, auf einer krankhaften bzw. tiefgreifenden Entwicklungsstörung und/oder auf einer psychischen Erkrankung ursächlich beruht. In diesem Kontext ist eine Überschneidung der Zuständigkeitsbereiche von Pädagogik, Psychologie und psychiatrischer Medizin offensichtlich. Eine qualifizierte wirksame Behandlung und Versorgung kann dabei nur auf der Basis der gesicherten, verbindlich gestalteten fachlichen Kooperation dieser Disziplinen und ihrer Fachdienste geleistet werden. – Die Praxis zeigt, dass vielerorts die Entwicklung kooperativer Handlungsformen noch dringend notwendig ist. Dabei sind die Voraussetzungen zum Umgang mit geschlossenen Bedingungen zu realisieren – genauso seitens der Kinder- und Jugendpsychiatrie/-psychotherapie wie auf Seiten der Behindertenhilfe.

Definition

Zu den Freiheitsentziehenden Maßnahmen im medizinischen Sinne zählen die räumliche und personelle Isolierung (Time-out), gegebenenfalls unter geschlossenen Bedingungen (abgeschlossene Tür), die Teil- oder Vollfixierung mittels verschiedener Gurtsysteme, der Einsatz weiterer Hilfsmittel zum Selbstschutz (zum Beispiel Helm, Handschuhe oder andere Schutzkleidung) sowie das Festhalten oder die »körperliche Führung« (zum Beispiel bei Verweigerung wichtiger Maßnahmen; der Gang zur Schule, die Einnahme von Medikation oder Nahrung).

Voraussetzungen für die Maßnahmen

Bei der Anwendung der verschiedenen sichernden Maßnahmen ist auf eine fachlich korrekte Durchführung mit standardisierten Techniken und geprüften Materialien zu achten.

Neben den akuten Interventionen in Krisensituationen mit selbst- und fremdgefährdendem Verhalten sind besonders auch *präventiv wirksame* Maßnahmen auszuschöpfen, u. a. um einer Symptomzunahme, einer Chronifizierung und eventuellen (psychischen oder körperlichen) Folgeerkrankungen/-störungen vorzubeugen. Hier kommen der systematischen Diagnostik, der Behandlung der Grunderkrankung und der Optimierung der Lebensverhältnisse (zum Beispiel eine Veränderung der Ursachen von Unruhe und Aggression) besonders hohe Bedeutung zu.

Indikationen für freiheitsbeschränkende und Freiheitsentziehende Maßnahmen

Gemeint ist hier die Anwendung freiheitsbeschränkender oder freiheitsentziehender Maßnahmen als Teil einer Behandlung, die eine sozial- und heilpädagogische Struktursetzung im Lebensumfeld des Patienten zur Sicherung von Diagnostik und Therapie voraussetzt. Als Gefährdung werden in diesem Zusammenhang aggressive Durchbrüche und Kontrollverluste sowie selbstschädigendes Verhalten in Verbindung mit mangelnder Fähigkeit zur Selbststeuerung und Eigenverantwortung angesehen. Diese Voraussetzungen sind bei Kindern und Jugendlichen mit geistiger oder Mehrfachbehinderung, die wegen selbst- und fremdaggressiver Durchbrüche in Heimeinrichtungen aufgenommen wurden, in Einzelfällen gegeben.

Ein zentrales Merkmal gravierender Entwicklungsstörungen und/oder psychischer Erkrankungen ist der länger dauernde krankheitsbedingte Verlust der Ich-Steuerung, der Realitätsorientierung und der Fähigkeit, altersentsprechende Eigenverantwortlichkeit wahrnehmen zu können. In solchen Situationen kann es sowohl für den Betroffenen selbst als auch für andere zu erheblicher Gefährdung kommen.

Wegen der eigenen Hilflosigkeit hat der behinderte, evtl. zusätzlich erkrankte Mensch Anspruch auf Maßnahmen zur Sicherung seiner persönlichen Interessen und zur Vermeidung von selbst- oder andere massiv schädigenden Verhaltensweisen. Die einschlägige Gesetzgebung sieht vor, dass eine Behandlung vorübergehend auch gegen den Willen des Betroffenen erfolgen kann und muss.

Rechtliche Bestimmungen

Im Umgang mit Freiheitsbeschränkenden und Freiheitsentziehenden Maßnahmen sind folgende Anforderungen an die Gestaltung und Qualitätssicherung zu stellen:

- Längerfristige (mehr als 24 Stunden) und/oder voraussichtlich wiederholt erforderliche Freiheitsentziehende Maßnahmen bedürfen der richterlichen Genehmigung.
- Bei der Anwendung Freiheitsbeschränkender bzw. Freiheitsentziehender Maßnahmen gegen oder ohne den erklärten Willen des Betroffenen (in Anlehnung an § 2 Freiheitsentziehungsverfahrensgesetz, FEVG) handelt es sich um einen Eingriff in das Grundrecht der Freiheit der Person (entsprechend Artikel 2, Absatz 2 und Artikel 104 Grundgesetz).
- Die öffentlich-rechtliche Unterbringung in einer geschlossenen Wohnheimgruppe oder -station (nach den Krankenhaus- und Unterbringungsgesetzen der Länder) und die zivilrechtliche Unterbringung im Sinne einer Fürsorgemaßnahme, die in den § 1906 (für Volljährige) und 1631b Bürgerliches Gesetzbuch (BGB) bzw. in den § 70 des Gesetzes über die Angelegenheiten der Freiwilligen Gerichtsbarkeit (FGG) bzw. 42 Sozialgesetzbuch, Achtes Buch (SGB VIII, früher Kinder- und Ju-

gendhilfegesetz, KJHG) Absatz 3, Satz 2 festgelegt ist, kommen stets nur als letztes Mittel in Betracht, falls eine bestehende Gefahrensituation für den Betroffenen (Selbstgefährdung) oder aber erhebliche gegenwärtige Gefahr für Rechtsgüter anderer (Fremdgefährdung) nicht anders abgewendet werden kann. Die Maßnahme darf nur dann erfolgen, wenn der zuständige Richter nach seinen eigenen Erkundungen und Ermittlungen von der Notwendigkeit und dem Vorliegen dieser Voraussetzungen überzeugt ist.

- Im Fachgebiet der Kinder- und Jugendpsychiatrie/-psychotherapie stehen Fragen einer zivilrechtlichen Unterbringung im Vordergrund. In diesem Zusammenhang stellt der richterliche Beschluss zur Anwendung entsprechender Maßnahmen stets nur eine Genehmigung des Familiengerichts dar.

Die Entscheidung über die Durchführung und die Art und Weise Freiheitsbeschränkender und Freiheitsentziehender Maßnahmen obliegt der jeweils ausführenden Einrichtung und muss in Abstimmung mit dem gesamten therapeutischen und pädagogischen Interventions- bzw. Behandlungsprogramm in verantwortbarer, nachprüfbarer Weise, dokumentiert werden. Als Freiheitsentziehende Maßnahmen gelten:

- Einschluss, geschlossene Unterbringung;
- Fixierung, Teilfixierung;
- Festhalten oder »körperliche Führung bei pädagogischer Verweigerung«.

Die folgenden Ausführungen beziehen sich auf die Institution »Klinik«, insbesondere auf die Klinik für Kinder- und Jugendpsychiatrie/-psychotherapie.

Die Genehmigung zur Anwendung Freiheitsentziehender Maßnahmen erfolgt für Minderjährige nach § 1631b BGB.

Für Volljährige sind die Bestimmungen nach § 1906 Absatz 4 des BGB geregelt. Werden neben »Einschluss« oder Fixierung, die in der Regel durch »mechanische Vorrichtungen« wie Gurte, Bettgitter und ähnliches erreicht wird, Medikamente verabreicht, ist wie folgt zu unterscheiden:

- Bei Verabreichung von Medikamenten zur Heilbehandlung richtet sich die Genehmigungsbedürftigkeit bei entgegenstehendem Willen bzw. bei mangelnder Einwilligungsfähigkeit nach § 1904 BGB: Danach ist die Genehmigung des Vormundschaftsgerichts nur erforderlich, wenn die begründete Gefahr besteht, dass der Betreute einen schweren und länger dauernden gesundheitlichen Schaden erleidet oder aufgrund der Maßnahme sterben könnte.

- Werden Medikamente zur Heilbehandlung verabreicht, ohne dass die in § 1904 BGB aufgeführten Nebenwirkungen zu befürchten sind, was in der Regel im Rahmen der Psychopharmakotherapie der Fall ist, reicht die Entscheidung des gesetzlichen Betreuers bzw. des Bevollmächtigten für diesen Aufgabenkreis oder des Sorgeberechtigten aus.
- Allein bei einer ausschließlich zur Ruhigstellung verabreichten Medikation liegt eine *Freiheitsentziehende Maßnahme* vor. Dies ist dann unter den Voraussetzungen des § 1906 Absatz 4 BGB, also bei Verabreichung über einen längeren Zeitraum oder bei regelmäßiger Gabe, genehmigungsplichtig.
- Werden Medikamente sowohl unter dem gesundheitlichen Aspekt als auch zur Sedierung verabreicht, so ist der entsprechende Indikationsschwerpunkt relevant.
  Die Durchführung Freiheitsentziehender Maßnahmen bedarf der schriftlichen Anordnung durch den fallverantwortlichen Therapeuten (Wer ist das in der Klinik, Wohnstätte oder in der WfbM? Der Arzt, der Psychologe, der Sozialarbeiter?). Immer sind die Eltern bzw. die Sorgeberechtigten, wenn vorhersehbar, vor Anwendung dieser Maßnahmen einzubeziehen. Die dafür erforderlichen Informationsgespräche erfolgen unter Leitung der verantwortlichen Therapeut(inn)en.
- Bei allen Freiheitsentziehenden Maßnahmen besteht erhöhter Aufsichtsbedarf, der nur durch einen dauerhaften Kontakt zwischen dem therapeutischen und heilpädagogischen Personal und dem betroffenen Kind oder Jugendlichen gewährleistet werden kann.
- Die durchgeführten Freiheitsbeschränkenden oder Freiheitsentziehenden Maßnahmen sind nach Anlass, Art und Dauer angemessen in den Behandlungsunterlagen der Station in der Klinik, in der jeweiligen Behinderteneinrichtung und in der einzelnen Krankengeschichte zu dokumentieren. Die Einträge in die Stationsunterlagen müssen der fallverantwortlichen Therapeutin, dem fallverantwortlichen Therapeuten zur Gegenzeichnung vorgelegt werden (in Einrichtungen der Behindertenhilfe ohne Arzt und Psychologen wäre das die Heimleitung).

Im Falle der Anwendung Freiheitsbeschränkender bzw. Freiheitsentziehender Maßnahmen sowie psychopharmakologischer und gravierender verhaltenstherapeutischer Sanktionen (zum Beispiel Verstärkerentzug oder negative Konsequenz) sollten grundsätzlich folgende personelle und materielle Voraussetzungen gegeben sein. Dies gilt auch bei Aufhebung der genannten Maßnahmen:

- Eine Station oder Behandlungs- bzw. Versorgungseinheit, auf welcher therapeutische Maßnahmen unter geschlossenen Bedingungen durchgeführt werden, hat eine hohe Quote qualifizierten Personals, spezifisch gestaltete Räumlichkeiten (zum Beispiel Time-out-Raum) und Sonderausstattungen (zum Beispiel Spezialbad mit Hebevorrichtung, Snoezelenraum), die für einen differenzierten Umgang auch mit sehr schwer geistig oder mehrfachbehinderten Kindern und Jugendlichen erforderlich sind. Hierzu gehört die Möglichkeit zur potentiellen räumlichen Schließung sowie zur Durchführung von Fixierungsmaßnahmen.
- Die regelmäßige Fort- und Weiterbildung, die qualifizierte Supervision des Personals, die enge Anbindung an und die Kontrolle durch Leitung, die Einbettung im Konzept der Einrichtung sowie eine enge Kooperation (Vernetzung) zwischen Einrichtungspersonal, ambulantem Facharzt bzw. Klinik und anderen Hilfesystemen sind grundsätzliche Notwendigkeiten bei der Behandlung massiver Sach- und Fremdaggressionen und selbstverletzender Verhaltensweisen.

Literatur

Deutsche Gesellschaft für Kinder- und Jugendpsychiatrie und Psychotherapie (2003): Leitlinien zu Diagnostik und Therapie von psychischen Störungen im Säuglings-, Kindes-, und Jugendalter. Deutscher Ärzte-Verlag.

Fegert, J. M.; K. Späth; L. Salgo (2001): Freiheitsentziehende Maßnahmen in der Jugendhilfe und Kinder- und Jugendpsychiatrie. Votum.

Gerlach, M.; A. Warnke; Ch. Wewetzer (2004): Neuro-Psychopharmaka im Kindes- und Jugendalter. Grundlagen und Therapie. Wien, New York: Springer.

Häßler, F.; J. M. Fegert (2000): Moderne Behandlungskonzepte für Menschen mit geistiger Behinderung. Schattauer.

Neuhäuser, G; H.-Ch. Steinhausen (2003): Geistige Behinderung. Grundlagen, klinische Syndrome, Behandlung und Rehabilitation. Kohlhammer.

Remschmidt, H. (2004): Kinder- und Jugendpsychiatrie. Thieme.

Wüllenweber, E; G. Theunissen (2004): Handbuch Krisenintervention. Kohlhammer.

Körperliche Schutz- und Sicherungstechniken

Johannes Heinrich

Einleitung

Die Problematik, in akuten Krisensituationen physisch eingreifen zu müssen, hat in Einrichtungen für Menschen mit geistiger Behinderung offensichtlich zugenommen – oder sie erscheint heute deutlicher im Licht von Öffentlichkeit als noch vor wenigen Jahren. Entsprechend hat auch das Angebot von »Sicherheitstrainings« zugenommen: von Veranstaltungen allgemeiner Art, die mehr das psychische Erleben der Teilnehmer im Rahmen eines »Selbstsicherheitstrainings« zu verändern beabsichtigen (z. B. Wie kann ich sicher auftreten? Wie kann ich meine Ängste überwinden? ...) bis hin zum Training spezieller Notwehr- oder Sicherheitsgriffe reicht das Angebot.

So kommen auch mehr und mehr Trainings physischer Interventionstechniken in die Einrichtungen für geistig behinderte Menschen, angeboten von »Trainern« mit oft sehr unterschiedlichem fachlichem Hintergrund z. B. (Kampf-)Sporttechniken, Polizei-Techniken usw.), und leider oft ohne ausreichende besondere Kenntnis der Lebensweisen und Lebensumstände behinderter Menschen und Erfahrung mit ihnen.

Die KUGA-Technik

Techniken körperlichen Eingreifens in akuten kritischen Aggressionssituationen sind Hauptinhalte des Trainingsprogramms KUGA (*K*ontrollierter *U*mgang mit Gewald und *A*ggression, Richter, Fuchs und Bergers 2001). Zunächst eingeführt in Psychiatrieeinrichtungen, werden mittlerweile auch Mitarbeiter von Einrichtungen für geistig behinderte Menschen mit KUGA geschult. Befreiungs-, Transport- und Haltetechniken werden vermittelt. Systematische Anleitung, praktische Einübung und wiederholtes Training bewirken, dass im Falle notwendigen körperlichen Eingreifens bei Selbst- und Fremdgefährdung dies situationsangemessen und gezielt geschieht und dass Bezugspersonen sowie Betreuungspersonal mit einem Minimum an Zwang und ohne Gegenaggression – eben kontrolliert und beziehungsschonend – handeln.

KUGA erhebt *nicht* den Anspruch eines pädagogisch-psychologischen Behandlungskonzepts von Aggressionen, ist aber – als *ein* Element einer umfassenden Interventionsstrategie – nützlich und sinnvoll. Ein solches Programm, von Leitungsebene und direkten Vorgesetzten als Standard beispielsweise in einer Heimeinrichtung verbindlich eingeführt und verantwortet, vermittelt den Mitarbeitern im Alltag mehr Handlungssicherheit: Bereits die Tatsache, dass ich als Mitarbeiter solche Methoden beherrsche, weiß, welche Methoden wann eingesetzt werden sollen und dürfen, können dazu beitragen, aggressive Eskalation in Krisensituationen zu verhindern.

Das PART-2000-Training

PART 2000 (*P*rofessional *A*ssault *R*esponse *T*raining 2000) ist ein Training zur Qualifizierung einzelner Mitarbeiterinnen und Mitarbeiter sowie von Teams nicht nur in Jugendhilfe und Psychiatrie. Es handelt sich um einen Workshop für Personal, das mit Menschen arbeitet, deren Verhaltensauffälligkeiten sich gelegentlich in Gewalt und Aggressionen ausdrücken. Bei PART 2000 sollen in erster Linie komplette Teams einrichtungsintern geschult werden. Grundabsicht dabei ist, dass Mitarbeiterinnen und Mitarbeiter, welche einen systematischen Zugang zur Intervention bei gewalttätigen Vorfällen haben, weniger gefährdet sind, während gewalttätiger Zwischenfälle verletzt zu werden oder andere zu verletzen (Papenberg & Smiar 2004).

Ein Erziehungs-, Therapie- und Behandlungsplan wird dabei ebenso vorausgesetzt wie die kompetente Anleitung der Bezugspersonen, regelmäßige Teamberatung und Supervision. Im Part-Training werden u. a. bestimmte Ausweich- und Festhaltetechniken vermittelt, die bis zum manuellen Fixieren der aggressiven Person gehen. Darüber hinaus gehende Methoden, z. B. die Isolierung in abgeschlossenen Räumen oder der Einsatz ruhigstellender Psychopharmaka, stellt das Part-Training in ihren Grundprinzipien dar. Es bietet neben einer Reihe von Techniken auch einen grundsätzlichen Zugang bei gewalttätigem Verhalten: Die Teilnehmerinnen und Teilnehmer sollen lernen, die richtigen Fragen zu stellen, um ihre Probleme selbst zu lösen. Das Programm ist ein auf Teamarbeit basierendes *Notfall*konzept. Die beschriebenen Interventionen werden dann eingesetzt, wenn die üblichen Methoden, auf welche die aggressive Person normalerweise reagiert, nicht zum Ziel führen und man sich einer konkreten akuten Gewaltandrohung gegenüber sieht: Wenn ein Verhalten die Person selbst oder andere gefährdet, werden Techniken eingesetzt, die die Situation klären, beruhigen und Sicherheit wieder herstellen.

Im Part-Training werden insgesamt acht systematisch aufeinander aufbauende, unterschiedlich strukturierte und auf verschiedenen Grundhypothesen fußende Kapitel behandelt. Es gibt Informationseinheiten, Selbstreflektionsphasen, Gespräche im Plenum und in Kleingruppen sowie Rollenspiele und körperliche Übungen.

Empfehlung

Bei der Wahl eines Trainings körperlicher Kriseninterventionstechniken, z. B. Klose 1993, Graaf 1993, PART 2000, »KUGA« usw. sollte man darauf achten, dass sie nicht losgelöst angewendet werden, sondern eingebettet sind in ein umfassenderes pädagogisches Konzept, bzw. in eine qualifizierende Fortbildung zu den Themen »Krise« oder »Aggression«. »Denn eine Fixierung auf Techniken der physischen Intervention bewirkt eine Vernachlässigung *präventiver* Hilfen und eine erhöhte Bereitschaft zu körperlichen Auseinandersetzungen« (Wüllenweber 2004, 17).

PKS – Programm körperlicher Sicherheitstechniken

Die im folgenden dargestellten Methoden körperlicher Schutz- und Sicherheitstechniken sind dem PKS, *P*rogramm *K*örperlicher *S*icherheitstechniken, entnommen, das der Autor in 20-jähriger Tätigkeit in verschiedenen Einrichtungen der Behindertenhilfe entwickelt hat. Es wird von ausgebildeten Trainern durchgeführt, die, als Mitarbeiter in Wohnstätten und Werkstätten, über reiche Erfahrung in der Arbeit mit geistig behinderten Menschen verfügen. Das PKS ist Teil eines umfassenden Fortbildungsprogramms »Umgang mit intensiven Aggressionsformen« (Heinrich 2001).

Worum geht es?

Das Eingreifen in einer akuten Krisensituation soll die Gefahr einer Schädigung von Personen und Sachen abwenden oder minimieren – unter Beibehaltung der Würde aller Beteiligter.

Dabei sollten zuerst die Situation deeskalierende, entspannende Maßnahmen zur Anwendung kommen, wie sie bereits vorweg beschrieben sind. Vielleicht können auch ein Zurückweichen aus der Konfliktsituation oder ein Verlassen Schlimmeres verhindern.

Neben körperlichen Schutztechniken können technische, organisatorische, räumliche und personelle Sicherheitsmaßnahmen angezeigt sein.

Die folgende Beispielesammlung stellt verschiedene körperliche Eingriffmethoden dar, die für den Umgang mit behinderten Menschen in Krisensituationen angemessen erscheinen und erprobt sind. Dabei konzentriert sich diese Zusammenstellung auf die praktischen und technischen Aspekte. Juristische, ethische und andere Gesichtspunkte sind Gegenstand der folgenden Beiträge. Die hier vorgestellte Beispielesammlung hat keinen Anspruch auf Vollständigkeit. Die dargestellten Beispiele sollen aber u. a. eine Diskussion über

- die Anwendung körperlicher Sicherheitstechniken,
- deren notwendige Rahmenbedingungen,
- die Festsetzung von Standards

anregen und einleiten.

Die Beschreibung der einzelnen Verfahren will ausschließlich das methodische Vorgehen transparent machen. Sie ist nicht als »rezeptologische« Anleitung zur Durchführung oder Anwendung *ohne* professionelles Training zu verstehen.

Auch in Krisenzeiten bleibt das Wohl der behinderten Menschen Ziel der Arbeit der begleitenden Fachkräfte. Deshalb liegt das Augenmerk besonders darauf, dass nur sanfte Methoden zur Anwendung kommen, die schmerzfrei sind, schnell und nach kurzem, intensivem Training sofort angewendet werden können und weitestgehend körperlichen Schutz des behinderten Menschen, seines sozialen Umfelds und des begleitenden Betreuers in einer menschenwürdigen Form bieten.

Welche Grundvoraussetzungen sind zu beachten?

- Sicherungstechniken und Schutzmaßnahmen sind *keine Lösung* aggressiver Konflikte oder von Krisen!
- Sicherheitstechniken sind nicht als strafende Maßnahmen zu missbrauchen – sie dienen nur der Sicherheit!
  (Negativ-Beispiel: Eine Lehrerin fragt, welchen Griff sie anwenden könne, um einen ihrer Schüler in die Klasse zu bringen, wenn er sich immer wieder provozierend auf den Boden fallen lässt. Diese Problematik

kann zwar eine schwierige pädagogische Fragestellung sein – aber keinesfalls ist sie ein Sicherheitsproblem und darf nicht mit Sicherungstechniken beantwortet werden!)

- Sicherungstechniken sind nur in eng umschriebenen Situationen das *letzte* Mittel der Wahl!
- Sicherungstechniken sind detailliert zu *dokumentieren*!
- Sicherungstechniken müssen innerhalb der Einrichtung zwischen Einrichtungs-, ggf. Bereichsleitung, und Mitarbeiterschaft abgesichert, von der Einrichtungsleitung unterstützt und explizit als *Arbeitsauftrag* formuliert sein!
- Körperliche Sicherungs- und Schutztechniken bedürfen eines solchen Ausmaßes an *regelmäßigem Training*, dass sie spontan kompetent angewandt werden können!
- Sicherungs- und Schutztechniken sind dann nur sinnvoll, wenn sie schnell, sicher und mit jeweils richtig dosierter Körperkraft angewandt werden.
- Ohne eine Einbettung von Sicherheitstechniken in ein individuelles Gesamtkonzept besteht die Gefahr oberflächlicher und missbräuchlicher Anwendung – beides zum Schaden der Menschen mit Behinderung!
- Fragen der Ethik in Zielsetzung, Handlung und bei den Rahmenbedingungen sollten im Team mit der Leitung(sperson) diskutiert und weitestgehend beantwortet sein (siehe hierzu: Beitrag »Ethische Aspekte ... «)!

Alle hier aufgeführten körperlichen Sicherungstechniken und -maßnahmen sind vielfältig erprobt und mit den beiden Wittlicher Fachärzten für Orthopädie, Herrn Dr. Heribert Steyns und Herrn Dr. Karl-Heinz Teusch, grundsätzlich und unter dem Aspekt der geringsten Gefährdungsmöglichkeit überprüft.

Aus fachärztlich-orthopädischer Sicht (Dr. Steyns und Dr. Teusch) lässt sich zur Anwendung körperlicher Schutz- und Sicherungstechniken Folgendes grundsätzlich festhalten:[1]

1 Die Aussagen beziehen sich nur auf den »Aggressor«, nicht auf die mögliche Gefährdung des Personals.

1. Bei Aggressionen mit Einsatz von Körperkraft ist davon auszugehen, dass die Muskeln sehr angespannt (hyperton) sind: Damit sind die Gelenke per se geschützt.
2. Bei Hypermobilität (angeborene Überbeweglichkeit, z. B. bei Menschen mit Down-Syndrom) oder bei Bindegewebsschwäche ist grundsätzlich eine höhere Gefährdung gegeben.
3. Erhöhte Verletzungsgefahr kann grundsätzlich bei großen Winkelbewegungen mit Drehung um die Längsachse des Rumpfs oder des entsprechenden Knochens (z. B. des Oberarms) bestehen.

   Vor Anwendung von Sicherungsgriffen, bei denen z. B. der angewinkelte Arm hinter den Rücken hochgezogen wird (»Polizeigriff«), ist in der Arbeit mit behinderten Menschen ausdrücklich zu warnen!
4. Die im Zusammenhang mit den Sicherungstechniken in diesem Kapitel gegebenen fachärztlichen Hinweise sind allgemeiner Art und deshalb gegebenenfalls mit dem jeweils behandelnden Facharzt für Inneres oder für Orthopädie auf mögliche individuelle Gefahrenpunkte durch vorbestehende Störung für den einzelnen Menschen abzuklären.

Die folgenden körperlichen Sicherungs- und Schutztechniken gliedern sich in:

1. Maßnahmen zur Befreiung,
2. Maßnahmen des sicheren Führens,
3. Maßnahmen des sichernden Haltens.

Die darstellenden Personen sind angestellte Mitarbeiter(innen) der Westeifel Werke Gerolstein (Werkstatt für behinderte Menschen). Alle Situationen sind gestellt.

Maßnahmen zur Befreiung

Bei den folgenden Beispielen setzen wir voraus, dass eine Situation entstanden ist, in der entweder der Betreuer, die Betreuerin selbst oder ein Opfer vom »Aggressor« befreit werden muss.

Die Frage, wann, in welchen Situationen und unter welchen Bedingungen Befreiungstechniken angewandt werden können, ist mit Team und Vorgesetzten so präzise wie möglich zu definieren, möglichst regelmäßig gemeinsam zu überdenken und für das gesamte Haus so einheitlich wie möglich zu praktizieren. Dazu sind regelmäßige Absprachen aller Beteiligten, zum Beispiel in Form von Runden Tischen, erforderlich.

1. Situation: »Aggressor« hält sich von vorn oder hinten in den Haaren der Betreuerin fest

a) Methode »Daumen weg«

Die Betreuerin ergreift fest das Handgelenk des »Aggressors«. Mit der anderen Hand umfasst sie den Daumen der fixierenden Faust und hebt ihn in Richtung Faustoberfläche.

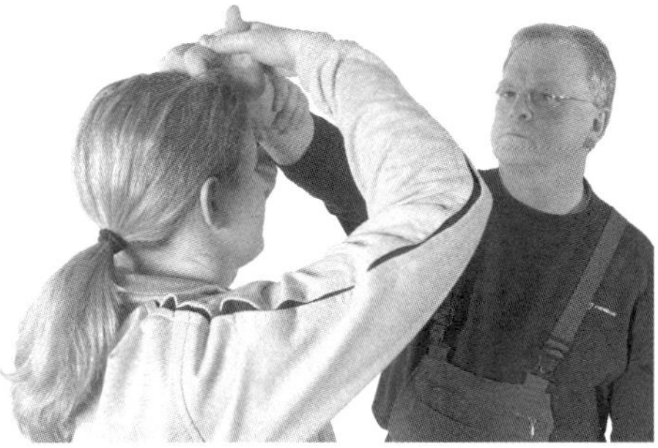

Orthopädiefachärztlicher Kommentar:

Mit hoher Wahrscheinlichkeit keine Gefährdung; bei unangemessen großer Kraftanwendung Gefahr von Schulter- oder Daumenverletzung.

b) Methode »Wegtauchen nach schräg unten«

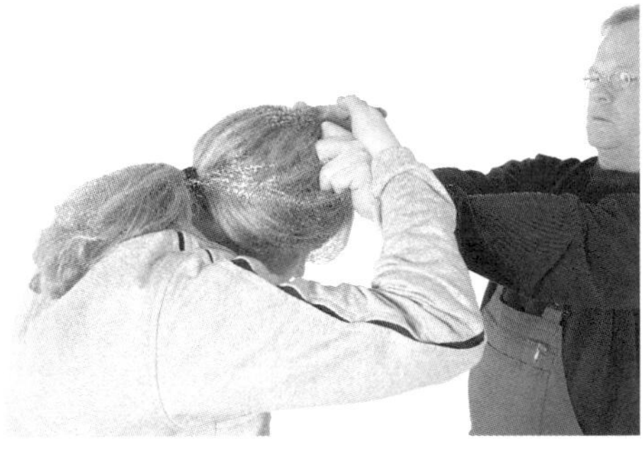

Die Betreuerin faltet ihre Hände über der Faust des »Aggressors«, bzw. legt sie übereinander. Während sie kräftig auf die Faust in ihren Haaren drückt, beugt sie sich tief nach vorn und bewegt sich seitwärts nach hinten fort.

Orthopädiefachärztlicher Kommentar:

Mit hoher Wahrscheinlichkeit keine Gefährdung.

c) Methode »Arme kreuzen«

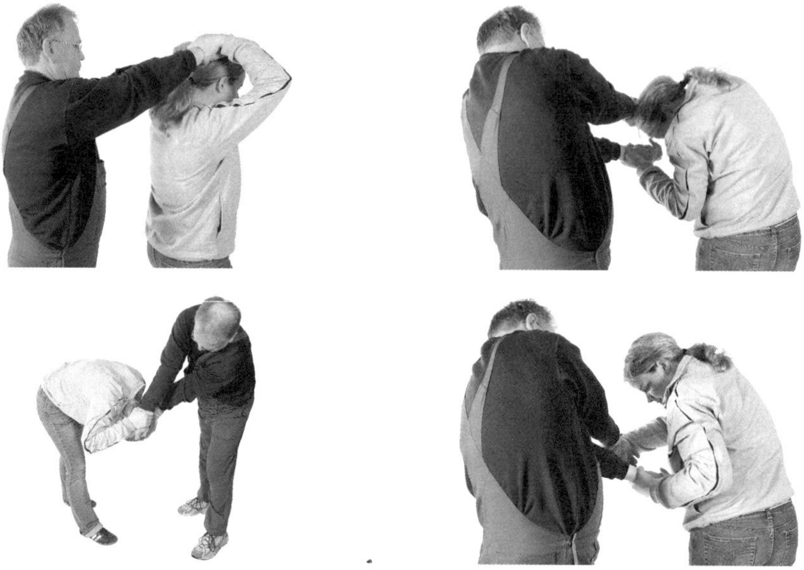

Die Betreuerin umfasst beide Handgelenke des »Aggressors« und hält sie fest. Dann geht sie zur Seite, indem sie ihren Oberkörper tief herunter beugt. Durch diese Rotation überkreuzen sich die Arme des »Aggressors«, während seine Hände sich öffnen müssen.

Orthopädiefachärztlicher Kommentar:

Mit hoher Wahrscheinlichkeit keine Gefährdung; gegebenenfalls Gefährdung des Schultergelenks bei entsprechender Disposition.

d) Methode »Rücklings hinlegen«

Die Betreuerin wendet ihren Oberkörper langsam um und macht einen Schritt rückwärts. Während sie mit ihrer starken Hand den Rücken des

»Aggressors« abstützt, legt sie die andere Hand gespreizt über sein Gesicht. Sie wendet sich nun ganz um, geht einen Schritt weiter und schiebt sein Gesicht leicht nach hinten. Während sie an ihm vorbeigeht, stützt sie weiter seinen Rücken und belässt ihre Hand weiter auf seinem Gesicht. Langsam lässt sie ihn zu Boden gleiten, während sich seine Hände vor Schreck lösen.

So dramatisch diese Aktion aussieht: Sie führt zu keiner Schädigung, wenn sie fachgerecht ausgeführt wird. Ungeübt besteht allerdings erhebliches Verletzungsrisiko – wie bei den meisten anderen Methoden auch.

Orthopädiefachärztlicher Kommentar:

Bei unsachgemäßer Anwendung kann der »Aggressor« auf den Rücken fallen, dabei Gefahr der Rücken- oder Brustkorbprellung. Relativ unwahrscheinlich sind Rippen- oder Wirbelkörperfrakturen.

2. Situation: »Aggressor« klammert sich fest

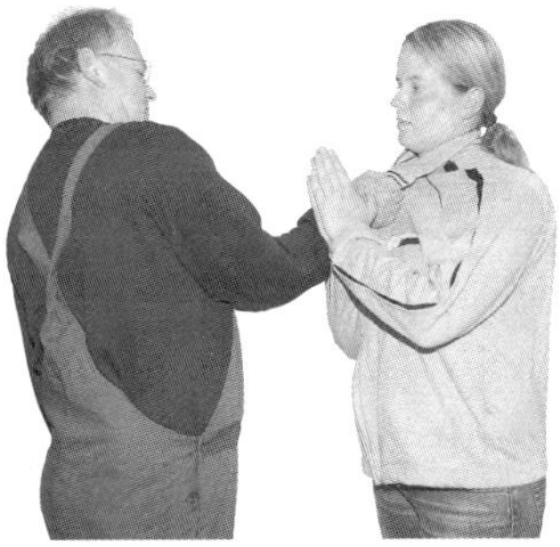

Methode »Betende Hände«:

Die Betreuerin faltet ihre Hände, dreht sich und schlägt mit Schwung gegen die ihren Pullover haltende Faust.

Orthopädiefachärztlicher Kommentar:

Mit hoher Wahrscheinlichkeit keine Gefährdung.

3. Situation: »Aggressor« umklammert Betreuerin von hinten

Methode »Aufblasen«

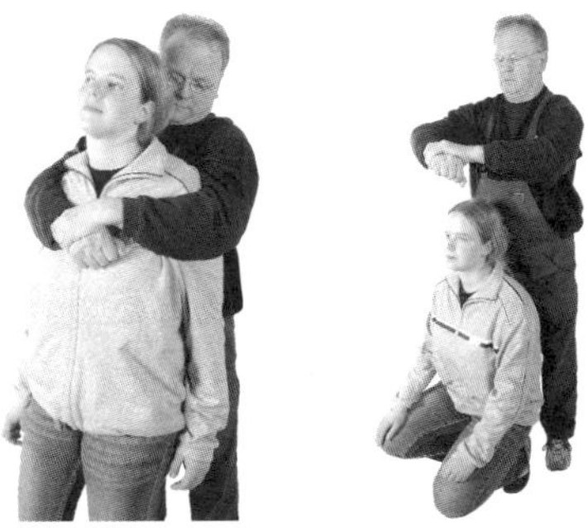

Die Betreuerin macht den Hals dick, in dem sie ihr Kinn tief nach unten drückt, um weiterhin Luft zu bekommen. Durch tiefes Einatmen weitet sie dann ihren Brustkorb und bläst mit einem lauten Schrei die Luft schnell aus den Lungen, wobei sie nach unten aus der Umklammerung heraustaucht.

Orthopädiefachärztlicher Kommentar: Keine Gefährdung!

4. Situation: »Aggressor« verbeißt sich, z. B. im Arm der Betreuerin

Die Betreuerin hält die Nase des »Aggressors« zu. Um für seine heftige Aktion weiterhin genügend Luft zu bekommen, muss er den Mund öffnen. Darüber hinaus kann ein zweiter Betreuer ihn dadurch erschrecken, dass er ihm von hinten die Augen zu hält.

Orthopädiefachärztlicher Kommentar:

Bei empfindlicher Nasenschleimhaut harmloses Nasenbluten möglich.

5. Situation : »Aggressor« würgt Betreuerin von vorn oder von hinten

a) Methode »Flügelschlag«

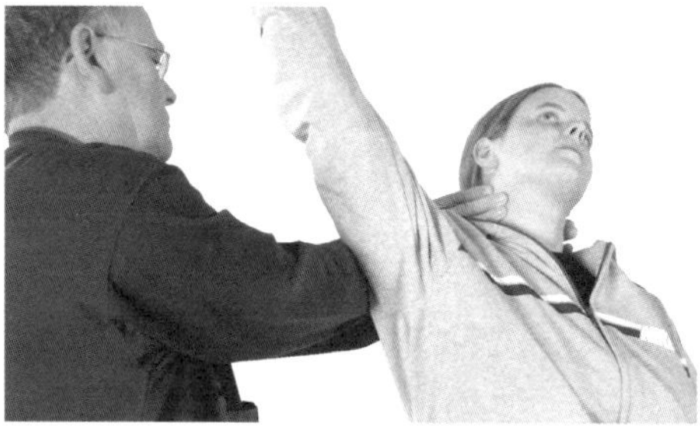

Die Betreuerin hebt mit schwungvoller Rotationsbewegung den gestreckten Arm gestreckt nach hinten über die Arme des »Aggressors« hoch und dreht ihren Oberkörper dabei.

Entsprechende Bewegungsabläufe beim Würgen von vorn: Der hochgestreckte Arm wird mit Schwung über die Arme des »Aggressors« bewegt, wobei der Oberkörper die Bewegung begleitet.

Orthopädiefachärztlicher Kommentar:

Mit hoher Wahrscheinlichkeit keine Gefährdung.

b) Methode »Armhebeln«

Würgen von vorn: Die Betreuerin streckt einen Arm über die Arme des »Aggressors«, greift eine seiner Handflächen und dreht sie nach oben. Die andere Hand greift zwischenzeitlich unter den Ellenbogen und unterstützt so die Hebelwirkung nach oben.

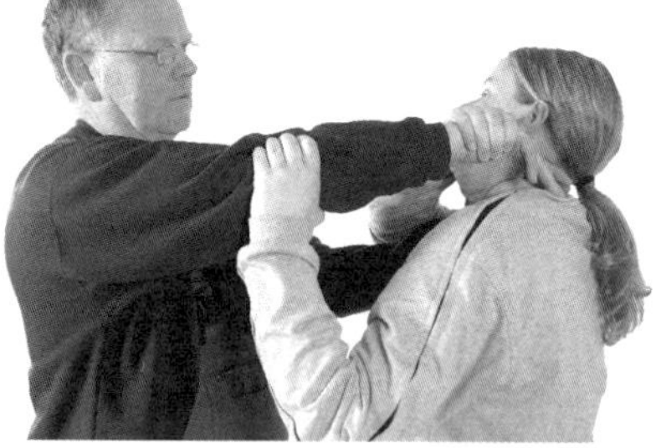

Würgen von hinten: Die Betreuerin ergreift mit ihrer starken Hand die Handfläche des »Aggressors«. Während sie die Hand nach innen dreht, unterstützt ihr anderer Arm die Drehbewegung nach oben.

Orthopädiefachärztlicher Kommentar:

Bei kräftiger Ausführung und bei Widerstand des »Aggressors« besteht Möglichkeit der Schulterverletzung und der Ausrenkung des Schultergelenks.

c) Methode »Lenkradgriff«

Die Betreuerin führt ihre starke Hand, z. B. die rechte, unter das Ellenbogengelenk des »Aggressors«, ihre andere Hand greift über das andere Ellenbogengelenk. Mit aller Kraft schiebt sie dann die rechte Hand hoch, während sie, wie beim Drehen eines Lenkrads, die linke Hand nach unten zieht.

Orthopädiefachärztlicher Kommentar:

Mit hoher Wahrscheinlichkeit keine Gefährdung.

6. Situation: »Aggressor« hält Betreuerin an den Armen fest

a) Methode »Buch öffnen«

Die Betreuerin, die an beiden Armen fixiert ist, dreht ihren Oberkörper leicht seitlich und stellt das entsprechende Bein vor. Dann öffnet sie ihre Handflächen von innen nach außen und geht in die eingeschlagene Richtung.

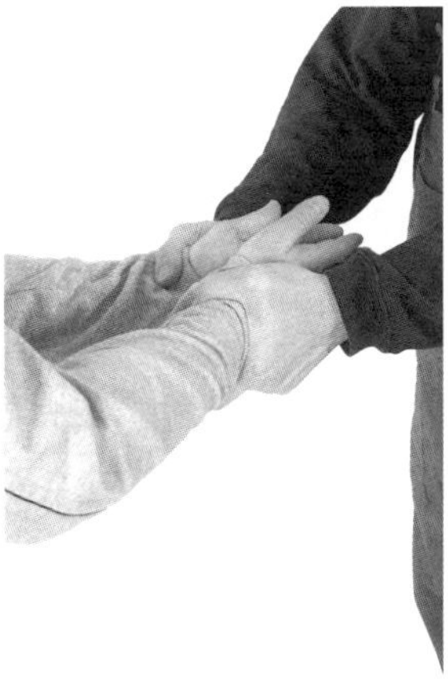

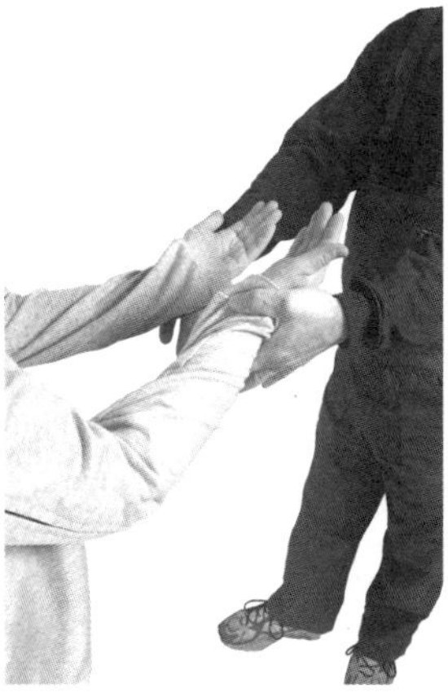

Orthopädiefachärztlicher Kommentar:

Mit hoher Wahrscheinlichkeit keine Gefährdung.

b) Methode »Hand hoch holen«

Hat der »Aggressor« mit beiden Händen einen Arm fixiert, streckt die Betreuerin ihre fixierte Hand, greift von oben mit der anderen Hand ihren gestreckten Handrücken und dreht ihn mit kräftigem Zug nach oben Richtung Brust.

Orthopädiefachärztlicher Kommentar:

Mit hoher Wahrscheinlichkeit keine Gefährdung.

7. Situation: »Aggressor« hält Betreuerin im Schwitzkasten

Methode: »Nach hinten Abrollen«

Die Betreuerin macht ihren Hals dick (siehe Situation »Aggressor« umklammert Betreuerin von hinten), um weiterhin Luft zu bekommen. Dann streckt sie das dem »Aggressor« zugewandte Bein hinter ihm weit nach außen, wobei sie so tief wie möglich in die Hocke geht. Mit ihrer Schulter schiebt sie den »Aggressor« nach hinten und lässt sich langsam nach hinten abrollen.

Orthopädiefachärztlicher Kommentar:

Wenn überhaupt, dann Gefährdung der Halswirbelsäule und des Schädels bei Aufschlag des Hinterkopfs auf den Boden.

8. Situation: »Aggressor« liegt auf Bauch/Rücken der Betreuerin

Die Betreuerin winkelt ihre Beine an, schiebt das obere nach außen und dreht sich schnell auf die andere Seite.

Orthopädiefachärztlicher Kommentar:

Mit hoher Wahrscheinlichkeit keine Gefährdung.

9. Situation: »Aggressor« bedroht mit Faust oder Gegenstand

Hierbei ist zunächst grundsätzlich abzuwägen: Muss unbedingt eingegriffen werden oder ist Flucht möglich?

Die Betreuerin schlägt mit Unterarm/Ellenbogen von unten nach oben seitengerecht gegen den Arm/die Arme des Angreifers, oder geht mit gekreuzten Armen gegen den schlagenden Arm vor. Darüber hinaus kann sie mit ihrem starken Arm in die »schlagende Bewegung« gehen, das Handgelenk des »Aggressors« fassen und – den Schwung nutzend – seinen Arm an seinem Körper nach hinten führen. Mit einem Schritt ist sic dann hinter ihm. Oder: Die Betreuerin winkelt beide Arme an und hält sie parallel schützend vor ihrem Kopf hoch.

Orthopädiefachärztlicher Kommentar:

Mit hoher Wahrscheinlichkeit keine Gefährdung.

10. Situation: »Trennung von Kämpfenden«

Zwei Betreuerinnen greifen gleichzeitig jeweils an den Hosenbund oder Gürtel eines der Kämpfenden und ziehen diesen nach hinten weg, wobei mit einer Hand der Rücken des »Aggressors« gestützt wird, um ein Fallen zu verhindern.

Orthopädiefachärztlicher Kommentar:

Mit hoher Wahrscheinlichkeit keine Gefährdung

Exkurs: Einsatz von Schmerz- und Schreckreizen

In Situationen, in denen die vorgestellten Techniken nicht ausreichen, sollte der Einsatz *unschädlicher Schmerz- und Schreckreize* abgewogen werden, zum Beispiel:

Die Betreuerin hält dem »Aggressor« von hinten die Augen zu oder umfasst ihn von hinten und hebt ihn kurz hoch, damit sein Bodenkontakt unterbrochen wird.

Die Betreuerin bläst Trillerpfeife, schreit laut, spritzt mit Wasser – oder stößt mit lautem Schrei ihre Fingerspitzen dem »Aggressor« in die Seite unterhalb des Rippenbogens.

Um sich in gefährlichen Konfliktsituationen von einem »Aggressor« lösen zu können, kann es notwendig sein, ihn durch einen schnellen heftigen Schmerz zu erschrecken. Dabei werden spezifische Körperpunkte durch Druck gereizt, an denen die Nervenbahnen relativ ungeschützt verlaufen.

- Fester Griff mit dem Daumen in den Bereich am *Schlüsselbein*, wo der Hals in die Schulter übergeht;
- in die Achsel zwischen die Muskelstränge des *Oberarms* greifen;
- in den Schritt zwischen den Muskelsträngen des *Oberschenkels* greifen;
- leichten Druck mit dem Finger quer unter der Nasenscheidewand an der *Nasenwurzel* oder am *Ohr* direkt unter dem Ohrläppchen ausüben;
- leichten Druck mit dem Daumen auf die Nervenbahnen zwischen den Muskeln am *Innenarm* über dem Handgelenk oder zwischen den *Fingerknöcheln* der geschlossenen Faust ausüben.

Orthopädiefachärztlicher Kommentar:

Diese Reizungen sind ungefährlich und verursachen keine Schäden.

Maßnahmen des sicheren Führens

Wenn der »Aggressor« – aus Gründen der Sicherheit – aus einer bestimmten Situation heraus befördert werden muss, bieten sich die folgenden Methoden sicheren Führens an.

1. Gürtelgriff aufwärts

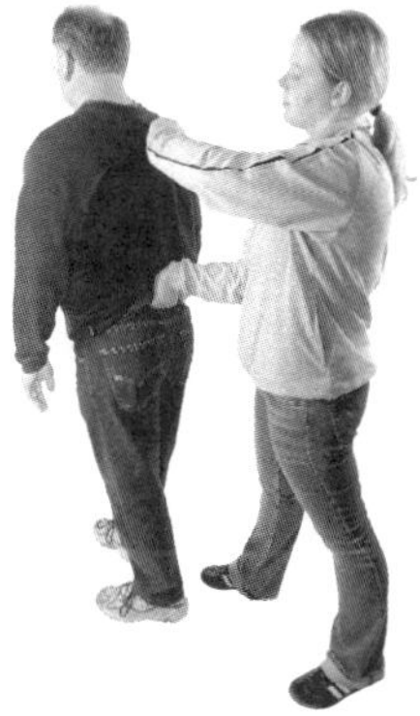

Die Betreuerin steht hinter dem »Aggressor«, fasst mit ihrer Führungshand von unten in den Gürtel seiner Hose und hebt kräftig an. Dabei hält sie mit der anderen Hand seine Kleidung im Nackenbereich fest und bewegt sich mit dem »Aggressor« vorwärts. Hierbei wirkt der Überraschungseffekt durch die ungewohnte Stimulierung des Vorwärtsschreitens.

Voraussetzung bei der Anwendung dieser Methode ist, dass der »Aggressor« feste Kleidung mit Gürtel trägt!

Orthopädiefachärztlicher Kommentar:

Mit hoher Wahrscheinlichkeit keine Gefährdung.

2. Gürtelgriff rückwärts

Die Betreuerin kommt von hinten, fasst den »Aggressor« von unten hinter den Gürtel und zieht ihn rückwärts fort. Dabei stützt sie mit einer Hand seinen Rücken ab, damit der »Aggressor« nicht stürzt. Diese Methode dient hauptsächlich der schnellen Trennung vom Opfer und ist als Beförderungsmethode für weite Strecken *nicht* zu empfehlen.

Orthopädiefachärztlicher Kommentar:

Mit hoher Wahrscheinlichkeit keine Gefährdung.

3. Schultergriff rückwärts

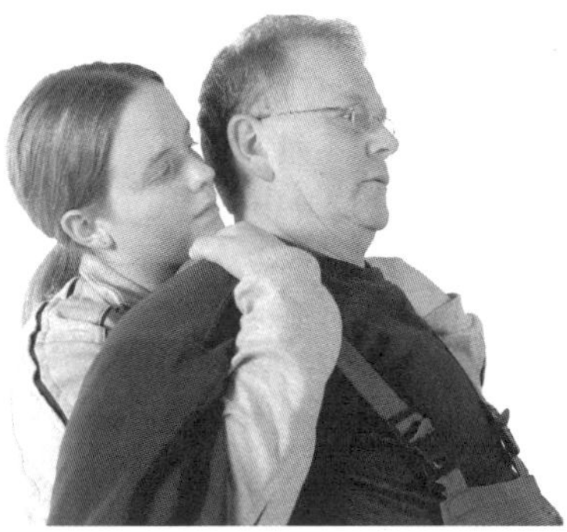

Die Betreuerin greift den »Aggressor« von hinten unter die Achseln und fasst mit ihren Händen seine Schultern. Sie geht rückwärts und kann ihn dabei mitziehen. Es ist wichtig, dass ihre Ellenbogen eng an den Brustkorb des »Aggressors« gepresst werden, damit ihm ein Herauswinden nach unten unmöglich wird.

Diese Beförderungsmethode ist nur bei gleicher Körpergröße zu empfehlen und kann direkt in Sicherungsposition übergehen. Mögliche Gefahren durch Treten und Schlagen sind weitgehend ausgeschaltet. Die Betreuerin kann mit ihrem gesenkten Kopf den Kopf des »Aggressors« so schützen, dass er damit nicht schlagen kann

Beim Schultergriff rückwärts ist das Risiko des Nach-hinten-stürzen-Könnens beim Rückwärtsgehen zu beachten!

Diese Beförderungstechnik kann in die Sicherungsposition »An der Wand gestützt sitzend« übergehen.

Orthopädiefachärztlicher Kommentar:

Mit hoher Wahrscheinlichkeit keine Gefährdung.

4. Verschränkter Kreuzhaltegriff

Die Betreuerin kommt von hinten und greift unter den Achseln hindurch die beiden Handgelenke des »Aggressors«. Dann verschränkt sie dessen Arme vor seiner Brust und zieht ihn rückwärts.

Diese Methode ist anzuwenden, wenn der »Aggressor« *kleiner* ist als die Betreuerin.

Orthopädiefachärztlicher Kommentar:

Mit hoher Wahrscheinlichkeit keine Gefährdung.

5. Rauteck-Griff
(»Aggressor« kleiner als Begleitperson)

Die Betreuerin fasst den »Aggressor« von hinten um die Taille, greift mit beiden Händen einen Arm, winkelt ihn über seiner Brust an und zieht den »Aggressor« rückwärts. Auch hier ist von Vorteil, wenn die Betreuerin *größer* ist. – Kopfschlagen oder ein Sturz rückwärts sind hierbei Risikofaktoren.

Orthopädiefachärztlicher Kommentar:

Mit hoher Wahrscheinlichkeit keine Gefährdung.

6. Pullovergriff vorn

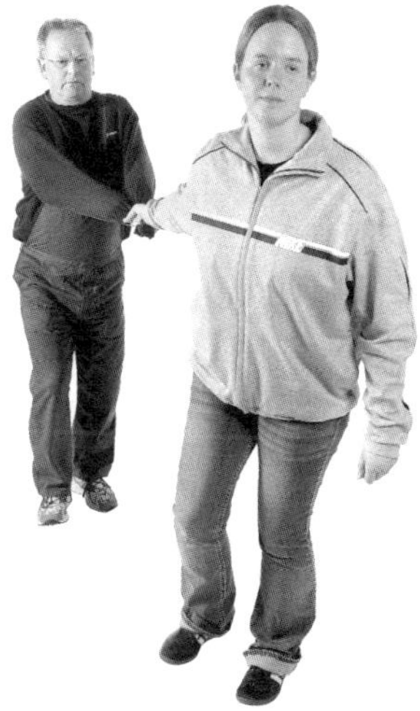

Die Betreuerin ergreift zuerst ein Handgelenk des »Aggressors«, zieht dessen Pulloverärmel über die Hand und hält das Pulloverärmelende *vor* dem »Aggressor« fest. Dasselbe geschieht mit der anderen Hand. Nun nimmt die Betreuerin beide Pulloverenden in eine Hand und zieht den »Aggressor« mit sich nach vorn.

Kratzen und Kneifen ist bei dieser Methode ausgeschlossen. Voraussetzung ist ein Pullover, der stabil genug ist, eng sitzt und dessen Ärmel lang genug sind.

Orthopädiefachärztlicher Kommentar:

Mit hoher Wahrscheinlichkeit keine Gefährdung.

7. Pullovergriff hinten

Wie bei *Pullovergriff vorn* beschrieben, zieht die Betreuerin beide Pulloverärmel über die Handgelenke des »Aggressors«, hält die Pulloverärmelenden *hinter* ihm fest und schiebt ihn mit einer Hand vor sich her nach vorn.

Orthopädiefachärztlicher Kommentar:

Mit hoher Wahrscheinlichkeit keine Gefährdung.

8. Pullovergriff seitwärts

Die Betreuerin ergreift eine Seite des Pullovers des »Aggressors«. Mit beiden Händen dreht sie das Strickwerk zu einem Strang und kann den »Aggressor« damit schräg nach vorne oder hinten ziehen.

9. Beidarmige Beförderung rückwärts

Zwei Betreuerinnen kommen von zwei Seiten auf den »Aggressor« zu und klinken sich jeweils rechts und links von ihm mit ihrem Innenarm unter seine Achsel ein. Ihr Außenarm kann das Handgelenk des »Aggressors« fixieren. Mit angemessenem Schwung wird dieser dann rückwärts befördert.

Durch den beidseitigen Griff unter die Schultern ist das Risiko des Hinfallens gering und kann auch bei schwergewichtigen Personen von relativ kleinen Betreuerinnen durchgeführt werden.

Die Irritation der ungewohnten Rückwärtsbewegung erhöht dabei den Überraschungseffekt bei schneller Anwendung.

Orthopädiefachärztlicher Kommentar:

Mit hoher Wahrscheinlichkeit keine Gefährdung.

10. Spaziergriff überkreuzt

Zwei Betreuerinnen stehen links und rechts neben dem »Aggressor«. Beide haken sich von hinten mit ihrem Unterarm unter die Achseln des »Aggressors« ein. Sie ergreifen dann dessen gegenüberliegendes Handgelenk, überkreuzen seine Arme und befördern ihn vorwärts.

Orthopädiefachärztlicher Kommentar:

Mit hoher Wahrscheinlichkeit keine Gefährdung.

11. Spaziergriff gestreckt

Wie bei der Methode *Spaziergriff überkreuzt* beschrieben, haken sich beide Betreuerinnen ein, fassen ein Handgelenk und halten die Arme des »Aggressors« nach unten gestreckt.

Orthopädiefachärztlicher Kommentar:

Mit hoher Wahrscheinlichkeit keine Gefährdung.

12. Spaziergriff angewinkelt

Wie bei der Methode »Spaziergriff überkreuzt« beschrieben, haken sich beide Betreuerinnen ein, halten ein Handgelenk des »Aggressors« fest angewinkelt nach oben. Die andere Hand stützt dabei den Ellbogen.

Orthopädiefachärztlicher Kommentar:

Mit hoher Wahrscheinlichkeit keine Gefährdung.

Alle drei Spaziergriff-Methoden bieten viel Festigkeit und Halt und eignen sich gut für Personen, die kräftig sind und sich nicht schnell beruhigen.

13. Gestreckter Armhebel vorwärts

Zwei Betreuerinnen stehen seitlich neben dem »Aggressor« und greifen mit ihrer Außenhand jeweils ein Handgelenk. Sie drehen dabei dessen Handflächen nach innen und heben den Arm hoch. Ihren Innenarm legen sie über den gestreckten Arm und fassen mit der Hand unter dessen Ellenbogen hindurch das eigene Handgelenk.

Dieser Griff kann sowohl als Beförderungsmethode als auch zum sichernden Halten angewandt werden. Auch kleinere Betreuerinnen können diese Maßnahme anwenden. Es ist darauf zu achten, dass intensiver Schmerz verursacht werden kann, wenn der verriegelnde Innenarm zu hoch gehalten wird.

Orthopädiefachärztlicher Kommentar:

Bei Kindern kann das sogenannte Radiusköpfchen ausrenken. Bei Erwachsenen ist – mit geringer Wahrscheinlichkeit – eine Kapselüberdehnung des Ellbogengelenks oder eine Ellbogenfraktur bei unsachgemäßem Krafteinsatz möglich.

14. Deckenzug

Der »Aggressor« liegt auf dem Boden. Zwei Betreuer falten eine strapazierfähige Decke neben ihm aus und rollen den »Aggressor« auf die Decke. Sie fassen die Enden der Decke und ziehen den »Aggressor« mit der Decke fort.

Maßnahmen des sichernden Haltens

Sind Schädigungen durch massive Aggressionen in einer akuten Krise unmittelbar zu erwarten und stehen dem Betreuungspersonal keine anderen Methoden der Abschwächung zur Verfügung, können Maßnahmen des sichernden Haltens notwendig werden.

Diese sind, wie oben beschrieben, nur unter bestimmten Bedingungen zulässig und sofort zu beenden, wenn eine weitere Gefährdung ausgeschlossen ist.

Die dargestellten Methoden haben den Vorteil, dass sie vom Personal auch dann durchgehalten werden können – und den »Aggressor« zwischenzeitlich nicht schädigen –, wenn die Beruhigungsphase länger dauert.

Der nahe Körperkontakt ermöglicht eine ständige Überprüfung des Spannungszustands des »Aggressors«. Gegebenenfalls sind eine beruhigende Ansprache, eine Erklärung der sichernden Maßnahme und ein Hinweis auf das baldige Ende (und auf »das, was danach kommt«) einer weiteren Entspannung der Situation dienlich.

Es sei erneut darauf hingewiesen: Die Beschreibung der einzelnen Verfahren soll ausschließlich die Technik der Methoden transparent machen. Die Beschreibungen sind nicht als Anleitung zur Durchführung oder Anwendung ohne professionelles Training *zu verstehen.*

1. Sichern des »Aggressors« im Stehen

a) Armriegel hinten

Die Betreuerin stellt sich seitlich hinter den »Aggressor«, nimmt dessen beide Arme nach hinten und führt ihren starken Arm zwischen dessen Rücken und Arme oberhalb seiner Ellenbogen. Durch Anziehen des Arms wird die Seite des »Aggressors« eng an die Schulter der Betreuerin gezogen. Seine Hände werden dann festgehalten.

Diese Maßnahme ermöglicht bei entsprechender Körpergröße schnelle Sicherheit: Sie ist geeignet, wenn der »Aggressor« *kleiner als* oder *gleich groß* ist wie die Betreuerin (anders als auf dem Foto). Um Schmerzen zu vermeiden, ist unbedingt darauf zu achten, dass der Fixierungsgriff relativ locker bleibt.

Auf eine sichere Standposition ist unbedingt zu achten.

Orthopädiefachärztlicher Kommentar:

Mit hoher Wahrscheinlichkeit keine Gefährdung.

b) Spaziergriff angewinkelt, gestreckt oder überkreuzt

(Siehe Situationen »Spaziergriff überkreuzt«, »Spaziergriff gestreckt« und »Spaziergriff angewinkelt«)

c) Gestreckter Armhebel vorwärts

Diese auf den Seiten vorhergehenden als Beförderungsmöglichkeiten beschriebenen Methoden eignen sich auch, um einen »Aggressor« für eine gewisse Zeit im Stehen zu halten.

2. Sichern des »Aggressors« in einer Sitzposition

a) Auf einem Stuhl sitzend, die Arme gestreckt nach unten

Zwei Betreuerinnen knien hinter dem Stuhl des »Aggressors« und halten dessen gestreckte Arme nach unten. Ihre Hände fixieren jeweils ein Handgelenk am hinteren Stuhlbein. Dabei kann eine Lederschlaufe, in der die Betreuerin ihre Hände abstützen kann, hilfreich sein. Die Sitzfläche sollte so tief liegen, dass sich die Beine des »Aggressors« nicht rechtwinklig halten können und er so daran gehindert ist, aufzustehen.

Der Gefahr, nach hinten zu schaukeln oder zu kippen, kann man begegnen, indem sich beide Betreuerinnen seitlich versetzt mit ihren inneren Schultern fest gegen die Stuhllehne stemmen.

Orthopädiefachärztlicher Kommentar:

Mit hoher Wahrscheinlichkeit keine Gefährdung.

b) Auf dem Schoß der Betreuerin sitzend

Der *körperlich kleinere* »Aggressor« sitzt auf dem Schoß der Betreuerin, beide auf einem stabilen Stuhl. Seine Arme werden im verschränkten Kreuzhaltegriff fixiert. Ein Kissen hinter dem Kopf des »Aggressors« kann verhindern, dass er mit dem Kopf nach hinten schlägt. Die Betreuerin kann sich auch dadurch schützen, dass sie ihren Oberkörper vorbeugt.

Orthopädiefachärztlicher Kommentar:

Mit hoher Wahrscheinlichkeit keine Gefährdung.

c) Nutzung einer Decke

Zwei Betreuerinnen halten mit beiden Händen eine Decke (oder ein Bettlaken) fest, gehen von vorne seitlich am sitzenden »Aggressor« vorbei, indem sie dessen Arme mit der übergeschlagenen Decke an weiteren Bewegungen hindern. Dann halten beide die Decke hinter der Rückenlehne fest zusammen. Das Festhalten der Decke ist auch mit nur einem Betreuer möglich.

Es ist unbedingt darauf zu achten, dass die Methode einfühlsam durchgeführt wird, um Schäden an den Armgelenken zu verhindern. Auch darf die Decke *nur* über den Oberkörper, *nicht* über den Kopf gezogen und *nicht* am Hals gehalten werden, um die Gefahr einer Strangulation zu vermeiden.

Orthopädiefachärztlicher Kommentar:

Mit hoher Wahrscheinlichkeit keine Gefährdung.

3. Sichern des »Aggressors«, auf dem Boden sitzend

a) An der Wand gestützt sitzen

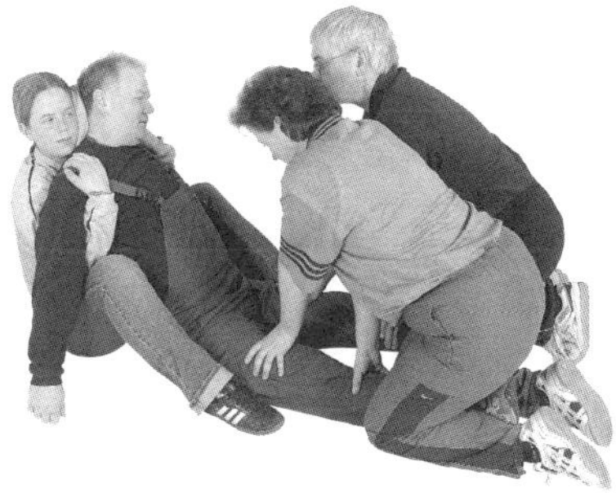

Im Anschluss an die Methode des sicheren Führens »*Schultergriff rückwärts*« wird der »Aggressor« von der Betreuerin rückwärts soweit befördert, bis diese sich mit dem Rücken an eine glatte, feste Wand lehnen kann.

Schranktüren sind nicht geeignet!

Sie hält den Brustkorb des »Aggressors« eng umspannt. Unter Anwendung der Methode *Am Körper heruntergleiten* (siehe Seite 171) setzt sie ihn sicher und sanft vor sich auf den Boden, indem sie mit ihren Knien schnell seine Beine einknickt, während sie selbst langsam an der Wand in eine Sitzposition heruntergleitet.

Ihre angewinkelten Beine und die Wand im Rücken stabilisieren diese Position, während ein oder zwei weitere Mitarbeiter schnell die ausgestreckten Beine des »Aggressors« fixieren, indem sie im Reitersitz und mit gestreckten Armen seine Ober- und Unterschenkel halten. Oder: Ein Mitarbeiter legt sich auf die Beine des »Aggressors« und umspannt fest mit beiden Armen dessen Kniegelenke.

Nur bei Gefahr des Kopfschlagens sollten die Hände der Betreuerin hinter dem Nacken des »Aggressors« geschlossen werden. Druck auf die (Nacken-)Wirbelsäule ist weitestmöglich zu vermeiden!

Der Kopf der an der Wand sitzenden Betreuerin kann durch ein Kissen oder Ähnliches vor Kopfschlägen des »Aggressors« geschützt werden.

Orthopädiefachärztlicher Kommentar:

Mit hoher Wahrscheinlichkeit keine Gefährdung, selbst bei hinter dem Nacken verschränkten Händen.

b) Sitz-Knien-Kombination

Der »Aggressor« sitzt vor der Betreuerin auf dem Boden. Im verschränkten Kreuzhaltegriff sind seine Arme fixiert. Die Betreuerin kniet mit gespreizten Oberschenkeln hinter ihm und stabilisiert damit diese Sicherungsposition.

Orthopädiefachärztlicher Kommentar:

Mit hoher Wahrscheinlichkeit keine Gefährdung.

c) Sitzen mit hoch gestreckten Armen

Zwei Betreuerinnen stehen hinter dem auf dem Boden sitzenden »Aggressor«.

Sie greifen fest dessen Handgelenke und halten seine Arme nach oben gestreckt. Dabei geben sie sich selbst, ihm und seinem Rücken durch ein vorgestelltes, angewinkeltes Bein den nötigen Halt.

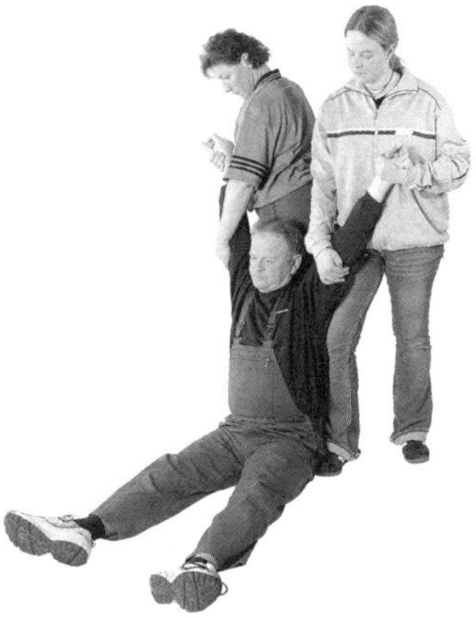

Orthopädiefachärztlicher Kommentar:

Mit hoher Wahrscheinlichkeit keine Gefährdung.

4. Sichern in Bauch- und Rückenlage

Bevor der »Aggressor« in einer Bauchlage sicher gehalten werden kann, muss er geschützt und sanft auf den Boden gelegt werden.

a) Beförderung des »Aggressors« auf den Boden

a1) Am Körper herunter gleiten

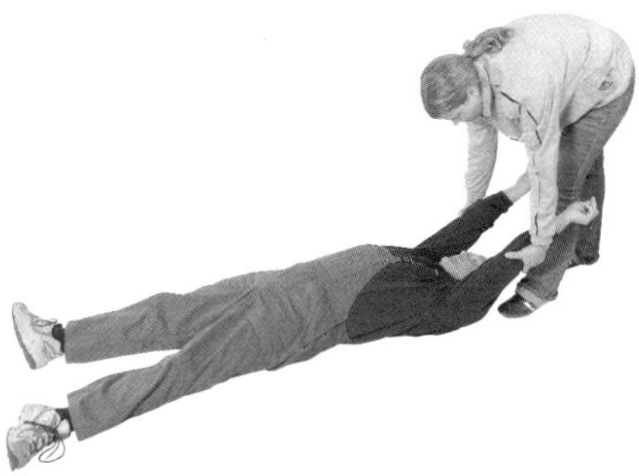

Die Betreuerin stellt sich dicht hinter den »Aggressor«, umspannt mit ihren Armen dessen Brustkorb, beugt sich leicht nach hinten und nimmt den Oberkörper des »Aggressors« mit. Sie knickt schnell ihre und damit gleichzeitig auch die Knie des »Aggressors« ein und stabilisiert diese Position durch ein nach vorn geschobenes Bein. Der »Aggressor« verliert seine Stabilität und gleitet langsam an ihrem nach hinten geneigten Oberkörper ab. Dabei löst sie ihren Griff und fasst ihn unter die Achseln, so dass er von oben gehalten an ihrem nach vorn abgestützten Bein sanft auf den Boden gleitet. Ihre Hände gleiten an seinen Armen entlang und können sie in die Position »Sicherndes Halten mit längs oder seitlich gestreckten Armen« bringen.

Orthopädiefachärztlicher Kommentar:

Mit hoher Wahrscheinlichkeit keine Gefährdung.

a2) Tango-Griff

Die Betreuerin stellt sich in Tango-Position direkt vor den »Aggressor«, etwas seitlich verschoben. Sie umfängt mit ihrem Führungsarm (z. B. rechts) dessen Taille, greift mit ihrer linken Hand das rechte Handgelenk

des »Aggressors« und streckt seinen Arm seitwärts in die Höhe. Mit einem Ausfallschritt rechts vorwärts dreht sie den »Aggressor« um dessen eigene Achse nach hinten und lässt ihn über ihren rechten, jetzt angewinkelten Oberschenkel, sanft aber zügig heruntergleiten.

Auch hier kann sofort im Anschluss eine Methode des sichernden Haltens folgen.

Orthopädiefachärztlicher Kommentar:

Mit hoher Wahrscheinlichkeit keine Gefährdung. Nur bei gewichtigen Personen Gefahr des Abrutschens und der Verletzung der »unteren« Schulter.

b) Kopfschutz beidbeinig (besonders geeignet bei Kopfschlagen)

Die Betreuerin kniet oberhalb des auf dem Boden liegenden »Aggressors«, nimmt dessen Kopf zwischen ihre Knie und hält mit ihren gestreckten Armen seine Handgelenke fest. Wenn sie seinen Mund – *nicht* Nase oder Augen! – mit seinem Pullover oder Hemdkragen bedeckt, kann er sie nicht bespucken.

Da sein Kopf weich und sicher gehalten wird, eignet sich diese Methode gut bei Menschen, die mit dem Kopf schlagen.

Orthopädiefachärztlicher Kommentar:

Mit hoher Wahrscheinlichkeit keine Gefährdung.

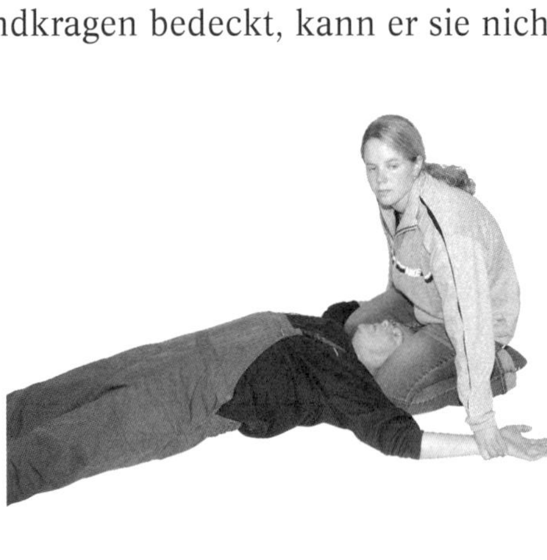

c) Arme seitwärts gestreckt in Rücken- oder Bauchlage

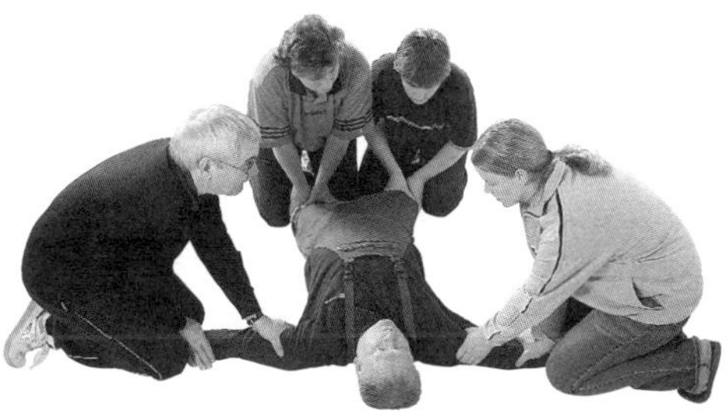

Der »Aggressor« liegt auf dem Rücken. Eine Betreuerin sitzt im Reitersitz (d. h. ihr Gewicht wird von ihren Beinen *über* seinem Körper gehalten, sie sitzt *nicht auf ihm*!!) rechts neben ihm in Kopfhöhe und hält seinen rechten Arm längs gestreckt. Ihre Knie begrenzen die Bewegungsfreiheit der rechten Hand, die geöffnet flach auf dem Boden gehalten wird.

Eine weitere Betreuerin sitzt in derselben Position und fixiert den linken Arm des »Aggressors«. Eine dritte Betreuerin sitzt im Reitersitz über dem linken Unterschenkel des »Aggressors«, eine vierte über dem rechten. Sie stützen ihre gestreckten Arme auf Ober- und Unterschenkel und halten so seine Beine längs gestreckt.

Je nach Körperkraft und -größe genügt dabei auch eine Betreuerin allein zur Fixierung der Beine.

Die Position über den Beinen ist vor Tritten gesichert zu erreichen, wenn sich die Betreuerin, von der Bauchgegend des »Aggressors« beginnend, rückwärts über seine Beine nach hinten tiefer kniet.

Sicherung von Armen und Beinen ist auch dadurch zu gewährleisten, dass sich jeweils eine Betreuerin über einen Arm des »Aggressors« legt, mit ihrem Rücken von ihm abgewandt. Dabei hält sie mit beiden Händen seinen Arm oberhalb des Handgelenks fest, ihre Taille liegt über seiner Armbeuge.

Eine dritte Person legt sich mit ihrem Oberkörper auf die Beine, indem sie seine Knie fest umklammert.

Orthopädiefachärztlicher Kommentar:

Mit hoher Wahrscheinlichkeit keine Gefährdung.

d) Arme längs gestreckt

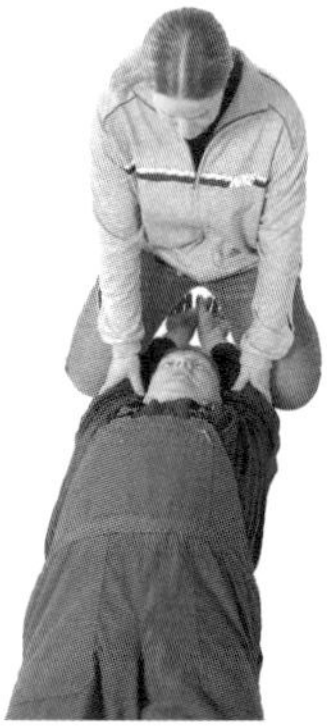

Der »Aggressor« liegt auf dem Rücken. Eine Betreuerin sitzt im Reitersitz oberhalb seines Kopfes und hält seine längs gestreckten Arme seitlich mit ihren Knien fest, während ihre Hände die Unterarme festhalten.

Eine zweite oder dritte Betreuerin sitzt/sitzen im Reitersitz über den Unterschenkeln des »Aggressors«. Ihre Hände sind auf dessen Oberschenkel gestützt und halten so die Beine längs gestreckt.

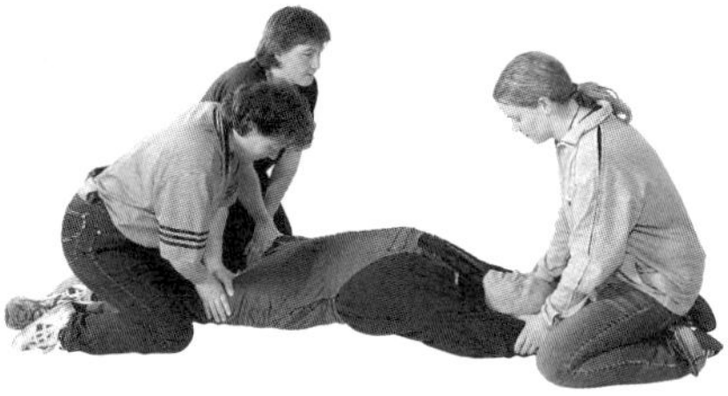

Die Anwendung dieser Sicherungsmethode erscheint eher bei *Kindern und Jugendlichen* angezeigt, die über die notwendige Gelenkigkeit und Beweglichkeit im Schulterbereich verfügen.

Orthopädiefachärztlicher Kommentar:

Mit hoher Wahrscheinlichkeit keine Gefährdung, wenn ausreichende Schulterbeweglichkeit bzw. keine Vorschädigung der Schulter vorliegt.

e) Beidseitiges Halten in Bauchlage

Zwei Personen knien links und rechts hinter dem »Aggressor«, der bäuchlings auf dem Boden liegt. Sein Kopf liegt auf einer Polsterung, seine Arme werden von beiden Betreuerinnen nach hinten – leicht nach oben gestreckt – gehalten, während seine gestreckten Beine seitlich zwischen den Knien der Betreuerinnen eingegrenzt sind.

Orthopädiefachärztlicher Kommentar:

Mit hoher Wahrscheinlichkeit keine Gefährdung bis zu einem Winkel von ca. 30 Grad.

Abschließend sei eine Methode beschrieben, die bei Menschen mit Behinderung anzuwenden ist, die andere gefährlich treten und sich einem Zugriff entziehen, indem sie sich auf den Boden fallen lassen. Falls sie in dieser Lage gesichert werden müssen, ist folgende Methode angezeigt:

f) Rückenlage durch Decke geschützt

Der »Aggressor« liegt auf dem Rücken, seine Arme werden längs oder seitlich gestreckt gehalten.

Bei Personen, die schnell und gefährlich mit den Beinen zutreten, kann das »Verheddern« der Beine in eine Decke sinnvoll sein. Zwei zusätzliche Betreuerinnen nähern sich mit der Decke, die seitlich fest am Boden gehalten wird. Schnell, aber vorsichtig, wird die Decke über die tretenden Beine des »Aggressor« gelegt, der sich bei weiteren Bewegungen in der Decke verwickelt. Weitere Tritte werden unmöglich, wenn sich die Beine in der Decke verfangen haben. Die Betreuerinnen stabilisieren diese Position in seitlicher Lage mit ihrer Hüfte über den Beinen.

Orthopädiefachärztlicher Kommentar:

Mit hoher Wahrscheinlichkeit keine Gefährdung.

Technische Fixierung oder körperliche Sicherungsgriffe?

Grundsätzlich gilt auch für diese Extremsituationen menschlichen Zusammenlebens, dass betreuerisches Handeln im *Dienste des Menschen* mit Behinderung stehen muss.

Neben dem Einhalten der rechtlichen Vorgaben für Freiheitsentziehende Maßnahmen, ist auf eine menschenwürdige Durchführung zu achten:

- Wut oder Ärger des handelnden Personals sollten bei der Durchführung körperlicher Sicherheitsvorkehrungen oder bei einer technischen Fixierung keinesfalls zum Ausdruck kommen.
- Der »Aggressor« kann mit Worten beruhigt werden, damit die Maßnahme so bald wie möglich beendet werden kann.
- Danach sollte wieder der normale Kontakt aufgebaut werden.
- Das weitere Vorgehen richtet sich nach dem, was der »Aggressor« in dieser Situation am dringendsten braucht: das kann eine Auszeit sein, ein klärendes Gespräch, eine Fortführung der unterbrochenen Arbeit usw.

Auf keinen Fall ist Fixierung oder sicherndes Festhalten als »pädagogisches« Mittel oder etwa gar als Strafe einzusetzen! – Auch Drohungen damit sind zu unterlassen!

Körperliche Sicherungs- und Schutztechniken bei geistig behinderten Menschen sind bis auf wenige Ausnahmen, z. B. wenn langanhaltende Sicherung vom »Aggressor« gewünscht oder notwendig ist, einer technischen Fixierung vorzuziehen!

- Fixierung heißt *weg von Personen*. In der Fixierung gibt es keinen persönlich-menschlichen Kontakt. Der »Aggressor« unterliegt völlig technischer Gewalt.
- In dieser Grenzsituation menschlichen Zusammenseins sollte der behinderte Mensch nicht allein gelassen werden. Auch bei der Anwendung körperlicher Sicherungsgriffe erfährt er menschlichen Beistand und bleibt in Beziehung zu seinem Betreuer.
- Er spürt *Halt* als *Stopp seiner Handlungsfähigkeit* und als *Gehaltenwerden*, indem der Betreuer von außen steuert, wenn seine eigene Steuerungsfähigkeit versagt.
- Der »Aggressor« sieht und fühlt in dieser Krise – die für ihn sicher kein Vergnügen ist –, dass das Betreuungspersonal, das ihm im Alltag helfend zur Seite steht, auch hier die Verantwortung übernimmt.
- Die Handlungsfähigkeit, die positive Autorität und Sicherheit, die das Betreuungspersonal auch in der Krisensituation ausstrahlt und anwendet, kann Vertrauen aufbauen.
- Es ist abzuwägen, ob der Aufwand an Kraft, Aufregung, Verletzungsrisiko usw., der für eine Beförderung des »Aggressors« in den Raum, in dem Fixierung durchgeführt werden soll, nicht ungleich höher ist, als ihn gegebenenfalls direkt an Ort und Stelle sichernd zu halten.
- Je nach Kraftaufwand und Anspannung des »Aggressors« können körperliche Sicherungstechniken vorsichtig und behutsam gelockert oder gestrafft werden.
- Das Ende einer Krisensituation – ob sich der »Aggressor« beruhigt – ist im Verlauf der hier vorgeschlagenen Maßnahmen des sichernden Haltens zu spüren. Körperliche Fixierungen können deshalb ggf. entsprechend schneller beendet werden. (Nach welchen Zeiträumen wird dem gegenüber eine technische Fixierung erst gelöst?)

- Vor und während der Krise und nach ihrer Beendigung bleibt der behinderte Mensch in emotionaler Beziehung, wenn sich auch die Qualitäten und Gefühle entsprechend ändern. Danach »ist es wieder gut«.

Auch für die betroffenen Betreuer ist die kognitive und emotionale Aufarbeitung von Krisen notwendig: vor allem, wenn Sicherheitstechniken eingesetzt werden mussten. (Siehe dazu Beitrag ANDREAS MOHS).

Bezüglich mittel- und langfristiger Konfrontation mit massiven Aggressionen stellt sich abschließend die Frage, ob für die »Anwendung von Schutz- und Sicherheitstechniken« durch das Personal von Einrichtungen der Behindertenhilfe nicht die Berufsgenossenschaft zuständig ist.

Wie können körperliche Sicherungstechniken im akuten Krisenmoment eingesetzt werden und was benötigt der Betreuer dabei für die eigene Sicherheit?

Im Rahmen eines Gesamtkonzepts massiver Aggressionen sind notwendigerweise auch die Themen anzusiedeln, die sich mit dem Empfinden und Verhalten des Betreuungspersonals in akuten Krisenzeiten beschäftigen. Grundsätzlich sollte man sich vor und in Krisensituationen folgende Fragen stellen und eingehend beantworten:

- Muss ich jetzt unbedingt eingreifen? Um was geht es jetzt? Ist der »Aggressor« nur trotzig, beruhigt er sich von allein?
- Muss ich im Moment wirklich *Sicherheit* herstellen oder befinde ich mich in einem pädagogischen Konflikt, in dem ich mir, dem »Aggressor« oder anderen meine Autorität oder Macht beweisen möchte?

Kann ich eine körperliche Auseinandersetzung durch Abschwächung, durch Entspannung der Situation (Deeskalation) vermeiden, z. B. wenn ich alleine oder gemeinsam mit den anderen das Zimmer verlasse, den »Aggressor« aus dem Raum nehme, Alternativen anbiete, mit angenehmer oder für ihn wichtiger Beschäftigung ablenke, eine Anforderung an ihn aus Sicherheitsgründen verschiebe usw.?

In Konfliktsituationen sollte der Betreuer aus angemessener Entfernung die Entwicklung beobachten, dem angespannten Gegenüber freundlich zugewandt bleiben, mit klarer und getragener Sprache beruhigend wirken, provokative Gesten vermeiden, direkten Blickkontakt eindeutig herstellen oder vermeiden, mit Hilfe des räumlichen Abstands Überblick über die Situation behalten, nicht zu früh oder zu spät eingreifen und vor allen Dingen Souveränität und Handlungsbereitschaft ausstrahlen.

Hilfreich kann der Einsatz von Signalen sein, wie eine mündliche Warnung, Stoppsignale, laute Stimme oder das Zeigen einer roten Karte.

Körperliches Eingreifen sollte nicht erst *nach* einer massiven Aggression erfolgen. Bei hundertprozentig sicheren Anzeichen auf unmittelbar bevorstehende gefährliche Aktionen sollte man rechtzeitig vorbeugend eingreifen.

Kriseninterventionen sollten, wo immer möglich, mit Sprache begleitet und sollten erklärt werden: »Ich halte dich jetzt fest, bis du dich beruhigt hast!«

Oft deeskaliert eine angespannte Situation, wenn andere Betreuer auf der Bildfläche erscheinen, die über ein »stummes« Signalsystem herbeigerufen wurden und zum Miteingreifen bereit stehen.

Darüber hinaus muss man sich bei einer differenzierten Vorbereitung und Planung von Kriseninterventionen Fragen nach der Sicherheit der eigenen Person stellen und beantworten:

- Kann ich mich selbst in eine sichere Umgebung bringen (bei Nutzung des Alarmsystems bzw. ab dem Zeitpunkt, wenn sicher ist, dass der »Aggressor« und andere geschützt sind)?
- Welche persönlichen, privaten, technischen, organisatorischen Maßnahmen kann ich als Betreuer *vorbereitend* für einen Moment der Aggression treffen?

Gefahren können vorbeugend vermindert werden, indem das Personal folgende Rahmenvorkehrungen trifft:

- Erstellen eines die Gruppe übergreifenden Nothilfeplans;
- Aufbau eines Alarm- und Meldesystems, das Kollegen zu Hilfe ruft;
- Kenntnis möglicher Gefahrenquellen und das Vorabbeseitigen (z. B. Tür vorsorglich öffnen);
- genaue Kenntnis bestimmter Krisenabläufe beim jeweiligen »Aggressor« und umfangreiche Informationen darüber;
- Kenntnis früher angewandter Kriseninterventionsmaßnahmen und Krisenpläne;

- (gemeinsame) Vorgehensweisen vorher absprechen und sie zur innerlichen Festigung schriftlich bereithalten;
- Sich bewusst sein, dass der »Aggressor« sein Handeln nicht gegen den Betreuer *persönlich* einsetzt und dass man als Betreuer nicht persönlich Schuld hat. Andere Kollegen haben auch das Problem.

Schließlich ist abzuklären, wer welche Verantwortlichkeiten trägt (Betreuungspersonal, Gruppen-, Abteilungs-, Gesamtleitung). Absprachen müssen klar, konkret und eindeutig formuliert sein: Wer macht was, wann und wie, damit die festgelegten Maßnahmen einheitlich und damit konsequent wirksam durchgeführt werden?

Um körperliche Sicherungs- und Schutzmaßnahmen anwenden zu können, benötigt der einzelne Betreuer »vom Chef«, von Kollegen, von der Einrichtung Unterstützung und Verlässlichkeit. Er muss das Vertrauen haben, emotional abgesichert zu sein, und spüren, dass seine Kollegen, Vorgesetzten und Leitungspersonen hinter ihm stehen, einheitliches Verhalten zeigen und seine Gefühle von Angst, Unsicherheit usw. verstehen.

Er muss die Gewissheit haben, dass sein Empfinden und Handeln für die anderen nachvollziehbar ist und sie ihn emotional auffangen können, dass für ihn gesorgt wird und dass nach der Krise der Alltag weitergehen kann.

Das Gefühl von Sicherheit, Souveränität und Handlungsfähigkeit wächst schließlich deutlich mit dem Wissen, dass Vorgesetzte sich loyal verhalten werden, wenn Druck von außen kommt.

Literatur

Graaf, P. (1993): Methoden und Hilfen zum Umgang mit aggressivem Verhalten. Elemente eines Fortbildungskurses. In: Zur Orientierung, Heft 3, 33–38.

Heinrich, J. (2001): Krisenintervention bei Fremd- und Sachaggressionen. In: Wüllenweber, E., G. Theunissen (Hrsg.): Handbuch Krisenintervention. Hilfen für Menschen mit geistiger Behinderung. 213–234.

Klose, M. (1993): PIT oder IAV statt Angst und Ohnmacht. In: Zur Orientierung, Heft 3, 18–19.

Kuga: »Kontrollierter Umgang mit physischer Gewalt und Aggression«. In: www.KUGA.de: Richter, D., J. Fuchs, K. H. Bergers (2001): Konfliktmanagement in psychiatrischen Einrichtungen. Broschüre des Gemeindeunfallversicherungsverbands Westfalen-Lippe, des Rheinischen Unfallversicherungsverbands und der Landesunfallkasse NRW.

PAPENBERG, W. & SMIAR, N. (2004). PART 2000. Professionell handeln in Gewaltsituationen. http://www.part2000.de/4655/4844.html

PART 2000 (1999): Professionell handeln in Gewaltsituationen. In: www.part2000.de.

WÜLLENWEBER, E. (2004): Krisenintervention als Akutintervention. Deeskalation, physische Intervention, Notfallhandeln. In: WÜLLENWEBER, E., G. THEUNISSEN (Hrsg): Handbuch Krisenintervention. Praxis und Konzepte zur Krisenintervention bei Menschen mit geistiger Behinderung. Band 2, 11–17.

Organisatorische und technische Sicherheitsvorkehrungen

Johannes Heinrich

Das Gefühl von Sicherheit ist als eine Grundvoraussetzung für eine *positive Beziehung* zwischen den behinderten Menschen und ihrem Betreuungspersonal anzusehen: Viel mehr gilt dies noch zwischen den Bewohnern, den Mitarbeitern und jenem Mitbewohner, der über lange Zeit immer wieder massive Aggressionen zeigt.

Folgen massiver Aggressionen, z. B. Verletzungen, Angst, Hilflosigkeit, starke Verunsicherung, materielle Schädigungen usw., überlagern die jeweilige akute Situation und können sich dann an der Person des »Aggressors« festmachen, statt an seinem Verhalten (Stigmatisierung: »Der ist immer aggressiv!«). Negative Erfahrungen nähren Misstrauen und führen zu erhöhter Vorsicht, die emotionale Beziehung kühlt ab, der »Aggressor« erfährt – oft unbewusst – eine Sonderbehandlung, oder man ist besonders sensibilisiert, schon kleinste Auffälligkeiten als provozierende Aggression (über) zu bewerten und diesem Verhalten mit übermäßig heftiger emotionaler Reaktion zu begegnen.

In diesem Klima wird der behinderte Mensch, der manchmal – und oft aus nachvollziehbaren Gründen – aggressives Verhalten zeigt, vom Personal und seinen Mitbewohnern oder Mitarbeitern kaum respektiert, schon gar nicht angenommen, gemocht und in das Alltagsleben wie selbstverständlich integriert – eher im Gegenteil: er wird schnell abgelehnt und ist isoliert (»Wenn wir den doch nicht auf der Gruppe hätten! Am liebsten würde ich ihn auf den Mond schießen!«).

Sicherheits- und Schutzmaßnahmen, die ein komplexes pädagogisches Konzept ergänzen sollten, können helfen, Schäden oder Störungen zu verringern oder zu verhindern. Sie erhöhen damit die Chance, dass der »Aggressor« vorurteilsfreier und sein Fehlverhalten relativierter wahrgenommen wird, dass positive Beziehungen entstehen können und eine soziale Integration ermöglicht werden kann.

Sicherheit und Schutz vor körperlicher, seelischer und materieller Schädigung haben somit nicht nur finanzielle oder juristische Aspekte, sondern sind als Basis positiver zwischenmenschlicher Beziehungen manchmal unverzichtbar.

Fehlende oder unangemessene Organisation von Sicherheitsstrukturen einerseits oder überzogene, undifferenzierte generalisierende Sicherheitsvorkehrungen andererseits können beträchtliche negative Folgen für das ganze System haben.

Beispiel 1: Eine Wohngruppe behinderter Jugendlicher muss frühzeitig ihre Ferienfreizeit beenden, weil einer von ihnen durch massive Aggressionen das Zusammenleben erheblich stört. Mangels ausreichender Sicherheitsvorbereitungen und -organisation (Begleitete Rückfahrt des »Aggressors« und Sicherstellung einer Betreuung im Wohnheim) muss die ganze Gruppe darunter leiden.

Beispiel 2: In einer Wohngruppe läuft der Aggressor häufig nach dem Essen, wenn das Personal mit Aufräumarbeiten beschäftigt ist und wenig Zeit für sonstiges hat, aus dem Heim weg und gefährdet sich und andere. Aus Sicherheitsgründen wird die Eingangstür deshalb *immer* und *für alle* verschlossen gehalten.

Beispiel 3: Weil ein Gruppenbewohner schon zweimal den Fernseher im Gruppenwohnzimmer (in unbeaufsichtigten Zeiten) beschädigt hatte, gilt für alle Bewohner: Fernsehmöglichkeit erst ab 20.00, wenn der Betreuer Zeit hat, Aufsicht zu gewährleisten.

Manchmal müsste an die Verantwortung einer Einrichtung bezüglich ihrer Fürsorgepflicht appelliert werden, das Thema »Sicherheit und Schutz« konstruktiv anzugehen: Mitarbeiter schildern immer wieder einmal, dass materielle Schäden nicht versichert sind und gelegentlich auch, dass physische Verletzung oder Bedrohung wie selbstverständlich zum Berufsrisiko des Personals zu gehören scheinen und gleichsam als privates Risiko angesehen werden.

Beispiel: Bei Arbeitsbeginn einer neu eingestellten Mitarbeiterin teilt die Leitung mit: »Sie wissen ja, dass wir für Schäden keine Haftung übernehmen können, das ist Berufsrisiko!!!«

Technische und organisatorische Sicherheits- und Schutzmaßnahmen sollten zeitlich befristete Hilfen und keine Dauerlösungen sein. Sie sollten folgenden Zielen dienen:

- Entspannung der Beziehungen und Beruhigung des Systems;
- Wahrung der Würde, der Individualität und Akzeptanz aller Beteiligter;
- gegenseitigem Respekt und emotionaler Wärme;
- weitestgehende Selbstbestimmung und individuelle Freiheit als Lebensgrundlage für Wohnen, Bildung, Förderung und Arbeit.

Voraussetzung für Selbstbestimmung und Integration in Wohngruppe, Schulklasse, WfbM usw. sind also nicht für alle geltende »verordnete« Restriktionen, Kontrolle oder Zwang. Vielmehr geht es um eine spezifische Sicherheit, die für bestimmte Situationen, zu bestimmten Zeiten, an bestimmten Orten für individuell in Frage kommende Personen mit Hilfe bestimmter technischer und organisatorischer Maßnahmen zu erstellen ist.

Organisatorische Sicherheitsvorkehrungen

Information des Personals

Eine Trennung von Arbeit und Wohnen ist auch zum Schutz der Privatsphäre und aus Gründen des Respekts voreinander notwendig: So muss das Betreuungspersonal z. B. nicht restlos alles über einen behinderten Menschen wissen oder unreflektiert weitergeben.

Diese klare Trennung oder ein zu schaffender Neubeginn in einem anderen System, in einer anderen Einrichtung kann aber nicht heißen, dass wichtige Erfahrungen zum Problemverhalten (ähnlich zur medizinischen Behandlung) nicht weiter gegeben werden dürfen. Glücklicherweise selten ist in manchen Einrichtungen die Vorgabe an die Mitarbeiter, bei einer Neuaufnahme keine Vorinformationen zu erheben. Bei Menschen mit geistiger Behinderung und massiven Aggressionen ist ein solches Verhalten absolut nicht zielführend.

Beispiel: »Wir wollen erst einmal den Menschen auf uns wirken lassen, wir wollen zunächst einmal keine Vorinformationen«, so die Aussage eines Abteilungsleiters in einer Einrichtung für behinderte Menschen in Rheinland-Pfalz vor der Aufnahme eines Menschen, der wegen seiner massiven Aggressionen aus einer Institution verlegt werden musste.

Auch gibt es gelegentlich vorsätzliche Fehlinformation über behinderte Menschen mit aggressivem Verhalten: Zur Verbesserung der Aufnahmechancen in einer zukünftigen Einrichtung – und damit »wir ihn loswerden« – hält man wichtige Informationen zur Aggressionsproblematik zurück, Berichte werden »geschönt«. So müssen das zukünftige System, die Mitarbeiter, die Mitbewohner und schließlich der »Aggressor« selbst oft über lange Zeit dieselben negativen Erfahrungen aus der Vergangenheit erneut ertragen. Obwohl man ihm und seinem neuen Umfeld dies hätte leicht ersparen können durch vollständige und wohlwollende Weitergabe der Fakten.

Ausreichend geschultes, gut informiertes und effektiv organisiertes Personal der beteiligten Übergabe- und Übernahmesysteme kann in einer darauf gegründeten Zusammenarbeit menschenwürdiges und sicheres Managen einer Krise gewährleisten und dem behinderten Menschen die Chance zur Veränderung seines problematischen Verhaltens geben.

Deshalb sollte zum Beispiel das Betreuungspersonal bei einer Neuaufnahme oder einer Verlegung in eine andere Gruppe durch Dokumentationen,

Besuche und Gespräche umfassend über Art und Weise, Umfang, Vorgeschichte und Behandlungsmöglichkeiten *des Problemverhaltens* informiert werden.

Auch neue Mitarbeiter oder Vertretungspersonen sollten umfassend informiert sein und nur entsprechend ihrer Erfahrungen und Kenntnisse eingesetzt werden.

Beispiel: Eine junge Erzieherin berichtet, dass sie kurz nach Beginn ihrer Tätigkeit auf einer Wohngruppe vom männlichen Kollegen in das Zimmer eines ihr körperlich weit überlegenen behinderten jungen Mannes geschickt wurde, »um ihn dort heraus zu holen. Auf meine Unsicherheit hin antwortete er, dass ich ›meine Erfahrungen machen‹ müsse.«

In Krisenzeiten sollte eine erfahrene Betreuerin einen unerfahrenen oder unsicheren Kollegen ersetzen oder begleiten.

Über die Informationen zur Individualität des Bewohners hinaus können Informationen zu Anzeichen, Abläufen und bei einer Krise als wirksam erfahrene Handlungsmöglichkeiten benannt und dokumentiert werden.

Individuelle Notfallpläne mit relevanten Telefonnummern (Notarzt, Polizei, Heimleiter usw.) oder Krisen-Interventions-Pläne mit konkreten Handlungsabläufen können im Mitarbeiter(innen)büro für alle sichtbar ausgehängt sein, mit differenzierter Definition der Situationen, in denen z. B. eine Bedarfsmedikation angezeigt, wann es nur mit einer Fixierung weitergeht oder wann der Notarzt anzufordern ist.

Es empfiehlt sich, die für einen Arztkontakt notwendigen Informationen in einem individuellen *Notfallordner* zu sammeln, zentral zu lagern, um bei Bedarf ohne Verzug und problemlos darauf zurückgreifen zu können.

Eine Art *individueller Gesundheitspass* kann die wichtigsten medizinischen Informationen bündeln. Hilfreiche Hinweise dazu finden Sie auch in der Broschüre »Dokumentation Wohnen«, Dokumentationsbögen 7.1 bis 11.2 (Bundesvereinigung Lebenshilfe 2003, s. Literaturhinweis).

Beispiel: Die auf einer Chipkarte gespeicherten Informationen können einem Arzt die Möglichkeit bieten, sich sehr schnell einen Überblick über den Gesundheitsstatus und die eingenommenen Medikamente von Patienten zu verschaffen. Dies ist vor allem für chronisch Kranke nicht nur beim Arztwechsel, in Notfällen oder auch in der Altenpflege wichtig, sondern kann bisweilen sogar im Alltag lebensrettend sein. (http://ipg.psychologie.fu-berlin.de/pipermail/alumni/2001-December/000021.html)

Betriebsinterne *Sicherheitsbroschüren* oder -akten sollten Pflichtlektüre für jeden neuen Mitarbeiter sein und laufend der sich verändernden Situation angepasst werden.

Im Qualitätsmanagment-System können Handlungsabläufe für definierte Krisen festgehalten sein (Rhein-Mosel-Werkstatt Koblenz).

Die Broschüre »Krisenintervention. Eine Handreichung« erklärt dem Personal Ursachen und Hintergründe aggressiven Verhaltens und legt für die Aggressions-Krise konkrete Handlungsanweisungen detailliert fest (Diakonie-Verbund Eisenach).

In einer *Sicherheitsunterweisung* für das Personal (ähnlich einem Erste-Hilfe-Kurs) kann das spezifische Konfliktmanagement, es geht dabei z. B. auch um deeskalierende Maßnahmen und Schutztechniken, durch Rollenspiele eingeübt werden.

In der wöchentlichen Dienstbesprechung einer WfbM wird das Personal über den neuesten Stand informiert.

Strukturierte Tagespläne helfen nicht nur dem behinderten Menschen, sich zu orientieren, sie geben darüber hinaus dem Handeln des Personals Sicherheit.

Um Beobachtbarkeit von Problemsituationen in der WfbM – auch bei Personalengpässen – zu ermöglichen, kann man in der Trennwand zwischen zwei Produktionsgruppen ein Gruppenleiterbüro einrichten, das zu beiden Seiten Fenster hat und jederzeit Sichtkontakt zu beiden Gruppen bietet.

Institutionelles Sicherheitsreglement

Über einen ausreichenden Informationsstand hinaus können *organisatorische Regelungen* die Sicherheit in Krisensituationen erhöhen. Die Dienstplangestaltung sollte dann den »schlimmsten Fall« voraussehen und dafür *Rufbereitschaften* festlegen.
Beispiel: Aus Sicherheitsgründen ist in Zeiten möglicher Krisen das Personal so organisiert, dass mindestens eine Fachkraft über 24 Stunden im Haus erreichbar ist.

Bei Festen, Feiern oder bei Ferienaufenthalten und Urlauben sollte die mögliche Aggressionskrise mit einkalkuliert, das Team vorbereitet und für den »Aggressor« sollten gegebenenfalls Rückzugs- bzw. Rückkehrmöglichkeiten geschaffen werden.

Beispiel 1: Eine junge Frau freute sich auf die Weihnachtsfeier in der Aula. Erfahrungsgemäß konnte sie die freudige Spannung nur schwer regulieren und zeigte dabei immer wieder massive Aggressionen. Es wurde mit ihr vereinbart, dass sich eine Betreuerin, ihre Hauptbezugsperson, immer in Sichtweite aufhält und bei zunehmender Spannung die jun-

ge Frau zur Beruhigung in einen ruhigen Nebenraum begleiten sollte. Den Raum hatten sich beide vor dem Fest angeschaut.
Beispiel 2: In Pausen auf dem Schulhof, in der Kantine, bei Ankunft oder Abfahrt der Busse bei der WfbM, in Krisensituationen und -zeiten sollte (Aufsicht-)Personal *freundliche* Präsenz zeigen.
Beispiel 3: Ein Betreuerteam verlegte das Ferienziel der Bewohner in die Nähe der Wohngruppe. So war es möglich, einen jungen Mann im Falle massiver Aggressionen problemlos und ohne zusätzlichen großen Mehraufwand in seine vertraute Wohneinrichtung zurückzubringen und so die Aggressionssituation zu entspannen.

Für alle Beschäftigten einer Einrichtung kann für die Krise eine generelle Hilfezwang-Absprache explizit vereinbart werden.

Beispiel 1: In benachbarten Wohn- oder Arbeitsgruppen wird zu jeder Schicht ein Kollege bestimmt, der im Notfall zu Hilfe kommen muss.
Beispiel 2: Wenn ein Team mit einer geplanten Aggressionsbehandlung beginnt, wird für diesen Zeitraum die Personalanzahl der Wohngruppe erhöht.

Manchmal können behinderte Mitbewohner/Mitarbeiter in die Sicherheitsorganisation mit einbezogen werden.

Beispiel: In einer Werkstatt ist ein behinderter Mitarbeiter als »Sicherheitsbeauftragter« benannt, der auf Gefährdungen und Krisensymptome sensibilisiert ist und den Gruppenleiter oder andere Kollegen entsprechend aufmerksam macht.

Sicherheits- und Schutzmaßnahmen sind frühzeitig bezüglich ihrer juristischen Voraussetzungen abzuklären. Die Erlaubnis der rechtlichen Betreuer ist einzuholen. Beides sollte regelmäßig von der Einrichtungsleitung kontrolliert werden.

Auch *räumliche Veränderungen* können mehr Sicherheit bieten

Beispiel 1: In Krisenzeiten »bindet« die Lehrerin den »Aggressor« eng an sich; er geht vor ihr her oder an ihrer Hand und erfährt so Sicherheit und Halt.
Beispie 2: Die Tür der Schulklasse bleibt offen, um den »Aggressor« gegebenenfalls schnell hinaus befördern zu können.

Eine Änderung oder (Um-)Strukturierung von Regelungen oder Abläufen, die immer wieder zu Krisen führen, kann die Sicherheit erhöhen.

Beispiel 1: Eine große Tischgemeinschaft wird aufgeteilt in zwei kleine Gemeinschaften, bei denen das Personal dann näher bei den Bewohnern sitzen kann.
Beispiel 2: Wenn Personal der Wohngruppe des »Aggressors« plötzlich ausfällt und eine neue, ihm nicht vertraute Aushilfe Dienst macht, schläft er auf einer anderen, die »vertraute« Aufsicht gewährleistenden Wohngruppe.
Beispiel 3: Der Schüler, der seine soziale Überforderung durch fremdaggressives Verhalten ausdrückt, muss nicht mehr in der hektischen, lauten und unstrukturierten Situation auf dem Schulhof Pause machen. Er hat statt dessen die Möglichkeit, im ruhigen Pausen-

raum oder in der ruhigen (leeren) Klasse sich zu erholen: am besten auf seinem Stammplatz, wo Spielzeug bereit steht, wo er Musik hören kann, nur wenige ruhige Mitbenutzer sich aufhalten, Aufsicht, Kontakt und emotionale Beziehung gegeben ist.

Auch eine Veränderung der Zimmerbelegung kann Sicherheit erhöhen.
Beispiel 1: Das Opfer kann in ein Einzelzimmer umziehen oder teilt in Zukunft sein Zimmer mit einem Bewohner, der Schutz bietet.
Beispiel 2: Der »Aggressor« wohnt in einem Einzelzimmer, gegebenenfalls in der Nähe des Nachtwachen-Büros oder nahe beim Spannungs-Reduktions-Raum, oder mit einem Bewohner zusammen, der sich wehren kann.

Im Rahmen eines effektiven Krisenmanagements müssen pädagogische Ziele ggf. in der akuten Situation neu geordnet, gewichtet oder gar ausgesetzt werden: Sicherheit hat Priorität – auf angestrebte pädagogische Ziele muss deshalb in einer Krisensituation kurzfristig verzichtet werden können. Deshalb sollte z. B. bei Konflikten in der Öffentlichkeit die Situation schnell deeskalierend beendet werden, auch wenn dem »Aggressor« dadurch wichtige Lernerfahrungen entgehen, wie beispielsweise das Akzeptierenlernen von Grenzen. In diesen Situationen ist abzuwägen, welchen »Preis« man für das Erreichen eines pädagogischen Ziels zu zahlen bereit ist.

Technische Sicherheitsvorkehrungen

Technische Sicherheitsvorkehrungen als reine Schutz- und Sicherheitsmaßnahmen lösen keine Aggressionsproblematik. Sie helfen nur, Schaden zu verringern, oder zu verhindern.

Sie sollten nicht zur Reduzierung von Personal oder als Ersatz für persönliche Kontakte und Zuwendung missbraucht werden, im Gegenteil: Gerade in Zeiten geringerer Personalausstattung (Nachtwachen und Ähnliches) sollte man das Betreuungspersonal gezielter und effektiver einsetzen, den Bewohnern dadurch mit eindeutigem und demonstrativem Verhalten mehr Sicherheit vermitteln und dabei so wenig wie möglich restriktiv sein.

Die folgenden Ausführungen sind als eine Aufzählung von Möglichkeiten zu verstehen, aus der situationsspezifische, dem Individuum und dem jeweiligen System angepasste, effektive Schutz- und Sicherheitsmaßnahmen für den konkreten Einzelfall und die konkrete Einzelsituation ausgewählt werden können.

Problembereich Kleidung

Um ständiges Zerreißen zu verhindern, bietet sich Kleidung aus reißfesten oder reißresistenten Stoffen an, z. B. Fechterjacken, Lederhemden, Material von Judoanzügen, Overalls oder Latzhosen für Handwerk und Industrie mit vernähten Taschenöffnungen, mit durch eingenähte Plastik-Wäscheleine verstärkten Arm- oder Halsbündchen, mit dem Reißverschluss hinten usw. (Berufskleidungsfachgeschäfte; Schutzanzüge und Overalls aus Fechterstoff stellt die Service GmbH der Stiftung Liebenau her).

Das Tragen von Handschuhen kann Kneifen oder Kratzen einschränken.

Provozierendes Erbrechen, indem der Aggressor seine Finger in den Hals steckt, kann durch das situationsbezogene Tragen von Fausthandschuhen (mit Tennisball als Einlage) verhindert werden.

Gegen das Zerstören von Brillen helfen Kontaktlinsen bzw. relativ zerstörungssichere Brillen.

Andere Mitbewohner können vor Schäden durch Fußtritte geschützt werden, wenn der Aggressor im Wohnbereich Hausschuhe oder Anti-Rutsch-Socken statt fester Straßenschuhe trägt.

Sehr kurz geschnittene Fingernägel (Verletzungsgefahr) können tiefe Kratzwunden bei sich oder bei Mitbewohnern/Personal verhindern.

Gegen die entwürdigende Situation, bespuckt zu werden, können Mundschutz, Latexhandschuhe, Meprotec-Schutzkittel (Zahnnarztbedarf Nordenta, Hamburg; www.nordenta.de) oder große Schutzbrillen helfen.

Enganliegende, feste Kleidung kann das Festkrallen erschweren, das Lösen der Hand deutlich erleichtern (St. Paulus-Stift Landau).

Damit der Aggressor nicht an den Haaren reißt oder sich in die Haare verkrallen kann, empfiehlt sich das Zusammenbinden langen Haars, eine kurz geschnittene Frisur oder ein Haarnetz, ein Kopftuch, eine Mütze in Krisensituationen zu tragen (Maria Grünewald Wittlich).

Problembereich Glas, Fenster, Türen

Sicherheitsglas verhindert das Zerstören von Fenstern und Türen.

Eine Glassplitterschutzfolie ist eine durchsichtige Folie, die – auf normales Fensterglas geklebt – bei Zerstörung des Glases das Herunterfallen der Scherben verhindert (vergleichbar mit Sicherheitsglas in Fahrzeugen).

Funk-Tür-/-Fenster-Melder nehmen Erschütterungen an Türen und Fenstern wahr.

Rüttelkontakte oder Glasbruch-Melder können gefährliche Aktionen gegen Glasscheiben/Glastüren früh melden bzw. bei eingetretenem Schaden sofortige Reaktion ermöglichen (www.business.conrad.de).

Anstelle eines zerstörbaren Spiegels bietet sich eine *Spiegelfolie* an, die auf Holz aufgezogen ist.

Bilder können mit Plexiglas versehen und an der Wand verschraubt oder hinter Klarsichtfolie direkt auf die Wand geklebt werden.

Die Problematik offener Fenster verringert sich durch abschließbare Fenstergriffe.

Eine abnehmbare Türschließsperre verhindert, dass sich die Tür völlig schließt (und dabei Finger eingeklemmt werden können), ein automatischer Türschließer macht Türenschlagen unmöglich.

Panikschlösser verriegeln den Türgriff: Wenn die Zimmertür ohne Schlüssel von außen geöffnet wird, ertönt ein Alarmsignal; das Öffnen der Tür von innen ist jederzeit unproblematisch (auch umgekehrte Funktion möglich, dann aber Freiheitsentziehende Maßnahme!).

In Krisensituationen ist es manchmal sicherer, Türen nicht zu schließen, sondern sie offen stehen zu lassen.

Vollholz-Türen oder mit zur Zimmer-Innenseite montiertem (bemaltem) dünnem Stahlblech geschützte Türen können ständiges Dagegentreten aushalten.
Beispiel: Für einen Bewohner, der immer wieder seine Zimmertür eintrat, begrenzte vorübergehend ein Vorhang sein Zimmer statt einer Tür.

Problembereich elektrische Geräte und Anlagen

Unzerstörbare Schutzschalter und Sicherheitssteckdosen (Justizvollzugsanstalten) können lebensbedrohliche Situationen verhindern, in einfacheren Fällen genügen Steckdosensicherungen. Steckdosen können in abschließbare (Badezimmer-)Schränke integriert werden.

Eine relativ ungefährliche Niedrig-Volt-Anlage ermöglicht weiterhin die Nutzung elektrischen Stroms im Zimmer.

Die Bedienung der Elektrik von außerhalb des Zimmers nimmt gefährliche Situationen vorweg.

Radios usw., oft beschädigt oder zerstört, können im verschlossenen Schrank deponiert werden: Die Schranktür ist mit vielen wenige Millimeter kleinen Schalllöchern versehen, an der Schrankaußenseite ist ein Schalter montiert, über den der Bewohner jederzeit das Gerät an- oder ausschalten kann. Darüber hinaus lässt sich vom Personal die Lautstärke einstellen.

Das Fernsehgerät kann im Schrank hinter starkem Plexiglas gesichert oder in sicherer Höhe mit Stahlband verankert angebracht werden.

Elektroherdsicherung in der Küche: Herdplatten können durch Gitter abgedeckt sein oder die gesamte Stromzufuhr kann durch einen Hauptschalter oder Notschaltknopf an gesicherter Stelle unterbrochen werden.

Zeitschaltuhren für Fernseher und sonstige elektrische Anlagen ermöglichen eine vom Benutzer unabhängige Stromzuteilung für das Gerät.

Elektrokabel können in für Bewohner nicht ohne weiteres erreichbare Höhe verlegt, die Zimmerbeleuchtung kann durch eine mit einem Metallkorb gesicherte Lampe gewährleistet werden.

Problembereich Wohnung und Mobiliar

Absturzsicherung von Balkon oder Treppen durch Netze; Anti-Kletterschutz durch hohe Brüstungen aus Holz, Metall oder Sicherheitsglas; Sicherung von Treppenzugängen, Aufzügen usw. durch dreh- oder verschiebbare halbhohe Schranken oder Türen.

Fahrstühle können nur mit einem Schlüssel bedient, Stolperfallen können beseitigt werden.

Der ungewollte Zugriff auf Medikamente oder gefährliche Chemikalien kann durch Wegschließen oder aber Abschließen von Schränken oder Räumen verhindert werden, gegebenenfalls durch ein digitales Codeschloss, das *nur* durch konstante oder programmierbare Ziffernkombination zu öffnen ist (www.business.conrad.de).

Sicherheitsriegel für Schränke und Schubladen, Verschlussriegel für Videorekorder, sowie Schutzverschlüsse für Schranktüren, z. B. durch selbstklebende Gurte mit Verschluss, können im Einzelfall sinnvoll sein (www.baby-walz.de).

Bei ständiger Zerstörung des Bodenbelags kann zum Beispiel der blanke Estrichboden farblich gestaltet werden.

Zimmerwände können mit abwischbaren bunten PVC-Bodenbelägen beklebt werden.

Bei Gefahr selbstverletzenden Kopfschlagens oder Hinfallens kann ein Bodenbelag mit Dämmfunktion Sicherheit schaffen; ggf. auch mit dünnen Turnmatten zu lösen.

Heizungskörper können verkleidet, Bett-, Tisch- und Möbelkanten abgerundet oder gepolstert, Rollstühle können ausgepolstert werden.

Brandsicherung: Brand verursachende Gegenstände (Streichhölzer, Feuerzeuge usw.) sollten gegebenenfalls vor dem Zubettgehen eingesammelt werden. Schwer brennbare Vorhänge oder Möbel verringern die Gefahr, Funk-Rauchmelder ermöglichen frühzeitiges Erkennen eines Rauch- oder Brandherds (www.business.conrad.de).

Zerbrechliche oder kostbare Gegenstände können vor einer Krisensituationen zeitlich befristet weggeräumt, wertvolles Eigentum kann speziell gesichert werden.
Beispiel: Ein junger Mann mit autistischen Verhaltensweisen freut sich über das Geräusch des kleinen Zimmerbrunnens. Leider wird dieser immer wieder zerstört, Neuanschaffungen wurden deshalb zu teuer. Um den Zimmerbrunnen wurde ein fester Gitterrahmen gebaut – und der junge Mann kann weiterhin sein Lieblingsgeräusch hören (St. Martin Düngenheim).

Schränke, Betten und Tische können an Boden oder Wand festgedübelt werden.

Sitzsäcke oder Sitzbälle können Sessel und Sofas ersetzen, ein bemalter Stahlschrank oder ein offenes Regal die immer wieder zerstörten Holzschränke.

Im Kinder-Wohnbereich wird die Sicherheit durch *schwere* Holztische und Holzstühle, die Kinder noch nicht um(her)werfen können, erhöht (St. Martin, Düngenheim).

In Konfliktzeiten kann ein Tisch zwischen die Konfliktbeteiligten geschoben werden.

Bei Tisch ist der vorübergehende Gebrauch von Plastikbechern, -geschirr oder -besteck zu empfehlen. Ebenso schützen Messer, deren Schliff entschärft wurde. Gefahren können durch den Gebrauch eines Löffels statt einer Gabel gemindert – oder Messer und Gabel können als gefährliche Gegenstände bei Tisch vorübergehend überhaupt entfernt werden.

Kunststoffmanschetten können Materialien in Blumentöpfen schützen (www.baby-walz.de).

Außerhalb von Einrichtungen können sich Gefahren für behinderte Menschen (z. B. mit autistischer Symptomatik) durch Konfrontation mit Hunden ergeben: das *Ultra Sonic Dogchaser*, ein Gerät im Taschenformat (für Jogger konzipiert) erzeugt für Hunde unangenehme Ultraschall-Töne und hält die Tiere auf Distanz bzw. bewegt sie zum Weglaufen (www.security-discount.de).

Problembereich Bad und Toilette

Die Wasserzufuhr kann zentral ein- bzw. abgestellt werden. Eine Wärmegradeinstellung mit Einstellsperre am Wasserhahn verhindert Verbrühungen durch heißes Wasser.

Haltegriffe an Toiletten, Duschen und Bädern, Alarmmelder mit Zugleine, Antirutschmatten, Rutschstopper und Wasserhahnschutz können darüber hinaus Sicherheit im Bad nicht nur in Konfliktzeiten erhöhen (www.Baby-walz.de).

In manchen Einrichtungen für behinderte Menschen ist das gezielte Verstopfen von Toiletten durch Kleidungsstücke oder Toilettenpapierrollen ein großes Problem. Eine Toilette aus Nirosta-Stahl (ähnlich wie in Zügen oder in Autobahntoiletten), bei denen die Sitzfläche durch Plastikauflagen angenehm gestaltet wird, hat im Abflussrohr ein Metallkreuz aus sechs Millimeter starkem Flachstahl eingeschweißt. Alle Fäkalien usw. gehen nach wie vor hindurch, aber keine Kleidungsstücke. Darüber hinaus sind solche Metall-Toiletten sicher vor Zerstörung (St. Martin Düngenheim).

Problembereich Zimmer

Zimmerschutz kann sich auf den Wohnraum des »Aggressors« sowie auf das Zimmer eines möglichen Opfers beziehen.

Aufsicht mit Hilfe optischer und akustischer *Beobachtungssysteme* kann im Einzelfall solche Sicherheitsvorkehrungen kostengünstig ersetzen, die Freiheit entziehen (z. B. Fixierungen), Selbstständigkeit, Entscheidungsfreiheit oder Menschenwürde erheblich einschränken oder nur durch unangemessen hohen Personaleinsatz zu gewährleisten sind (ständige Kontrolle durch Nachtwachen, Sucheinsätze durch viele Mitarbeiter usw.). Darüber hinaus können optische oder akustische *Meldesysteme* Problemsituationen schon im Frühstadium erkennbar machen und gezieltes fachliches Handeln rechtzeitig einleiten.

Beispiel: Der 10-jährige Peter geht nachts zur Toilette auf den Flur neben seinem Zimmer. Gelegentlich betritt er dabei das Zimmer von Petra und verletzt sie durch Schläge, Bisse usw. Als Konsequenz daraus wurde er nachts mit einem flexiblem Bauchgurt fixiert und bekam Windeln um. Durch Signale eines Bewegungsmelders (z. B. im Matratzenbezug oder in der Fußmatte integriert) kann eine kleine Infrarot-Kamera eingeschaltet werden, die der Nachtwache auf einem Monitor zeigt, wohin Peter geht. Oder: Eine abends eingeschaltete elektronische Kontakt-Sicherung in Petras Tür kann im Nachtwache-Zimmer oder auf dem Flur akustischen Alarm geben.

Die technischen Möglichkeiten im Einzelnen:

Ein *Mikrofon* (Babyfon) schaltet sich bei Geräuschen im Raum an und sorgt u. a. für eine sichere Spracherkennung. Einsicht ins Zimmer kann ein »Froschauge« in der Tür gewährleisten (www.business.conrad.de).

Sensormatten befinden sich als Bewegungsmelder im Bett unter der Matratze. Bei Entfernung aus dem Bett erfolgt akustische Alarmmeldung, zum Beispiel im Betreuerbüro; oder eine Kamera kann eingeschaltet werden. Die Sensibilität dieses Systems ermöglicht darüber hinaus auch eine Kontrolle von Atemgeräuschen: bleiben sie aus, wird Alarm ausgelöst (www.Baby-walz.de).

Eine *Alarm-Trittmatte* eignet sich zur Sicherung von Zimmern sowie Ein- bzw. Ausgängen, sie ist extrem flach und leicht an Beobachtungs- oder Funkalarmsysteme anzuschließen (www.business.conrad.de).

Zimmertüren können elektronisch so gesichert sein, dass beim Öffnen das Personal ein Signal auf dem (Mobil-)Telefon erhält (Rheinische Kliniken Viersen).

Viele *Funksysteme* sind unabhängig vom Netzstrom und können ohne größere Baumaßnahmen installiert werden.

Eine *Videokamera* mit Funk-Schwenk-Neige-Technik oder im Miniformat wird durch einen angekoppelten Bewegungsmelder initiiert und sendet Bildsignale per Funk oder Kabel auf einen Monitor, ein Fernsehgerät oder einen Videorecorder. Videokameras (z. T. hochauflösende) können mit Mikrofon ausgestattet sein, bei Dunkelheit mit Infrarot funktionieren (www.business.conrad.de) oder sie können auf Knopfdruck initiiert werden (www.babywalz.de).

Funk-Bewegungsmelder reagieren auf Wärmestrahlung oder Bewegung und melden Signale an Empfänger (www.business.conrad.de). Infrarotbewegungsmelder mit großer Reichweite eignen sich besonders für die Kontrolle langer Gänge und Flure.

Akustische Überwachung ermöglichen *Melder in* der *Steckdose*, die Signale über das Stromnetz des Hauses z. B. ins Betreuerbüro senden (www.Baby-walz. de).

Die erwähnten elektronischen Sicherungssysteme sind im Internet abzufragen (z. B. TRAXVISION, BabyCam; TRUST). Kabellose Kameras mit Monitor bieten Elektroabteilungen großer Kaufhäuser oder Baumärkte meist zu erschwinglichen Preisen an.

Problemsituation Schlafen

Pflegeschlafsäcke (mit oder ohne Nässeschutz, LUDERICH) können Personen helfen, die während der Nacht normale Bettwäsche nicht zulassen. – *Gekoppelt mit flexiblem Bauchgurt ist deren Anwendung allerdings eine Freiheitsentziehende Maßnahme*!

Um zu verhindern, dass Personen, die auch schwer zerreißbare Materialien ständig zerstören, nachts unbekleidet auf dem blanken Fußboden liegen, kann aus festem Tuch ein Schlafsack entwickelt werden, der wie ein Spannbettlaken über die Matratze gezogen wird. In seinem Oberteil sind eingearbeitete Ärmel, unten sind Schlitze für die Füße. *Auch diese Anwendung ist eine Freiheitsentziehende Maßnahme.*

Erstickungsgefahr durch Kohlenmonoxyd besteht, wenn eine Person sich mit dem Kopf in den Schlafsack hineindrehen kann.

Manchmal genügen Decken und Kissen aus schwer zerreißbaren Materialien, (z. B. Segeltuch, Plane), um Personen eine relativ »normale« Schlafbedeckung zu ermöglichen.

Matratzen mit fester Plastikummantelung verhindern zerstörendes Bohren und Reißen und bieten einen Nässeschutz.

Schlafoveralls für Personen, die Windeln zerrupfen und Kot schmieren, können gegebenenfalls mit einem Gürtel mit sicherem Verschluss oder an den Beinöffnungen mit lockerem Lederriemen-Verschluss verstärkt werden – oder Socken können an die Hosenbeine genäht werden.

Beschwerte Decken können Anwendung finden bei Menschen, die den Reiz leichter Bettwäsche nicht ertragen können, z. B. Menschen mit Autismus: Die Kugeldecken sind mit Kunststoffkugeln gefüllt, die durch das Gewicht der Kugeln auf angenehme Weise einen punktuellen Druck auf den Körper ausüben und sowohl die Berührungssinne, als auch Muskel- und Gelenksinne anregen. – Die Kugeldecke kann darüber hinaus Verwendung finden bei Kindern mit sinnesmotorischen Schwierigkeiten und bei psychiatrischen oder neurologischen Patienten. In Einzelfällen kann sie Zwangsfixierungen verhindern und die Verabreichung beruhigender Medikamente verringern. – Kugeldecken sind in verschiedenen Größen und Variationen erhältlich, zum Beispiel 140 cm x 200 cm, Gewicht sieben kg mit Kunststoffkugeln oder bei 3,5 kg Gewicht mit Polyesterfüllung (www.sport-thieme.therapie.de).

Weitere technische Möglichkeiten für Menschen, die unter ihrer motorischen Unruhe leiden, beziehungsweise Druck verspüren wollen:

Als Alternative zu Fixierungen können Sandsäckchen (z. B. zwei Kilogramm schwer) Arme und/oder Beine beschweren.

Mit Metallkörnchen gefüllte Gewichtsmanschetten (0,5 bis 2,25 Kilogramm schwer, in der Ergotherapie eingesetzt; www.erhard-sport.de), die an den Gelenken mit verstellbaren Klettverschlüssen befestigt werden, verlangsamen hektische Bewegungen und vermitteln so ein Gefühl von Sicherheit.

Problemsituation selbstgefährdendes Weglaufen

Die hier vorgestellten Sicherungssysteme haben das Ziel, unspezifische und kollektive restriktive Schutzmaßnahmen zu ersetzen durch auf das Individuum bezogene akustische und/oder optische Meldesysteme, gekoppelt mit minimalen, aber sehr wirksamen Sicherheitsmaßnahmen.

Beispiel 1: Die Tür der Wohngruppe ist oft für *alle* Bewohner verschlossen, weil in Situationen mit geringen Aufsichtsmöglichkeiten (Morgenhygiene, Essenvorbereitung, Krisenintervention) *eine* einzige Person vor selbstgefährdendem Weglaufen geschützt werden muss.

Beispiel 2: Mehrere Gruppenleiter einer WfbM müssen die Straßen der Umgebung absuchen, Wohnbereichspersonal muss die Polizei zu Hilfe rufen, um *einen* selbstgefährdeten Werkstattmitarbeiter zu suchen, der die Einrichtung unbemerkt durch eine der vielen offenen Türen verlassen hat.

Durchgangsmelder mit Photosensor oder mit Funk dienen als elektrische Schranke und melden durch ein Signal vor Ort, wenn eine Person den Bereich betritt bzw. wann sie ihn verlässt (www. business.conrad.de).

Beispiel: Eine anfallskranke Bewohnerin hat an ihrer Zimmertür eine Lichtschranke. Das Warnsystem wird abends eingeschaltet: sobald diese Schranke nachts durchlaufen wird, piept ein tragbarer Empfänger bei der Nachtwache (Haus Nebo, von Bodelschwinghsche Anstalten Bethel, Bielefeld).

Meldeformen mit *akusto-magnetischer Technologie*, ähnlich wie bei den Diebstahlsicherungs-Systemen an den Ausgängen von Kaufhäusern, lösen ein akustisches Signal aus (z. B. im Erzieherbüro), sobald eine bestimmte Person, die ein Sicherungsetikett trägt, den Sender/Empfänger an der Eingangstür des Wohnheims passiert. Das Sicherungsetikett kann in der Kleidung oder am Handgelenk der zu schützenden Person befestigt sein.
Beispiel: Ein Bewohner, der verwirrt die Einrichtung verlässt und sich damit selbst gefährdet, trägt an der Kleidung einen Sensor, der Alarm auslöst, wenn er die Magnetschranke am Ausgang durchläuft (Haus Sonneck, von Bodelschwinghsche Anstalten Bethel, Bielefeld).

Spezialisiertere und individuellere Meldungen sind mit *Transpondern* möglich, einer Methode, die zunehmend in Altersheimen Anwendung findet: Eine Antenne im Eingangsbereich sendet ein elektrisches Signal, das von einem Transponderchip, den die Bewohner z. B. am Handgelenk tragen, mit individuellen Daten verändert zurück gesendet wird. Dieses System ermöglicht festzustellen, wer wann das Gebäude verlassen und es wieder betreten hat (www.sensormatic.de; www.business.conrad.de).

Spezialfirmen (für Elektronik oder Alarmsysteme) können darüber hinaus ein Meldesystem konstruieren, bei dem in einem offenen Einrichtungssystem (z. B. Werkstatt für behinderte Menschen) nur der potentielle Wegläufer einen Sensor bei sich trägt (z. B. vernäht in seinem Arbeitsanzug), der die *Signale einer Funkquelle* erwidert. Entfernt sich der Träger über eine (vorher einprogrammierte) Distanz hinaus, wird der elektronische Kontakt unterbrochen und ein akustisches oder optisches Signal erfolgt.

Aus Gründen der Sicherheit können Eingangstüren verschlossen sein und nur durch *Codenummern, Schlüssel, auf Knopfdruck* geöffnet werden.
Beispiel: In einer Wohnstätte, u. a. für Menschen mit schweren mehrfachen Behinderung, sind Eingangstüren mit einer Schließautomatik versehen, die auf »Offen« oder »Geschlossen« gestellt werden kann; d. h. die Tür öffnet automatisch, wenn jemand in die Nähe kommt, im anderen Fall bleibt sie geschlossen. Alle Bewohner, die nicht den Nothebel oder die Druckknöpfe oberhalb der Tür bedienen können, befinden sich so in geschlossenen Gruppenräumen. Für jeden einzelnen Bewohner muss dazu ein Antrag (mit ärztlichem Attest) beim Amtsgericht gestellt werden. Der zuständige Richter hat jeweils eine Anhörung durchgeführt und die Situation bewertet. Entweder gab es einen Beschluss, der nach zwei Jahren überprüft werden muss oder es gab die Nachricht, diese Maßnahme sei bei dem Bewohner nicht genehmigungspflichtig (St. Paulusstift, Landau).

Problemsituation akute Krise und Freiheitsentziehende Maßnahmen

Ist der hohe Spannungszustand des »Aggressors« in einer akuten Auseinandersetzung nicht mehr durch entspannende und beruhigende Maßnahmen (z. B. Rückzug ins Freie, ins eigene Zimmer, eine Ablenkung) zu beenden, und besteht akute Gefahr (weiterer) massiver Aggressionen, können über den Einsatz körperlicher Schutz- und Sicherheitsgriffe hinaus *verschiedene Formen von Fixierung oder die Nutzung eines Spannungs-Reduktions-Raums* sinnvoll sein. Diese Freiheitsentziehenden Maßnahmen müssen humanen, pädagogischen, medizinischen (siehe Beitrag SEIFERT) und rechtlichen Voraussetzungen genügen.

Fixierungen

Beruhigende Selbst- oder Fremdfixierung: Manche Menschen mit geistiger Behinderung können offensichtlich (nur) dann Sicherheit und Entspannung finden, wenn sie sich in ihrer Bewegungsfreiheit selbst einschränken oder darin durch das Personal eingeschränkt werden. Manchmal ist der Zwang zu dieser z. T. erheblichen und manchmal gefährlichen Selbst-Einschränkung (z. B. Abbinden von Gliedmaßen) so groß, dass es darum zu intensiven körperlichen Auseinandersetzungen mit dem Personal kommen kann.

Ist der »Aggressor« z. B. an Händen, Füßen und Bauch (5-Punkte-Fixierung) fixiert, kehrt bei ihm Ruhe und Entspannung ein. Ein Loslösen aus dieser Situation, in der offensichtlich Halt und Sicherheit intensiv gespürt werden, hat meist erneut heftige Aggressionen oder selbstverletzende Verhaltensweisen zur Folge. Diese Menschen benötigen ein umfassendes therapeutisches Behandlungskonzept, das ihnen in kleinen Schritten (u. a. durch verhaltenstherapeutische Maßnahmen) ein Gefühl von Sicherheit ohne Maßnahmen der Fixierung aufbaut.

Der Einsatz einer Kugeldecke (siehe oben) kann auch beim Abbau von Fixierungszwängen helfen.

Beispiel: Frau X ist 49 Jahre alt, hat eine schwere geistige Behinderung mit autistischen Symptomen. Seit dem zweiten Lebensjahr zeigt sie aggressive und selbstverletzende Verhaltensweisen, z. B. Schlagen mit der Faust gegen Stirn und Kinn; Aufkratzen von Stirn und Bauch; Schlagen mit dem Kinn auf die Knie; Kopfschlagen, u. a. gegen Stühle und Wände; andere Personen kneifen, kratzen, schlagen, treten, beißen. – Frau X wurde deshalb seit ihrem zweiten Lebensjahr Tag und Nacht an Händen und Bauch fixiert. Durch intensive Betreuung und Förderung in der Wohnstätte danach konnten die Fixierungen im Laufe von sechs Jahren abgebaut werden. Frau X konnte ohne Fixierungen und ohne psychiatrische Medikation leben. – Mehrere Jahre später zog die Bewohnerin mit der gesamten Wohngruppe in ein neu erbautes Haus um. Das räumliche Umfeld, die Zusammensetzung der Bewohner, die Zimmerbelegung und schließlich der Mitarbeiterstamm (einschließlich Hauptbezugspersonen) änderten sich schlagartig. Frau X reagierte darauf mit extrem zwanghaftem Verhalten, welches sich nach etwa eineinhalb Jahren in stark selbstverletzendes Verhalten wandelte. – Nach einem Klinikaufenthalt mit medikamentöser Einstellung wurde Frau X wieder Tag und Nacht an den Händen fixiert und trug jetzt auch noch einen Schutzhelm. Wiederum konnten durch intensive Betreuung und klare Strukturierung ihrer Umwelt die Fixierung am Tag sowie das Tragen des Schutzhelms abgebaut und die Medikation konnte langsam reduziert werden. Auf die nächtliche Fixierung der Hände am Bett bestand Frau X aber weiterhin. – Eine beschwerte Kugeldecke kam zur Anwendung, als die Wohngruppe eine Ferienfreizeit unternahm. Frau X akzeptierte die Decke recht schnell, nachdem die Mitarbeiter ihr erklärt hatten, dass das Bett des Ferienhauses keine Fixierungsgurte habe. Als Frau X nach dem Ferienaufenthalt wieder in ihre vertraute Wohnumgebung zurück kam, waren die Fixierungsgurte vom Bett entfernt worden. Frau X schlief daraufhin mit ihrer Kugeldecke, ohne weitere Fixierung und bei verringerter Medikation. – Der folgende Sommer war sehr heiß und die Mitarbeiter versuchten deshalb die schwere Kugeldecke auszutauschen, was Frau X nur bedingt zuließ. Daraufhin ersetzte das Personal nach und nach die schweren Kugeln in der Decke durch Plastikbällchen und die Decke wurde so immer leichter. Es dauerte nicht lang und Frau X konnte wieder eine normale Bettdecke akzeptieren. – Frau X schläft heute, bei deutlich verringerter Medikation ohne Fixierung und mit normaler Bettwäsche. Bei gelegentlichen Spannungen kann sie sich ihre Hände im Pullover- oder im T-Shirt-Ärmel fixieren.[1]

Einigen Menschen mit Fixierungszwang (und/oder hohem Selbstverletzungsrisiko) kann es schon genügen, wenn sie sich in Krisensituationen auf die eigenen Hände setzen können oder Sicherheit vermittelnde Gegenstände bei sich haben dürfen.

Unfreiwillige Freiheitsentziehende Maßnahmen

Unfreiwillige Freiheitsentziehende Maßnahmen in der akuten Konfliktsituation sind *Fixierung* und *Nutzung eines Spannungs-Reduktions-Raums.* Sie werden im folgenden nur unter dem technischen Schutz- und Sicherheitsaspekt dargestellt.

Die totale Fixierung (5-Punkte-Fixierung) kommt im Bereich der Psychiatrischen Klinik (siehe Kapitel SEIFERT) zur Anwendung. Im Umgang mit geistig behinderten Menschen in Schule, Wohnstätte, Werkstatt oder Tagesförderung ist diese Fixierungsform – nach den Erfahrungen des Autors – sehr selten. Sie sollte, falls überhaupt nötig, durch körperliche Si-

1 Bericht von S. Kahl, Mitarbeiterin in »Hephata«, Hessisches Diakoniezentrum, Schwalmstadt, vom November 2003

cherheits- und Schutzmaßnahmen (siehe Kapitel 4) oder weniger restriktive Fixierungsmaßnahmen ersetzt werden, z. B. durch *Hand- oder Armfixierungen.*

Fixierhandschuhe sehen aus wie Tischtennisschläger, sie verhindern ein Zerreißen und können auf dem Rücken durch einen Magnetverschluss miteinander verbunden werden.

Ebenso kann durch das Überstreifen *langer Ärmel* über die Hände und das anschließende Festhalten der Ärmelenden schnell Schutz hergestellt werden. Das funktioniert aber nur, wenn der Pullover oder die Jacke eng anliegen und aus strapazierfähigem Material bestehen.

Die Anwendung eines *flexiblen Bauchgurts*, der z. B. an beiden Längsseiten des Betts angebracht und dem »Nutzer« um die Hüfte befestigt wird, ermöglicht weiterhin ein aufrechtes Sitzen oder ein Drehen im Bett. Es besteht zum einen die Gefahr, dass der Bauchgurt über den Brustkorb hochrutschen und so die Lungenfunktion erheblich einschränken kann. Statt einer totalen Fixierung (5-Punkte) kann der flexible Bauchgurt auch weiterhin benutzt werden, wenn er durch einen kleinen lockeren Gurt zwischen den Beinen und von auf der Brust und auf dem Rücken überkreuzten (und gegebenenfalls extra verstärkten) »Hosenträgern« gehalten wird. Die eingeschränkte Bewegungsfreiheit bleibt erhalten, ohne dass sich der »Aggressor« vom Gurt befreien kann. Andererseits kann der flexible Bauchgurt den Träger gefährden, wenn durch häufiges Drehen sich eine enger ziehende Spirale bildet. Um dem vorzubeugen kann der Bauchgurt an beiden Längsseiten des Betts mit lockeren schmalen Gurten zusätzlich gesichert sein, die ein Drehen um die eigene Achse verhindern (www.segufix.de). – Darüber hinaus können seitliche Bettgitter verhindern, dass sich der Träger des Bauchgurts aus dem Bett lehnen und sich so strangulieren kann.

Sicherheit und Schutz können auch durch Sicherheitsgurte für Rollstühle, ein Querbrett oder Sicherheitsbodenleisten erhöht werden.
Beispiel: Die Produktionsgruppe einer Werkstatt für behinderte Menschen beschäftigte u. a. einen Rollstuhlfahrer, der, wenn der Gruppenleiter für einige Zeit den Raum verlassen musste, seine soziale Spitzenposition durch massives Schlagen anderer Mitarbeiter zu festigen suchte. Neben einem entsprechenden pädagogischen Konzept wurden seine Kolleg(inn)en in Zeiten fehlender Aufsicht durch das Befestigen der Rollstuhlbremsen oder durch auf den Boden gelegte Holzleisten geschützt, die mit dem Rollstuhl nicht zu überfahren waren.

Als Freiheitsentziehende Maßnahmen gelten auch die *Verhinderungsmaßnahmen* am Tisch, auf der Toilette oder im Bett.

Beispiel: Um zu verhindern, dass der »Aggressor« in der Tagesförderung während gemeinsamer Aktionen plötzlich von seinem Stuhl aufspringt und andere Besucher attackiert, wird sein Lehnstuhl besonders eingerichtet: Am Ende beider Armlehnen wird bei Krisensituationen jeweils ein fünf Zentimeter hohes Holzklötzchen geschraubt. Der relativ große und schwere Gemeinschaftstisch wird vom Personal mit dem Stirnbrett (Rahmen) über die aufgeschraubten Holzklötze auf die Stuhllehne gehoben. So sitzt der »Aggressor« direkt vor der Tischplatte fest und ist am Aufstehen gehindert.

Wird ein behinderter Mensch aus Sicherheitsgründen auf der Toilette fixiert oder werden an seinem Bett angebrachte Bettgitter hochgeklappt, müssen die Bedingungen für den Einsatz Freiheitsentziehender Maßnahmen erfüllt sein.

Die Nutzung eines *Spannungsreduktionsraums* oder Time-out-Raums dient in unserem Zusammenhang allein der Bewahrung oder Herstellung von Schutz vor fremd- oder sachaggressivem Verhalten. – Der reizarme Raum ist gegen Zerstörungen gesichert (Schutzverkleidung der Heizung, Sicherheitsfensterglas, PVC-Wandverkleidung, gegebenenfalls Auspolsterungen), hell, angemessen warm und leer. Durch eine Vorrichtung in der Tür (Froschauge) oder optische Beobachtungssysteme (Kamera) ist ständige Kontrollmöglichkeit von außen gewährleistet. Die Nutzung endet zwei bis drei Minuten nach Beruhigung. Als Freiheitsentziehende Maßnahme muss sie den entsprechenden Bedingungen genügen. Eine *Dokumentation* sollte den Namen des durchführenden Personals, Datum und Uhrzeit, Informationen zur Auslösesituation, Dauer der Nutzung, besondere Vorkommnisse und Art der Wiedereingliederung in die Gemeinschaft festhalten. Eine regelmäßige Kontrolle durch Vorgesetzte soll Missbrauch z. B. als »pädagogische« Konsequenz verhindern. (»Wenn du jetzt nicht aufräumst, sperre ich dich ein!«). – Kommunikation mit dem »Aggressor« im Spannungsreduktionsraum ist durch Mikrofon-Lautsprecher-Koppelung möglich.

Auch eine *verordnete Notfall-Medikamentengabe,* die primär dem hocherregten »Aggressor« helfen und ihm u. a. zur Beruhigung dienen soll, kann unter dem Sicherheitsaspekt in Betracht gezogen werden.

Die Einnahme dieser Medikation gestaltet sich oft schwierig: Helfen kann neben einer Injektion (durch Fachpersonal) eine unauffällige Darreichung (z. B. die Medikation wird in ein Getränk oder unter einen Joghurt gemischt, sie kommt pulverisiert aufs Brot zwischen Margarine und Marmelade, oder wird mit Pipette oder Spritze in den offenen Mund gespritzt).

Eine für Gesundheit – und vor allem unter dem Aspekt der Menschenwürde – fragwürdige Praxis ist das erzwungene Einbringen der flüssigen Notfallmedikation in den Mund unter Zuhilfenahme einer Schnabeltasse, wenn dabei dem »Aggressor« (kurz) die Nase zugehalten wird, um damit den Schluckreflex auszulösen.

Problemsituation akute Gefahr und Notruf

Neben den üblichen *akustischen Warnsignalen* (lautes Rufen, Schreien, Trillerpfeife) kann eine *Klingelleitung* Kontakt herstellen oder ein *Glockenspiel* beim Betreten oder Verlassen eines Raums die Aufmerksamkeit des Personals erhöhen.

Elektrische Alarmsysteme können mit optischen oder akustischen Signalen warnen. Ähnlich wie im Krankenhaus kann in jedem Zimmer einer Wohnstätte ein roter *Gefahrenknopf* installiert sein, der in einer Krisensituation zu drücken ist. Ein optisches Signal zeigt auf jedem Flur die Etagennummer an, auf der Hilfe nötig ist. Darüber hinaus leuchtet vor dem betroffenen Zimmer rotes Licht (Haus Drabben).

Notruftelefon mit Nummernwahl: Wählt ein Betreuer in einer Krisensituation eine einfach zu merkende spezifische Nummer (z. B. 5555), wird jede Leitung unterbrochen. Der Pförtner erkennt, woher der Anruf kommt und organisiert je nach Bedarf Polizei, Notarzt usw. (Rheinische Kliniken Viersen).

Der *Notrufpieper*: stellt Kontakt zu einer sich entfernt aufhaltenden Hilfeperson her.

Der *Funkgong:* Der tragbare Empfänger (Betreuer 1) ist mit einem Gongsignal versehen, das immer dann ertönt, wenn die Signaltaste des im Haus weiter entfernten Senders (Betreuer 2 oder gefährdeter Mitbewohner) die Signaltaste drückt. Das Gongsystem kann mit weiteren Sendern ausgestattet werden (www.dib.rehavista.de).

Telefonvorrichtung: Ein gefährdeter Bewohner oder sein »Pate« (ein anderer Bewohner, der in der Situation helfen kann) braucht nur den Telefonhörer abzunehmen und die Eins zu wählen: die Telefonvorrichtung stellt automatisch in einer festgelegten Reihenfolge Kontakt zum Personal her.

Funkalarmwählsysteme: Ein tragbares oder festinstalliertes Funkgerät sendet auf Knopfdruck Signale an ein Zentralgerät. Dieses wählt mehrere Rufnummern im Festnetz oder von Handys an und überträgt den vorher gespeicherten Alarmtext (z. B. »Angriff auf Gruppe 4! Sofort kommen!«). Adressaten können sein: Nachtwache im Heimgelände, Heimleiter, Polizei, Notarzt usw. (www.business.conrad.de).

Bei einigen Modellen sind auch ein *telefonischer Kontakt zum Melder* sowie eine Koppelung an eine Sirene oder an ein Blinklicht möglich (www.business.conrad.de).

Alarmstift: Ein Alarmsender in Form eines Stifts, der in senkrechter Position bleiben muss, wird am Revers oder in der Kitteltasche getragen. Wenn er sich länger als fünf Sekunden in waagerechter Position befindet, sendet er ein Signal an die Pieper, die andere räumlich entfernte Mitarbeiter tragen (Rheinische Kliniken Viersen).

Alarmmeldung über Telefon: Ein Bewegungsmelder löst mit eingebauter Sirene Alarm aus und benachrichtigt zusätzlich die eingegebenen Empfänger per Telefon. Darüber hinaus sind Meldungen auch über SMS möglich (www.business.conrad.de).

Eine *Kontrolle der Zimmertür* eines problematischen Bewohners oder eines möglichen Aggressionsopfers erfolgt über einen Elektrokontakt zwischen Tür und Rahmen. Das Kontrollsystem kann im Erzieherbüro aktiviert werden (z. B. nachts). Wird dann der Kontakt durch Öffnen der Tür unterbrochen, erfolgt akustisches und optisches Signal (Kreuznacher Diakonie, Meisenheim).

Problemsituation selbstverletzende Verhaltensweisen

Im Rahmen eines umfassenden, ganzheitlichen Konzepts muss selbstverletzendes Verhalten auch pädagogisch angegangen werden. Darüber hinaus können individuell angepasste Schutzmaßnahmen nötig sein, die nicht nur den »Aggressor« schützen, sondern dem Personal auch den Druck nehmen, fortwährend aufpassen zu müssen. Pädagogische Maßnahmen sind oft erst vor dem Hintergrund ausreichenden Schutzes durchführbar.

Helme: Eishockey- oder Football-Helme bieten durch ein Gitter vor dem Gesicht umfassenden Schutz. Andere Helme können aus Leder oder hartem Schaumstoff sein. Ein Helm aus fünf Millimeter starkem Streifilen wird im Sanitätshaus an die individuelle Kopfform angepasst und ist innen mit Schaumstoff ausgepolstert. Außerdem sind viele kleine Luftlöcher über den gesamten Kopf verteilt. Für den »Aggressor« unzugänglich wird eine Stoffschlaufe durch einen Clip-Verschluß verschlossen. Sie wird unter dem Kinn über zwei Ösen an den Seiten des Helmes zum Hinterkopf herum geführt. Der Kopf bleibt so voll beweglich, und hohe Sicherheit ist gewährleistet: Selbst intensive Kopfschläge, die ein Waschbecken aus der Wand brachen, verursachten bei einem 18-jährigen Mann mit autistischen Verhaltensweisen nur gerötete Druckstellen, keine Verletzungen.

Armschienen und feste Stulpen schützen vor Schlägen ins Gesicht – allerdings zum hohen Preis völliger Bewegungsunfähigkeit des Ellenbogens. *Bewegliche Armschienen* haben auf der Höhe des Ellenbogens ein Scharnier, das Bewegungsfähigkeit bis zu einem Winkel kurz vor der Kopfoberfläche zulässt.

Auch das Tragen von *Boxhandschuhen* kann Schlagen weniger gefährlich machen.

Fahrradhandschuhe oder Lederhandschuhe schützen beim Handbeißen, *Knieschoner* bei Sturzgefahr, *schlagsicherer Unterleibsschutz* oder *Brustschutz mit Schutzpolster* gegen selbstverletzendes Schlagen (www.sport-thieme.therapie.de).

Die Auswahl organisatorischer oder technischer Schutz- und Sicherheitstechniken sollte nach der Devise vorgenommen werden: Soviel Freiheit und Selbstbestimmung wie möglich, sowenig Einschränkung durch Schutztechniken wie nötig!

Das Ziel technischer und organisatorischer Maßnahmen ist *nicht* Einrichtungen für behinderte Menschen allgemein »sicherer« zu machen, sie zu (vermeintlich) »sicheren Anstalten« vergangener Zeiten zurück zu entwickeln. Menschen mit geistigen Behinderungen, auch jene mit gelegentlichen aggressiven Verhaltensweisen, sind keine gefährlichen Menschen.

Technische und organisatorische Schutzvorkehrungen lösen nicht die komplexe Aggressionsproblematik. Fachgerecht eingesetzt verringern sie aber Kosten, Arbeitsaufwand, massive Störungen des Zusammenlebens und der positiven emotionalen Beziehungen erheblich.

Die hier skizzierten Maßnahmen müssen immer so begründet und ausgerichtet sein, dass sie die Ziele garantieren, nämlich die Wahrung der Würde und Individualität der betroffenen Menschen, ihre persönliche Freiheit, ihren Entwicklungsraum und ihre Selbständigkeit wiederzustellen, zu erhalten und zu schützen.

Literatur

Bundesvereinigung Lebenshilfe für Menschen mit geistiger Behinderung e. V. (Hrsg.) (2003): Dokumentation im Bereich Wohnen. Beispiele aus der Praxis. DinA4. 64 Seiten. 2. Auflage. Marburg: Lebenshilfe-Verlag.

Firmen

Gesundheitspass:
http://ing.psychologie.fu-berlin.de/pipermail/alumni/2001-December/00002.html

Firma Eschenbach

Zahnarztbedarf Nordenta, Postfach 701209, 22012 Hamburg; www.nordenta.de

Conrad Zentrale, Klaus-Conrad-Str. 1, 92240 Hirschau, www.business.conrad.de

Versandhaus Walz GmbH, 88336 Bad Waldsee, www.baby-walz.de

SDG-Security Discount Germany, Wilhelm-Leuchner-Str. 23, 64347 Griesheim, www.security-discount.de

Fredi Luderich GmbH, Wellerscheid, 53804 Much

Krümmling, 87618 Füssen

Jonkers, Brüssel

Reha Vista GmbH, Pulsstr. 7, 14059 Berlin, www.dib.rehavista.de

Rompa protac

Sport-Thieme, Helmstedter Str. 40, 38368 Grasleben, www.sport-thieme.therapie.de

Sensormatic, 44880 Ratingen

Segufix-Bandagen, Allerbeeksring 33, 21266 Jesteburg, www.segufic.de

Telectronic, Poppenbütteler Bogen 44, 22399 Hamburg, www.teletronic.de

Erhard Sport International, Postfach 1163, 91533 Rothenburg, www.erhard-sport.de

Titan-Flex

Einrichtungen

Diakonie-Verbund Eisenach, Friedenstr. 10, 99817 Eisenach

Haus Drabben am Zanger, Aldekerker Str. 12, 47906 Kempen

Haus Nebo, von Bodelschwinghsche Anstalten Bethel, Quellenhofweg 36, 33617 Bielefeld

Haus Sonneck, von Bodelschwinghsche Anstalten Bethel, Quellenhof 36, 33617 Bielefeld

»Hephata« Hessisches Diakoniezentrum e. V., Elisabeth-Seitz-Str. 16, 34613 Schwalmstadt

Kreuznacher Diakonie, Talweg 10, 55590 Meisenheim

Maria Grünewald Wittlich, Franziskusstrasse, 54516 Wittlich

Rhein-Mosel-Werkstatt Koblenz, Ernst-Sachs-Str. 10, 56070 Koblenz

Rheinische Kliniken Viersen, Johannisstr. 70, 41749 Viersen

St. Martin Düngenheim, St.-Martin-Str. 23, 56761 Düngenheim

St. Paulus-Stift, Queichheimer Hauptstr. 235, 76829 Landau

Das Leben ist ein Netz von Beziehungen

Institutionelle Eckpfeiler im Umgang mit Menschen mit geistiger Behinderung und massiven Aggressionen

Ilka Sax-Eckes

»Keiner will mich haben« – so war bereits vor über zehn Jahren der Leitartikel der Zeitschrift *Zur Orientierung* im Heft 3/1993 überschrieben. Keiner, das bedeutete damals wie heute, dass auch Institutionen Schwierigkeiten haben, Menschen mit geistigen Behinderungen und zusätzlichen massiven Verhaltensschwierigkeiten – und hier besonders intensiven Aggressionen – adäquat zu betreuen. Die Gründe hierfür sind vielschichtig, ebenso aber auch die Voraussetzungen, die geschaffen werden können und auch geschaffen werden müssen, um die hier notwendigen Hilfen in wirksamer Form zur Verfügung zu stellen.

Ein pädagogisch-therapeutisch fundiertes Konzept, Fachlichkeit und Professionalität müssen per se vorhanden sein, um mit diesen Menschen wirksam arbeiten, sie fachlich und menschlich kompetent begleiten zu können. Diese Voraussetzungen sind in vielen Einrichtungen der Behindertenhilfe gegeben.

Einen weiteren wesentlichen Faktor gilt es im Folgenden näher zu beleuchten. Dabei ist insbesondere der institutionelle Rahmen, in dem die Hilfen erbracht werden, in den Blick zu nehmen. Dort, wo die Institution als Ganzes, als System an sich, sich nicht ohne Wenn und Aber zu der Arbeit mit diesen Menschen bekennt, kann selbst ein schlüssiges fachliches Konzept seine Wirkung nicht entfalten.

Dieses Bekenntnis zur Bereitstellung von Hilfen für Menschen, die ansonsten immer am Rand stehen, ist mehrdimensional angelegt. Es betrifft die generell kommunizierte Einstellung zu dieser Arbeit nach außen und innen, die strukturelle Verankerung im Gesamtgefüge der Institution, den Einbezug verschiedener Subsysteme in die Konzeption der Hilfeerbringung und auch die auf der Handlungsebene vorhandenen Unterstützungsmaßnahmen für die Mitarbeiter(innen) im konkreten Wirkungsfeld, die sich tagtäglich der Herausforderung im Umgang mit den Bewohner(inne)n stellen.

Kommunizierte institutionelle Akzeptanz der Arbeit mit Menschen mit geistigen Behinderungen und intensiven Aggressionen

Die Akzeptanz des Soseins der betreuten Personen in ihrer Gesamtpersönlichkeit

Die Aussage »Keiner will mich haben« kann für Institutionen, die Hilfen für Menschen mit geistigen Behinderungen und intensiven Aggressionen zur Verfügung stellen, keine Gültigkeit haben. Hier gilt es jede einzelne Bewohnerin und jeden einzelnen Bewohner in ihrem bzw. seinem Sosein voll und ganz zu akzeptieren. Aggressive Verhaltensausbrüche gehören zum Alltag und zum jeweiligen Menschen dazu, sie sind an sich nichts Böses oder persönlich gegen eine bestimmte (Betreuungs-)Person gerichtet. Vielmehr muss die Institution in ihrer Gesamtheit lernen, damit umzugehen und adäquat zu reagieren.

Eine solch annehmende Einstellung gilt durchgängig für alle Subsysteme einer Einrichtung und ist für jedes einzelne als Konzept zu beschreiben – denn nicht nur der Betreuungsdienst ist unmittelbar mit aggressiven Verhaltensweisen konfrontiert. Die Werkstatt für behinderte Menschen, bei Jugendlichen eventuell auch die Schule, Versorgungsdienste, Mitarbeiter(innen) in Technik und Instandhaltung: sie alle machen Erfahrungen mit massiven aggressiven Verhaltensweisen. Hier gilt es Aufklärungsarbeit zu leisten, im richtigen Verhalten und Handeln in akuten Situationen zu schulen und ein positive Grundeinstellung für den bewussten Umgang mit der einzelnen Person zu schaffen.

Positives Begleiten und Stützen der Arbeit mit Menschen mit geistigen Behinderungen und intensiven Aggressionen auf allen Hierarchieebenen der Einrichtung

Die auf die personelle Ebene bezogenen Aussagen bezüglich der Akzeptanz der Arbeit mit Menschen mit geistigen Behinderungen und intensiven Aggressionen müssen um die gesamtinstitutionelle Dimension erweitert werden. Ausnahmsweise gilt hier das Top-down-Prinzip, der Grundsatz Von-oben-nach-Unten. Die Geschäftsführungsebene muss sich mit dieser Aufgabe identifizieren und sie offensiv, sowohl intern als auch extern, fordern, fördern und vertreten.

Dies ist nicht immer einfach, gilt es doch bereits interne Widerstände dann zu überwinden, wenn z. B. Mitarbeiter(innen) fragen, ob man sich denn ausgerechnet dieser potentiellen Gefährdung (auch noch) aussetzen müsse. Informations- und Aufklärungsarbeit ist zu leisten, entsprechende Hilfen sind bereitzustellen und nicht zuletzt ist auch eine Diskussion unter christlich ethischen Gesichtspunkten zu führen.

Unser christliches Menschenbild gebietet uns, sich der Schwachen anzunehmen, derer, die durch alle Maschen fallen. Dies trifft auf die Menschen, von denen hier die Rede ist, insbesondere zu. Wir haben eine Verpflichtung aus uns heraus tätig zu werden und professionelle Unterstützung auch dort zu leisten, wo sich die (Lebens-)Not einer einzelnen Person in sozial unangepasstem Verhalten ausdrückt.

Doch nicht nur Mitarbeiter(innen) gilt es für diese Arbeit zu gewinnen und sie von deren Notwendigkeit zu überzeugen. Angehörige von Menschen mit Behinderungen, die keine Verhaltensauffälligkeiten zeigen, sind in Sorge um das Wohlergehen gerade ihres Kindes, wenn es in Kontakt mit Menschen mit massiven aggressiven Verhaltensweisen lebt oder arbeitet. Auch hier sind Gespräche notwendig, die um Verständnis werben und Ängste nehmen.

Nicht zuletzt ist das Ja zu der Arbeit mit Menschen mit geistigen Behinderungen und intensiven Aggressionen auch nach außen zu vermitteln – gegenüber den Kostenträgern, der Fach- und der breiten Öffentlichkeit. Das Bild einer Einrichtung, in der es (scheinbar) keine Probleme gibt, muss sich verwandeln in ein Bild einer Einrichtung, die sich den Problemen offen stellt und Lösungen offensiv anbietet.

Gerade hierin zeigt sich gute Qualität der Arbeit mit Menschen mit Behinderungen allgemein. Einrichtungen sind bei zunehmender Ambulantisierung der Hilfen und Individualisierungsbestrebungen in der Gesellschaft als Problemlöser immer mehr gefragt. Menschen mit besonderen Hilfebedarfen sind auf einen entsprechenden institutionellen Rahmen angewiesen, der Sicherheit, Unterstützung und Hilfe bietet.

Diese Spezialisierung sollten wir als besonderes Markenzeichen begreifen, mit dem man für die Qualität der Arbeit einer Einrichtung werben kann. Gerade die Bereitschaft, sich auch solchen extremen Herausforderungen zu stellen, spricht für eine qualitativ hochwertige Einstellung in der Arbeit mit behinderten Menschen.

Adäquate Rahmenbedingungen für die Arbeit mit Menschen mit geistigen Behinderungen und intensiven Aggressionen schaffen

Eine erfolgreiche Arbeit mit Menschen mit geistigen Behinderungen und intensiven Aggressionen ist an bestimmte Bedingungen geknüpft, die in der Regel aus dem üblichen Rahmen der Institutionen herausfallen. Hier sind Sonderverhandlungen auf verschiedenen Ebenen nötig, um angemessene Strukturen der Hilfeerbringung verwirklichen zu können. Pfarrer Jürgen Gohde, Präsident des Diakonischen Werkes, beschreibt dies so:

In Zeiten von Normalisierung, Selbstbestimmung und Teilhabe brauchen Menschen mit hohem Hilfebedarf ein Recht auf verlässliche Ungleichbehandlung.

Pfarrer Dr. h. c. Jürgen Gohde

Mit dem Leistungsträger verhandeln

Verhandlungen mit dem Leistungsträger sind in verschiedener Hinsicht zu führen. Aufgrund einer Konzeption, die den Menschen, um die es hier geht, gemäß ist, sind bestimmte Rahmenbedingungen sowohl im Blick auf das Wohnen als auch auf die personelle Ausstattung umzusetzen. Hierfür sind die entsprechenden finanziellen und sächlichen Mittel bereitzustellen.

In Bezug auf *das Wohnumfeld* ist für jede Person ein Einzelzimmer unabdingbar, das einen Rückzug in die Privatsphäre ermöglicht. Dort können innere Spannungen abgebaut und Distanz zur Gemeinschaft kann hergestellt werden. Allein schon die Möglichkeit zu haben, sich kritischen Situationen entziehen zu können, wirkt deeskalierend.

In Bezug auf die Gesamtkonzeption der Wohneinheit ist eine großzügige Raumplanung vorzusehen, die oft quadratmetermäßig über den förderfähigen Rahmenrichtlinien liegt. Hierzu sind Sondervereinbarungen zu treffen, denn allein schon räumliche Enge kann aggressives Verhalten fördern. Bewährt hat sich ein (reizarmer) Raum innerhalb der Wohneinheit, der zusätzlich zu den vorhandenen Gemeinschaftsräumen Entspannung bei Musik in angenehmer Atmosphäre ermöglicht. Des weiteren ist ein »Time-out-Raum« zu empfehlen, der ganz besonderen Anforderungen genügen muss und auf den noch näher einzugehen ist.

In Bezug auf die *personelle Ausstattung* sind bestimmte therapeutische aber auch Sicherheitsaspekte konzeptionell mit zu bedenken. Bei einer Gruppengröße von maximal acht Bewohner(inne)n muss man darauf achten, dass die Einheit durchgängig mit zwei Mitarbeiter(inne)n besetzt ist. Zusätzlich sind Hauswirtschafts- und Reinigungskräfte einzuplanen. Für die Beratung und Begleitung des Mitarbeiter(innen)teams und für die therapeutische Betreuung der Bewohner(innen) muss psychologische Fachkompetenz im Umfang von mindestens einer halben Planstelle aufgebaut werden. Nachts ist eine Nachtwache vorzuhalten, die in Krisenfällen kompetent eingreifen kann.

Alle Mitarbeiter(innen) müssen über eine Fachausbildung verfügen, um den massiven Anforderungen durch die Bewohner(innen) gewachsen zu sein, um Gruppenprozesse reflektieren zu können, um sich selbst als Person zurücknehmen zu können, um intensiv im Team zusammen arbeiten zu können, wobei der ständige Austausch und das Einhalten von Absprachen gefordert ist, und wobei ein fachliches Wissen verinnerlicht sein muss, das jederzeit abrufbar ist. Diese hohen Anforderungen, sowohl zahlen- als auch inhaltsmäßig, verursachen deutlich erhöhte Kosten im Vergleich zu anderen Wohneinheiten. Diese Mehrkosten sind mit dem Leistungsträger auszuhandeln.

Mit der Heimaufsicht verhandeln

Zwei wichtige Punkte gilt es *vorab* heimaufsichtlich abklären zu lassen, die bei der Konzeption einer Wohneinheit für Menschen mit geistigen Behinderungen und intensiven Aggressionen zu berücksichtigen sind. Beim Umgang mit diesen Menschen brauchen die Mitarbeiter(innen) die Möglichkeit, diese Person vor sich selbst zu schützen, durch äußere Strukturen selbst geschützt zu werden, andere Beteiligte zu schützen und ein pädagogisch-therapeutisches Milieu zu schaffen, in dem sich jede und jeder Einzelne intensiv mit seiner/ihrer Problematik auseinandersetzt und sich dem durch Ausweichen und Weglaufen nicht entziehen kann.

Zur Erfüllung dieser Bedingungen hat sich das *Konzept der Geschlossenheit* auch im rechtlichen Sinne einer therapeutischen Wohngemeinschaft bewährt. Um hier entsprechend abgesichert zu sein, bedarf es zunächst der Genehmigung des Konzepts durch die Heimaufsicht. In Folge muss entweder für jede Bewohnerin, jeden Bewohner ein richterlicher Beschluss vorliegen oder der/die Betreffende ist so einsichtsfähig, dass er/sie selbstständig einen entsprechenden Vertrag unterschreibt, der auf die geschlossene Form der Wohneinheit hinweist. In Einzelabsprachen werden die Modalitäten im Umgang mit der Geschlossenheit der Wohngruppe festgelegt. Bei zunehmenden Lernfortschritten hat ein sich erweiternder Freiraum durchaus belohnenden Charakter. In einer geschlossenen Wohneinheit kann sich ein Mensch in starkem Erregungszustand durch Weglaufen zudem nicht entziehen und sich oder andere dadurch massiv gefährden.

Um in starken Erregungszuständen reaktionsfähig zu bleiben, ist ein *Time-out-Raum*, der sich in der Wohneinheit befindet, ein weiteres Mittel, Bewohner(innen) vor sich selbst und Mitarbeiter(innen) wiederum vor Bewohner(inne)n zu schützen. Die Inbetriebnahme eines solchen Raums ist an strenge Auflagen gebunden.

So muss zum einen jeder Winkel des Zimmers einsehbar sein, eine entsprechende Ausleuchtung und Belüftung ist sicherzustellen, die Indikation ist eindeutig unter Hinzuziehung eines Arztes zu stellen, es muss gewährleistet sein, dass der/die Betreffende organisch gesund ist, eine genaue Dokumentation ist vorzuhalten und Anderes mehr. Die grundsätzliche Genehmigung zur Inbetriebnahme eines solchen Raums ist vorab von der Heimaufsicht einzuholen.

Die Nutzung eines Time-out-Raums ist aber auch in der Öffentlichkeit, sowohl der internen als auch der externen deutlich zu machen; man sollte auch begründen (können), warum man ihn nutzt. Tut man dies im Kontext eines vereinbarten sorgfältigen Umgangs mit dem Mittel Time-out, so kann man davon ausgehen, dass entsprechende Maßnahmen von einem allgemeinen Verständnis mitgetragen werden.

Strukturelles Verankern einer Wohneinheit für Menschen mit geistigen Behinderungen und intensiven Aggressionen im Gesamtgefüge einer Einrichtung

Wohneinheiten, in der diese Menschen betreut werden, brauchen neben der Akzeptanz in der Einrichtung auch eine den besonderen Anforderungen gemäße Einbindung in das Gesamtgefüge der Institution. Dies ist vor allem dann wichtig, wenn in der Anfangszeit einer solchen Arbeit immer wieder spontane und schnelle Entscheidungen auch auf höheren Hierarchieebenen zu treffen sind.

Einbinden in die Hierarchie der Einrichtung

Verschiedene Vorgehensweisen haben sich in diesem Zusammenhang in der Vergangenheit bewährt. Es besteht die Möglichkeit, eine solche Wohneinheit direkt bei der Geschäftsführung anzubinden. Dies hat vor allem am Anfang der Arbeit den Vorteil, dass Entscheidungen zur Leitung ohne Umwege übermittelt werden können und von dort mit getragen werden. Mitarbeiter(innen) haben so den nötigen Rückhalt, auch in schwierigen Situationen reagieren zu können ohne dass sie spätere negative Konsequenzen befürchten müssten. Da dies aber gerade in größeren Einrichtungen nicht auf Dauer durchhaltbar ist, kann die Zuständigkeit nach Etablierung der Arbeit auch an eine örtliche Leitung übergehen. Ein schnellmöglicher Zugriff auf die Gesamtgeschäftsführung in massiven Krisensituationen muss aber zu jeder Zeit sichergestellt sein.

Sicherstellen ärztlicher und psychologischer Präsenz

Anders als bei sonstigen Wohneinheiten ist im Umgang mit Menschen mit massiven aggresiven Verhaltensweisen darauf zu achten, dass ärztliche und psychologische Kompetenz *jederzeit* abrufbar ist. Dies ist besonders in akuten Krisensituationen notwendig. Hier brauchen sowohl Bewohner(innen) als auch Mitarbeiter(innen) die fachliche Unterstützung beider Disziplinen, sei es zur Verabreichung einer Notfallmedikation, sei es zur Begleitung eines Time-out oder zur Reflektion des Verhaltens von Mitarbeiter(inne)n in Konfliktsituationen. Neben solchen Kriseneinsätzen ist aber auch die kontinuierliche Beratung sowohl in medizinischen als auch in psychologischen Fragen unumgänglich. Nur so kann im Vorfeld schon deeskalierend gearbeitet werden, sei es z. B. durch das Verabreichen eines Medikaments oder durch ein entsprechendes Verhaltenstraining auch der Mitarbeiter(innen), die auf diese Weise lernen, Konflikte bereits im Vorfeld zu erkennen und so zu verhindern, dass Aggressionen erst gar nicht zum Ausbruch kommen.

Verfügbarkeit der therapeutischen Ressourcen einer Einrichtung

In jeder größeren Einrichtung stehen therapeutische Ressourcen zur Verfügung, die Gruppen übergreifend allen Bewohner(inne)n bei Bedarf zu

Gute kommen. Dies kann z. B. Mototherapie, Musiktherapie oder Ergotherapie sein. Innerhalb des Gesamtgefüges einer Institution muss sichergestellt sein, dass die Bedarfe der Wohneinheit, die sich mit Menschen mit geistigen Behinderungen und intensiven Aggressionen auseinandersetzt, bei begrenzten Ressourcen Vorrang haben, wenn die individuelle Situation eines Menschen dies erfordert.

Etablieren einer Besprechungskultur

Um Menschen mit geistigen Behinderungen und intensiven Aggressionen wirksam helfen zu können, sind individuelle Hilfe- und Therapiepläne zu erstellen, Absprachen hinsichtlich der Reaktion der Mitarbeiter(innen) bei aggressivem Verhalten zu treffen, Verhalten von Mitarbeiter(inne)n in Krisensituationen zu thematisieren, zu analysieren und kritisch zu reflektieren. Damit dies gelingen kann, braucht ein Team einen Jour fixe, an dem Teamgespräche stattfinden und wo unter Einbezug der verschiedenen Subsysteme immer wieder Absprachen im Umgang mit dem einzelnen Menschen getroffen werden können. Hier müssen Zeit und Raum sein, damit gegenüber dem einzelnen Bewohner, der einzelnen Bewohnerin in durchgängig abgestimmter Weise reagiert werden kann und so ein Gefühl der Sicherheit und Verlässlichkeit entsteht.

Oben Gesagtes gilt ebenso für Übergabezeiten, sei es bezogen auf die einzelnen Schichten oder den Informationsaustausch und die Absprachen mit den Nachtwachen.

Einbezug verschiedener Subsysteme in das therapeutische Setting

Die Institution als therapeutische Gemeinschaft

Stellt sich eine Einrichtung der Aufgabe, Menschen mit geistigen Behinderungen und intensiven Aggressionen zu betreuen, so muss sie als Ganzes »therapeutisch« werden. Dabei ist die Gesamtorganisation als sozialer Organismus zu verstehen, dessen Teilbereiche miteinander zusammenhängen, sich gegenseitig beeinflussen, aktivieren oder behindern.

Die pädagogisch-therapeutische Arbeit erfordert eine enge Zusammenarbeit aller beteiligten Personen. Sie müssen sich gegenseitig ermutigen, korrigieren und ein koordiniertes Vorgehen erarbeiten. Spannungen beim fachlichen Begleitpersonal wirken sich zwangsläufig negativ auf die einzelnen zu Betreuenden aus.

Die Kontinuität im Team und dessen Verlässlichkeit sind dabei wichtige Größen für die volle Entfaltung der pädagogisch-therapeutischen Wirksamkeit. Man kann jedoch nur effektiv arbeiten, wenn die Gelegenheit zur freien Kommunikation zwischen allen Beteiligten besteht. Ein einseitiger Informationsfluss, etwa auch noch getrennt nach verschiedenen Fachdisziplinen, ist hinderlich. Die Durchlässigkeit aller Hierarchieebenen für den Austausch von Informationen ist oberstes Prinzip. Die fachlich notwendige freie Kommunikation betrifft auch die Beziehung des Teams zur Umwelt. Auch hier muss ein offenes System Angehörige, Eltern und andere mit dem/der zu Betreuenden in Beziehung stehende Systeme in den pädagogisch-therapeutischen Prozess mit einbeziehen.

Bei aller Offenheit in der Kommunikation ist es aber gerade für Menschen mit einer geistigen Behinderung und intensiven Aggressionen wichtig, klare Strukturen in Bezug auf den eigenen Tagesablauf zu erfahren und leben zu können, besitzen diese Menschen doch oft sehr unklare eigene innere Strukturen. Halt und Verlässlichkeit und damit auch Sicherheit können nur vermittelt werden, wenn ein von außen gesetzter Rahmen diese Funktionen stützt.

Aggressives Verhalten zur Sicherung der eigenen Person kann sich so bereits im Vorfeld erledigen. Diese von außen gesetzten Strukturen müssen aber für jeden Menschen individuell erarbeitet werden. Alle wichtigen Tagesereignisse sind darin zu erfassen. Flexibilität muss hierbei jedoch insofern gegeben sein, als auf die Veränderungen im Verhalten des Bewohners, der Bewohnerin unmittelbar reagiert werden kann und eine Anpassung an ihre/seine weitere Entwicklung möglich bleibt. Die Strukturen müssen im Austausch der Mitarbeiter(innen) untereinander immer wieder und regelmäßig auf ihre Gültigkeit und Sinnhaftigkeit überprüft werden. Bei Bedarf sind abgesprochene Veränderungen abgestimmt vorzunehmen.

Das Zusammenarbeiten unterschiedlicher Fachdisziplinen

Zur Sicherstellung eines adäquaten Betreuens und Begleitens sowohl der Bewohner(innen) als auch der Mitarbeiter(innen) ist es unumgänglich, dass Psychologie, Medizin und Pädagogik in enger Abstimmung zusammenarbeiten. Dabei ist es wichtig, Verantwortlichkeiten klar zu definieren.

Die oft unterstützend eingesetzte *Psychopharmaka*behandlung fällt dabei eindeutig in die Zuständigkeit des in den therapeutischen Prozess involvierten Arztes oder der Ärztin. Psycholog(inn)en, Team und Heimleitungspersonen haben in diesem Zusammenhang nur beratende Funktion.

Alle psychotherapeutischen Maßnahmen werden von dem Psychologen, der Psychologin verantwortet. Diese(r) berät sich mit den anderen Beteiligten über Indikation, Verlauf und Beendigung einer Therapie.

Alle auch hier geschilderten Interventionen müssen immer eingebunden sein in die Gesamtstruktur der individuellen Hilfeplanung. Dabei sollen diese gezielten therapeutischen Maßnahmen nichts Abgehobenes, vom Tagesablauf Losgelöstes sein, sondern sie sind vielmehr in den Gesamtprozess des Alltags zu integrieren.

Einbezug der einrichtungsinternen Subsysteme in den pädagogisch-therapeutischen Prozess

Ein Mensch mit geistiger Behinderung und intensiven Aggressionen ist innerhalb einer Institution eingebunden in verschiedene Subsysteme, die größtenteils – direkt oder indirekt – am pädagogisch-therapeutischen Gesamtprozess beteiligt sind.

Neben dem eigentlichen Wohnumfeld ist der *zweite Lebensraum* – seien es nun die Werkstatt für behinderte Menschen, die Tagesförderstätte oder die Schule – für die ganzheitliche und motorische Entwicklung eng in den pädagogisch-therapeutischen Prozess involviert. Informationen sind auszutauschen, Absprachen sind zu treffen, die Reaktionen der Mitarbeiter(innen) auf intensive Aggressionen gilt es zu reflektieren, ggf. abzustimmen.

Die Bedeutung der *psychologischen, therapeutischen und ärztlichen Dienste* wurde bereits in anderem Zusammenhang beschrieben, ebenso die Notwendigkeit, dass Leitung und Geschäftsführung zum einen informiert sind, zum anderen aber auch Rückhalt und Sicherheit für die Mitarbeiter(innen) der Wohneinheit bieten.

Oft kommen Menschen mit geistigen Behinderungen und intensiven Aggressionen nicht direkt aus dem häuslichen Umfeld. Sie haben in vielen Fällen schon mehrere andere Wohneinrichtungen kennen gelernt und erfahren, dass sie auf Dauer dort kein Zuhause finden konnten. Diese *Erfahrungen* gilt es in jedem Fall in die therapeutischen Überlegungen mit einzubeziehen.

Ebenso ist angezeigt, nach dem zeitlich begrenzten Aufenthalt einer Person in einer therapeutischen Wohneinheit die *aufnehmende Wohneinheit* frühzeitig in Teamgespräche einzubinden und so einen intensiven wirksamen Wissenstransfer zu ermöglichen. Zusätzliche Hospitationen in der therapeutischen Wohneinheit sind ebenso denkbar, wie die Begleitung durch Mitarbeiter(innen) in der Eingewöhnungsphase ins ungewohnte Umfeld.

Zu erwähnen bleiben auch die *Versorgungsdienste und die Verwaltung*. Auch in diesen Bereichen kann es zu Begegnungen kommen, und auch die Mitarbeiter(innen) dort müssen mit der Möglichkeit des Ausbrechens intensiver Aggressionen bei den Menschen, um die es hier geht, informiert sein. Mögliche Reaktionsmöglichkeiten sind auch hier in Ansätzen zu besprechen. Vor allem aber muss um Verständnis geworben werden, denn nicht selten reparieren Techniker Einrichtungsgegenstände und Türen in einer Wohneinheit für Menschen mit geistigen Behinderungen und intensiven Aggressionen zum wiederholten Male – und auch zum wiederholten Male muss die Verwaltung Ressourcen dafür zur Verfügung stellen.

Einbezug des familiären Subsystems

Der Einbezug des familiären Subsystems in den pädagogisch-therapeutischen Gesamtprozess ist notwendig, darf jedoch nicht mit einer Familientherapie im klassischen Sinne verwechselt werden. Viele Bewohner(innen) haben nur noch, wenn überhaupt, sporadisch Kontakt zu ihrer Herkunftsfamilie. Die Ablösung ist größtenteils bereits erfolgt. Dennoch sollten Eltern und Angehörige, zu denen noch Kontakt besteht, mit eingebunden werden. Dies kann in unregelmäßig stattfindenden Familiengesprächen geschehen, die von der involvierten Psychologin, dem involvierten Psychologen und Vertreter(inne)n des Teams unter Einbezug der/des Betroffenen – soweit als möglich – geführt werden. Diese Gespräche können unterschiedliche Funktionen haben.

Im Kontakt zur Herkunftsfamilie sind möglicherweise Erklärungsansätze für das Zustandekommen der intensiven Aggressionen zu finden. Oft erschließt sich erst im Kontext der Familiengeschichte die Sinnhaftigkeit gerade solch extremer Verhaltensweisen. Sind Erklärungsansätze vorhanden, fällt es leichter, den Aggressionsausbrüchen angemessene Reaktionsweisen entgegenzusetzen.

Doch nicht nur Biographisches gilt es zu thematisieren. Die Familie kann durchaus einen unterstützenden Part im therapeutischen Setting übernehmen. Verhaltensweisen der Mitarbeiter(innen) beim Auftreten intensiver Aggressionen gilt es zu kommunizieren und verstehbar zu machen. Familien müssen den Charakter der Geschlossenheit der Wohngruppe ebenso mittragen, wie das Mittel des Time-out in Krisensituationen.

Aber auch aktiv ist die Unterstützung der Familie von großer Bedeutung. Sind Bewohner(innen) einer therapeutischen Wohneinheit am Wochenende zu Hause oder erhalten sie Familienbesuch, ist es von großem Vorteil, dass sich auch die Herkunftsfamilie der betreffenden Person an gemeinsame Absprachen bezüglich der Reaktion bei intensiven Aggressionen hält. Nur auf einer solch abgestimmten Handlungsebene wird dem betroffenen Menschen verstehbar, dass sein gesamtes soziales Umfeld aggressives Verhalten nicht toleriert. Da gerade die Herkunftsfamilie für Menschen mit Behinderungen lebenslang eine wichtige Rolle spielt, muss dieser Einflussfaktor entsprechend genutzt werden.

Unterstützungsmaßnahmen für Mitarbeiter(innen) auf der Handlungsebene

Mitarbeiter(innen), die in pädagogisch-therapeutischen Wohneinheiten Dienst tun, bedürfen intensiver Unterstützung auf unterschiedlichen Ebenen, damit sie sowohl die starke körperliche als auch psychische Beanspruchung kompensieren können.

Wie bereits erwähnt, ist dabei die Akzeptanz und Wertschätzung der Geschäftsführung unbedingt notwendig. Auch ist die Betreuung der Menschen mit massiven aggressiven Verhaltensweisen nur leistbar, wenn immer zwei Mitarbeiter(innen) gemeinsam den Dienst sicherstellen. Es bedarf jedoch noch weiterer spezifischer Unterstützung, damit die Arbeit erfolgreich getan werden kann.

Fortbildung der Mitarbeiter(innen) zu relevanten Fragestellungen

Die kontinuierliche Fortbildung der Mitarbeiter(innen), vor allem zum Umgang mit intensiven Aggressionen, ist unerlässlich. Sie müssen lernen, aggressives Verhalten in einen größeren Gesamtzusammenhang zu stellen und seine Sinnhaftigkeit für den aggressiv sich verhaltenden Menschen in einem erweiterten Zusammenhang verstehen zu lernen. Darüber hinaus sind Verhaltensweisen einzuüben und zu festigen, die deeskalierend wirken. Verhaltenstherapeutische Grundlagen sind in einem systemischen Zusammenhang zu vermitteln, damit positive Handlungsalternativen mit den betreffenden Menschen gezielt erarbeitet und aufgebaut werden können.

Zum Selbstschutz sollten auch sichernde Techniken (vergleiche Seiten 147 bis 180) und Selbstschutzmaßnahmen eingeübt werden. Hier ist jedoch darauf hinzuweisen, dass solche Techniken wohlüberlegt und erst als letztes Mittel in akuten Krisensituationen einzusetzen sind. Vorrang muss in jedem Fall die vorbeugende (verbale) Deeskalation haben. Ist dies allgemeiner Konsens, können solche Techniken auch der Mitarbeiterin, dem Mitarbeiter das Gefühl kompetenter Handlungsfähigkeit und Schutz vermitteln.

Vereinbaren von Dokumentationsstandards

In der Arbeit mit Menschen mit geistigen Behinderungen und intensiven Aggressionen ist es von immenser Bedeutung, dass Reaktionen der Mitarbeiter(innen) auf aggressives Verhalten von Bewohner(inne)n transparent und nachvollziehbar sind. Dies gelingt nur, wenn die Dokumentation als wichtiges Sicherungsinstrument von den Mitarbeiter(inne)n akzeptiert und in vereinbarter Weise auch praktiziert wird. Es muss nachvollziehbar sein, warum eine Mitarbeiterin, ein Mitarbeiter eine Sicherheitstechnik angewandt hat oder aus welchem Anlass jemand in den Time-out-Raum geschickt wurde.

Individuelle Hilfepläne sind zu erstellen und Fortschritte – aber auch Rückschritte – müssen fachgerecht eingeschätzt und beurteilt werden, damit man die Wirksamkeit einer bestimmten Intervention nachweisen kann. Nur durch die Dokumentation beobachteter Aktion und Reaktion kann unerwünschtes Verhalten ab- und erwünschtes aufgebaut werden.

Psychologische Begleitung der Mitarbeiter(innen)

Eine besonders dichte, kontinuierliche Begleitung der Mitarbeiter(innen) in Form von Beratungsgesprächen ist angezeigt, da das fachliche Begleitpersonal durch die enorme physische und psychische Belastung sehr schnell an die Grenzen seiner Leistungsfähigkeit kommt. Die Mitarbeiter(innen) werden permanent nicht nur fachlich sondern auch menschlich, in ihrer Person, von den Bewohner(inne)n einer therapeutischen Wohneinheit in Frage gestellt. Zugleich bleibt ihnen eine direkte Bestätigung ihres beruflichen Handelns in Form schnell sichtbarer Veränderung oft versagt. Nur ein langer Atem und intensive Betreuung jeglicher Art lassen Erfolge nach und nach sichtbar werden. Ausdauer und Aushaltenkönnen in konsequenter Grundhaltung ist auch hier gefragt.

Durch das häufige emotionale Gestörtsein der Bewohner(innen) erhalten auch die Mitarbeiter(innen) auf der emotionalen Ebene wenig Resonanz. Die Gefahr des *Burn out* ist aufgrund dieser Bedingungen besonders groß.

Zusätzlich bleibt anzumerken, dass die Mitarbeiterin, der Mitarbeiter so intensiv in das Gruppengeschehen eingebunden ist, dass sie/er die notwendige Distanz zum Alltagsgeschehen verlieren kann. Die Mitarbeiterin, der Mitarbeiter droht »geschluckt« zu werden und wird dadurch handlungsunfähig, gibt die berufliche Identität auf.

Um diesen Gefahren entgegenzuwirken, brauchen die Mitarbeiterin, der Mitarbeiter psychologische Beratung und Begleitung. Sie/Er benötigt Raum und Zeit zur geleiteten Reflexion und zur emotionalen Distanzierung.

Über die Psychohygiene der Mitarbeiter(innen) hinaus hat die psychologische Begleitung die Aufgabe, anzuleiten und neue Impulse im Umgang mit den Bewohner(inne)n zu geben. Absprachen werden im Team gemeinsam getroffen, Therapieziele und Interventionen festgelegt. Informationen über den momentanen Stand jeder Bewohnerin, jedes Bewohners werden reflektiert und ausgetauscht, Konsequenzen aus den gemeinsamen Überlegungen abgestimmt.

Externe Supervision

Trotz einer Begleitung durch eine von der Institution angestellte Psychologin, einen Psychologen kann es immer wieder zu Situationen kommen, in denen externe Supervision zusätzlich zur Verfügung sein muss. Dies ist z. B. immer dann der Fall, wenn Störungen innerhalb des Teams sichtbar werden, die ein effektives Arbeiten behindern. Hier ist *neutrale* Hilfe gefordert, da Probleme auf der Ebene der Mitarbeiter(innen) nicht innerhalb des Systems zu lösen sind. Neutralität und Verschwiegenheit sind nur über eine Mitwirkung der externen Ebene gewährleistet, bieten den Mitarbeiter(inne)n optimalen Schutz, der wiederum eine persönliche Öffnung erst möglich macht.

Abschließende Bemerkungen

»Keiner will mich haben« – nach den gemachten Ausführungen gilt dieser Satz in seiner Ausschließlichkeit im wahrsten Wortsinn nicht für alle Menschen mit geistigen Behinderungen und intensiven Aggressionen. Viele Träger, vor allem größerer Einrichtungen, haben sich in Kooperation mit den zuständigen Leistungsträgern der Betreuung und therapeutischen Begleitung solcher Menschen gestellt. Zunehmend wird die Spezialisierung im Umgang mit diesen Personen nicht als Stigma, sondern als Qualitätsmerkmal einer Einrichtung verstanden. Allerdings ist der Erfolg dieser Arbeit im wesentlichen davon abhängig, dass entsprechende passgenaue Strukturen aufgebaut werden. Die Gesamtinstitution muss sich dieser Aufgabe stellen, sie muss reaktionsfähig und reaktionsfreudig sein.

Die in der geforderten Komplexität notwendigen Ressourcen können oft nur größere Einrichtungen vorhalten. Unerlässliche Voraussetzung dabei ist eine Vielfalt pädagogisch-therapeutischer Möglichkeiten, an Arbeitsmöglichkeiten usw., die bei Bedarf genutzt werden kann, um auf mögliche Krisen flexibel reagieren zu können.

Aber auch zur Erstellung einer individuellen Hilfeplanung ist es hilfreich, einen großen Fundus an Variationsmöglichkeiten zu haben. Vielen aggressiven Durchbrüchen kann man im Vorhinein durch das Aufzeigen alternativer Verhaltensmöglichkeiten begegnen.

Die Vielzahl der Möglichkeiten wird getragen von multiprofessionellen Teams. Diesen Teams sollten neben Mitarbeiter(inne)n mit pädagogischer und pflegerischer Kompetenz unbedingt eine Ärztin, ein Arzt und eine Psychologin, ein Psychologe angehören. Erst in dieser Interdisziplinarität erhalten Mitarbeiter(innen) die Sicherheit und Zurüstung, die sie unbedingt brauchen, um sich diesen Herausforderungen ihres beruflichen Tuns dauerhaft fachlich und menschlich kompetent stellen zu können.

Akzeptanz, Toleranz, Flexibilität und Sicherheit sind einige Schlagworte, die in der Betreuung von Menschen mit geistigen Behinderungen und intensiven Aggressionen eine immense Bedeutung haben. Jede und jeder Einzelne von ihnen hat eine Chance zur persönlichen Veränderung verdient. Die Aufgabe von Einrichtungen, Organisationen und Leistungsträgern ist es, Rahmenbedingungen zu schaffen, die diese Veränderungen unter menschenwürdigen und die Person wertschätzenden Bedingungen möglich machen.

Ethische Aspekte bei der Anwendung von Sicherungstechniken und Schutzmaßnahmen bei Menschen mit geistiger Behinderung

Dieter Irblich

Die Anwendung von Schutzmaßnahmen und Sicherungstechniken in der Arbeit mit geistig behinderten Menschen verlangt von den professionell Handelnden besonderes Verantwortungsbewusstsein. Dabei spielen auch ethische Gesichtspunkte eine Rolle, denen in diesem Kapitel nachgegangen werden soll. Dabei erweisen sich vorgegebene ethische Bewertungsmaßstäbe nur bedingt als hilfreich. Anhand von Fallbeispielen wird hier gezeigt, wie erzieherisches Handeln bei fremd- und selbstverletzendem Verhalten einer ethischen Reflexion unterzogen werden kann. Abschließend werden die Voraussetzungen und Rahmenbedingungen beleuchtet, die einem Missbrauch von Sicherungstechniken und Schutzmaßnahmen in Behinderteneinrichtungen entgegenwirken können.

Einleitung

Pädagogisches und therapeutisches Handeln kann unter verschiedenen Gesichtspunkten gesehen werden. So lässt sich z. B. unter fachlichem Blickwinkel fragen, ob die gesetzten Ziele sinnvoll sind, ob die Handlungsdurchführung gemäß professioneller Standards erfolgt, inwieweit das gewählte Vorgehen effektiv im Sinne der Ziele-Erreichung ist und ob es ungünstige Neben- und Langzeiteffekte vermeidet. Vom ökonomischen Standpunkt aus lassen sich die erforderlichen und verfügbaren personalen und sächlichen Ressourcen abschätzen sowie Aufwand und Ertrag des Handelns einander gegenüber stellen. Eine juristische Beurteilung überprüft, inwieweit Einklang mit der geltenden Rechtslage herrscht. Diese Aspekte reichen aber als Betrachtungsebenen allein nicht aus, insbesondere dann, wenn es sich um professionelle Vorgehensweisen handelt, die als notwendig, aber heikel hinsichtlich zwischenmenschlicher Umgangsweisen angesehen werden, und wenn Abwägungen zwischen verschiedenen moralischen Werten getroffen werden müssen. Dies ist z. B. der Fall, wenn erzieherisches Handeln abzuwägen hat zwischen (auf Grund des gesellschaftlichen Strukturwandels?):

- dem Zulassen individueller Entfaltungsspielräume und den damit verbundenen Risiken;
- der Teilhabe am Gemeinschaftsleben und den sozialen Anforderungen, die damit zugleich an den Einzelnen gestellt werden;
- dem Schutz vor den Folgen eigenen destruktiven Verhaltens und den Einschränkungen in der Handlungsautonomie, die solche Schutzmaßnahmen verursachen.

Sucht man bei solchen Problemstellungen nach einer Handlungsorientierung, ist es nahezu unvermeidlich, nach den Wertmaßstäben menschlichen Umgangs zu fragen, die im jeweiligen Fall zu berücksichtigen sind. Nur so kann entschieden werden, inwieweit Verhalten im moralischen Sinne als richtig oder als falsch zu bewerten ist.

> Ethik fragt danach, inwieweit Verhalten im moralischen Sinne als richtig oder falsch zu bewerten ist.

Somit ist Ethik als wichtige, aber in der Praxis der Betreuung behinderter Menschen nur selten explizit reflektierte Dimension menschlichen Handelns angesprochen. Dabei handelt es sich um Fragen wie die folgenden: Welche menschlichen Werte werden im pädagogischen und therapeutischen Handeln tangiert? Ist es notwendig, darüber zu reflektieren und inwieweit hilft dies in der täglichen Betreuungsarbeit? Diesen Fragen soll im folgenden Text nachgegangen werden.

Philosophische Ethik und ethische Handlungsreflexion

Folgt man dem philosophischen Wörterbuch von Schischkoff (1991, 185), so lehrt die Ethik, »die jeweilige Situation zu beurteilen, um das ethisch (sittlich) richtige Handeln zu ermöglichen … . Die Ethik untersucht, was im Leben und in der Welt wertvoll ist, denn das ethische Verhalten besteht in der Verwirklichung ethischer Werte«. Ethisches Handeln ist somit an Werten orientiert, die nach Schischkoff in einer Wertepyramide hierarchisch geordnet werden können. An deren Basis platziert er sogenannte Vitalwerte wie Wille zum Leben, Nahrungs- und Geschlechtstrieb. Über diesen werden Grundwerte (Wert des Lebens, Willensfreiheit, Freiheit des Bewusstseins und der Tätigkeit) und darüber Tugenden (Gerechtigkeit, Tapferkeit, Selbstbeherrschung, Wahrhaftigkeit und Nächstenliebe) ansiedelt. Die Spitze der Wertepyramide sollen dann die spezielleren ethischen Werte bilden, als deren Beispiele Schischkoff die »Fernstenliebe« und das Verschenken geistigen Besitzes nennt. Verfügt ein Mensch nunmehr über mehrere wertrelevante Handlungsalternativen, so würde er dann ethisch richtig handeln, wenn er den höchsten erreichbaren Wert verwirklicht: »Die Verwirklichung des jeweils höchsten erkennbaren Wertes ist das Gute, die Verwirklichung eines tiefer stehenden Wertes ist das Böse« (ebd., 186). Was Schischkoff dabei nicht zu berücksichtigen scheint, ist, dass in alltagspraktischen Erwägungen durchaus auch umgekehrte Werthierarchien angewandt werden, z. B. wenn in der Rede vom »Leben als höchstem Gut« der Lebenserhaltung andere Werte wie körperliche Unversehrtheit und freie Willensentfaltung untergeordnet werden.

Die Orientierung an einer vorgegebenen Wertepyramide setzt jedoch die Möglichkeit voraus, Werte in eine bestimmte Hierarchie einzuordnen, die eine situationsübergeifende Gültigkeit besitzt. Weiterhin wäre anzunehmen, nur diejenigen Handlungsweisen seien gut, die dem jeweils höchsten verfügbaren Wert entsprächen. Alle anderen seien demnach »das Böse«. Bezogen auf das hier erörterte Thema der ethischen Aspekte bei der Anwendung von Sicherungstechniken und Schutzmaßnahmen bei Menschen mit geistiger Behinderung ergeben sich bei einem solchen Vorgehen jedoch einige Schwierigkeiten. Zwar lassen sich in diesem Fall einige ethische Prinzipien aufstellen, z. B. Gewalt nur als »letztes Mittel« zu gestatten oder nur diejenigen Mittel zur Schadensabwendung zuzulassen, die bei gleichem Ergebnis mit der geringsten Gewaltanwendung oder minimalen negativen Nebenwirkungen einhergehen. Solche Vorgaben werden aber der Komplexität der Problemstellungen in der Praxis oftmals nicht gerecht. Im Einzelfall muss nämlich die Rangfolge der tangierten Werte immer wieder neu bestimmt werden und Bewertungsmaßstäbe können sich mit der Zeit ändern. Außerdem macht es in der Praxis wenig Sinn, so zu tun, als ob es sich bei ethischem Verhalten um eine bestimmte und klar bestimmbare Gruppe von Aktionen handeln würde. Eine ethische Orientierung im professionellen Alltagshandeln kann nämlich nicht abgelöst von fachlichen, ökonomischen, juristischen und pragmatischen Aspekten erfolgen. Denn das, was moralisch als gut angesehen wird, muss nicht zwangsläufig pädagogisch oder therapeutisch sinnvoll

> Im Einzelfall muss die Rangfolge der tangierten Werte immer wieder neu bestimmt werden um zu angemessenen Bewertungen kommen zu können.

> Ethik kann im Alltagshandeln nicht abgelöst von fachlichen, juristischen oder pragmatischen Aspekten gesehen werden.

und machbar sein, und nicht alles, was juristisch erlaubt ist, erfüllt die anderen genannten Kriterien.

Es kommt daher eher darauf an, fachlich für sinnvoll und juristisch für legitim erachtetes Handeln auf seine ethischen Aspekte hin zu überprüfen oder problematische Situationen in diesem Sinne zu bewerten und daraus Maßstäbe und Konsequenzen für die Zukunft abzuleiten. Dieses Vorgehen wird hier als *ethische Reflexion* bezeichnet und stellt nach Meinung des Autors ein wichtiges Qualitätsmerkmal professionellen Handelns dar, das aber fachlichen oder pragmatischen Erörterungen weder vor- noch übergeordnet werden sollte, um nicht den Stellenwert einer »Sonntagsmoral« zu erhalten, deren praktische Relevanz letztlich doch gering ist. Schließlich dürfte es in den vorgenannten Abwägungsprozessen nur selten gelingen, »Gut« und »Böse« eindeutig einander gegenüberzustellen. Meist hat man es eher mit einem Kontinuum ethisch mehr oder minder akzeptabler Alternativen zu tun oder es besteht die Wahl zwischen Handlungsweisen, die unterschiedlichen Werten Rechnung tragen, z. B. der körperlichen Unversehrtheit einerseits und der individuellen Entfaltung andererseits.

> Ethische Reflexion stellt ein Qualitätsmerkmal professionellen Handelns dar.

Wichtige moralische Werte, die bei der Betreuung und Behandlung geistig behinderter Menschen eine Rolle spielen, sind nach Meinung des Autors:

- der Schutz insbesondere des (menschlichen) Lebens;
- körperliche Unversehrtheit;
- Willens- und Handlungsfreiheit;
- Gestaltung eines eigenen Lebensraums;
- Entwicklung und Wahrung der eigenen Individualität und der eigenen Interessen;
- Achtung der Intimsphäre und Möglichkeiten der sexuellen Befriedigung;
- würdevoller Umgang;
- Anspruch auf Förderung der eigenen Kompetenzen;
- persönliche Sicherheit;
- gegenseitiger Respekt und Vertrauen im menschlichen Zusammenleben;

- Einbindung in soziale Bezüge und Teilhabe am Gemeinschaftsleben (Familie, Gruppe, Arbeits-, Wohn- und Lebensumfeld);
- Anspruch auf sinnvolle Beschäftigung (Arbeit/Tätigsein, Freizeit);
- Anspruch auf Rücksichtnahme durch körperlich oder psychisch überlegene Personen;
- Recht auf Eigentum und auf Schutz des persönlichen und allgemeinen Eigentums;
- Teilhabe am Konsum.

Nicht alle Werte gelten in einer sozialen Gruppierung als allgemeinverbindlich. Es wird jedoch ein gemeinsamer Kern von Werten angenommen, deren Verwirklichung von jedermann gefordert bzw. vorausgesetzt wird. Diese Werte machen die »gute Sitte«, die »geltende Moral« aus. Dabei handelt es sich aber nicht um zeitlos gültige Wertmaßstäbe, sondern um Normen, die zumeist einem zeitbedingten Wandel unterliegen. Auch der Einsatz körperlicher Gewalt in pädagogischen Kontexten hat in den letzten einhundert Jahren mehrfach eine erhebliche Umbewertung erfahren. Galt sie in der ersten Hälfte des letzten Jahrhunderts noch als legitime Form der Strafe, ja sogar als übliche Erziehungsmaßnahme zur Vermittlung von Wertmaßstäben, so überwogen in der pädagogischen Fachdiskussion der zurückliegenden fünfzig Jahre gewaltkritische Sichtweisen, die körperliche Gewalt bestenfalls als »letztes Mittel« akzeptieren wollten oder glaubten, ganz darauf verzichten zu können (»gewaltfreie Erziehung«). Nicht nur säkulare Erziehungsvorstellungen sind diesem zeitbedingten Wandel unterworfen, sondern auch religiös geprägte Lebens- und Erziehungsmaßstäbe, selbst wenn sie sich auf »ewige Wahrheiten« stützen. Bei der ethischen Bewertung pädagogischen und therapeutischen Handelns macht es aber keinen grundsätzlichen Unterschied, ob es sich um individuelle oder kollektiv verbindliche Wertvorstellungen handelt, ob diese auf gemeinschaftlicher Übereinkunft beruhen oder ob sie nach Überzeugung ihrer Vertreter transzendentalen Ursprungs sind.

> Soziale Wertmaßstäbe unterliegen einem historischen Wandel. Dies gilt auch für solche, die als zeitlos gültig angesehen werden.

Mit dem Wissen um soziale Wertesysteme und deren Anwendung auf zwischenmenschliche Vorgänge geht auch ein vorwiegend emotional geprägter Bewertungsprozess einher, der hier als »Gewissen« bezeichnet werden soll. Ein »gutes Gewissen« liegt vor, wenn der Handelnde sich in Übereinstimmung mit den für gültig gehaltenen Wertmaßstäben weiß. Ein »schlechtes Gewissen« mag auf Widersprüche zwischen Wertvorstellungen und konkreten Handlungen hindeuten. In anderen Fällen können Gewissenszweifel spürbar sein, auch wenn der Person noch nicht bewusst ist, welche moralischen Prinzipien in diesem Fall tangiert werden. Dies kann aber zum Ausgangspunkt für eine Reflexion der Wertvorstellungen werden und, je nach Ergebnis, zu einer Präzisierung des Wertebewusstseins oder einer ethisch begründeten Zerstreuung der Bedenken führen. Im Rahmen der ethischen Reflexion spielt »Gewissen«, so wie es hier verstanden wird, in verschiedener Hinsicht eine Rolle:

> »Gewissen« kann als emotional geprägter Bewertungsprozess des eigenen Handelns verstanden werden.

- Es kann sich dabei z. B. um das »komische« Gefühl handeln, das sich einstellt, wenn Unsicherheit besteht, ob in einer bestimmten Betreuungssituation richtig gehandelt wurde.
- Es markiert eine gefühlte Grenze, bis zu der man sein Verhalten einer anderen Person gegenüber für angemessen und vertretbar hält.
- Bei der Suche nach Lösungsmöglichkeiten kann dieses Gefühl der Übereinstimmung mit eigenen Wertvorstellungen dazu verhelfen, sich für eine akzeptable Handlungsalternative zu entscheiden.
- Es kann den Anstoß geben, darüber nachzudenken, worauf es dem (professionell) Handelnden in der eigenen beruflichen Arbeit, im mitmenschlichen Zusammenleben usw. wirklich ankommt und inwieweit das eigene Tun diesen Zielsetzungen überhaupt dient.
- Gewissen kann aber auch zum wichtigen Korrektiv für die »herrschende Praxis« in Institutionen werden, z. B. dann wenn Betreuungsbedingungen oder Leitungsentscheidungen mit den ethischen Maßstäben der Beteiligten unvereinbar sind.

Wenn nun dieses Buch sich explizit Fragen der Sicherungstechniken und Schutzmaßnahmen im Umgang mit geistig behinderten Menschen widmet, dann kann man darin das Eingeständnis sehen, dass »es nicht völlig ohne Gewalt geht«, zumindest dann, wenn man sich der entstehenden Probleme nicht durch Ausgrenzung der »Störenfriede« entledigen möchte oder kann. Dies könnte nämlich als eine Form struktureller Gewalt aufgefasst werden. Andererseits soll damit aber auch nicht einer »Normalisierung« fachlich legitimierter Gewaltanwendung gegen Menschen mit geistiger Behinderung das Wort geredet und schon gar nicht der Eindruck erweckt werden, dieser Personenkreis sei potenziell gefährlicher als andere Bevölkerungsgruppen.

Obwohl ethische und juristische Aspekte sich letztlich auf gemeinsame kulturelle Wurzeln beziehen, führen sie nicht zwangsläufig in jedem Fall zu übereinstimmenden Aussagen. Dennoch macht es an dieser Stelle wenig Sinn, die beiden Blickwinkel gegeneinander auszuspielen. Im Prinzip ist vielmehr davon auszugehen, dass in der Regel nur juristisch legitimierte erzieherische Verhaltensweisen für eine ethische Reflexion in Betracht kommen können.

Wertesysteme in Einrichtungen der Behindertenhilfe

Viele Einrichtungen der Behindertenhilfe verfügen über Leitlinien und Leitbilder mit Aussagen zu Zielsetzungen und ethischen Grundpositionen, an denen sich der Umgang mit behinderten Menschen orientieren soll. Häufig werden dabei das Wohl des Betreuten, die Entfaltung seiner Persönlichkeit, der Anspruch auf kompetente Unterstützung, ein respektvoller Umgang sowie das Ermöglichen sozialer Partizipation als wichtige Kennzeichen des institutionellen Selbstverständnisses genannt. Christlich orientierte Einrichtungen verweisen oft zusätzlich auf Nächstenliebe und ein entsprechendes Menschenbild als Grundlage der Arbeit. Solche Vorgaben mögen, soweit sie tatsächlich Eingang in die tägliche Arbeit finden, eine allgemeine ethische Orientierungsfunktion ausüben, bieten aber kaum genügend Handlungssicherheit im Umgang mit fremd- und selbstschädigenden Verhaltensweisen der Schutzbefohlenen, da die an Idealnormen orientierten Vorgaben nur wenige Hinweise für den Umgang mit den angesprochenen Wertekonflikten in der Praxis geben.

> Viele Einrichtungen haben sowohl ausformulierte als auch informelle ethische Grundpositionen für die Anwendung von Gewalt in der Betreuung.

Gelegentlich sind ethische Grundsätze lediglich reine Absichtserklärungen, die sich im institutionsinternen Handeln der Mitarbeiter untereinander und gegenüber den Betreuten nicht wieder finden. Manchmal gibt es in Wohn- und Werkstätten aber auch explizite pädagogisch-ethische Handlungsanweisungen, z. B. ein generelles Verbot der Anwendung körperlicher Gewalt oder bestimmter anderer Strafmaßnahmen.

Neben solchen schriftlich fixierten Leitlinien existiert in Behinderteneinrichtungen meist noch ein informeller Verhaltenskodex, der unter Mitarbeitern ausgetauscht oder im persönlichen Gespräch von Vorgesetzten den Untergebenen mehr oder weniger direkt mitgeteilt wird. Solche impliziten Wertvorstellungen sind z. T. auch an jenen Themen erkennbar, über die nicht gesprochen wird (Tabus). Die Bandbreite verdeckter Wertsysteme reicht von stillschweigender Duldung (»Ich weiß, dass so etwas eigentlich nicht vorkommen sollte, aber wir sind ja alle nur Menschen!«) bis hin zu ausdrücklichen Passivitätsgeboten (»Als Mitarbeiter einer christlichen Einrichtung bist du verpflichtet auch die andere Wange hinzuhalten!«, oder in der säkularen Variante: »Ein Erzieher muss das aushalten können; dafür wird man schließlich bezahlt!«). Nicht selten erwächst daraus ein unausgesprochenes Lavieren zwischen gewaltfreier Theorie und der Anwendung von als unvermeidlich angesehenen Zwangsmaßnahmen. Dabei sind Umdeutungen, Leugnungen und Verharmlosungen des Zwangscharakters (»Wir wollen doch nur sein Bestes!« »Bei uns gibt es keine Strafen, nur pädagogische Konsequenzen!« »Er braucht eben starke Reize um zu lernen!«) bewährte Mittel, auftretende Widersprüche zumindest in der eigenen Selbstwahrnehmung zu minimieren. Aber auch fatalistische Einschätzungen (»Als Erzieher steht man ohnehin mit einem Bein im Gefängnis!«) oder die Überzeugung, das Zeigen starker eigener negativer (»authentischer«) Gefühle gegenüber Betreuten sei pädagogisch besonders wert- und wirkungsvoll, sind kaum dazu geeignet, einem ethisch reflektierten Umgang mit Gewalt in der pädagogischen Arbeit den Weg zu bereiten.

Zeigt sich ein Widerspruch zwischen Gewalt verbietenden Leitlinien und praktizierten Handlungsweisen, erfordert dies im Prinzip eine eingehende Klärung nicht nur der juristischen Legitimität sondern auch der ethischen Dimension der Vorgänge. Dabei ist es wichtig, auch die Mitverantwortung von Leitungspersonen zu thematisieren. In deren Zuständigkeit fallen nämlich Aspekte wie Personalauswahl, Gruppengröße und -zusammensetzung, bauliche Bedingungen, Qualifizierung der Mitarbeiter oder auch unrealistische pädagogische Zielvorgaben, die evtl. zu der problematischen Situation beigetragen haben. Zu fragen ist weiterhin, inwieweit Vorgesetzte ihrer Aufsichts- und Sorgfaltspflicht nachgekommen sind. Ggf. ist auch zu überprüfen, ob nicht die vorhandenen Leitideen einer sich verändernden Praxis anzupassen sind.

> Die Mitverantwortung von Vorgesetzten bei der Anwendung von Gewalt in der Betreuung erstreckt sich auch auf die Rahmenbedingungen.

Stattdessen bleiben im Arbeitsalltag von Behinderteneinrichtungen solche ethischen Widersprüche oft unbearbeitet. Teilweise geschieht dies aus Unsicherheit der Vorgesetzten über die Richtigkeit bzw. Notwendigkeit des jeweiligen Erzieherverhaltens. Dadurch kommt es oftmals zu einer stillschweigenden Übertragung von Leitungsverantwortung auf die Betreuungspersonen selbst, die das zögerliche Abwarten ihrer Vorgesetzten nicht selten als mangelnden Rückhalt erleben, während sie sich gleichzeitig gezwungen sehen, auch zukünftige Gewalteskalationen von Betreuten mit den ihnen zur Verfügung stehenden Mitteln zu bewältigen. Dieser Anforderungsdruck, gepaart mit dem Gefühl, im Zweifelsfall die alleinige Schuld aufgebürdet zu bekommen, schafft ein Klima der Verunsicherung, das Handlungskompetenz lähmt und möglicherweise neuer Gewalt unnötig Vorschub leistet.

Fachveröffentlichungen zur Handlungsethik in der Arbeit mit geistig behinderten Menschen konzentrieren sich im Wesentlichen auf die Diskussion um das Lebensrecht behinderter Föten und Neugeborener (z. B. STINKES, 2003), Gewalt in der Betreuung (z. B. GLASENAPP & KIRSTEN, 2002; KLAUß, 2003; MICHALEK, 2000; WABNIG, 1986) und die fachlich legitimierte Gewaltanwendung bei medizinischen Eingriffen sowie bei verschiedenen Therapie- und Fördermaßnahmen (IRBLICH, 2003, 2004). Weitgehend unberücksichtigt geblieben sind dabei die vielfältigen Formen psychischer Gewalt gegen Menschen mit geistiger Behinderung in Form verbaler Verletzungen, von Drohungen und Demütigungen. Auch wenn diese hier nicht behandelt werden können, bilden sie aber einen mehr oder weniger von Gewalt geprägten Kontext, der letztlich mit darüber entscheidet, wie der Betreute sich verhält und ob er das Verhalten seiner Bezugspersonen gerade in Konfliktsituationen als Bedrohung erlebt oder als eine Hilfe, ihn vor den negativen Folgen eigenen Kontrollverlustes zu schützen.

Auch der Umgang der Betreuungspersonen untereinander und das Verhältnis von Vorgesetzten und Mitarbeitern beeinflusst die Rahmenbedingungen im Hinblick auf Gewalt, wie Fallbeispiel 1 veranschaulichen soll:

Fallbeispiel 1: *Die Heilerziehungspflegerin Frau Z. wurde gegen den Willen des Betreuungsteams in eine andere Wohngruppe versetzt. Die anderen Mitarbeiter sind mit ihrer Arbeitsweise nicht einverstanden, grenzen sie aus und äußern zumindest untereinander Kritik an ihr. Teils resultiert die Kritik aus einer anderen Arbeitsweise von Frau Z., teils spielt dabei auch der Ärger auf die Leitung eine Rolle, die sich über die Interessen des Teams hinweg gesetzt hatte und die vom Team präferierte Praktikantin anderweitig einsetzte. Während der nachfolgenden*

Wochen werden die Betreuten der Wohngruppe immer aufsässiger gegen Frau Z., bis sie schließlich glaubt, sich nur noch autoritär durchsetzen zu können.

Ein Konflikt auf der Hierarchieebene zwischen Erziehungsleitung und Erzieherteam findet somit seine Fortsetzung auf der kollegialen Ebene und wirkt sich schließlich in Gewalt fördernder Weise auch auf die Beziehung zwischen der neuen Kollegin und den Betreuten aus.

Sicherungstechniken und Schutzmaßnahmen bei fremdgefährdendem Verhalten unter ethischem Blickwinkel

Sicherungstechniken und Schutzmaßnahmen, wie sie auf den Seiten 147 bis 180 dargestellt und als humane Alternative zu technischen Fixierungen empfohlen werden, sind Gefahren abwehrende Handlungsweisen, die von Bezugspersonen, meist professionellen Helfern, dann angewendet werden (können), wenn geistig behinderte Menschen sich akut selbst- oder fremdgefährdend verhalten. Diese Methoden sollen, darauf macht bereits Kapitel 1 aufmerksam, ausschließlich der Abwendung einer Schädigung dienen. Ihre Anwendung wird nur dann als gerechtfertigt angesehen, wenn gewaltfreie Mittel wie Beruhigen und Ablenken versagt haben oder wenn davon auszugehen ist, dass diese keine Aussicht auf Erfolg versprechen. Dennoch werden solche körperlichen Schutz- und Abwehrmaßnahmen sowohl in Fachkreisen als auch in der Öffentlichkeit kritisch bewertet.

> Gewalt als Form der Krisenintervention ist nur als »letztes Mittel« gerechtfertigt, wenn gewaltfreie Vorgehensweisen keine Erfolgsaussicht haben.

Dies geschieht nicht zuletzt wegen ihres Widerspruchs zu humanistischen Grundsätzen des menschlichen Zusammenlebens, wie z. B. der Gewaltfreiheit und dem Respektieren der Handlungsautonomie anderer. Zusätzlich wird die Gefahr vorschneller und ungerechtfertigter, somit missbräuchlicher Anwendung durch professionelle Helfer gesehen und es besteht die Sorge, evtl. vorhandene Betreuungsmissstände könnten durch die Legitimierung von Gewaltanwendung eher stabilisiert und vergrößert werden, anstatt dass auf deren Beseitigung hingearbeitet würde. Schließlich wird auf die negativen Außenwirkungen hingewiesen, die sowohl die betreuende Einrichtung als auch Menschen mit geistiger Behinderung dadurch generell treffen könnten.

Solche Bedenken sind durchaus ernst zu nehmen. Sie bedürfen einer sorgfältigen Analyse und haben – zumindest teilweise – auch Auswirkungen auf die Überlegungen, die hier unter ethischem Aspekt angestellt werden. Die Problematik soll anhand eines Fallbeispiels verdeutlicht werden:

Fallbeispiel 2: *Herr F. kommt am Nachmittag bereits mit sichtlicher Anspannung aus der Werkstatt für behinderte Menschen in die Gruppe einer Wohneinrichtung für Menschen mit geistiger Behinderung zurück. Da er sich sprachlich nicht mitteilen kann und sich keine aktuelle Eintragung im Mitteilungsbuch befindet, das Herr F. zwischen Wohn- und Arbeitsgruppe hin- und herträgt, ist für Frau M. und Herrn B., die im Dienst befindlichen Pädagogen, eine Ursache seiner Verstimmung nicht auszumachen. Sie lassen Herrn F. daher zunächst in Ruhe, was in ähnlichen Situationen in der Vergangenheit meist erfolgreich gewesen war. Beim Abendessen wirkt Herr F. wieder ruhiger, sodass Herr B. zum Ende seines Dienstes ins Gruppenbuch einträgt: »Herr F. war heute Nachmittag schlecht drauf, war unruhig und ›schimpfte‹ vor sich hin. Wir haben keine Ahnung, was vorgefallen war, vielleicht wieder Probleme im Bus. Er scheint sich aber wieder beruhigt zu haben. Jetzt sitzt Herr F. im Gruppenraum und sieht fern.« Dann verabschiedet sich Herr B. von seiner Kollegin, die an diesem Abend allein Spätdienst hat.*

Kurze Zeit darauf, Frau M. spielt gerade mit einer Mitbewohnerin von Herrn F. ein Gesellschaftsspiel, verlangt dieser etwas zu trinken. Frau M. vertröstet Herrn F., er solle sich gedulden. Zuvor wolle sie noch das Spiel zu Ende bringen. So durstig könne er ja auch nicht sein, da er erst zum Abendessen etwas getrunken habe. Daraufhin wendet Herr F. sich ab und schlägt nach der spielenden Mitbewohnerin. Frau M. ermahnt ihn, er solle nicht »rumspinnen« und kündigt an, er bekomme ja gleich sein Getränk. Doch Herr F. schlägt erneut nach der Mitbewohnerin und trifft sie nunmehr ins Gesicht in der Nähe des linken Auges. Als Frau M. ihn am Arm fasst um ihn von der Mitbewohnerin wegzubringen, greift er in die Haare der Erzieherin und zieht ihren Kopf nach unten. Frau M. versucht vergeblich sich zu befreien. Sie schreit, worauf aus der Nachbargruppe eine Kollegin herbei eilt, die ihr hilft. Den beiden Frauen gelingt es nur unter Anwendung von Gewalt, Herrn Fs. Hände aus den Haaren von Frau M. zu lösen. Dazu packt die Kollegin ihn an den Schultern, schüttelt ihn heftig und schlägt ihm auf Arme und Rücken, bis er seinen Griff lockert. Den immer noch sehr aufgeregten Herrn F. bringen sie dann gemeinsam, trotz heftiger Gegenwehr, in sein Zimmer und verschließen die Tür. Nach etwa einer Viertelstunde hat Herr F. sich wieder beruhigt.

Dennoch traut Frau M. sich an diesem Abend nicht mehr, ihn aus dem Zimmer kommen zu lassen, wenn sie alleine ist. Gemeinsam mit der Kollegin der Nachbargruppe bringt sie ihn vor dem Schlafengehen noch einmal auf die Toilette und informiert die Nachtbereitschaft, bevor sie ihren Spätdienst beendet. Sicherheitshalber lässt sie Herrn F. in seinem Zimmer eingeschlossen. Während der Nacht, in der eine Rufbereitschaft besteht, gibt es keine weiteren Vorkommnisse.

Es ist nahe liegend, dass Frau M. sich anschließend noch intensiv mit diesem Vorfall beschäftigen wird. Die beschriebene Szene geht ihr mehrfach durch den Kopf und sie erlebt nochmals die damit verbundenen heftigen Gefühle von Angst, Wut, Hilflosigkeit und Scham. Dabei drängen sich ihr Fragen auf wie diese: Was ist denn eigentlich in Herrn F. gefahren? Was soll mit ihm nun geschehen? Wie soll ich mich in Zukunft ihm gegenüber verhalten? Frau M. wird vermutlich auch darüber nachdenken, wann und wie sie ihre Kollegen und Vorgesetzten und evtl. auch die Angehörigen von Herrn F. informieren wird. Damit verbindet sich die Hoffnung, von maßgeblichen Anderen eine Bestätigung für das eigene Handeln zu bekommen oder zumindest auf Verständnis zu stoßen. Möglicherweise kommen ihr aber auch Zweifel, ob sie sich weiterhin dem Risiko aussetzen soll, in solche Situationen zu geraten.

Frau M. wird sich vermutlich auch die Frage stellen, ob sich ihr Handeln mit den bestehenden Rechtsnormen in Übereinstimmung befindet. Aus Fortbildungsveranstaltungen wird sie wissen, dass die Rechtslage Einsatz von Gewalt legitimiert, wenn er notwendig ist, um eine körperliche Gefahr abzuwenden und wenn die gewählten Mittel verhältnismäßig eingesetzt werden. Die Frage nach der Legalität des Erzieherverhaltens ließe sich auch so umformulieren: »Gibt es etwas, was ich nicht hätte tun *dürfen*?« In Anbetracht der Bedrohung, die von Herrn F. in der geschilderten Situation ausging, wird man das Verhalten von Frau M. vermutlich für rechtmäßig halten, wenngleich das nächtliche Einschließen zumindest als Freiheitsentziehende Maßnahme in juristisch bedenklicher Form einzustufen wäre. Eine Reflexion der ethischen Gesichtspunkte wird sich aber mit der Frage der rechtlichen Zulässigkeit des eigenen Verhaltens nicht zufrieden geben können. Die hierzu gehörige Frage würde lauten: »Was hätte ich tun *sollen*?« Allerdings ist in vielen Fällen die Rechtmäßigkeit des eigenen Handelns eine wichtige Voraussetzung für eine weitergehende ethische Analyse.

> Die ethische Reflexion geht über eine rechtliche Beurteilung des Handelns hinaus.

In dem Abschnitt »Philosophische Ethik und ethische Handlungsrefelexion« waren Gewissenszweifel als möglicher Ausgangspunkt für ethische Überlegungen genannt worden und zwar für den Fall, dass der Handelnde Widersprüche zwischen seinem Tun und ihm wichtigen Werten bemerkt. Oder er hat den Wunsch, entsprechende Bewertungsmaßstäbe als Orientierung für das eigene Handeln in zukünftigen Situationen zu finden. Die nunmehr zu beschreibende ethische Reflexion könnte sich zunächst an gegebenen Werten orientieren, z. B. am Schutz der körperlichen Unversehrtheit und an der persönlichen Würde. Das Erzieherverhalten wäre dann daraufhin zu betrachten, ob es dem Erhalt dieser Werte diente. Sollten dabei jedoch andere Werte verletzt worden sein, dann müsste geprüft werden, ob es sinnvolle Verhaltensalternativen gegeben hätte, die diese ethischen Widersprüche nicht aufgeworfen hätten.

Ganz wesentlich hängt demnach die Bewertung des Erzieherverhaltens davon ab, ob tatsächlich eine Gefahr vorlag, die ein körperliches Eingreifen erzwang. In dem beschriebenen Vorfall schlug Herr F. die Mitbewohnerin ins Gesicht. Eine gravierende körperliche Verletzung war zu diesem Zeitpunkt (noch) nicht zu erkennen. Es kommt somit darauf an, ob die Erzieherin eine solche Gefahr vorwegnahm, z. B. in Form einer drohenden Verletzung am Auge. Dies könnte ein unmittelbares körperliches Handeln rechtfertigen. Andernfalls stellt sich die Frage, ob die massive Art des Eingreifens von Frau M. zum damaligen Zeitpunkt schon zwingend geboten war. Auch ohne gravierende körperliche Verletzungen hervorzurufen, verursachte Herr F. der Mitbewohnerin natürlich Schmerzen und verletzte ihre körperliche Integrität. Dies durfte Frau M. sicherlich nicht einfach so hinnehmen, zumal sie als Betreuungsperson in besonderem Maße für das Wohl aller Betreuten verantwortlich ist und sich dieser Verantwortung nicht entziehen kann. Es geht also nicht darum, das Verhalten von Herrn F. durch Nichtstun zu tolerieren. Es stellt sich vielmehr die Frage nach möglichen Verhaltensalternativen für die Erzieherin, die ebenfalls dem Ziel gedient hätten, die Mitbewohnerin zu schützen und Herrn F. gleichzeitig dazu zu bringen, soziale Regeln wieder einzuhalten und den zugefügten Schaden wiedergutzumachen.

> Körperliche Gewalt ist nur zur Abwehr akuter Selbst- und/oder Fremdgefährdung erlaubt.

Zu bedenken ist in diesem Zusammenhang sicherlich auch, ob die Mitbewohnerin selbst Möglichkeiten gehabt hätte, sich zu schützen oder welche Erfahrungen mit dem Verhalten von Herrn F. in Krisensituationen vorliegen. Die Beantwortung dieser Fragen wäre nur aus einer genaueren Kenntnis der beteiligten Personen heraus möglich und soll hier daher nicht weiter verfolgt werden. Je nach Antwort ergäben sich daraus aber wichtige Rückschlüsse auch auf die Dringlichkeit des Handelns und somit die zur Verfügung stehenden Entscheidungsspielräume der Erzieherin. Würde es sich bei der geschlagenen Mitbewohnerin um eine in starkem Maße wehrlose Person handeln, die noch dazu auf körperliche Angriffe mit selbstverletzendem Verhalten reagiert, dann wäre ein rasches und rigoroseres Eingreifen vermutlich eher gerechtfertigt, als wenn man der Mitbewohnerin hierbei mehr eigene Bewältigungskompetenzen zutrauen könnte. Im letzteren Fall käme man u. U. zu der Einschätzung, das körperliche Eingreifen von Frau M. sei vielleicht doch etwas voreilig erfolgt, da es noch eine Reihe gewaltfreier Möglichkeiten wie Warnungen, laute verbale Ansprache oder Dazwischentreten gegeben hätte, die zuvor nicht ausgeschöpft wurden. Aber auch die Vorerfahrungen mit Herrn F. in Konfliktsituationen könnten die Bewertung des Erzieherverhaltens verändern, je nachdem ob es sich in der Vergangenheit eher bewährt hatte, rasch und entschlossen einzugreifen um weitere Eskalation zu verhindern, oder ob behutsame, beruhigende Interventionen sich als erfolgreicher erwiesen hatten.

Außerdem könnte Frau M. sich fragen, inwieweit sie die Handlungsabsichten von Herrn F. in der Wahl ihrer Mittel hätte berücksichtigen müssen. Sie geht vermutlich zu Recht davon aus, dass Herr F. keine direkt schädigende Absicht hatte, sondern vielmehr aus einer akuten Enttäuschungssituation heraus impulsiv handelte. In der weiteren Reflexion wird ihr aber auch klar, dass sie ebenso hätte eingreifen müssen, wenn Herr F. von seiner Mitbewohnerin verbal provoziert worden wäre, da es um die Abwendung einer Gefahr ging und nicht um eine Art von Strafe für sein Fehlverhalten. Aber auch die Annahme einer schädigenden Absicht durch Herrn F. hätte an dem streng limitierten Umgang mit Gewalt in der Betreuung, der hier als Handlungsmaxime zugrunde gelegt wird, nichts geändert. Dies ergibt sich vornehmlich aus der pädagogischen Obhutspflicht, die auch gegenüber Betreuten in Krisensituationen gilt. Die Betreuungspersonen haben zu jedem Zeitpunkt das Wohl und die persönliche Würde der ihnen Anvertrauten zu berücksichtigen, soweit es die jeweilige Situation zulässt. Außerdem besteht die Erwartung, dass pädagogische Fachkräfte in der Lage sein sollten, auch mit Krisensituationen professionell umzugehen, d. h. ihre fachlichen Mittel reflektiert und angemessen einzusetzen und dabei ihre Zielsetzungen nicht aus dem Auge zu verlieren. Ein übermäßiger Einsatz von Gewalt würde nämlich das Vertrauensverhältnis zu den betreuten Menschen stark belasten und zukünftiges pädagogisches Handeln erschweren.

Ein dritter Gesichtspunkt, der bei der Analyse dieser ersten Szene eine Rolle spielen könnte, ist die Frage nach der Vorhersehbarkeit der Eskalation. Der Schilderung ist zu entnehmen, dass Herr F. bereits mit deutlicher Anspannung in die Gruppe kam, sich dann nach Einschätzung der Erzieher aber wieder beruhigte. Möglicherweise wurden von den Betreuungspersonen aber andauernde Spannungssymptome nicht wahrgenommen. Andernfalls hätten evtl. Vorsorgemaßnahmen getroffen werden können, um präventiv handeln zu können. Wäre es aber trotz geeigneter Vorsorgemaßnahmen zu einer körperlichen Bedrohung durch Herrn F. gekommen, wäre als »letztes Mittel« wiederum der Einsatz von Sicherungstechniken und Schutzmaßnahmen in Betracht gekommen. Allerdings hätte ein Wissen um das bestehende Eskalationspotenzial es den Betreuungspersonen wohl eher ermöglicht, flexibel zu handeln und somit körperliche Auseinandersetzungen zu vermeiden. Ethisch bedenklich wäre es schließlich, wenn solche Kriseninterventionen sich häufig wiederholen würden, ohne dass die Betreuungspersonen Anstrengungen unternähmen, hierfür Vorbeugung zu betreiben. Sollte Frau M. diese Überlegung für zutreffend halten, würde sie sich vermutlich veranlasst sehen, gemeinsam mit ihren Kollegen daraus Konsequenzen für die Zukunft abzuleiten, z. B. den Informationsfluss zwischen Werkstatt und Wohnstätte zu intensivieren, sich mehr um ein »Verstehen« des Betreuten zu bemühen, die Beachtung von Spannungssymptomen zu verbessern, einen Hintergrunddienst zu organisieren oder Maßnahmen einzuleiten, um die Konfliktlösungskompetenzen von Herrn F. zu verbessern. In diesem Sinne leistet die ethische Reflexion auch einen Beitrag zur Qualitätsentwicklung in der Betreuungsarbeit. Davon dürfen aber auch strukturelle Maßnahmen nicht ausgespart werden, wenn sich z. B. die Wohnsituation oder der tägliche Weg von der Werkstatt zur Wohneinrichtung als Auslöser für fremdschädigendes Verhalten herausstellen würden.

> Die ethische Reflexion impliziert die Verpflichtung, daraus Konsequenzen für zukünftige Situationen zu ziehen.

Im Rahmen einer ethischen Reflexion würde Frau M. vermutlich nicht umhin kommen, auch weitere Aspekte des eingangs geschilderten Vorfalls zu betrachten. Zunächst wäre da die Situation, in der sie sich mit Hilfe der Kollegin aus Herrn Fs. Griff befreite. Dabei handelte es sich für Frau M. um eine Notwehrsituation, für die herbeieilende Kollegin dagegen um Nothilfe. Grundsätzlich wäre dazu festzuhalten, dass Gewaltanwendung bei Notwehr und Nothilfe ethisch erlaubt sein kann, wenn keine anderen Möglichkeiten bestehen, die akute Gefahr abzuwehren. Nun wird es wiederum von zahlreichen situativen Faktoren abhängen, inwieweit es für die

Erzieherinnen im gegebenen Beispiel tatsächlich keine Alternativen dazu gab, Gewalt gegen Herrn F. anzuwenden. So ist z. B. zu fragen, welche Bemühungen die hinzu gekommene Kollegin unternommen hat, Herrn F. mit gewaltfreien Mitteln zum Loslassen zu bewegen oder wie viel Zeit dafür zur Verfügung stand. Hätte Herr F. seine Gruppenbetreuerin am Hals gepackt gehabt, wäre hier möglicherweise von einer höheren Dringlichkeit auszugehen gewesen. In der retrospektiven Beurteilung erkennt man oftmals Handlungsalternativen, die den Betroffenen unter akuter Belastung in Krisensituationen nicht eingefallen sind. Diese besonderen Umstände müssen bei der rückblickenden Bewertung natürlich mitberücksichtigt werden. Der besondere Wert einer solchen selbstkritischen Analyse liegt vornehmlich darin, sinnvolle Konsequenzen für zukünftige Situationen daraus abzuleiten. Dazu kann und muss es aber auch gehören, sich eigene Fehleinschätzungen bewusst zu machen und Fehler einzugestehen.

Eine andere Überlegung bezieht sich auf die Art der Durchführung von Schutz- und Abwehrmaßnahmen. Möglicherweise war Frau M. in dem Augenblick der Bedrohung so außer sich, dass Angst und Wut ihre Handlungsweise wesentlich stärker bestimmten als die Einsicht in ethische Verpflichtungen. Das würde zwar nichts an der moralischen Richtigkeit ihres Handelns ändern, könnte aber im Erleben von Herrn F. oder von Außenstehenden einen beträchtlichen Unterschied machen. Außerdem geht impulsives Handeln immer mit der Gefahr überschießender Reaktionen seitens der Betreuungsperson einher.

Daraus lässt sich die Konsequenz ableiten, dass nicht nur die Handlungsziele sondern auch die Handlungsmotive mit den ethischen Grundsätzen in Einklang stehen sollten, damit diese überzeugend in der Handlung zum Ausdruck gebracht werden können. Es wäre wiederum zu fragen, ob in der beschriebenen Szene der Einsatz von Befreiungstechniken und Sicherungsmaßnahmen verhältnismäßig und sachgerecht erfolgte, was sich letztlich nur aus genauer Kenntnis des Vorfalls entscheiden ließe. Möglicherweise käme Frau M. zu der Erkenntnis, noch nie in einer derartigen Situation gewesen zu sein und dementsprechend unsicher gehandelt zu haben. Dies könnte ein Anstoß dafür sein, Techniken zu lernen, wie solche Situationen mit geringstmöglichem Gewalteinsatz zu bewältigen sind. In diesem Sinne könnte es sogar ethisch geboten sein, sich die dazu erforderlichen Kompetenzen anzueignen.

> Handlungsmotive der Betreuungsperson sind zu beachten, ebenso die Handlungsergebnisse.

Im professionellen Kontext reicht die »gute Absicht« allein zumeist nicht aus, um ein Verhalten als ethisch vertretbar zu bewerten. Zu fordern ist nämlich gleichzeitig ein Handlungsergebnis, das unter den gegebenen Umständen den für relevant erachteten Werten, z. B. körperliche Unversehrtheit und Sicherstellung und sozialer Teilhabe bestmöglich gerecht wird. Andernfalls würde man die Erzieherinnen im Fallbeispiel 2 von der Verpflichtung freisprechen, die notwendigen Konsequenzen aus dem Vorfall zu ziehen. So kann es in manchen Situationen auch unter ethischem Aspekt nach Abwägung aller relevanten Gesichtspunkte vertretbar erscheinen, einer möglichen medikamentösen Behandlung emotionaler Übererregung (»Sedierung«), einem vorübergehenden stationären Psychiatrieaufenthalt oder einem Gruppenwechsel zuzustimmen, wenn die begründete Überzeugung besteht, dadurch die bestehenden Probleme besser bewältigen zu können, Gewalt zu vermeiden und längerfristige Ziele bzgl. persönlicher Entwicklung und sozialer Integration besser erreichen zu können. Dabei müssen die genannten Aspekte der Gewaltprävention natürlich gegen andere Überlegungen, z. B. möglicher unerwünschter Nebenwirkungen von Medikamenten oder der Verunsicherung durch einen Umgebungswechsel, abgewogen werden.

Schließlich wäre noch zu reflektieren, inwieweit das gewaltsame Verbringen von Herrn F. in sein Zimmer und das Einschließen dort seine persönliche Würde und seine Freiheitsrechte verletzt hat. Obwohl er – aus welchen Gründen auch immer – der unmittelbare Verursacher der Schwierigkeiten ist und in gewissem Umfang auch die daraus erwachsenden Konsequenzen tragen muss, hat er dennoch einen Anspruch darauf, den Umständen gemäß würdevoll behandelt zu werden. Daher haben alle Maßnahmen zu unterbleiben, die einer Entwürdigung gleichkämen. Dies gilt auch für die Art evtl. nachfolgender Strafen und Wiedergutmachungsaufträge. Unter der Voraussetzung, dass sich Einschließen in der Vergangenheit als brauchbar erwiesen hat um Herrn F. wieder zu beruhigen, stellt dies auch unter ethischen Gesichtspunkten eine zu erwägende Möglichkeit dar, die evtl. einem Festhalten von Herrn F. im Gruppenraum oder dem Androhen von Strafen (»… sonst fliegst du aus der Gruppe!«) vorzuziehen wäre. Auch dürfte bei den Erzieherinnen der Eindruck bestanden haben, der körperlichen Auseinandersetzug physisch und psychisch auf Dauer nicht mehr gewachsen zu sein. Allerdings wäre es dringend geboten, für das wiederholte Einschließen eines Betreuten die entsprechenden rechtlichen Voraussetzungen zu schaffen (siehe dazu Kapitel 6; Irblich,

> Demütigungen müssen grundsätzlich unterbleiben.

2004). Kritisch wäre zu dem beschriebenen Vorfall allerdings anzumerken, dass Einschließen bei Fremdaggressionen nur dann juristisch erlaubt und ethisch vertretbar erscheint, solange eine akute Gefährdung besteht. Auch unter verhaltenstheoretischer Perspektive ist es geboten, die Freiheitsbeschränkung sofort wieder aufzuheben, wenn die Person sich wieder beruhigt hat. Obwohl die Gründe nachvollziehbar sind, warum Frau M. den Betreuten während der ganzen Nacht einschloss, war dies sicherlich nicht korrekt, weil ein Andauern der Gefahr nicht mehr festzustellen war. Hier gälte es dringend, für die Zukunft über andere Lösungsmöglichkeiten nachzudenken.

Bisher hatte sich die Betrachtung auf den unmittelbaren Vorfall selbst beschränkt. Möglicherweise ist es aber auch notwendig, die Perspektive zu erweitern und die Gesamtsituation einschließlich der strukturellen Rahmenbedingungen ins Blickfeld zu nehmen. Es wurde z. B. nichts darüber berichtet, wie die Beziehung von Frau M. zu Herrn F. vor dem Vorfall war. Vielleicht gab es zwischen ihnen schon früher Spannungen und körperliche Auseinandersetzungen oder es lagen systemische Konflikte vor, wie in Fallbeispiel 1 beschrieben. Solche Randbedingungen könnten evtl. das problematische Verhalten in einem anderen Licht zeigen und würden es vielleicht nicht ganz so unvorhersehbar machen, wie es zunächst den Anschein hatte. Wir erfahren in dem Fallbeispiel z. B. auch nichts über die Lebensbedingungen in der Wohngruppe oder über Vorerfahrungen von Herrn F. mit der Mitbewohnerin, die er zunächst angegriffen hatte, nichts über die Bemühungen, die bisher unternommen worden waren, seine Kommunikations- und Stressbewältigungskompetenzen zu erweitern. Ebenso bleibt offen, warum er sich nicht selbst zu trinken nehmen konnte, sondern dabei auf die Unterstützung der Betreuerin angewiesen war. Die Antworten auf diese und andere Fragen würden vermutlich nichts an der Notwendigkeit ändern, das fremdverletzende Verhalten von Herrn F. in der gegebenen Situation abwenden zu müssen und dies auch unter teilweiser Verletzung ihm zustehender Persönlichkeitsrechte durchzusetzen. Doch richten sie verstärkt den Blick darauf, Krisen nicht nur zu bewältigen, sondern diesen auch vorbeugend zu begegnen.

Durch die Berücksichtigung situativer Rahmenbedingungen, biografischer Aspekte usw. soll nun nicht das Verhalten von Herrn F. entschuldigt und die Verantwortung dafür anderen aufgebürdet werden. Es geht vielmehr darum, zu verdeutlichen, dass auch die Anwendung von Schutz- und

> Bei der ethischen Bewertung erzieherischen Handelns sind die Rahmenbedingungen zu berücksichtigen.

Sicherungsmaßnahmen eingebettet ist in einen pädagogischen Handlungskontext und daher in seiner ethischen Bewertung nicht willkürlich aus diesem herausgelöst werden kann. Dies betrifft sowohl die vorausgegangenen Ereignisse als auch die Folgen der Abwehr- und Schutzbemühungen, die es wiederum pädagogisch aufzuarbeiten gilt, so z. B. wenn Herr F. am nächsten Tag zu erkennen gibt, dass er wegen des Vorfalls immer noch wütend auf Frau M. ist oder wenn die Mitbewohner stark verunsichert reagieren. Zu berücksichtigen ist außerdem, dass auch die Rahmenbedingungen der Betreuung von der Gruppenzusammensetzung über die Personalbemessung bis hin zur sozialpolitischen Weichenstellungen von ethischer Relevanz sind, da sie Lebensqualität und persönliche Würde des Einzelnen berühren können. Soweit notwendig und möglich sollten daher auch die Mitverantwortlichen der übergeordneten Entscheidungsebenen in den Reflexionsprozess mit einbezogen werden.

Wer die persönliche Betroffenheit und Verletztheit kennt, die körperliche Angriffe durch Betreute auch bei professionellen Helfern auslösen können, weiß, dass es kein einfaches Unterfangen ist, nach solchen Situationen sich auch noch mit dem eigenen Gewissen und evtl. Unzulänglichkeiten des eigenen Handelns auseinanderzusetzen. Dies verlangt in vielen Fällen einen räumlichen und zeitlichen Abstand vom Geschehen, emotionale Entlastung durch Gesprächsmöglichkeiten, Verständnis und Akzeptanz durch die Umgebung, rechtliche Sicherheit und Rückendeckung durch Vorgesetzte sowie die Erkenntnis, dass die aufgeworfenen Fragen nicht das Problem eines einzelnen, vielleicht besonders skrupulösen Mitarbeiters sind, sondern letztlich alle Bezugspersonen angehen. Zu dem Sich-selbst-Infragestellen gesellt sich dabei auch das Infragestellenlassen durch andere, was eine Transparenz des Geschehens für Außenstehende voraussetzt. Wird die Chance genutzt, sich einer solchen Reflexion ernsthaft zu stellen, statt lediglich einen »Schuldigen« ausmachen zu wollen, dann profitieren nach Meinung des Autors alle Betroffenen für ihre zukünftige Arbeit davon.

Die ethische Reflexion sollte daher zumindest folgende Bestimmungsstücke umfassen:

- mögliche Gründe, Ursachen und Auslöser, die zur Eskalation geführt haben;
- genaue Rekonstruktion des Ablaufs der Konfliktsituation;
- Benennen der ethischen Werte, die von Akteuren bedroht oder verletzt wurden;

- ausdrückliche Würdigung positiver Absichten und Handlungsansätze;
- in der Situation verfügbare aber nicht realisierte sinnvolle Handlungsalternativen;
- Gründe für unzureichende Handlungsergebnisse.

Das hier beschriebene Vorgehen ist an verschiedene Voraussetzungen geknüpft. Zuvorderst handelt es sich um eine Form der Selbstreflexion und nicht um eine Art hochnotpeinlicher Befragung durch Vorgesetzte oder Kollegen. Es wäre allerdings begrüßenswert, wenn solche Überlegungen im Mitarbeiterteam oder im Gespräch mit Dienstvorgesetzten gemeinsam angestellt werden könnten, weil der kollegiale Austausch und das Befasstsein der Vorgesetzten damit für alle weiterführend sein kann. So kann ein Abgleichen der Situationsbewertung und der individuellen Wertvorstellungen erfolgen und eine Suche nach gemeinsamen Lösungsschritten wird ermöglicht. Außerdem bedeutet dies einen Beitrag zur Transparenz des gesamten pädagogischen Handelns, die einem möglichen Missbrauch von Gewalt in der Betreuungsarbeit einer Einrichtung entgegenwirken kann. Allerdings müssen dazu auch noch andere Aspekte gehören, wie die Einbeziehung gesetzlicher Betreuer, sorgfältige Dokumentation usw. Das gemeinsame Reflektieren mit Kollegen über solche problematischen Betreuungssituationen setzt aber ein gegenseitiges Vertrauen der daran Beteiligten voraus, sich auf Kritik einzulassen und ggf. auch Fehler einzuräumen. Andererseits wäre es aber auch bedenklich, wenn sich Mitarbeiter einer solchen kritischen Selbstreflexion hartnäckig verschlössen.

Gelingt aber ein gemeinsames Nachdenken über die Anwendung von Gewalt in der Betreuung behinderter Menschen, dann lässt sich daraus eine Reihe wichtiger Bausteine für die zukünftige Arbeit gewinnen:

1. Für jeden einzelnen Mitarbeiter bedeutet dies mehr Handlungssicherheit, was allein schon präventiv gegen fremdaggressives Verhalten wirken kann. Außerdem kann er daraus für sich geeignete Konsequenzen ziehen.
2. Im Team können Mitarbeiter aus gemeinsamen Wertvorstellungen ihre Handlungskonzepte für Krisenprävention und Krisensituationen weiterentwickeln und den Erfordernissen ihrer Arbeit anpassen.
3. Durch eingehende Nachbereitung zeigen sich Schwachstellen im Betreuungssystem, woraus sich ggf. Maßnahmen (strukturelle Veränderungen, Schulung der Mitarbeiter usw.) ableiten lassen.

Eine größere Praxisrelevanz ethischer Grundsätze kann eine Voraussetzung dafür sein, solche Wertvorstellungen auch den Betreuten erfahrbar zu machen und ihnen im Zusammenleben und -arbeiten innerhalb der Einrichtung stärkere Geltung zu verschaffen.

Individuellen Wertentscheidungen ist, soweit wie möglich, Raum zu geben.

Eine gemeinsame ethische Reflexion deckt aber auch Unvereinbarkeiten auf, wenn z. B. ein Mitarbeiter nach einem körperlichen Übergriff durch einen Betreuten nicht mehr in der Lage ist, diesem einigermaßen unvoreingenommen gegenüberzutreten. Dann könnte ein solcher Reflexionsprozess auch zu dem notwendigen Ergebnis führen, dass dieser Mitarbeiter nicht mehr für diesen behinderten Menschen zuständig sein sollte. Oder es könnte sich herauskristallisieren, dass die mit einem Betreuten verbundene Verhaltensproblematik den ethisch möglichen Verhaltensspielraum übersteigt, der in einer bestimmten Einrichtung gegeben ist. So wichtig gemeinschaftlich getragene und verantwortete Wertesysteme sind, gilt es aber auch, individuell abweichende Wertentscheidungen von Mitarbeitern zu akzeptieren, soweit sie in den gemeinsamen ethisch möglichen Rahmen passen.

Außerdem soll hier noch auf einige kritische Aspekte hingewiesen werden: Die Anwendung von Schutzmaßnahmen in Krisensituationen verändert die Betreuungssituation auch in der Wahrnehmung der Betreuten. Dadurch vermittelt sich ihnen möglicherweise die Sicherheit, eigenes fremdaggressives Verhalten könne von der Umwelt wirkungsvoll aufgefangen werden. Diese Sicherheit kann sich einerseits emotional stabilisierend auswirken und dadurch weitere Eskalationen verhindern (vgl. Irblich, 1999), sie kann andererseits aber auch die Wahrscheinlichkeit weiterer Kontrollverluste seitens des Betreuten erhöhen, und zwar dann,

1. wenn aggressives Verhalten dem Ziel dient, Aufmerksamkeit zu erzwingen und ein routinierter Umgang der Betreuungspersonen mit solchen Eskalationen die Aufmerksamkeit verringert, die vom Betreuten dadurch hervorgerufen werden kann;
2. wenn die Fremdkontrolle durch das Erziehungspersonal die Selbstverantwortung des Betreuten für sein Verhalten und dessen destruktive Folgen verringert;
3. wenn Gewaltanwendung dadurch im Zusammenleben einer Wohn- oder Werkstattgruppe »normalisiert« bzw. legitimiert wird, weil den Betreuungspersonen in den Augen der Betreuten eine Modellfunktion zukommt.

Ein wenig überspitzt formuliert könnte dies bedeuten, kompetentes Krisenmanagement durch die Mitarbeiter verringert die psychischen Kosten fremdschädigenden Verhaltens für die Betreuten. Um einer solchen Fehlentwicklung vorzubeugen, ist es wichtig, die handlungsleitenden ethischen Grundsätze auf positive Werte wie gegenseitigen Respekt, Rücksichtnahme, Gerechtigkeit, Schutz des Schwächeren usw. zu gründen und diese in der täglichen Arbeit für alle in ausreichendem Maße erfahrbar zu machen. Eine Beschränkung auf Verbotsnormen (Verzicht auf Gewalt, Demütigung usw.) reicht demnach zur Gestaltung eines gelingenden Zusammenlebens nicht aus.

> Ethische Systeme von Behinderteneinrichtungen sollten sich auf positive Werte gründen.

Schließlich ist im Zusammenhang mit fremdschädigendem Verhalten auch auf den Stellenwert juristisch relevanter Sanktionierung insbesondere in der Betreuung von Personen mit leichter geistiger Behinderung und fremdaggressiven Verhaltensweisen einzugehen. Fehlt es nach fremdschädigenden Übergriffen eines Betreuten an angemessenen Reaktionen, z. B. weil Menschen mit geistiger Behinderung für prinzipiell schuldunfähig gehalten werden, dann führt dies nicht nur zu einer Verminderung der Selbstverantwortung für eigenes Tun, sondern verwischt auch die Grenzen im Bereich ethischer Bewertungsmaßstäbe. Dies kann negative Auswirkungen auf zukünftige Konfliktsituationen haben. Gleichermaßen problematisch stellt sich die Situation dar, wenn Gewalt von Betreuten gegen Betreuer geahndet wird, im umgekehrten Fall jedoch keine Sanktionen erfolgen. Je verbindlicher und nachvollziehbarer in diesem Bereich Bewertungen und Konsequenzen erfolgen, desto tragfähiger ist der ethische Bewertungsrahmen für alle Beteiligten.

> Sanktionen können wichtig sein, um die Gültigkeit ethischer Normen auch für Menschen mit einer geistigen Behinderung zu unterstreichen.

Sicherungstechniken und Schutzmaßnahmen bei selbstverletzendem Verhalten unter ethischem Aspekt

Viele ethische Überlegungen, die im vorigen Abschnitt angestellt wurden, treffen auch dann zu, wenn es um die Bewältigung selbstverletzender Verhaltensweisen geistig behinderter Menschen geht. Auch hierbei ist es oftmals erforderlich, Abwägungen zwischen verschiedenen Werten vorzunehmen und die ethische Reflexion nicht losgelöst von den übrigen handlungsrelevanten Gesichtspunkten vorzunehmen. Wegen der auf den eigenen Körper bezogenen schädigenden Verhaltensweisen ist bei selbstverletzendem Verhalten jedoch in weitaus stärkerem Maße der Aspekt der Selbstverantwortung des behinderten Menschen betroffen, da die sichernden Maßnahmen oft tiefe Einschnitte in seine Handlungsautonomie und Intimsphäre bedeuten. Außerdem entfällt hier zunächst die Abwägung zwischen den Interessen verschiedener Personen, nämlich des »Aggressors« und des »Opfers« der Gewalt, da beide, »Täter« und »Opfer«in einer Person zusammenzufallen scheinen.

Selbstschädigende Verhaltensweisen umfassen alle Handlungen, durch die jemand sich selbst (physischen) Schaden zufügen kann. In diesem Sinne wäre jede Form des Risikoverhaltens einschließlich des Substanzmissbrauchs den Selbstschädigungen zuzurechnen, desgleichen der Verzehr ungenießbarer Gegenstände oder das Einführen schwer entfernbarer Objekte in Körperöffnungen. Selbstverletzendes Verhalten bedeutet insofern eine begriffliche Einschränkung gegenüber der Selbstbeschädigung, als damit nur diejenigen Verhaltensweisen gemeint sind, die im medizinischen Sinne unmittelbar eine Verletzung am oder im eigenen Körper hervorrufen. Die Ursachen bzw. Gründe dafür können vielfältig sein und von körperlicher Stimulierung bis zu starken emotionalen Affekten und zwischenmenschlichen Konflikten reichen. Eine Verletzungsabsicht muss dabei nicht unterstellt werden. Sie ist bei schwer geistig behinderten Menschen in diesem Zusammenhang auch oft nicht zweifelsfrei nachweisbar. Daher ist nach Meinung des Autors auch der Begriff der Selbstverletzung dem der Autoaggression vorzuziehen ist. Die Intensität und Häufigkeit selbstverletzender Verhaltensweisen ist ebenfalls variabel und reicht von gelegentlichem und nur leichtem Schlagen, Beißen, Kratzen oder Stoßen ohne dauerhafte gesundheitliche Folgen bis hin zu Handlungen, die lebensbedrohliche Auswirkungen haben. Im Zusammenhang mit den hier zu betrachtenden Sicherungstechniken interessieren naturgemäß eher diejenigen Selbstverletzungen, die mit höherer Intensität und gravierender Gefährdung einhergehen. Aus fachlicher Sicht muss jedoch beachtet werden, dass schwere Selbstverletzungs-Symptomatiken oft »harmlos« beginnen und sich im Laufe der Zeit steigern, weil es nicht gelungen ist, frühzeitig erfolgreich zu intervenieren und Verhaltensalternativen aufzubauen. Daraus resultiert auch ein ethisches Problem, wenn präventiv einschränkende Maßnahmen zur Anwendung kommen, obwohl aus gesundheitlichen Gründen dazu noch keine zwingende Notwendigkeit bestanden hat. Hier ist zwischen fachlich-prognostischen und ethischen Überlegungen abzuwägen.

Fallbeispiel 3: *Die autistische und schwer geistig behinderte 8-jährige C. reagiert auf vielfältige Umgebungseinflüsse mit Selbstverletzungen. Sie beißt sich in die Hände, schlägt sich auf die Augenbrauen, bis diese stark anschwellen, und bei hoher Erregung wirft sie sich so mit dem ganzen Körper gegen Möbelkanten, Mauerecken und Türrahmen, dass sich an Hüften und Rumpf großflächige Hämatome bilden. Auslöser für diese Verhaltensweisen können Anforderungen sein, denen sie nicht nachkommen möchte, z. B. das Anziehen von Jacke und Schuhen für den Schulweg, wobei C. sich ohnehin gerne der Kleidung entledigt. Aber auch Lärmbelästigung, neue Wohngruppenmitarbeiter oder Störungen vertrauter Abläufe können zu den beschriebenen Verhaltensweisen führen.*

Die verfügbaren pädagogischen Mittel zur Verhinderung der Selbstverletzungen scheinen gering zu sein. Meist lässt sich die Selbstverletzung nur dadurch vermeiden, dass man dem Willen des Mädchens nachgibt und sie z. B. barfuß den Schulweg absolvieren lässt, was für die Mitarbeiter zumindest in der kälteren Jahreszeit ein Verantwortungsproblem darstellt. C. reagiert aber auch in vielen anderen Situationen selbstverletzend, z. B. wenn nicht die von ihr erwünschte Person sie morgens weckt, der »falsche« Nachbar während einer Mahlzeit neben ihr sitzt, die »falsche« Musik abgespielt wird oder der erwartete Spaziergang wegen Regens ausfällt. Die Teilnahme Cs. am Leben der Gemeinschaft ist dadurch erheblich eingeschränkt.

Auch verbale Interventionen sind nicht dazu geeignet, die Selbstverletzungen Cs. zu unterbinden. Andererseits steigert sich deren Intensität mit zunehmender Konfliktdauer und mit der Erregung des Mädchens. Die Erzieher entscheiden sich daher dazu, C. in solchen Situationen trotz ihres Widerstands festzuhalten, bis sie sich wieder beruhigt hat, was u. U. eine halbe Stunde und länger dauern kann. Aber auch dann ist nicht immer gewährleistet, dass C. nun die Bedingungen akzeptiert. Eine Folge dieser Vorgehensweise ist es, dass C. zunehmend mehr Einzelzuwendung erhält. Schließlich beginnt sie, diese durch ihr selbstverletzendes Verhalten in verstärktem Maße einzufordern.

Fallbeispiel 3 offenbart gleich mehrere ethische Dilemmata: Dem unzweifelhaft wichtigen Wert körperlicher Unversehrtheit, dem das Festhalten in Krisensituationen dient, steht hier eine Reihe anderer, ebenfalls ethisch re-

Dilemma 1: Schutzmaßnahmen bei selbstverletzendem Verhalten schränken den freien Willen ein, der eigentlich gefördert werden soll.

levanter Gesichtspunkte gegenüber. Durch Festhalten wird der Wille des Mädchens in eklatanter Weise eingeschränkt. Zugleich mit dem Unterbinden selbstverletzender Verhaltensweisen wird C. zum Beispiel auch daran gehindert, ihre Schuhe wieder auszuziehen oder ihre »Ordnung« wiederherzustellen. Eine klare Trennung zwischen Krisenintervention und der Ausübung »erzieherischer Gewalt« ist somit oft nicht möglich.

Ein zweites Dilemma besteht darin, dass durch den Schutz, den das Festhalten einerseits bietet, die Handlungsautonomie andererseits eingeschränkt wird. Die Rechtfertigung dafür findet sich oftmals in der Annahme, der Betreffende selbst habe die Kontrolle über sein Verhalten in solchen Situationen verloren. Aber weder das im Fallbeispiel 3 praktizierte Festhalten noch mechanische Bewegungseinschränkungen sind dazu geeignet, Selbstkontrolle über das eigene Verhalten (wieder) zu erlangen. Gerade dann, wenn das selbstverletzende Verhalten absichtsvoll ausgeführt wird, z. B. um den eigenen Willen durchzusetzen, bedeuten Schutzmaßnahmen einen Eingriff in die Handlungsautonomie und die körperliche Intimsphäre.

Dilemma 2: Schutzmaßnahmen untergraben Selbstkontrolle, Selbstwirksamkeit und Eigenverantwortlichkeit.

Eine Ausnahme bildet hier das Handlungsmotiv der Aufmerksamkeitssuche. In diesem Fall würde das Festhalten genau der Intention des behinderten Menschen entsprechen, wodurch kein ethisches, wohl aber ein fachliches Problem angesprochen würde, nämlich eine Form der Fehlverstärkung problematischen Verhaltens. Dabei ist nicht die Aufmerksamkeitssuche an sich als problematisch zu bewerten, sondern deren Ausmaß, das negative Auswirkungen für C. und ihre Mitmenschen hat. Als Alternative würden sich hier – zumindest zeitweise – mechanische Schutzmaßnahmen anbieten, z. B. Armbandagen, die auch unabhängig von personaler Zuwendung wirken können. Wollen die Erzieher jedoch Handlungsautonomie und Selbstverantwortung des Betreuten (wieder) stärken, dann werden sie in vielen Fällen bei der Förderung von Kompetenzen auch – zumindest in begrenztem Maße – selbstverletzendes Verhalten zulassen und damit auch das (kalkulierte) Risiko körperlicher Selbstschädigung in Kauf nehmen müssen.

Selbstverantwortung bedeutet aber, die Konsequenzen des eigenen Verhaltens auch selbst tragen zu müssen. Dies gilt prinzipiell, wenn auch in unterschiedlichem Maße, für alle Menschen mit geistiger Behinderung. Selbstverantwortung zu stärken ist aber nicht nur pädagogisches Ziel, sondern auch ethische Maxime, da größtmögliche Eigenverantwortlichkeit im Rahmen der individuell zu bewältigenden Entscheidungsspielräume als Teil der Menschenwürde angesehen werden kann. Es ist daher zu beachten, dass eine zu weit gefasste Indikation für Sicherungstechniken Handlungsautonomie und damit Eigenverantwortlichkeit der Betroffenen auf Dauer untergräbt.

Aus ethischer Sicht weniger bedenklich erscheinen Maßnahmen, die als Selbstfixierung bekannt sind, weil diese ja dem erkennbaren Willen des Betroffenen offenbar entsprechen. Unter Selbstfixierung versteht man Verhaltensweisen, mit deren Hilfe derjenige sich selbst daran hindert, selbstverletzendes Verhalten auszuführen, beispielsweise indem er die Arme hinter dem Rücken durch einen Gummiring steckt oder die Pulloverärmel über die Hände zieht. Dabei kann es sogar erforderlich sein, dass eine Betreuungsperson Hilfestellung leistet, z. B. eine Segufix-Bandage[1] anlegt, ihm die Hände nach entsprechender Aufforderung festhält. Ethische Abwägungen können dabei durchaus mit ins Spiel kommen, wenn der Eindruck entsteht, die Selbstfixierung würde von dem Betreuten zu häufig gefordert und diene beispielsweise auch dazu, Anforderungen zu vermeiden. Dann bedeutet die Verweigerung der Selbstfixierung möglicherweise wiederum ein Handeln, das den Wünschen des Betroffenen entgegengesetzt ist und daher Selbstverletzungen auslöst. Für die Betreuungspersonen ergibt sich hierbei das Dilemma, im Interesse der Handlungsautonomie des Betreuten Mitverantwortung für dessen selbst zugefügte Schmerzen und Verletzungen zu haben.

Ein drittes Dilemma, das sich mit der Sicherung der körperlichen Unversehrtheit verbindet, betrifft die soziale Partizipation und die individuellen Entwicklungsmöglichkeiten. Viele selbstverletzende Verhaltensweisen beeinträchtigen direkt oder auch indirekt die Teilhabe am Leben der Gemeinschaft. Die Schutzmaßnahmen selbst tragen aber oftmals zur Ausgrenzung bei und senken die Toleranz für soziale Anforderungen. Hier gilt es

> Dilemma 3: Schutzmaßnahmen schränken u. U. die soziale Partizipation ein, die dadurch eigentlich sichergestellt werden soll.

1 Segufix-Bandagen sind sicherheitsgeprüfte Gurte aus Baumwollstoff, die die Bewegungsfreiheit in einem bestimmten Ausmaß einschränken und die mit einem Magnetverschluss versehen sind um selbständiges Öffnen durch den Betreuten zu verhindern.

immer wieder, erforderliche Schutzmaßnahmen gegen andere, vornehmlich pädagogische Ziele abzuwägen.

Immer wieder gilt: Die Gesamtsituation beachten!

Wie aus dem Fallbeispiel 3 leicht erschlossen werden kann, stellen die Verhaltensweisen von C. eine Belastung sowohl für ihre Betreuungspersonen als auch für andere Betreute dar. Zumindest die Belange anderer Betreuter gilt es bei ethischen Abwägungen auch zu berücksichtigen, insbesondere wenn deren Handlungsfreiheit durch Rücksichtnahmen eingeschränkt wird, die ihnen abverlangt werden, um dem selbstverletzenden Verhalten vorzubeugen.

Auch bei der ethischen Bewertung von Schutzmaßnahmen im Zusammenhang mit selbstverletzendem Verhalten ist es wichtig, die Gesamtsituation zu betrachten.

Es ist im Fallbeispiel 3 durchaus nahe liegend, dass die Lebenssituation, die sich für C. aus dem ständigen Zusammensein mit acht anderen Gruppenbewohnern bzw. sieben Mitschülern sowie etlichen Bezugspersonen ergibt, insgesamt belastend, weil unübersichtlich ist. So gesehen kann man die situativen Bedingungen durchaus für die Verhaltensweisen mitverantwortlich machen, die ihrerseits durch Schutzmaßnahmen dann wieder abgewendet werden müssen. Für die akute Situation gibt es dazu wohl keine Alternative, doch besteht auch die ethische Verpflichtung der Bezugspersonen, sich unter solchen Umständen für eine Verbesserung der Rahmenbedingungen, für geeignete Behandlungsmöglichkeiten oder möglicherweise auch für einen Einrichtungswechsel einzusetzen.

Anmerkungen zum ethischen Vergleich verschiedener Schutz- und Sicherungstechniken

Neben den in Kapitel 4 beschriebenen Sicherungstechniken und Schutzmaßnahmen gibt es noch eine Reihe weiterer Möglichkeiten, die in Fällen akuter Selbst- und Fremdgefährdung, wenn Ablenkung, Beruhigung, Kommunikationsangebote usw. versagt haben, zur Anwendung gebracht werden kann.

Zu nennen sind hier in erster Linie Time-out, Strafreize, medikamentöse Ruhigstellung und bewegungseinschränkende Bandagen, Fixierung im Bett usw. (siehe dazu auch Kapitel 3). Auch wenn es sicherlich gute Gründe gibt, Haltetechniken in vielen Notsituationen für eine unverzichtbare und evtl. sogar für die besser geeignete Methode zu halten, ist diesen zumindest unter ethischen Gesichtspunkten nicht prinzipiell der Vorrang zu geben. Nicht in allen Fällen führt nämlich der direkte körperliche Einsatz der Betreuungspersonen zu der geforderten Minimierung professioneller Gewaltanwendung, z. B. wenn ein Mensch mit einer geistigen Behinderung sich unter reizarmen Bedingungen am besten wieder beruhigen kann. Auch dann kann es u. U. erforderlich sein, ihn mit möglichst sanfter Gewalt dorthin zu bringen, ihm die Fixierung anzulegen und weiteren Kontakt so lange zu unterlassen, bis die Erregung abgeklungen ist.

> Ethisch vertretbar sind solche Methoden, die bei gegebener Effektivität die persönliche Würde nicht unnötig verletzen und möglichst wenige negative Neben- und Nachwirkungen haben.

Problematisch kann die Anwendung von Sicherungstechniken auch dann sein, wenn das körperliche Kräfteverhältnis zwischen Betreuungsperson und behindertem Menschen so zugunsten des Betreuten verschoben ist, dass der Betreuer nur unter Aufbieten aller seiner Kräfte etwas bewirken kann. Dann wird es ihm kaum gelingen, dem Betreuten die erforderliche »Sicherheit durch Stärke« zu vermitteln, und die Gefahr impulsiver Überreaktionen durch den Erzieher steigt. Auch in diesen Fällen ist es oftmals erstrebenswert, die körperliche Konfrontation möglichst gering zu halten und andere Sicherungsmaßnahmen zu ergreifen. Letztlich gilt auch hier, die Entscheidung über die richtige Vorgehensweise vom Einzelfall und den jeweiligen situativen Bedingungen – unter Abwägung der verschiedenen Vor- und Nachteile – abhängig zu machen.

So wichtig flexibles Handeln bei der Krisenbewältigung auch ist, darf die Bedeutung von Strukturen und festen Abläufen, die auch für behinderte Menschen durchschaubar und hilfreich sind, nicht außer Acht gelassen werden. Einerseits geben klare, bekannte Abläufe Sicherheit. Andererseits erweisen sich vor allem bei Eskalationsketten wiederholt ausgeführte und damit vorhersehbare Bewältigungshandlungen der Erzieher als Auslöserreize für weitere konditionierte Wutreaktionen der Betreuten. Neuartige und damit überraschende Reaktionsweisen können dann bisweilen hilfreich sein und mit dazu beitragen, Krisen rasch zu bewältigen und pädagogisch legitimierte Gewalt zu minimieren (vgl. dazu auch ROHMANN & ELBING, 1998).

Institutionelle Rahmenbedingungen

Schulung in und Anwendung von Sicherheitstechniken und Schutzmaßnahmen sollte an die Berücksichtigung ethischer Standards gebunden sein.

Führungskräfte und Mitarbeiterschaft von Behinderteneinrichtungen, möglicherweise auch Angehörige und interessierte Öffentlichkeit, stehen dem Ansinnen von Schulungen in Sicherungstechniken und Schutzmaßnahmen für Betreuungspersonen in Behinderteneinrichtungen häufig skeptisch gegenüber. Es besteht die Sorge, Gewalt gegen behinderte Menschen könne damit legitimiert und zu einem integrierten und allzu häufig praktizierten Bestandteil des professionellen Umgangs mit diesem Personenkreis werden. Solche Bedenken lassen sich weder durch den pauschalen Hinweis auf die Notwendigkeit solcher Maßnahmen (»Sonst wird Gewalt eben ungelernt angewendet«) noch durch freundliche Absichtserklärungen (»Unsere guten Absichten dabei müsst ihr uns einfach abnehmen!«) entkräften. Schulung und Anwendung von Sicherungstechniken sollten daher an Vorüberlegungen und Bedingungen geknüpft werden, von denen einige hier aufgeführt sind:

1. Bei der Auswahl eines Schulungsangebots ist auf dessen Seriosität und behindertenspezifische Eignung zu achten. Es geht nämlich nicht um einen »Selbstverteidigungskurs für Erzieher«, dessen Ziel die effektive Überwindung eines kriminellen Angreifers wäre, sondern um die Vermeidung von Gewalt durch kompetentes Krisenmanagement.

2. Ein entsprechendes Training sollte daher neben der Vermittlung von Techniken (vergleiche Seiten 147 bis 180) folgende Aspekte auf jeden Fall zum Inhalt haben:
   - Hinweise zu gesundheitlichen Risiken und Kontraindikationen;
   - möglichst vielfältige gewaltfreie Verhaltensweisen zur Entspannung der Situation (Deeskalation);
   - Selbsterfahrung zum Umgang mit bedrohlichen Situationen und Kennenlernen der eigenen Reaktionsweisen auf psychische Belastung;
   - Selbsterfahrung auch in der Rolle desjenigen, an dem die Sicherungsgriffe angewendet werden;
   - Begleitung und Beratung der Mitarbeiter in der Anwendungspraxis.

3. Damit die Anwendung möglichst reflektiert und allseits transparent erfolgen kann, sollten in der Einrichtung allgemeine Verfahrensleitlinien für alle Mitarbeiter verbindlich gelten und diese mit Angehörigenvertretern, Heimaufsicht und Amtsgericht abgestimmt sein. Wichtig ist es, dar-

in Indikationen, erlaubte Methoden, aber auch Verantwortlichkeiten, Dokumentationspflichten und vorgeschriebene Informationswege festzulegen. Eine Stelle zur Klärung von Zweifelsfällen sollte einrichtungsintern oder extern vorhanden sein.

4. Der Einrichtung obliegt die Auswahl der Mitarbeiter, denen menschlich und fachlich zuzutrauen ist, die Maßnahmen im Bedarfsfall verantwortungsbewusst durchzuführen und der damit verbundenen emotionalen Belastung gewachsen zu sein. In der Regel muss das gesamte Team einer Betreuungseinheit zur Anwendung befähigt sein.
5. Teams, denen die Anwendung von Sicherungstechniken zugestanden wird, müssen Außenstehenden (Vorgesetzten, Fachdiensten, Angehörigen, amtlichen Stellen) durch eine genaue und vollständige Dokumentation und im Rahmen der Beratung Einblick in ihre Arbeitsweise ermöglichen. HENNICKE (1999, 165 ff.) hat in diesem Zusammenhang zu Recht auf die Wechselwirkung zwischen Abschottung nach Außen und unangemessener Gewaltanwendung in der Betreuung hingewiesen.
6. Bestehen personelle und/oder strukturelle Betreuungsmängel, die für die auftretenden Krisen (mit-)verantwortlich gemacht werden können, so sind diese zu beseitigen. Dem Betreuten sind andere Bedingungen anzubieten.
7. Es ist im Einzelfall festzulegen, welche Maßnahmen zur Anwendung kommen dürfen, insbesondere wenn es sich um wiederholte Kriseninterventionen handelt.
8. Im Team muss es möglich sein, offen über das eigene pädagogische Handeln und das Handeln der Kollegen unter fachlichen und ethischen Gesichtspunkten sprechen zu können, individuelle Werthaltungen mitzuteilen, Belastungsgrenzen zuzugeben und gegenseitig zu akzeptieren.
9. Um auf Dauer eine Anwendungspraxis sicherzustellen, die unnötige Gewaltanwendung vermeidet, sind regelmäßige Reflexion im Team, Inanspruchnahme von Beratung und ggf. auch Supervision Voraussetzung.
10. Vorgesetzte müssen sich ihrer Obhutspflicht für Betreute und Mitarbeiter sowie ihrer Gesamtverantwortung bewusst sein, aus der heraus auch eine besondere ethische Verpflichtung erwächst.

Durch die Berücksichtigung dieser und evtl. weiterer relevanter Gesichtspunkte lassen sich günstige Voraussetzungen für einen ethisch vertretbaren Einsatz fachlich legitimierter Gewalt schaffen. Ob sich jedoch durch eine entsprechende Schulung der Mitarbeiter die Häufigkeit gewaltsamer Konfliktlösungen in Behinderteneinrichtungen tatsächlich verändert, lässt sich einerseits wegen des vielerorts noch tabuisierten Umgangs mit dieser Problematik und andererseits mangels empirischer Untersuchungen zu dieser Fragestellung bisher leider nicht sagen.

An anderen Stellen dieses Buchs wird richtigerweise darauf hingewiesen, Schutz- und Sicherungstechniken seien keine pädagogischen Methoden, mit denen außerhalb akuter Gefahrenabwendung betreuerische Ziele durchgesetzt werden dürfen. Diese strikte Trennung zwischen Pädagogik und Sicherungstechniken, die im Alltag nicht immer eindeutig vorgenommen werden kann, darf aber nicht zu der Annahme verleiten, Betreuung und Krise seien zwei voneinander unabhängige Ereignisse. Krisen entstehen zumeist aus »normalen« Betreuungssituationen heraus. Es handelt sich in beiden Fällen um dieselben Akteure, deren gemeinsame Beziehungsgeschichte sich auch in der Krisensituation und darüber hinaus fortsetzt. Daher wird hier nachdrücklich dafür plädiert, die ethische Dimension der Krisenintervention nicht vom Gesamtkontext der Betreuung abzukoppeln.

> Eine strikte Trennung zwischen Pädagogik und Krisenintervention ist in der Praxis nicht möglich.

Schlussbetrachtung

Dieser Beitrag widmet sich vornehmlich ethischen Aspekten in der Anwendung von Sicherungstechniken und Schutzmaßnahmen bei Verhaltenskrisen geistig behinderter Menschen. Ethische Reflexion wird hier als Möglichkeit beschrieben, das eigene fachliche Handeln an Wertmaßstäben zu orientieren. Damit eine solche Analyse des eigenen Verhaltens bzw. die Suche nach Vorgehensweisen, die auch im moralischen Sinne als »gut« bewertet werden können, überhaupt einsetzen kann, ist es aber erforderlich, sich überhaupt der ethischen Dimension des eigenen Handelns bewusst zu sein. Dies setzt einerseits das ausdrückliche Wissen um die dabei berührten zwischenmenschlichen Werte und deren mögliche Verletzung im Umgang mit geistig behinderten Menschen voraus. Andererseits kann der mehr intuitiv-gefühlsmäßig ablaufende Bewertungsprozess

(»Gewissen«) Hinweise auf ethischen Klärungsbedarf anzeigen, dem hier auch nachgegangen wurde. Allerdings haben sowohl experimentalpsychologische Untersuchungen (vgl. z. B. die Gehorsamkeitsexperimente von Milgram, 1974) als auch die historischen Erfahrungen im Nationalsozialismus gezeigt, dass das Gewissen der Ausführenden durch psychischen Druck und Autoritätsgläubigkeit abstumpfen und korrumpiert werden kann. Im Interesse einer humanen, d. h. am Wohl der betroffenen Menschen orientierten Behindertenarbeit, wäre daher zu fordern, ethische Bewusstheit und Sensibilität zum Inhalt der Ausbildung aller im System der Hilfen für behinderte Personen tätigen Berufsgruppen zu machen und gleichzeitig ethische Reflexion des eigenen Handelns als integralen Bestandteil in der praktischen Arbeit mehr als bisher zu verankern.

Literatur

Glasenapp, J. & Kirsten, N. (2002): Gewalt im Leben von Menschen mit geistiger Behinderung – ein Überblick. Verhaltenstherapie und psychosoziale Praxis, 34 (1), 33–42.

Hennicke, K. (1999): »Wer ist Täter, wer ist Opfer?« Spiralen der Gewalt in Einrichtungen der Behindertenhilfe und wie sie zu unterbrechen sind. In: M. Seidel & K. Hennicke (Hrsg.): Gewalt im Leben von Menschen mit geistiger Behinderung (147–187). Reutlingen: Diakonie-Verlag.

Irblich, D. (1999): Gewalt und geistige Behinderung. In: Z. Geistige Behinderung, 38 (2), 132–145.

Irblich, D. (2003): Strukturierung des Lebensumfeldes als Intervention bei psychischen Problemen geistig behinderter Menschen. In: D. Irblich & B. Stahl (Hrsg.): Menschen mit geistiger Behinderung. Psychologische Grundlagen, Konzepte und Tätigkeitsfelder (559–590). Göttingen: Hogrefe.

Irblich, D. (2004): »Gewalt ist, wenn man's trotzdem macht«. Über fachlich legitimierte Formen der Gewalt in der Arbeit mit behinderten Kindern. In: Z. Geistige Behinderung, 43 (1), 15–35.

Klauß, T. (2003): Ethische Aspekte pädagogisch-therapeutischer Interventionen bei aggressivem und selbstverletzendem Verhalten. In: M. Furger & D. Kehl (Hrsg.): »... und bist du nicht willig, so brauch ich Gewalt«. Zum Umgang mit Aggression und Gewalt in der Betreuung von Menschen mit geistiger Behinderung (127–147). Luzern: Schweizerische Zentralstelle für Heilpädagogik.

Michalek, S. (2000): Gewalt- und Konflikterfahrungen von Menschen mit geistiger Behinderung im Lebenskontext Heim. Soziale Realität aus Sicht der Betroffenen und ihrer Bezugspersonen. Dortmund: unveröffentlichte Dissertation.

Milgram, S. (1974): Obedience to authority. New York: Harper.

Rohmann, U. & Elbing, U. (1998): Selbstverletzendes Verhalten. Überlegungen, Fragen und Antworten. Dortmund: verlag modernes lernen.

Schischkoff, G. (1991): Philosophisches Wörterbuch (22. erweiterte Auflage). Stuttgart: Kröner.

Stinkes, U. (1993): Fragestellungen im Kontext einer liberalen Eugenik. In: D. Irblich & B. Stahl (Hrsg.): Menschen mit geistiger Behinderung. Psychologische Grundlagen, Konzepte und Tätigkeitsfelder (51–66). Göttingen: Hogrefe.

Wabnig, L. (1986): Ethische Fragen bei Formen der Fremdbestimmung in der Therapie und Förderung behinderter Menschen: verhaltenstherapeutische Maßnahmen. In: N. Huber & H. Schoch (Hrsg.): Grenzsituationen menschlichen Lebens. Hilfen für behinderte Menschen – ethische Anfragen und Perspektiven (115–128). Freiburg: Lambertus.

Menschen mit intensiver Behinderung und herausforderndem Verhalten

Theologische Impulse im Umgang mit Gewalt im Assistenzverhältnis

Christoph Beuers

Annäherungen an eine Standortbestimmung

»Gewaltsames« scheint sich immer wieder in die Lebenssituation von Menschen mit Behinderung einzuschleichen: Vorurteile schreiben diesem Personenkreis ein besonderes Aggressionspotential zu. Bilder von Behinderung und die Interpretation auffälliger Verhaltensweisen machen diesen Personen zu schaffen, nehmen Einfluss auf die Lebenssituation von Menschen mit Behinderung, führen sie immer wieder in neue zeitbedingte, gesellschaftlich wie wissenschaftlich verordnete Rahmenbedingungen und Abhängigkeiten hinein, die in strukturellen Formen von Gewalt einmünden können (vgl. KASPAR 1980, 334–342). Forderungen zu einem Mehr an »Lebensqualität« oder »Normalisierung« verkommen zu Schlagworten. Ihr Sinn verdreht sich zu einer Lanze gegen Menschen mit Behinderung und ihre Unterstützung. Die Diskussion um den Schutz und die Würde, aber auch die Unterstützung von Leben mit Behinderung sei hier angeführt (DIE DEUTSCHEN BISCHÖFE 2003, 14; Gott ist ein Freund des Lebens, 2000, 90). Selbst die Forderung nach Autonomie scheint instabil, wenn Professionelle in der alltäglichen Arbeit mit diesem Personenkreis an Grenzen stoßen. Probleme mit Macht, Angst und Gewalt in der pädagogischen Beziehung werden in der Erziehung oder bei der fachlichen Begleitung und Assistenz von Menschen mit Behinderung als Tabuthema behandelt. Wie man einer solchen Tabuisierung entgegenwirken kann, dazu sei exemplarisch die Fachtagung »Macht. Angst. Gewalt« am 16. und 17. Juni 2005, Johannes-Anstalten Mosbach in Schwarzach angeführt. Dort wird festgestellt: Aggressives Verhalten von Menschen mit Behinderung macht Angst. Die Angst nicht verletzt zu werden, aber auch die Angst nicht angemessen reagieren zu können und den Menschen mit Behinderung physische oder psychische Verletzungen hinzuzufügen lähmen. FEUSER (2002, 10) und SCHMIDT-

> Macht, Angst, Gewalt: ein Tabu-Thema in pädagogischen Beziehungen.

> Massive herausfordernde Verhaltensweisen bewahren die behinderte Person vor dem Zusammenbruch.

BAUER (2002) sprechen von Machtphantasien und Burnout-Risiko, die aus der Hilflosigkeit der helfenden Berufe entstehen und gewaltsames Handeln provozieren können. Gleichzeitig haben schwerste herausfordernde Verhaltensweisen kompensatorische Natur: Sie wollen die Person vor dem Zusammenbruch bewahren und haben somit eine hohen individuellen Stellenwert. Ein Coaching für Mitarbeiter(innen) im Umgang mit alltäglichen Gewaltsituationen kommt als Forderung zunehmend in den Blick. Interventionsstrategien werden entwickelt, um grundlegende Zusammenhänge zu klären und handlungstheoretische Begründungen für ein verantwortungsvolles Handeln zu konzipieren, das auch Formen von Gewalt mit einschließen kann. Dabei geht es nicht nur um die »großen Situationen«, in denen es zu Handgreiflichkeiten bei einer gewalttätigen Auseinandersetzung kommt und wobei Sicherungsmaßnahmen getroffen werden müssen, sondern es sind auch die alltäglichen »kleinen Situationen«, in denen zum Beispiel ein erwachsener Mensch gepflegt werden muss und er beim Windelwechsel der Fachkraft permanent gegen das Schienbein tritt. Die Fachkraft entschließt sich für die Dauer des Pflegevorgangs das Bein zu fixieren. Die wohl häufigste Erfahrung gewaltsamen Handelns wird von Fachkräften eher als Folge nicht steuerbarer Emotionen erlebt und weniger als geplantes Handeln gegenüber dem Assistenten oder Erziehenden. Je nach Grad der Bewusstheit für das eigene Handeln und dem Entwicklungsniveau der Person wird ihr keine Verantwortung für ihr von Gewalt geprägtes Verhalten zugesprochen. Eine Grenzziehung durch Widerspiegeln des gewalttätigen Handelns in Form von Gegengewalt scheint unsinnig zu sein, da für den Menschen mit intensiver Behinderung in der Regel kaum eine Möglichkeit besteht, einen Zusammenhang zu dieser Reaktion herstellen zu können. Feuser wäre anzufragen, ob eine solche restriktive Maßnahme auch zur Öffnung eines neuen Handlungsraums und zur Iniitierung Isolation überwindender Prozesse zu werten sei (FEUSER 2002, 6).

> Die alltäglichen Situationen sind oft Auslöser.

> Eine Grenzziehung mit Gegengewalt ist nutzlos.

Zusammenarbeit in einer Spanne von Macht und Gewalt, Ohnmacht und Angst kann die Grundsituation umreißen, in der Menschen mit Behinderung und ihre Assistenten im gemeinsamen Alltag stehen können. Sie ist zudem geprägt von den institutionellen Rahmenbedingungen und der tiefen Bedeutung der betreuerischen Beziehung, die sich immer wieder die kritische Frage gefallen lassen muss »Was habe ich mit einem ›Freund‹ zu tun, der mich wertet?« (NIPKOW 2005, 128)

Gewaltsames Handeln als Bestandteil der kirchlichen Ambivalenzgeschichte in der Begegnung mit Menschen mit Behinderung

In Bezug auf Menschen mit Behinderung ist von der Geschichte eines Ambivalenzkonflikts auszugehen: Kirche und Religion stehen zu Menschen mit Behinderungen in einem spannungsreichen Verhältnis, sowohl im Sinne ihrer Respektierung als auch im Sinne ihrer Ausgrenzung und Menschenverachtung. Menschen mit Behinderung erlebten und bewerteten Kirche und ihre Institutionen u. a. auch als strukturelle Gewaltäterin, sei es durch Fremdbestimmung, Ausgrenzung, Anomalisierung oder dem Vermitteln eines ungewollten Deutungshorizonts (KOLLMANN 1995, 539–547).

Die Kirche und ihre Theologie vermag erst unter Verweis auf das Eingeständnis eigenen schuldhaften Umgangs mit Gewalt und ihrer neu entwickelten Lernbereitschaft glaubwürdige Perspektiven für Gewaltsituationen zu entwickeln (GEMEINSAME ERKLÄRUNG 2000; DIE DEUTSCHEN BISCHÖFE 2003; SCHULTEBRAUCKS 2005). Von hier her kann sie dann in Rückgriff auf eigene Traditionen und Bilder Antwortversuche auf Gewaltsituationen im erzieherischen oder assistierenden Umgang anstreben. Als biblische Gestalt, die diese Haltung verkörpert, sei auf Paulus verwiesen. In der Begegnung mit Jesus Christus wurde aus dem Gewalttäter Saulus der Paulus, der selbst zum Opfer von Gewalt wurde (Apg 9, 1–31: Die Bekehrung des Paulus).

> Ein Beispiel aus der Bibel.

Grundsätzlich ist mit Sloterdijk auf einen entscheidenden Umstand aufmerksam zu machen: Bei der Diskussion um Gewalt sollte man nicht der Illusion erliegen, eine gewaltfreie Zone ausmachen, sich in diese hineinbegeben und die Gewalt außen vor lassen zu können. Gewalt ist ein Phänomen, das jeden Menschen in unterschiedlichen Formen tagtäglich umgibt (SLOTERDIJK 1994, 9).

> Es gibt keine gewaltfreie Zone im menschlichen Alltag.

Assistenz als Zuwachs an »Ermächtigung«

Menschen, die erzogen werden oder auf Assistenz angewiesen sind, sollen ermächtigt werden, ihrer selbst mächtig zu werden. Emanzipation ist in diesem erzieherischen wie begleitenden Sinn Zuwachs an Macht und

Kompetenz. Der richtige Gebrauch von Macht und der Möglichkeiten, mit ihr angemessen umzugehen, sind Ziele von Erziehung und Assistenz. Dritte und die Welt nicht zu ver-gewaltigen ist eine der vielen Aufgaben, die in diesem Prozess der Ermächtigung stufenweise zu bewältigen sind. Gewalt ist so verstanden die Ausübung von Macht im Konfliktfall, in der Absicht, den entgegengebrachten Widerstand zu überwinden. Personen, die ihre Macht ausprobieren lernen, machen Fehler: sie missbrauchen ihre Möglichkeiten oder gebrauchen sie nicht richtig. So schaffen sie Konflikte. Gewaltanmaßung bedeutet dann, die Macht an sich zu nehmen und sie zum Schaden dritter oder seiner selbst zu missbrauchen. Es handelt sich in den Augen des Assistenten um Aneignung von Gewalt zur falschen Zeit, am falschen Ort, mit falschen Mitteln. Sie kündigt vor allem das Erziehungs- oder Assistenzverhältnis auf (MÖCKEL 2005, 54). Eine Reaktion darauf mit sogenannten Erziehungsmitteln weckt die Assoziation, dass es Mittel gäbe, die – in bestimmten Situationen angewandt – eine vorhersehbare Wirkung zeigen. Diese Annahme ist ein Irrtum. Andererseits ist es aber nicht unerheblich, wie ein Assistent oder Erziehender eine Situation kommentiert.

Empowerment ist Selbstermächtigung.

Das zerbrochene Erziehungsverhältnis neu zu beginnen – einen Neuanfang zu setzen –, das ist die Aufgabe von Erziehenden und Assistierenden in der Hoffnung, dass die »Fremderziehung« in eine »Selbsterziehung« einmündet. Perspektiven für einen solchen Neuanfang sind

»Fremderziehung« ist »Selbsterziehung«.

- Distanzierungsmöglichkeiten anbieten;
- einen neuen Rahmen schaffen, um die Bereitschaft zum Neubeginn zu wecken;
- Zwischenschritte einüben, um von einer physischen Gewaltausübung loszukommen;
- neue Beziehungssignale auszusenden, die im Kontext von Netzwerken eher möglich sind, als bei einer Einzelperson (vgl. MÖCKEL 2005, 59–60).

Theologisch wird bei dieser Vorgehensweise von einem befreienden Verhalten gesprochen. Erlösung und Befreiung werden hier konkretisiert als Chance zu einem neuen Anfang und als Chance das Leben des bedrängenden Anderen anzunehmen, so wie es ist, ohne seine einzelnen Verhaltensweisen gutheißen zu wollen.

Erlösung und Befreiung durch Neuanfang.

Nachdenkenswert ist in diesem Kontext die Feststellung, dass eine solche Gewaltanmaßung durch ungeklärte Konflikte entsteht, die Unsicherheit in das gemeinsame Verhältnis bringen und es dann eskalieren lassen (MÖCKEL 2005, 56). Ohnmacht und Selbstvergewisserung werden in diesem Kontext zum Auslöser für gewaltsames Handeln. Gewalt erscheint hier zumindest für den Gewalttätigen als dialogisches, für ihn not-wendendes Verhalten. Es soll ihm die Stabilität zurückbringen, die er offensichtlich zur Aufrechterhaltung seiner Person und seiner Lebensstruktur nötig hat.

Einsatz von Gewalt zur Selbsterhaltung.

Not-wendendes Verhalten

Zur Anwendung von Gewalt in bedrängenden sozialen Situationen und Verhältnissen argumentiert Fuchs im Handbuch der Praktischen Theologie »Von außen kann über gewaltsames Handeln nicht entschieden werden. Gewalt bleibt Gewalt. Sie wird niemals unschuldig. Was sich in einer konkreten Ausweglosigkeit als Not-wendigkeit aufdrängt, kann jedenfalls nicht zum leicht verfügbaren Maßstab allgemeinen Handelns gemacht werden und als beliebig transferierbare Gewaltlizenz in anderen Situationen herhalten. Dann würden die bestehenden gewaltfreien Widerstandsmöglichkeiten verstellt und die Investition entsprechender kreativer Phantasie zu früh blockiert ... . Auch notwendende Gewalt ist nicht allgemein legitimierbar, sondern ist nur in unaufschiebbar drängenden Verhältnissen verantwortbar, mit dem selbstkritischen Bewusstsein eigener Begrenztheiten und Anteile, also ohne die illusionäre Selbsttäuschung von Unschuld.« (FUCHS 1999, 189) Verantwortung kommt als weiterer Faktor im Umgang mit Gewaltsituationen in den Blick.

Eine christlich motivierte und angestrebte Verantwortungsethik in gewaltbestimmten Situationen von Assistenz und Begleitung

Verantwortung als dialogisches Konzept

Verantwortungsvolles Handeln ist vom ethischen Sprachgebrauch her zu beschreiben als Zuständigkeit des Menschen für sein Tun und Lassen, für die Gestaltung seiner eigenen Persönlichkeit, für die von ihm übernommenen Aufgaben und die Rechenschaftspflicht dafür – vor einer zuständigen Instanz –, seien es das eigene Gewissen, die Mitmenschen, gesellschaftliche Behörden oder Gott. Verantwortung berührt das menschliche Verhalten nur insofern als dieses in die freie Gestaltungsfähigkeit eines Menschen fällt. Für langfristige Folgen hat der Entscheidende einzustehen. Der Akt der Entscheidung kann niemals auf einen Dritten oder auf die Umstände abgewälzt werden.

> Der Einzelne ist für sein Handeln verantwortlich.

Von seinem Wortbestandteil »antwort« her wird Verantwortung in einer sozialen Kommunikation verwirklicht, die sich dialogisch entfaltet. Sie ist daher nicht nur als individueller Akt, sondern als Moment in einem vielfältigen Bedingungsnetz und als Teil eines größeren Ganzen zu sehen (FURGER 1992, Sp. 1339). Die christliche Tradition sieht die Verantwortung des einzelnen im Kontext der grundsätzlich vorgängigen Verantwortung Gottes für die Welt.

> Gottes Verantwortung für die Welt.

Rollentausch als Maxime dialogischen Handelns

Bibeltheologisch zeigen sich in der dialogischen Struktur der Entwicklung von Verantwortung Ausformungen des jesuanischen Denkens vom Rollentausch, d. h. von der Person des anderen her zu denken und wahrzunehmen, um der Person und ihrer Lebenssituation gerecht werden zu können. Es wird Verantwortung unter der Maxime entwickelt, jede Situation zum Wohle des Menschen zu gestalten, ohne die Interessen Dritter zu verletzten. Im Hinblick auf die Assistenz zeigt sich in dieser Maxime ein Mut machender und aufbauender Ansatz (VAN DE SPIJKER 1999, 236–249).

> Von der Person des anderen her denken.

Die Begegnung mit Personen mit herausforderndem Verhalten bedingt jesuanisch die Rückführung in die Gemeinschaft und die Veränderung der Selbstwahrnehmung bzw. Heilung der betreffenden Person. Die durch Gott gesetzte Würde des Menschen ist dabei der Ausgangspunkt seines individuellen Hilfe-Handelns. Wie schwierig diese Maxime umzusetzen ist, zeigt die Begegnung Jesu mit der syrophönizischen Frau, die sich ihre not-wendende Hilfe von Jesus erstreiten muss (vgl. LEUTZSCH 2005, 33–34; Mk 7, 24–30): Unter Verweis auf die Nicht-Zugehörigkeit zum auserwählten Volk hatte Jesus Christus ihr zunächst die Hilfe verweigert. Der dialogische Prozess lässt Jesus in der Auseinandersetzung mit der Frau zu neuen Antworten finden. Der jesuanische Lernprozess zeigt nicht nur die Gebrochenheit und den Verlust von Ganzheit in der Konfrontation mit eigenem und fremdem gewaltsam wirkendem Verhalten auf, sondern wirkt zugleich als Modell kritischer Reflexion eigenen Tuns und Handelns in Bezug auf den bedrängenden Anderen. Für einen derartig bedeutsam dialogisch verlaufenden Prozess im Berufsalltag zeigt Schumacher eine Fülle von Anregungen auf, um die assistierende Person mit Menschen mit intensiver Behinderung und/oder herausforderndem Verhalten zu einem inneren wie äußeren Dialog zu führen (SCHUMACHER 1985, 1–20).

Die Erfahrung eigener Verletztheit als Impuls zu not-wendenden Unterstützungsprozessen

Die Erinnerung an die eigene Situation als »Opfer« wird in der jüdischen Tradition immer wieder wachgerufen und gehört zum Glaubensbekenntnis untrennbar dazu (Dtn 6, 20–24: Exemplarische religiöse Unterweisung in der Familie »Wenn dich morgen dein Sohn fragt ...«; »Wir waren Sklaven ...« Ex 3, 9–14: Die Erzählung des Jahwenamens beginnt in Ex 3,7 mit dem Hinweis »Siehe der Hilfeschrei ist zu mir gekommen ... ich habe die Bedrängnis gesehen ...«). Diese Erinnerung soll Unterstützungsprozesse bewirken gegenüber allen Personen, die am Rande leben oder der besonderen Hilfe bedürfen. Dazu zählen Kranke, Arme, Fremde und Menschen, die ihr Recht nicht durchsetzen können, ebenso wie Witwen und Waisen. In ungerechten Verhältnissen wird daraus die Aufforderung zur Parteinahme für den in seiner Existenz bedrohten oder der Gewalt ausgesetzten Menschen. Diese Option erwartet im Betreuungsalltag grundsätzlich die Notwendigkeit eines Neuanfanges für den Menschen mit Behinderung; sein herausforderndes Verhalten kann als ein Versuch der Selbstvergewisserung und der Kommunikation gewertet werden und führt den Hilfebedarf des entsprechenden Menschen vor Augen.

Andererseits macht dieses Verhalten die assistierende Person zum Opfer und Ziel dieses Verhaltens mit der Folge, dass die assistierende Person Schaden erleidet. Wird bedacht, dass vielfältige Faktoren des Umfelds herausforderndes Verhalten auslösen können, dann wird der Mensch, der ein gewalttätiges Verhalten zeigt, selbst zum Opfer, weil er die angetroffenen Situationen und Erlebnisse nicht zu bewältigen vermag. Sein Verhalten entspringt dann nicht eigener, freier Ent-

> Herausforderndes Verhalten braucht Antworten.

scheidung. Das schafft für diesen Menschen Verständnis, verhindert aber nicht die Notwendigkeit, auf das herausfordernde Verhalten antworten zu müssen.

Verändernde Beziehung als situations- und not-wendende Antwort

Verändernde Beziehung – so lässt sich das Konzept zusammenfassen, das Jesus Christus in der Begegnung mit herausforderndem Verhalten zeigt. Das zunächst nahe liegende Verhaltensschema von actio und reactio wird hinterfragt und außer Kraft gesetzt. Die Antithesen der Bergpredigt zur Gewalt führen in diesem Sinne zu einer inspirierenden Kreativität, herausfordernde Menschen ernst- und anzunehmen und herausfordernde Situationen zu gestalten (Mt 5, 38–42: Von der Vergeltung; 43–48: Nächsten- und Feindesliebe: Gewaltsames soll durch unerwartete »Taten von Gutem« unterlaufen werden). Gewaltfreiheit zu versuchen, impliziert eine schöpferische Aktivität. Die Situation »spricht!« und führt zu einer neuen Erfahrung; so bringt sie neue Handlungsansätze hervor. Gewaltsames wird nicht mit Gegengewalt beantwortet.

> Die Bergpredigt: Gewaltsames mit »guten Taten« unterlaufen!

Gewaltfreiheit ist im Anrennen gegen gewaltsame Erfahrungen nicht als Resignation misszudeuten, sondern führt in der Annahme eigener Begrenzungen und Anteile zu einem konstruktiven und situations-wendendem Handeln. Bedingung für die Möglichkeit zu verändernder Beziehung sind die Selbstachtung, der Selbstwert und das Vertrauen in die eigenen Möglichkeiten. Sie bedürfen der Intensivierung und Stabilisierung, wenn Zusammenarbeit in einer Spanne von Macht und Gewalt, Ohnmacht und Angst erfolgen soll. Das Konzept einer verändernden Beziehung versagt, wenn es nicht durch das Umfeld Team, Leitung und Lebensstil/Erziehungsstil unterstützt wird. Einem einzelnen ein solches Konzept aufzubürden, würde ihn zwangsläufig zum Scheitern führen. Auch das ist jesuanische Erfahrung.

Doppelter Reflexions- und Konzeptionshorizont unter dem Aspekt »not-wendender Gewalt«

Not-wendende Gewalt als begriffliche Entlastung

In Rekurs auf die vorangegangenen Überlegungen zeigt sich der Begriff einer not-wendenden Gewalt als eine Formel, die zumindest von der mit dem Wort verbundenen Assoziation der Willkür freispricht. Not-wendende Gewalt nimmt als Begriff sowohl den Gewalttätigen als auch das Opfer seiner Gewalt in den Blick. Der Begriff konzentriert die ethische Dimension auf eine Vorzugswahl und eine Güterabwägung. Diese Güterabwägung ist nicht unter die Formel zu subsumieren »Erst das Leben, dann die Philosophie!«, sondern sie ist ethisch in den vorausgegangenen Maximen einer christlich motivierten Verantwortung begründet. Zugleich macht der Begriff der not-wendenden Gewalt auf die Dringlichkeit aufmerksam, dass in Assistenz und Begleitung tätige Menschen auf Aggressionserfahrungen vorzubereiten sind. Letzten Endes zielt dieser Begriff darauf hin, die Angst vor erfahrener Ohnmacht abzubauen, um die Erkenntnis von Ohnmacht zu verarbeiten. Theologisch gesehen führt das Aushalten von Gewalt zur Ohnmachtserfahrung der Nächstenliebe. Das wird jeder Person bewusst, die sich gegen gewalttätige Übergriffe schützen muss.

> Assistierende und begleitende Fachkräfte auf Aggressionserfahrungen vorbereiten.

Doppelter Reflexions- und Konzeptionshorizont

Moraltheologisch ist, so Baumgartner, der doppelte »Reflexions- und Konzeptionshorizont« für eine derartige Sichtweise und Haltung eine unentbehrliche Voraussetzung (Baumgartner 2004, 64). Der fachlich-professionelle Gestaltungswille und die christlich-kirchliche Grundeinstellung werden gemeinsam zum theologisch-kritischen Stachel in der Reflexion der Praxis. Erst dieser ineinandergreifende, doppelte Reflexions- und Konzeptionshintergrund wird einer ganzheitlichen Betrachtungsweise des Menschen gerecht und macht den individuellen Menschen und sein Verhalten zum Ausgangspunkt der Reflexion (Schüller 1980).

Not-wehr und Gottesebenbildlichkeit

Die Annahme, dass jeder Mensch ein Symbol Gottes ist, impliziert die Würde des Menschen, seine Unantastbarkeit, seine Individualität, den respektvollen Umgang mit ihm, ebenso aber auch

> Jeder Mensch hat Anspruch auf einen respektvollen Umgang.

seinen Anspruch auf Entfaltung, auf Gemeinschaft und auf Deutung seiner Lebenssituation. Das macht als Grundwahrheit, als Axiom die Parteinahme für den Menschen mit Behinderung zunächst leicht, selbst wenn er auf gewalttätiges Verhalten zurückgreift oder wenn dieses Verhalten auf das Erleben strukturell erfahrener Gewalt zurückgeführt wird. Der von der Gewalttätigkeit getroffene Mensch wird vorschnell der Option der Gewaltfreiheit untergeordnet und hat sich in diesem Sinne – ungehört – einzupassen. Allenfalls wird ihm ein Recht auf Notwehr zugestanden. Die Verhältnismäßigkeit der Abwehr soll gewahrt bleiben, um integer seinem Berufsauftrag nachzukommen und dem Gewalttätigen durch die Art der Abwehr zu signalisieren, von seiner Gewalt abzulassen. Diese Handlungsweise ist aber erst dann gestattet, wenn das gewalttätige Verhaltensmuster nicht durch verändernde Beziehung unterbrochen und verändert werden kann. Die Selbststeuerung oder die Selbstbindung an Einsichtsfähigkeit stößt in derartigen Situationen an Grenzen – und bürdet dem Adressaten des gewalttätigen Verhaltens – dem »Opfer« – eine doppelte Last auf, nämlich zu wissen, dass ein solches Tun häufig nicht selbstverantwortlich geregelt werden kann. Der von Gewalt Betroffene muss für den Gewalttätigen mitentscheiden, ihn sogar schützen bzw. ihn neu zu einem wertorientierten Verhalten hinführen.

Für den Gewalttätigen mitentscheiden, ihn schützen!

Die Unparteilichkeitsregel mit der Konsequenz der Wertung von den Folgen her

Das Gebot der Nächsten- und Selbstliebe ist in diesem Kontext zu lesen im Sinne von Lev 19, 18 als eine Aufforderung zur Unparteilichkeit: Warum soll der Mensch mit seinem herausfordernden Verhalten vor mir, vor meiner eigenen Person als Assistierender bevorzugt werden?

*Das eigene Wohl ist zwar nicht wichtiger zu nehmen als das Wohl des anderen; aber auch das Wohl des anderen ist nicht wichtiger zu nehmen als das eigene, so lautet die moraltheologische Perspektive (*Schüller *1980, 88).*

Das Gebot der Selbst- und Nächstenliebe disqualifiziert gegenüber einem unbeteiligten Dritten jede parteiische Bevorzugung. Die Abwendung von Schaden steht im Vordergrund sowie die Bewertung einer Handlung von den Folgen her. Die Schädigung beispielsweise seiner Gesundheit in Kauf zu nehmen zu Gunsten der Gewalttätigkeit eines anderen Menschen kann von einem Dritten – auch nicht in Form des freiwilligen Verzichts – nicht gefordert sein. Sie verletzt den Grundsatz, alle Beteiligten in gleicher Wei-

Vorzugsregeln für jeden individuell festlegen!

se mit ihrem Wohl und Wehe in eine Bewertung von Handlungen und von Verhalten einzubeziehen. Die Handlung, die am wenigsten Schaden hervorruft, wird dann als die richtige und angemessene verstanden. Vorzugsregeln sind im Team miteinander und personenorientiert zu erarbeiten. Leitfragen dazu sind:

- Ist die eigene Verletzung mit weniger Schaden zu bewerten als die Einschränkung von Gewalt zur Selbststabilisierung?
- Ist die teilweise Fixierung eines Menschen zum eigenen Schutz vor ungewollter Selbstverletzung verantwortbarer als die Selbstverletzung infolge desorientierten Verhaltens?
- Sind durch die Benutzung eines Time-out-Raums der Schutz und die Unversehrtheit von Dritten gewahrt oder ist für eine solche Maßnahme erst ein gewaltsamer Übergriff abzuwarten?

Im Sinne einer unparteiischen Betrachtung der Situation scheint dies alles wohl wenig plausibel. Die Wertung von den Folgen her legt die Erarbeitung von Vorzugsregeln nahe. In Bezug auf solche Vorzugsregeln bleibt der Fachkraft mit Verweis auf ihre pädagogische Kompetenz und der Fähigkeit der rechten Abwägung die Entscheidung überlassen. Eine Wahl zwischen zwei Alternativen ist in ihr persönliches Ermessen gestellt. Diese Wahl ist kein Akt der Willkür; die Fachkraft ist an einer Reihe von Gründen orientiert und erwartet das Eintreten einer richtigen Entscheidung (Schüller 1980, 286 ff.). Ein solches persönliches Ermessen wird leichter, wenn es – wie oben erwähnt – mit anderen Personen abgestimmt werden kann.

Persönliches Ermessen mit anderen abstimmen!

Die Unparteilichkeitsregel macht noch auf einen weiteren Umstand aufmerksam: Sie nimmt dem Menschen die Illusion gewaltloser Gemeinschaft. Im Hinblick auf Menschen mit herausforderndem Verhalten verlangt sie den Einsatz von Gewalt, um schützen, sichern oder vor Schaden bewahren zu können. In diesem Sinne gilt es mit Beuscher »das Ideal der Gewaltlosigkeit von Gemeinschaft heilsam zu ent-täuschen« (2005, 66).

Der Zweck heiligt nicht die Mittel!

Gerade der oben zitierte Hinweis auf die Fehleinschätzung der Wirksamkeit von Erziehungsmitteln und der Hinweis auf die Personenwürde schränken den Gebrauch von Mitteln in Gewaltsituationen oder auch im

Einschränkungen persönlicher Freiheit und das Vertrauen zu einem Neuanfang.

Kontext von Sicherheits- und Sicherungsmaßnahmen drastisch ein. Der Schutz der eigenen Person, der Schutz Dritter oder die Abwehr von Gewalt zeigen als Zielsetzungen auf, dass der Einsatz von Mitteln ebenfalls ethisch begründbar sein muss. Einschränkungen persönlicher Freiheit und Autonomie auf der einen Seite bedürfen nicht nur aus juristischem Blickwinkel eines entsprechenden Gefährdungspotentials auf der anderen Seite. Die Armfixierung, um gesundheitliche Schäden bei der Kontaktaufnahme gegenüber Anderen abzuwenden, macht deutlich, dass die Wahl der Mittel auch aus der Perspektive einer Vorzugswahl nicht unerheblich ist und Einfluss auf die Gestaltung der Lebenssituation nimmt. Sie zeigt Auswirkungen auf den Bezug zur Um- und Mitwelt; sie beeinflusst das erzieherische Verhältnis bzw. das Assistenzverhältnis und fördert bzw. unterbindet die Möglichkeit, Vertrauen zu einem Neuanfang zu wagen. Weitere Kriterien für den Einsatz von Mitteln ergeben sich aus der Einsichtsfähigkeit und Selbstbindung an wertorientiertes Handeln (Irblich 2004, 15–30).

Ausblick

Begleitende Maßnahmen

Ein Beispiel aus der Paxis.

Herr A. galt als gewalttätig. Jede Störung seiner Ordnung zog eine gewalttätige Reaktion nach sich. Die Bereitstellung eines eigenen Raums reduzierte sein Maß an Selbstgefährdung. Eine Tür, die horizontal zur Hälfte geteilt ist, sollte ihm den Kontakt zu den übrigen Personen der Gruppe erhalten, zugleich aber die Fremdgefährdung der übrigen Gruppenmitglieder reduzieren. Herr A. konnte im Laufe der Zeit körperliche Zeichen an sich wahrnehmen, die seine Gewalttätigkeit ankündigten. Er bat in solchen Situationen um seine Fixierung und konnte so vor Selbst- oder Fremdverletzung geschützt werden. In diesem Verhalten wurde Herr A. immer wieder bestärkt durch Fahrten mit der Regionalbahn. Diese Verstärkung wurde möglich, da Herr A. auf Eisenbahngeräusche positiv reagierte. Fotos von der örtlichen Regionalbahn weckten seinen Wunsch, nach einer Fahrt mit dem Zug. Die Anfahrt dazu mussten wir regelrecht trainieren. Während der Fahrt mit der Regionalbahn selbst wurden irritierende Verhaltensweisen durch die Hilfe einer begleitenden Bezugsperson minimalisiert und waren aufgrund der veränderten Rahmenbedingungen leichter in den Griff zu bekommen. Nicht immer gelingt es, diese Fremderziehung – und sei es nur vorübergehend – in Selbsterziehung übergehen zu lassen. Herr A. kann jetzt sogar den Gottesdienst besuchen und muss nicht mehr sein auf Gewalt ausgerichtetes Verhalten bemühen, um Ordnung in seine Wahrnehmungen zu bringen. Voraussetzung für eine solche Veränderung waren Kommunikationsformen, die Gewalt aushielten, auf Abwehr von physischer Gewalt aber nicht ganz verzichten konnten. Dazu kam die Fähigkeit des Teams – z. T. mit Unterstützung durch Supervision – der gewalttätigen Person mit Respekt und Achtung begegnen zu können. Warten können, Geduld zu haben und die intensive innere Auseinandersetzung mit Herrn A. hat zu diesem Verhaltenserfolg geführt.

Die Veränderung von Herrn A. zeigt, dass eine Veränderung von Gewaltsituationen begleitet sein muss von aufbauenden Maßnahmen, die die Identität stärken, den eigenen Wert erfahren lassen und Mut zu sich selbst geben. Sonderpädagogisch orientierte Religionspädagogik vermag mittlerweile unter dem Aspekt Subjektorientierung dazu einige Hilfen zu geben.

Subjektorientierung

Gegenstand einer solchen Subjektorientierung sind nicht nur das Herausarbeiten struktureller Gewalterfahrung im Kontext von Einrichtungen der Behindertenhilfe, der Institution der verfassten Kirche oder gesellschaftlicher Erwartungen (Fuchs 1990). Es ist insbesondere das Anliegen Jesu Christi, den Menschen in die Mitte zu stellen, d. h. umgesetzt, bedürfnisorientiert so viel an Hilfe zukommen zu lassen, wie dies nach dem Subsidiaritätsprinzip erforderlich ist. In diesen Kontext ist auch das Bemühen um ein Wertebewusstsein und wertorientiertes Verhalten des Menschen mit Behinderung und seiner Assistenten zu sehen.

> Jesus Christus sagt: »In der Mitte steht der Mensch!«

Verletzlichkeit als Wert im Umgang miteinander

Verletzlichkeit ist als Wert in Erziehung und Begleitung neu einzubringen. Sie verhilft dazu, den Menschen auch als gebrochenen Menschen wahrzunehmen und anzuerkennen. Der »ganze« Mensch fällt nach theologischer Auffassung in die Zuständigkeit Gottes. Den Menschen mit seinen Halbfertigkeiten anzuerkennen ist ein weiteres Merkmal eines solchen Wertes.

Er gibt den Mut und die Kraft, das Assistenz- oder Erziehungsverhältnis immer wieder neu aufzunehmen. Ein solcher Wert basiert auf der Fähigkeit eines Menschen, vergeben und eine neue Chance ermöglichen zu können. Die Ganzheit der Person herzustellen, bleibt letztlich dem Handeln Gottes überlassen.

Das Begleitungsverhältnis immer wieder neu aufnehmen!

Wertorientiertes Verhalten durch unerlässliche Beziehungserfahrungen

Die freie Selbstbestimmung ist dazu unerlässlich. Bei der Ausübung der freien Selbstbestimmung im Sinne von Einsichtsfähigkeit in das richtige oder falsche Handeln ist von Erschwerungen auszugehen. Die Selbstbindung an Einsicht auf Seiten der Menschen mit Behinderung scheint häufig begrenzt zu sein. Entsprechende Modelle von KOHLBERG (1977) FOWLER (1982) u. a. mit der Entwicklung wertorientierenden Verhaltens greifen hier nicht. Da wirkt Verhaltensmodifikation als letzter Ausweg aus der erlebten Ohnmacht eher wie ein gangbarer Weg. RANDAKS (1980) mittlerweile ad acta gelegte analytische Theorie zur Normorientierung von Menschen mit geistiger Behinderung setzte zunächst bei der Suche nach Störfaktoren und Auslösungen im unmittelbaren Umfeld von Menschen mit geistiger Behinderung an, die wertorientiertes Verhalten verhinderten. Randak drängte auf den Aufbau von Beziehungserfahrungen, die sich als hilfreich und tragend zeigten. Aber auch er macht eine durch Beziehung motivierte Einsicht oder Nachahmung zur Bedingung für ein wertorientiertes Handeln. Die Vermittlung von Halt sollte zum Gerüst werden, um soziales Lernen als Weg der Wertevermittlung zu festigen. Die Verdichtung wertstiftender Erfahrungen zu einer Grundhaltung bildete das zugrunde liegende Paradigma. Die Einbindung in einen entsprechenden Lebensstil und in eine entsprechend gestaltete Atmosphäre sollen dann den Lebensraum bereit stellen, in denen der Mensch mit geistiger Behinderung sich auch im werthaften Sinne Zuhause fühlt. Fachkräfte vor Ort sollten durch Organisation strukturierter Tagesabläufe und einer Halt gebenden Ordnung die betreffenden Personen zumindest vor Überforderung schützen und auf Stabilisierung der Persönlichkeit ausgelegte Hilfen anbieten. Versuch und Irrtum bestimmten als Interaktionsmodus die Begegnung. Gemeinsam ist allen Ansätzen, solidarische und tragende Beziehungen zu entwickeln.

Was verhindert wertorientiertes Verhalten?

Für die Praxis einer neuen Chance

Diesem werthaften »Zuhause« entspricht auf Seiten der Assistenten eine Haltung, die hilft, die eigene Verletzlichkeit und die seines herausfordernden Gegenübers wahrzunehmen. Eine so geprägte Offenheit und Mit-Menschlichkeit schafft Solidarität, ohne die abzulehnenden Verhaltensweisen zu einer grundsätzlichen Ablehnung des Menschen selbst werden zu lassen.

Ambivalenzen im eigenen Verhalten wahrzunehmen macht angesichts des Erleidens von Gewalt die eigene Ohnmacht eher bewältigbar und signalisiert dem Gegenüber das Angebot zu Klärung und Neuanfang. Achtsamkeit für einander zeigt sich als stützender Wert im Team. Ein achtsamer Umgang mit einander schafft die Möglichkeit zur Kommunikation der erfahrenen Gewaltsituationen, er hilft ähnliche Erfahrungen von Ohnmacht und Hilflosigkeit auszutauschen und zu teilen. Ein achtsames Miteinander lässt Möglichkeiten finden, mit Selbstzweifeln umgehen zu lernen, hilft Fragen zu vermeintlichem »schuldhaftem Verhalten« zuzulassen. Eine solche entfaltete Kultur der Achtsamkeit kann es auch schaffen, im unmittelbaren Umgang Eskalationen zu vermeiden und Räume zu eröffnen, die Rückzug nach erlebten Gewaltsituationen gestatten. Vorrang ist in dem Zusammenhang die fortdauernde Möglichkeit, sich auszusprechen und mit zu teilen und über die gemeinsame Reflexion zu einem Mehr an Sicherheit in derartigen Situationen zu gelangen. Das hier skizzierte Miteinander erhält eine Trost gebende Funktion, wenn Verletzungen Folgen bis in Privatleben hinein haben.

> Unser Verhalten ist nicht immer deckungsgleich.

Das Durchringen zu einer solchen »achtsamen« Haltung bedingt ein Leben in permanenter innerer und äußerer Kommunikation und bearbeitet die tief verwurzelte Angst vor dem bedrängenden Anderen.

Die hier entwickelte Haltung wirft den Menschen auf seine Kreativität zurück, die Phantasie zu entwickeln, die nötig ist, erlebte Grenzen auszuhalten, abzumildern oder zu verschieben. Das hier angestrebte »Ent-grenzen« sucht nach einer kreativen Veränderung der Situation. Ziel der Haltung ist das Entwickeln einer engagierten Gelassenheit. Für christliche Mitarbeiter(innen) kann das Bittgebet zum Eingeständnis eigener Ohnmacht werden und birgt so die Chance in sich, einen Neuanfang zu wagen. Eine wesentliche Voraussetzung dafür ist der in einer permanenten Lernbereitschaft gelebte professionelle Gestaltungswille.

> Grenzen aushalten, abmildern, verschieben.

Literatur

Baumgartner, Isidor (2004): Seelsorge als ein Markenzeichen der Caritas. In: Neue Caritas Jahrbuch, 64–68.

Beuscher, Bernd (2005): Mit Ach und Krach. Nächstenliebe zwischen Allmacht und Ohnmacht. In: Annebelle Pithan, Stephan Leimgruber und Markus Spieckermann (Hrsg.): Verletzlichkeit und Gewalt. Ambivalenz wahrnehmen und gestalten. Comenius-Institut Münster. Forum für Heil- und Religionspädagogik, Bd 3; Münster, 64–70.

Die Deutschen Bischöfe (2003): UnBehindert Leben und Glauben teilen. Wort der deutschen Bischöfe zur Situation von Menschen mit Behinderungen. Herausgegeben vom Sekretariat der Deutschen Bischofskonferenz, Bonner Talweg 177, 53129 Bonn, am 12. März.

Feuser, Georg (2002): Substituierend Dialogisch-Kooperative Handlungs-Therapie (SGKHT). Aspekte ihrer Grundlagen, Theorie und Praxis, in: Geistige Behinderung 41, 4–26.

Fowler, James W. (1982): Theologie und Psychologie in der Erforschung der Glaubensentwicklung. In: Conc. 18, 444–447.

Fuchs, Ottmar (1990): Heilen und befreien. Der Dienst am Nächsten als Ernstfall von Kirche und Pastoral. Düsseldorf.

Fuchs, Ottmar (1999): Martyria und Diakonia. Identität christlicher Praxis. In: Herbert Haslinger u. a. (Hrsg.), Bd. 1, 178–198. Mainz: Handbuch Praktische Theologie.

Furger, Franz (1992): Verantwortung. In: Christian Schütz (Hrsg.): Praktisches Lexikon der Spiritualität, 1339–1340. Freiburg.

Rat der Evangelischen Kirche Deutschlands und Deutsche Bischofskonferenz (Hrsg.) (2000): Gott ist ein Freund des Lebens. Herausforderungen und Aufgaben beim Schutz des Lebens (Sonderausgabe). Bonn.

Irblich, Dieter (2004): Gewalt ist, wenn man's trotzdem macht. Über fachlich legitimierte Formen der Gewalt in der Arbeit mit behinderten Kindern. In: Geistige Behinderung 43, 15–35.

Kaspar, Franz (1980): Die einen und die anderen? Menschen mit Behinderungen. Bilder und Motive. In: KatBl. 105, 334–342.

Kohlberg, Lawrence (1977): Eine Neuinterpretation der Zusammenhänge zwischen der Moralentwicklung in der Kindheit und im Erwachsenenalter. In: R. Döbner u. a. (Hrsg): Entwicklung des Ichs, 225–252. Köln.

Kollmann, Roland (1995): Menschen mit Behinderungen, Kirche mit Behinderungen. In: ZfH 46, 539–547.

Leutzsch, Martin (2005): Verletzlichkeit und Gewalt. Ambivalenzen der Hilfe in biblischer Perspektive. In: Annebelle Pithan, Stephan Leimgruber und Markus Spieckermann (Hrsg.): Verletzlichkeit und Gewalt. Ambivalenz wahrnehmen und gestalten. Comenius-Institut Münster. Forum für Heil- und Religionspädagogik, Bd 3, 27–47. Münster.

Möckel, Andreas (2005): Von der gewaltlosen Gewalt der Erziehung. In: Annebelle Pithan, Stephan Leimgruber und Markus Spieckermann (Hrsg.): Verletzlichkeit und Gewalt. Ambivalenz wahrnehmen und gestalten. Comenius-Institut Münster. Forum für Heil- und Religionspädagogik, Bd 3, 48–63. Münster.

Nipkow, Karl Ernst (2005): Menschen mit Behinderung nicht ausgrenzen. Zur theologischen Begründung und pädagogischen Verwirklichung einer »inklusiven« Pädagogik. In: ZfH, Ausg. 4, 122–131.

Randak, Oskar (1980): Therapeutisch orientierte Religionspädagogik. Düsseldorf.

Schmidtbauer, Wolfgang (2002): Helfersyndrom und Burnout-Gefahr.

Schüller, Bruno (1985): Die Begründung sittlicher Urteile. Düsseldorf.

Schultebraucks, Meinolf (2005): Behinderte Menschen erfahren Gewalt. In: Annebelle Pithan, Stephan Leimgruber und Markus Spieckermann (Hrsg.): Verletzlichkeit und Gewalt. Ambivalenz wahrnehmen und gestalten. Comenius-Institut Münster. Forum für Heil- und Religionspädagogik, Bd 3, 71–95. Münster.

Schumacher, Johannes (1985): Schwerstbehinderte Menschen verstehen lernen. In: Geistige Behinderung 24, 1–20.

Sloterdijk, Peter (1994): Sendboten der Gewalt. Stuttgart.

Spijker , A. M. J. M. Herman van de (1999): Bedürfnis und Verantwortung. In: Herbert Haslinger u. a. (Hrsg.): Handbuch Praktische Theologie, Bd. 2, 236–249. Mainz.

Aggression und Gewalt in stationären Wohneinrichtungen für Menschen mit geistiger Behinderung

Der Beitrag der Heimaufsicht zu Aspekten sicheren Handels

Gunter Crößmann, Reinhard Etzel

Der Hintergrund

Zunächst mag es verwundern, dass sich eine Behörde und damit eine Institution der staatlichen Gewalt mit der Frage von »Aggression und Gewalt in stationären Wohneinrichtungen für Menschen mit einer geistigen Behinderung« auseinandersetzt. Der Gesetzgeber erteilt jedoch den für die Durchführung des Heimgesetzes (HeimG) zuständigen Behörden einen klaren Auftrag, so in § 2:

»(1) Zweck des Gesetzes ist es,

1. die Würde sowie die Interessen und Bedürfnisse der Bewohnerinnen und Bewohner von Heimen vor Beeinträchtigungen zu schützen,
2. die Selbständigkeit, die Selbstbestimmung und die Selbstverantwortung der Bewohnerinnen und Bewohner zu wahren und zu fördern,

(...)

5. eine dem allgemein anerkannten Stand der fachlichen Erkenntnisse entsprechende Qualität des Wohnens und der Betreuung zu sichern,

(...).«

Vor diesem Hintergrund hat sich die Heimaufsicht auch mit Fragen von Aggression und Gewalt gegenüber Bewohnerinnen und Bewohnern auseinander zu setzen. Im Rahmen der Durchführung der Aufsichtstätigkeit werden immer wieder Beschwerden von Bewohnerinnen und Bewohnern, Angehörigen, Ärzten, Betreuungsmitarbeitern an die Heimaufsicht herangetragen, die eine pflegerische oder psychosoziale Vernachlässigung von Bewohnerinnen und Bewohnern zum Inhalt haben. Auffallend ist, dass es sich dabei nur selten um direkte Gewaltakte von Betreuungs- und Pflegepersonal handelt, aber viele vorgetragene Beschwerden von ihrer Ursache her als Folgen struktureller Gewalt betrachtet werden müssen.

Was ist strukturelle Gewalt?

Mit MICHALEK (2000, 12) versteht die Heimaufsicht, unter Einbezug der Definition von GALTUNG (1975, 92), strukturelle Gewalt so: »Gewalt liegt immer dann vor, wenn Menschen so beeinflusst werden, dass ihre aktuelle somatische und geistige Verwirklichung geringer ist als ihre potentielle Verwirklichung. Als erweiterte Definition schließt sie mit ein, dass über einzelne *(personale)* Aktionen, die das Wohlbefinden von Menschen physisch, psychisch oder sozial gefährden, auch *(strukturelle)* Bedingungen aufgreift, die nicht auf eine klar definierte Täterperson oder Tathandlung zurückzuführen sind.«

Mit dieser Sichtweise sollen nicht die Augen vor der Verantwortung des einzelnen Betreuers, der einzelnen Pflegekraft verschlossen, sondern der Blick soll auf die vielfältigen, oft subtilen Formen struktureller Gewalt gerichtet werden. Aspekte struktureller Gewalt können sich beispielsweise durch überbürokratische Organisation der Einrichtung, durch ungünstige Arbeitsbedingungen für die begleitenden Fachkräfte, durch zu große Wohngruppen, durch Personalmangel, durch ungünstige Infrastruktur, durch unzureichende Aus-, Fort- und Weiterbildungsmöglichkeiten für Mitarbeiterinnen und Mitarbeiter, durch übermäßige Betonung des Aufsichts- und Sicherheitsaspekts in der Betreuung ausdrücken.

Obwohl das Thema Gewalt – insbesondere für den Bereich der Altenhilfe – immer wieder Gegenstand der Berichterstattung in den Medien ist, liegen für den Bereich der Wohneinrichtungen für Menschen mit geistigen Behinderungen keine systematischen Untersuchungen vor, die über Art und über Ausmaß aggressiver Konflikte bzw. Gewalt detailliert berichten (MICHAELEK 2000, 8). Das Thema Gewalt thematisierende Veröffentlichungen widmen sich allgemeinen Fragestellungen institutioneller Gewalt oder behandeln in allgemeiner Form den aggressiven Umgang von und mit Bewohner/innen (Zur Orientierung 1994; IRBLICH 1999, 132–145; THEUNISSEN 1996, 275–291).

Daten aus der Altenhilfe

Um eine Vorstellung über Art und Ausmaß von Gewalthandlungen in stationären Wohneinrichtungen zu erhalten, sollen hier zunächst einzelne Ergebnisse einer von Thomas Görgen, am Institut für Kriminologie der Justus-

Liebig-Universität Gießen durchgeführten Untersuchung zu »Belastungen, Konflikte und Gewalt in stationären Altenhilfeeinrichtungen – Ergebnisse einer Befragung von Pflegekräften« dargestellt werden. Die hessische Heimaufsicht war im Rahmen ihrer Prüf- und Beratungstätigkeit an der Untersuchung beteiligt. Der Autor befragte 80 Pflegekräfte in hessischen und niedersächsischen Alten- und Pflegeeinrichtungen. Er verweist darauf, dass »Gewalt gegen alte Menschen in stationären Einrichtungen ein komplexes und vielgestaltiges Phänomen [ist]. Wesentlich sind hierzu physische, sexuelle und psychische Formen der Misshandlung zu rechnen, ferner der unzulässige, unangemessene Gebrauch freiheitsentziehender und freiheitsbeschränkender Maßnahmen, sei es durch mechanische oder medikamentöse Mittel, schließlich die Vernachlässigung von Heimbewohnern im pflegerischen wie im psychosozialen Bereich.« (GÖRGEN 2000, 1)

Neben der Untersuchung der durch die Pflegekräfte selbst berichteten und beobachteten Gewalthandlungen untersucht er in der Befragung auch die Fragestellung, inwieweit Mitarbeiter und Mitarbeiterinnen von Gewalthandlungen betroffen werden sowie die Frage von Belastungserfahrungen bzw. Belastungsfaktoren im Arbeitsalltag der Betreuungs- und Pflegekräfte in stationären Einrichtungen der Altenhilfe. Hier zunächst die Angaben der Pflegekräfte zu selbst durchgeführten Gewalthandlungen gegenüber Bewohnern und Bewohnerinnen innerhalb des Zeitraums von zwölf Monaten vor der Befragung:

35 Pflegekräfte berichten, dass sie Bewohner(innen) angeschrieen haben; 27 berichten, dass sie Bewohner(innen) absichtlich ignoriert haben; 24 berichten, dass sie Bewohner(innen) zurückgewiesen haben; 24 berichten, dass sie Bewohner(innen) nicht rechtzeitig umgelagert haben; 21 berichten, dass sie Bewohner(innen) nicht rasiert haben; 19 berichten, dass sie Bewohner(innen) beschimpft haben; 15 berichten, dass sie Bewohner(innen) auf Hilfe haben warten lassen; zwölf berichten, dass sie Bewohnern(innen) aus arbeitsökonomischen Motiven Windeln angelegt haben; elf berichten, dass sie die Schamgefühle von Bewohner(inne)n verletzt haben; zehn berichten, dass sie die Bewohner(innen) auf den Toilettengang haben warten lassen; neun berichten, dass sie Bewohner(innen) nicht aus dem Bett geholt haben; acht berichten, dass sie Bewohner(innen) aus arbeitsökonomischen Motiven fixiert haben; sechs berichten, dass sie Bewohner(inne)n aus arbeitsökonomischen Motiven Beruhigungsmittel verabreicht haben (GÖRGEN 2000, 9).

Görgen stellt fest, dass massive Formen körperlicher Gewalt, wie beispielsweise Würgen, Treten, Verprügeln von keiner der befragten Pflegekräfte berichtet wurden. »Es dominieren Formen der verbalen Gewalt (Anschreien und Beschimpfen) sowie der pflegerischen und psychosozialen Vernachlässigung von Bewohnern. Jeweils rund ein Drittel der Pflegekräfte berichtet, dass sie Bewohner absichtlich ignoriert oder zurückgewiesen bzw. bettlägerige Bewohner nicht rechtzeitig umgelagert haben« (GÖRGEN 2000, 10).

Die Untersuchung beleuchtet ebenso, inwieweit Pflegekräfte Opfer von Gewalthandlungen durch Bewohner und Bewohnerinnen wurden. So erlebten in den letzten zwölf Monaten vor der Befragung 31 Pflegekräfte Beleidigungen durch Bewohner, 19 wurden getreten, 18 gestoßen, 15 erhielten Faustschläge, 13 wurden gebissen, elf erhielten »eine runtergehauen«, zehn wurden mit Gegenständen beworfen, neun wurden mit Gegenständen geschlagen, neun sexuell belästigt, drei wurden gewürgt, zwei mit einer Waffe bedroht, eine wurde verprügelt (GÖRGEN 2000, 8).

Als Belastungsfaktoren im Arbeitsalltag geben Pflegekräfte Personalmangel, Zeitdruck, geringe Erfolgserlebnisse, unzureichende Ausstattung mit Pflegehilfsmitteln, fehlende Rückmeldung, Kritik an der eigenen Arbeit, körperlich schwere Arbeit, geringe soziale Anerkennung, unzureichende Ausstattung mit medizinischem Gerät, Bezahlung, Arbeitsklima im Heim, Arbeitsklima auf der Station, im Wohnbereich, Konfrontation mit Krankheiten und Tod, Unsicherheit des Arbeitsplatzes und wechselnde Arbeitszeiten an (GÖRGEN 2000, 5).

Der Autor verweist außerdem darauf, dass in frei formulierten Antworten die Pflegekräfte oftmals Konflikte mit Familienangehörigen von Bewohner(inne)n als belastend erleben. »Sie beklagen sich darüber, dass Heim, Pflegedienst- und Wohnbereichsleitungen die Mitarbeiter in solchen Auseinandersetzungen nicht stärker unterstützen.« (GÖRGEN 2000, 5)

Nach der Häufigkeit von Konfliktgegenständen befragt, berichten die Pflegekräfte, dass Bewohner Wünsche nach Zuwendung äußern, die unter den gegebenen Umständen als nicht erfüllbar erlebt werden; dass Bewohner Mitbewohner belästigen; dass Bewohner fälschlicherweise behaupten von Mitbewohnern bestohlen worden zu sein; dass Bewohner Mitarbeiter gegeneinander ausspielen oder dass Mitbewohner zu laut sind. Im Weiteren nennen die befragten Mitarbeiter »verschiedene Erscheinungsformen von Noncompliance, die den Pflegenden die Arbeit erschweren; dies bezieht sich vor allem auf die Bereiche der Medikamenteneinnahme, Ernährung und Körperhygiene« (GÖRGEN 2000, 6).

Daten aus der Behindertenhilfe

Ein Bild von Gewalthandlungen und vor allem von Aspekten struktureller Gewalt in stationären Wohneinrichtungen für Menschen mit geistiger Behinderung vermittelt die von MICHALEK vorgelegte explorative Studie zu »Gewalt- und Konflikterfahrungen von Menschen mit geistiger Behinderung im Lebenskontext Heim. Soziale Realität aus Sicht der Betroffenen und ihrer Bezugspersonen« (2000). In dieser Studie wurden 67 Bewohner und 50 (Bezugs-)Betreuer befragt.

Die befragten Bewohner und Betreuer leben bzw. arbeiten in sieben Wohnheimen, die alle nach dem Wohngruppenprinzip strukturiert sind. In den Wohngruppen leben acht bis zwölf Bewohner. Vier Einrichtungen beherbergen über 150 Bewohner und bieten »unter dem gleichen Dach« Arbeitsplätze oder Beschäftigungsgruppen an. Die drei weiteren Einrichtungen bieten teilstationäre Wohnplätze für höchstens 50 Bewohner (MICHALEK 2000, 49). Die Autorin geht dabei von einem Verständnis der Heime als »Sonderwelt« aus. »Heime sind kein Ort der ausgeprägten Individualität – sondern der Anpassung. Der institutionsspezifische Tages- und Wochenrhythmus, die Arbeitszeiten der Betreuer(innen) und die Lebensrhythmen der anderen Bewohner(innen) prägen die eigene Regelhaftigkeit des Wohnens« (MICHALEK 2000, 151). Die Auswertung der Befragungs- und Beobachtungsergebnisse erfolgt bei Michalek beispielsweise unter Fragestellungen, wie

- Lebensgeschichtliche Aspekte der Bewohner(innen)?
- Soziale Beziehungen?
- Sonderwelt Heim: Wohnen in Gruppen als Normalisierung?
- Konflikte des Wohnalltags: Häufig, Problembereich, Bedingungsfaktoren?
- Moralische Bewertung von Konflikten des Wohnalltags: Der Umgang mit pädagogischen Dilemmasituationen?

Hervorzuheben ist, dass die Autorin den Versuch unternimmt, die Heimbewohner zu diesen Fragekomplexen selbst zu befragen, also die Betroffenen selbst zu Wort kommen zu lassen.

– Sie ermittelte in diesen direkten Gesprächen zur Frage der Gewalterfahrung von Betreuern, dass acht Prozent der 50 befragten (Bezugs-)Betreuer physische Gewalt durch Bewohner erfahren haben. »Die Verletzungen, die sie dabei erlitten haben, sind zum Teil erheblich: Mehrtägige Krankschreibungen aufgrund von Gehirnerschütterungen, Biss- und Kratzwunden, Frakturen im Oberkörperbereich« (MICHALEK 2000, 181).

Zur Frage der Gewalt von Mitarbeitern gegenüber Bewohnern ermittelte *Michalek* »typische Betreuer-Bewohner-Konflikte«. Typische und wiederkehrende Konfliktsituationen treten in den Bereichen Mahlzeiten, Körperpflege/Toilette, Kleidung/An- und Ausziehen, Gemeinschafts-/Gruppenaktivitäten, Freizeitgestaltung sowie Zimmerreinigung/Küchendienst auf. Als Beispiele für diese Konfliktsituationen, in denen Betreuungskräfte versuchen sich auch mit Körpereinsatz gegenüber Bewohnern durchzusetzen, nennt die Autorin unter anderen, dass Bewohner zum Essen an den Tisch gezogen, gegen ihren Willen zur Toilette gebracht oder morgens aus dem Bett geschoben werden. Sie stellt fest, »dass gerade die körpernahen Bereiche der physischen Versorgung, in denen es ohnehin zu engem Körperkontakt zwischen Personal und Heimbewohner(innen) kommt, besonders für Konflikte auf physischer Ebene anfällig sind, ...« (MICHALEK 2000, 192).

So berichten 21 der 50 befragten Betreuungskräfte über körperliche Konflikte mit Bewohnern im Bereich »Mahlzeiten« und 30 über körperliche Konflikte mit Bewohnern bei »Körperpflege/Toilette«. Für die weiteren oben genannten Bereiche dominiert die Konfliktaustragung auf verbaler Ebene.

Hierzu verweist die Autorin auf den mehrfach in Untersuchungen zur Gewalt im Bereich der Alten- und Pflegeheime sowie zur Gewalt in Familien belegten Zusammenhang, dass die Gefahr der physischen Auseinandersetzungen zwischen Betreuungskräften und Bewohnern zunimmt, je hilfebedürftiger Letztere sind (MICHALEK 2000, 194).

Aspekte struktureller Gewalt

MICHALEK thematisiert eine Reihe weiterer Aspekte, die im Sinne struktureller Gewalt zu fassen sind:

- **Eingeschränkte Rückzugsmöglichkeiten der Bewohner und Wahrung der Intimsphäre**
  »Mehr als die Hälfte der Bewohner(innen) besaß keine Möglichkeit, ihr Zimmer zu verschließen oder persönlichen Besitz in abschließbaren Schränken unterzubringen. Wenn Zimmer und Schränke dennoch ab-

zuschließen waren, befanden sich die dazugehörigen Schlüssel meist ausschließlich im Besitz des Personals. In vielen Wohngruppen waren die Toiletten ebenfalls nicht verschließbar, sodass es noch nicht einmal hier einen Ort der Ungestörtheit gab« (2000, 151).

- **Unterbringung im Doppelzimmer**
  Die Bewohner schildern als Probleme des Lebens im Doppelzimmer, » ... den unzureichenden Schutz persönlicher Dinge, die Unmöglichkeit, das Zimmer einmal für sich zu haben, Belastungen durch besondere Gewohnheiten und Umstände der Mitbewohner(innen) bis hin zu Bedrohung und Gewalt durch die Wohngenoss(inn)en« (2000, 155). Sie stellt fest: »Dass es sich in der Regel – bis auf wenige Ausnahmen – bei den befragten Bewohner(inne)n bestenfalls um ein ›Nebenher-Leben‹ als ein wirkliches Zusammenwohnen handelt, ja häufig sogar um eine sehr konfliktreiche Duldungssituation, war sehr überraschend«.

- **Die gruppenweise Behandlung**
  Hier nennt die Autorin Beispiele, in denen die gesamte Wohngruppe einem bestimmten, für alle vereinheitlichten Reglement unterworfen wird, obwohl die Maßnahme ursprünglich nur für einen einzigen Bewohner als sinnvoll getroffen wurde. Dies kann die Beschränkung der Nahrungsmenge, das Abschließen des Kühlschranks oder gar der Küche, das Kaffee-Kochen ausschließlich zu bestimmten Zeiten und vieles andere mehr sein (2000, 165). – Besonders bemerkenswert und besonders bedenklich ist in diesem Zusammenhang die Aussage von 29,2 Prozent der befragten Bewohner, dass sie mit ihren Betreuer(inne)n eigentlich nur im Beisein der anderen Mitbewohner(innen) sprechen können und die Aussagen von 18 Prozent der befragten Betreuer, dass sie bei dringend notwendig zu führenden Gesprächen mit den Bewohnern erst eine »Gelegenheit« abwarten müssen, wie beispielsweise »eine besonders gute Personalbesetzung, ... was mitunter auch schon mal ein bis zwei Wochen dauern kann« (2000, 187).

- **Der Umgang mit Freiheitsentziehenden Maßnahmen**
  Auch bei der Befragung der Mitarbeiter zum Umgang mit Freiheitsentziehenden Maßnahmen ermittelte sie sehr bemerkenswerte und sehr bedenkliche Ergebnisse: »Zusammenfassend kann festgehalten werden, dass auf Seiten der Mitarbeiter(innen) große Handlungsunsicherheit im Umgang mit den angesprochenen Maßnahmen der Freiheitsentziehung besteht. Den meisten ist die rechtliche Lage unklar; sie führen aber an,

dass sie bereit wären, zum Schutzbedarf der Bewohner(innen) einzuschließen oder mechanisch zu fixieren. Daraus wird auch verständlich, dass sie eigene *informelle Legitimationsstrategien* entwickeln, um unklare rechtliche Verfahren und Normen intern ersetzen zu können. ... Ihre eigene Handlungsverantwortlichkeit, die sich bis in den strafrechtlichen Bereich erstreckt, wird aber nur begrenzt wahrgenommen. Größter Handlungsbedarf besteht bei der Tendenz des Personals, im Interesse einer einzigen Person die Autonomie und Bewegungsfreiheit der anderen Gruppenmitglieder einzuschränken. Dies geschieht meist völlig unbeabsichtigt und in Unkenntnis der rechtlich weitreichenden Wirkung einer ›abgeschlossenen Tür‹. Obwohl alle befragten Einrichtungen rein rechtlich keine Institution der geschlossenen Unterbringung sind und bei fast allen der befragten geistig behinderten Person eine geschlossene Unterbringung nicht vorgesehen war, entpuppte sich die freie Wahl des Aufenthaltsorts als Fiktion. Das Spektrum bewegungseinschränkender Maßnahmen reichte von der Begrenzung des äußeren Bewegungsspielraums (geschlossene Haustüren), über die Binnenbegrenzung des Aktionsraums (Abschließen bestimmter Räume oder Teilbereiche der Wohngruppe) bis hin zur Reduzierung des Bewegungsspielraums auf Null (Schutzfixierung bei Personalknappheit)« (2000, 251).

Praxis der ordnungsrechtlichen Aufsichtstätigkeit der Heimaufsicht

Die Daten aus den beiden Untersuchungen zu Gewaltvorkommnissen in der Alten- und Behindertenhilfe spiegeln alltägliche Erfahrungen der Mitarbeiter(innen) der Heimaufsicht bei der Durchführung ihrer Überprüfungsbesuche wider. Wie durch die zitierten Veröffentlichungen belegt, sind es nicht die eindeutigen direkten Gewaltakte, die in der Praxis der Betreuung und Pflege in Erscheinung treten, sondern der mitunter gedankenlose Umgang mit rechtlichen Vorschriften (freiheitsbeschränkende und freiheitsentziehende Maßnahmen) oder das nicht (mehr) Reflektieren der besonderen Bedingungen des Lebensorts Heim – der »Sonderwelt Heim«.

Eine wesentliche Aufgabe der Heimaufsicht ist daher, die Einhaltung von Bedingungen zu kontrollieren bzw. deren Aufbau zu fördern, die eine Ausübung von Gewalt oder die Entstehung massiver Aggressionen verhindern oder zumindest minimieren.

Hierzu hat der Gesetzgeber insbesondere in § 11 Heimgesetz (HeimG, Anforderungen an den Betrieb eines Heims), in der Heimmitwirkungsverordnung (HeimmwV), in der Heimpersonalverordnung (HeimPersV) und in der Heimmindestbauverordnung (HeimMindBauV) Anforderungen gegenüber den Heimbetreibern normiert, die der durchführenden Behörde ermöglichen, gezielt die Erfüllung und Einhaltung dieser Anforderungen zu prüfen und diese ggf. gegenüber Heimbetreibern und Heimleitungen durchzusetzen. Entsprechende Anzeige-, Aufzeichnungs- und Aufbewahrungspflichten der Heimbetreiber sind in den §§ 12 und 13 Heimgesetz detailliert beschrieben.

Die Anforderungen des § 11 Heimgesetz:

»(1) Ein Heim darf nur betrieben werden, wenn der Träger und die Leitung

1. *die Würde sowie die Interessen und Bedürfnisse* der Bewohnerinnen und Bewohner vor *Beeinträchtigungen schützen*,
2. die *Selbständigkeit, die Selbstbestimmung und die Selbstverantwortung der Bewohnerinnen und Bewohner wahren und fördern*, insbesondere bei behinderten Menschen die sozialpädagogische Betreuung und heilpädagogische Förderung sowie bei Pflegebedürftigen eine humane und aktivierende Pflege unter Achtung der Menschenwürde gewährleisten,
3. eine angemessene Qualität der Betreuung der Bewohnerinnen und Bewohner, auch soweit sie pflegebedürftig sind, in dem Heim selbst oder in angemessener anderer Weise einschließlich der Pflege nach dem allgemein anerkannten Stand medizinisch-pflegerischer Erkenntnisse sowie die ärztliche und gesundheitliche Betreuung sichern,
4. *die Eingliederung behinderter Menschen fördern,*
5. den Bewohnerinnen und Bewohnern eine nach Art und Umfang ihrer Betreuungsbedürftigkeit *angemessene Lebensgestaltung ermöglichen und die erforderlichen Hilfen gewähren*,
6. die hauswirtschaftliche Versorgung sowie eine angemessene Qualität des Wohnens erbringen,

7. sicherstellen, dass für pflegebedürftige Bewohnerinnen und Bewohner Pflegeplanungen aufgestellt und deren Umsetzung aufgezeichnet werden,
8. gewährleisten, dass in Einrichtungen der Behindertenhilfe für die Bewohnerinnen und Bewohner *Förder- und Hilfepläne aufgestellt* und deren *Umsetzung aufgezeichnet werden*,
9. einen ausreichenden Schutz der Bewohnerinnen und Bewohner vor Infektionen gewährleisten und sicherstellen, dass von den Beschäftigten die für ihren Aufgabenbereich einschlägigen Anforderungen der Hygiene eingehalten werden, und
10. sicherstellen, dass die Arzneimittel bewohnerbezogen und ordnungsgemäß aufbewahrt und die in der Pflege tätigen Mitarbeiterinnen und Mitarbeiter mindestens einmal im Jahr über den sachgerechten Umgang mit Arzneimitteln beraten werden.

(2) Ein Heim darf nur betrieben werden, wenn der Träger

1. die notwendige Zuverlässigkeit, insbesondere die wirtschaftliche Leistungsfähigkeit zum Betrieb des Heims, besitzt,
2. *sicherstellt*, dass die *Zahl der Beschäftigten und ihre persönliche und fachliche Eignung* für die von ihnen zu leistende Tätigkeit ausreicht,
3. angemessene Entgelte verlangt und
4. *ein Qualitätsmanagement betreibt.*

(3) ...

(4) Bestehen *Zweifel* daran, dass die Anforderungen an den Betrieb eines Heims erfüllt sind, ist die *zuständige Behörde berechtigt und verpflichtet*, die notwendigen Maßnahmen zur Aufklärung zu ergreifen.«

Hervorzuheben sind zudem die Aufzeichnungspflichten gemäß § 13 Abs. 1 Nr. 9 und 10 HeimG, um Missbrauch der Heime bei der Verwaltung von Bewohnereigentum (Barbeträge und Wertsachen) und bei der Durchführung von freiheitsbeschränkenden und freiheitsentziehenden Maßnahmen gegenüber Bewohnerinnen und Bewohnern zu verhindern.

Die Wirkung der genannten Anforderungen zur Verhinderung von Aggressionen und Gewalt entfaltet sich nicht direkt sondern vielmehr indirekt.

Beispiele heimgesetzlicher Praxis

Als Beispiel für die indirekte Wirkung dieser Anforderungen soll hier die Verpflichtung zur Erstellung von Förder- und Hilfeplänen für die Bewohnerinnen und Bewohner in der Behindertenhilfe ausführlicher dargestellt werden (§ 11 Abs. 1 Nr. 8 HeimG). Zur weiteren differenzierten Auseinandersetzung zur Förder- und Hilfeplanung sei auf Veröffentlichungen von Bensch, Klicpera (2000) und Lübbe, Beck (2002) hingewiesen.

Mancher Heimbetreiber könnte von der Heimaufsicht gefragt werden, ob Förder- und Hilfepläne für die einzelnen Bewohnerinnen und Bewohner nur erstellt werden, weil der Kostenträger die Abgabe von Entwicklungsberichten ohnehin in bestimmten zeitlichen Abständen verlangt oder ob die Erstellung von Förder- und Hilfeplänen für jede einzelne Bewohnerin und jeden einzelnen Bewohner ein integraler Bestandteil des Betreuungskonzepts ist.

Bei der Prüfung von Förder- und Hilfeplänen geht die Heimaufsicht in Heimen regelhaft nach einer Reihe von *Fragestellungen* vor:

- Welches Instrument setzt die Einrichtung zur Erarbeitung der Förder- und Hilfepläne ein?
- Ist die Förder- und Hilfeplanung Bestandteil des Qualitätsmanagementsystems der Einrichtung?
- Wie gestaltet die Einrichtung die notwendige Beteiligung der Bewohner bei der Ermittlung und Festlegung von Zielen in den Förder- und Hilfeplänen?
- Welche Materialien nutzt die Einrichtung zur Vermittlung der Inhalte der Förder- und Hilfeplanung an die Bewohner?
- Wie dokumentiert die Einrichtung den Prozess der Förder- und Hilfeplanung, den der Durchführung und vor allem den der Evaluation der vereinbarten Ziele?
- Wer ist für die Kontrolle der Durchführung und Evaluation der vereinbarten Ziele verantwortlich: das Betreuerteam, der Bezugsbetreuer, der Bewohner, die Angehörigen und/oder der gesetzliche Betreuer des Bewohners?
- Inwieweit lässt die Förder- und Hilfeplanung Raum für die Formulierung längerfristiger Ziele und Wünsche der Bewohner und inwieweit ist »Platz für die Formulierung von Träumen« der Bewohner vorhanden?

- Inwieweit spiegelt die Dienstplangestaltung die Möglichkeit zur Durchführung der im Förder- und Hilfeplanungsprozess vereinbarten Maßnahmen und Ziele wider?

Durch diesen Fragenkatalog und weitere Fragen soll sichergestellt werden, dass Förder- und Hilfepläne für jede Bewohnerin und jeden Bewohner individuell erstellt und kontinuierlich fortgeschrieben werden.

Durch die damit einhergehende intensive Auseinandersetzung der Betreuungskräfte mit der Bewohnerin, dem Bewohner über ihre/seine Lebenswelt, ihre/seine Wünsche, ihre/seine Entwicklungsmöglichkeiten im Rahmen der Erarbeitung der Förder- und Hilfepläne kann sich ein tiefes Verständnis für die einzelne Bewohnerin, den einzelnen Bewohner bilden, das geeignet ist, direkte Gewalt und Aggressionen von Vornherein zu verhindern, Aspekte struktureller Gewalt auszumachen und deren Wirkungen zu beseitigen oder zumindest offen zu benennen.

Bei den regelmäßigen Überprüfungsbesuchen, die prozessorientiert konzipiert sind, wird unter anderem regelhaft durch die Mitarbeiter(innen) der Heimaufsicht erfragt und geprüft,

- ob den Bewohnern(innen) der Zimmer- und Haustürschlüssel ausgehändigt wird (Die Gründe für das Nichtaushändigens der Schlüssel müssen begründet und dokumentiert sein.);
- ob freiheitsbeschränkende und freiheitsentziehende Maßnahmen regelmäßig und/oder in akuten Krisensituationen angewandt werden (Die Durchführung solcher Maßnahmen muss begründet werden und dokumentiert sein.);
- ob für die Bewohner(innen) eine nicht reglementierte Nutzung der »Gruppenküche« möglich ist (Abweichungen müssen begründet werden und dokumentiert sein.);
- ob sich Überstunden für das Betreuungspersonal angehäuft haben;
- wie oft das Betreuungspersonal kurz- und mittelfristig gewechselt hat;
- wie aktuell die vorgelegte Konzeption der Einrichtung ist;
- wer die Konzeption erstellt hat: ausschließlich der Träger, die Einrichtungsleitung oder auch die Betreuungskräfte?;
- nach welchen Kriterien und Verfahren die Belegung eines Doppelzimmers erfolgt;

- wie Kontakte und Austausch mit den Angehörigen und gesetzlichen Betreuern der Bewohner(innen) strukturiert sind;
- welche Besprechungskultur in der Einrichtung gepflegt wird, z. B. Übergabe-, Team- und Fallbesprechungen, fallbezogene Supervision;
- wie die Einarbeitung neuer Mitarbeiter(innen) organisiert ist und dokumentiert wird;
- wie viele Betreuungskräfte mit welchen Qualifikationen zur Verfügung stehen;
- ob die Dienstplangestaltung an den Interessen und Bedürfnissen der Bewohner oder eher an Betriebsabläufen orientiert ist;
- ob Bewohnerinnen und Bewohner besondere Betreuungs- und Hilfebedarfe haben, insbesondere wie mit fremdaggressiven und selbstschädigenden Verhaltensweisen umgegangen wird;
- welche internen und externen Fortbildungsmöglichkeiten für die Betreuungskräfte regelmäßig angeboten und von diesen wahrgenommen werden.

Diese nicht als vollständig zu verstehende Auflistung macht deutlich, dass die Einrichtungen der Behindertenhilfe ebenso wie Heime der Altenhilfe durch die heimaufsichtliche Überprüfungspraxis eine Fülle von Fragen durch Umsetzung in die Alltagspraxis zu beantworten haben, die letztlich Bewohnerinnen und Bewohner auch vor Aspekten von (struktureller) Gewalt schützen.

Eine wesentliche Instanz, welche die Bewohner(innen) vor Aspekten (struktureller) Gewalt schützen kann, ist das nach dem Heimgesetz verpflichtend einzurichtende Mitwirkungsgremium der Bewohnerinnen und Bewohner, der *Heimbeirat*.

Die Einrichtungsträger sind verpflichtet, auf die Bildung von Heimbeiräten hinzuwirken. Insbesondere in Einrichtungen für Menschen mit geistiger Behinderung obliegt es Trägern und Leitungsebenen, dem Heimbeirat im Sinne eines partnerschaftlichen Zusammenwirkens die Wahrnehmung seiner Mitwirkungsrechte zu ermöglichen. Gerade dieses Mitwirkungsgremium kann als »Stimme« der Bewohnerinnen und Bewohner wesentliche Hinweise auf Strukturen geben, in denen nicht der Würde, den Interessen und Bedürfnissen der Bewohner(innen) entsprochen wird. Daher ist ein weiterer Schwerpunkt der Beratungs- und Aufsichtstätigkeit der Heimaufsichtsbehörden die Unterstützung der Heimbeiräte sowie die Überprüfung der Umsetzung der Heimmitwirkungsverordnung in den Einrichtungen der Alten- und Behindertenhilfe.

Abschließend sei noch auf eine besonders für die Aufsichts- und Beratungstätigkeit der Heimaufsicht relevante Fachdiskussion hingewiesen, die grundsätzlich die Frage der Lebensqualität in Heimen und insbesondere der Lebensqualität in Wohneinrichtungen für Menschen mit geistiger Behinderung in den Mittelpunkt ihrer Betrachtungen nimmt. Beispielhaft ist hier das Instrument »LEWO II. Lebensqualität in Wohnstätten für erwachsene Menschen mit geistiger Behinderung. Ein Instrument für fachliches Qualitätsmanagment« (SCHWARTE, OBERSTE-UFER 2000) zu nennen. Aufgegliedert in Aufgabenfelder, Gegenstandsbereiche und Indikatoren ermöglicht dieses Verfahren über standardisierte Fragebögen eine Eigenevaluation der Wohnangebote der Einrichtung.

Ebenso beispielhaft zu nutzen ist die Untersuchung »Zielperspektive Lebensqualität. Eine Studie zur Lebenssituation von Menschen mit schwerer Behinderung im Heim« (SEIFERT, FORNEFELD, KOENIG 2001). Die Autoren entwickeln zunächst »Kategorien des Wohlbefindens«. Vor dem Hintergrund dieser Kategorien wurden mit verschiedenen Instrumenten und Techniken Erhebungen in einer Reihe von Wohneinrichtungen für Menschen mit geistigen und körperlichen Behinderungen durchgeführt, die Untersuchungsergebnisse durch zahlreiche Aussagen von Mitarbeitern oder Beobachtungsprotokollen belegt.

Die Hessische Heimaufsicht bei den Hessischen Ämtern für Versorgung und Soziales und beim Landesamt für Versorgung und Soziales im Regierungspräsidium Gießen kennzeichnet – wie bisher in keinem anderen Bundesland – ein multiprofessionelles Team von Mitarbeiter(inne)n. Solche Teams in der Heimaufsicht dürfen auch bei anderen Heimaufsichtsbehörden keine Wunschvorstellung bleiben, sondern müssen als wesentliches Element der Qualitätssicherung Realität werden. Ebenso sollte regelmäßige Fort- und Weiterbildung der Mitarbeiter(innen) der Heimaufsicht aktuelles Wissen und methodische Kompetenz sicherstellen, entsprechend dem fachpraktischen und fachwissenschaftlichen Erkenntnisfortschritt.

Die *persönliche Eignung* erfordert neben umfangreichem Fachwissen besondere soziale Kompetenz. Eigenschaften wie z. B. Verständnis und Einfühlungsvermögen für menschliche und soziale Probleme, Aufgeschlossenheit gerade für die Ängste und Sorgen alter, pflegebedürftiger und behinderter Menschen, Geschick im Umgang mit Menschen und Institutionen, Bereitschaft zur Zusammenarbeit sind bei Vertreterinnen und Vertretern der zuständigen Behörde unverzichtbar für ein wirksames Tätigsein.

Die erforderliche *fachliche Eignung* für die Durchführung des Heimgesetzes wird vom Gesetzgeber eng an eine den Aufgaben entsprechende Ausbildung oder an besondere berufliche Erfahrung geknüpft.

(Diplom-)Sozialpädagogen/-Sozialarbeiter, Pflegefachkräfte, Verwaltungsfachleute und Juristen bieten die Möglichkeit fachlich kompetente Ansprechpartner für Bewohnerinnen und Bewohner, ihre Angehörigen, aber auch für Mitarbeiter(innen), Leitungskräfte und Träger von Einrichtungen der Behindertenhilfe in unterschiedlichen Fragestellungen zu sein. Die heimgesetzliche Prüfung und Beratung einer Vielzahl von Einrichtungen bringt den supervisorischen Vorteil, u. a. wertvolle Erkenntnisse zur Aggressions- und Gewaltprävention ebenso wie Strategien zum Umgang mit eingetretenen Gewaltphänomenen fachlich qualifiziert weiter zu vermitteln. Der Blick von Mitarbeiterinnen und Mitarbeitern externer Qualitätssicherung wird dabei nicht durch langfristig eingespielte Betriebsabläufe getrübt, sondern bleibt wachsam auf mögliche Auslöser massiver Aggressionen und von Gewalt gerichtet.

Menschen, die in Heimen der Behindertenhilfe leben und arbeiten, sollten das Angebot der Heimaufsicht zur fachkompetenten Beratung und Begleitung im Hinblick auf Lebensqualität und zur Vermeidung von Aggression und Gewalt nutzen.

Literatur

BENSCH, C.; C. KLICPERA (2000): Dialogische Entwicklungsplanung. Ein Modell für die Arbeit von Behindertenpädagog(inn)en mit erwachsenen Menschen mit geistiger Behinderung. Heidelberg: Winter.

BUNDESMINISTERIUM FÜR FAMILIE, SENIOREN, FRAUEN UND JUGEND (Hrsg.) (2003): Ihre Rechte als Heimbewohnerinnen und Heimbewohner.

CRÖßMANN/IFFLAND/MANGELS (2002): Kommentar zum Heimgesetz, 5. Aufl. Hannover: Vincentz Verlag.

Fachliche Leitlinien der Arbeit in Wohnheimen für erwachsene Menschen mit Behinderung (Hrsg.) (1997): Heimaufsichtsbehörden aus Hessen & Nordrhein-Westfalen. Darmstadt, Dortmund, Frankfurt, Oberhausen: Eigenverlag.

GALTUNG, J. (1975): Gewalt, Frieden und Friedensforschung. Reinbek bei Hamburg: Rowohlt Taschenbuch Verlag.

GÖRGEN, Th. (2000): Belastungen, Konflikte und Gewalt in stationären Altenhilfeeinrichtungen. Ergebnisse einer Befragung von Pflegekräften. www.gesetzeskunde.de/Medizin-Infos/ Pflege/GewaltGiessen03.pdf.

IRBLICH, D. (1999): Gewalt und geistige Behinderung. In: Geistige Behinderung, Heft 38, Nr. 2, 132–145.

LÜBBE, A.; I. BECK (2002): Individuelle Hilfeplanung. Anforderung an die Behindertenhilfe. Hrsg.: Deutsche Heilpädagogische Gesellschaft. Hamburg/Düren: Eigenverlag (DHG-Schriften).

MICHALEK, S. (2000): Gewalt- und Konflikterfahrungen von Menschen mit geistiger Behinderung im Lebenskontext Heim. Soziale Realität aus Sicht der Betroffenen und ihrer Bezugspersonen. Dortmund, Univ., Diss., 2000, http://eldorado.uni-dortmund.de:8080/FB13/lg8/forschung/2000/Michalek.

SCHWARTE, N.; R. OBERSTE-UFER (2001): LEWO II. Lebensqualität in Wohnstätten für erwachsene Menschen mit geistiger Behinderung. Ein Instrument zur Qualitätsentwicklung. Hrsg.: Bundesvereinigung für Menschen mit geistiger Behinderung e. V. Marburg: Lebenshilfe-Verlag. www.lebenshilfe.de/content/stories/index.cfm/key.1687

SEIFERT, M.; B. FORNEFELD; P. KOENIG (2001): Zielperspektive Lebensqualität, Bielefeld: Bethel-Verlag (Bethel-Beiträge 57).

THEUNISSEN, G. (1996): Gewalt gegen (geistig-)behinderte Menschen in Vollzeiteinrichtungen. Behindertenpädagogik, Heft 35, Nr. 3, 275–291.

ZUR ORIENTIERUNG (1994): Zwang und Gewalt im Leben von Menschen mit geistiger Behinderung. Themenheft. Verband Evangelischer Einrichtungen für Menschen mit geistiger und seelischer Behinderung e. V.

Transparenz in der professionellen Krisenintervention

Massive Aggression als Thema für das Qualitätsmanagement

Dieter Daub, Hartwig Reichel

In unserer Arbeit mit behinderten Menschen gehört es zur Realität, dass es Personen gibt, die nicht »so funktionieren«, wie wir es gerne hätten, sich (zeitweise) nicht so verhalten, dass ein guter Umgang miteinander möglich ist. Meistens können wir gut damit leben, denn es ist ja unsere Hauptaufgabe, Menschen zu fördern und sie darin zu unterstützen, ihr Potential zu entwickeln. Wenn eine Funktionsstörung jedoch Gewalt ins Spiel bringt, spitzt sich die Situation schnell krisenhaft zu. Es ist glücklicherweise nicht mehr so häufig in unserer Arbeit zu beobachten, das Menschen mit Behinderung ein so hohes Maß an Gewaltausübung zeigen, dass sie sich selbst oder andere gefährden, aber wir leben damit, dass es immer wieder einmal vorkommt.

Im Sinne eines ernst gemeinten, an den Bedürfnissen der Menschen orientierten Qualitätsmanagements haben wir uns auf diese Tatsache eingestellt. Die massive Aggression stellt für alle betroffenen Menschen eine ernsthafte Bedrohung dar, wir haben daher im Sinne vorbeugender Maßnahmen

- eine Prozessbeschreibung »Akut- und Konfliktsituationen« erstellt und in mehreren Arbeitsanweisungen Regelungen für den Umgang mit massiven Aggressionen getroffen;
- die Mitarbeiterschaft nach den in den Arbeitsanweisungen beschriebenen Vorgehensweisen innerbetrieblich geschult;
- allen Gruppenleitern, die wesentlich mit dieser Problematik konfrontiert sind, die Teilnahme an externen Schulungen zum »Umgang mit massiven Aggressionen« und zum Thema »Grenzen setzen« ermöglicht.

Auch aus dem Wissen heraus, dass es Menschen mit Behinderung gibt, die ihr Verhalten behinderungsbedingt (oder aufgrund anderer psychischer oder organischer Ursachen) nicht steuern können, haben wir uns dazu entschieden, in gefahrenträchtigen Situationen – *und nur dann* – auch körperliche Gewalt als Mittel der Krisenintervention einzusetzen. Die

Entscheidung, offensiv mit der Problematik umzugehen, ist uns nicht ganz leicht gefallen, da wir natürlich nicht nur die objektive Notwendigkeit im Einzelfall gesehen haben, sondern auch die Möglichkeit der Willkür. Die bewusste und gezielte Auseinandersetzung mit dem Thema hat uns deutlich gemacht, dass wir als Einrichtung den klaren und deutlichen Auftrag haben, den bei uns beschäftigten Menschen mit Behinderung eine soziale Umgebung zu bieten, in der sie möglichst angstfrei ihre Potentiale entwickeln können. Da Situationen, in denen Menschen massive Aggressionen zeigen, starke Angst auslösen, bedeutet das für uns, dass wir eingreifen müssen, wenn durch dieses Verhalten Gefahr für die körperliche Unversehrtheit anderer Menschen oder auch für den aggressiven Menschen selbst ausgeht.

Aus dem Wissen heraus, dass Situationen mit massiven Aggressionen für alle Beteiligten eine hohe psychische Belastung darstellen, war es uns wichtig, dem Betreuungspersonal eindeutige Handlungsrichtlinien an die Hand zu geben. Wir wollten damit vermeiden, dass in einer ohnehin äußerst problematischen Situation das betroffene Personal zusätzlich verunsichert ist durch Fragen wie: Was muss ich tun? Was darf ich tun?

In unseren Arbeitsanweisungen haben wir festgelegt, in welchen Situationen das Betreuungspersonal wie handeln muss. Als ein wesentlicher Grundsatz ist hier vorgegeben, dass in Situationen, in denen körperliche Gewalt angewendet werden muss, mindestens zwei Personen anwesend sein und tätig werden sollen, sofern die Situation dies ermöglicht. Dadurch soll zum einen sichergestellt werden, dass die von dem massiven aggressiven Verhalten ausgehende Gefahr möglichst sicher unter Kontrolle gebracht werden kann, zum andern soll die Vorgehensweise im Nachhinein nachvollziehbar bleiben. Diese Konstellation soll den betroffenen behinderten Menschen vor überzogenen Reaktionen des Betreuungspersonals und das Betreuungspersonal wiederum vor falschen Anschuldigungen schützen. *Jede Anwendung körperlicher Gewalt ist ein schwerer Eingriff in die Persönlichkeitsrechte des Einzelnen*. Daher haben wir verbindlich festgelegt, dass solche Vorkommnisse dokumentiert werden. Weiter ist verbindlich geregelt, dass der zuständige Sozialdienst den Fachdienstleiter und den Geschäftsführer sowie die Angehörigen/Betreuer des betroffenen behinderten Menschen umfassend über das Vorgefallene informiert. Ziel von Dokumentation und Information ist es, einen in der Regel äußerst vielschichtigen Prozess transparent zu machen, damit wir Strategien entwickeln können, die zukünftigen Ausbrüchen massiver Aggressionen entgegenwirken können. Aus Sicht des Qualitätsmanagements versuchen wir so, einen schwierigen, teilweise unkontrollierbaren Prozess tendenziell kontrollierbar zu machen. Dokumentation und Information sollen uns aber auch dabei helfen, die Ursachen massiver Aggressionen zu erkennen. Wir wollen uns so, wenn möglich, in die Lage versetzen, nicht nur mehr oder weniger hilflos und zufällig auf massive Aggressionen zu *re*agieren, sondern gezielt an den Ursachen anzusetzen. Dies ist uns deshalb wichtig, weil der Einsatz körperlicher Gewalt für den behinderten Menschen, aber auch für das Betreuungspersonal, immer entwürdigend ist.

An einem Beispiel will ich kurz darstellen, dass sichernde Maßnahmen zwar ein wichtiges Glied im Umgang mit massiven Aggressionen sind, weil sie uns handlungsfähig machen, dass aber Ursachenforschung genauso wichtig ist, um die Anwendung körperlicher Gewalt tendenziell überflüssig zu machen.

Beispiel: Herr P., heute 60 Jahre alt, hat eine ausgeprägte geistige Behinderung. Er zeigt sich im Alltag von einer ausgesuchten Freundlichkeit, Höflichkeit und Gepflegtheit. Seine Kleidung ist entsprechend, er erscheint nie ohne Krawatte zur Arbeit. Herr P. lebt in einer Wohnstätte für behinderte Menschen, dort kennt man ihn genauso wie wir ihn normalerweise in der Werkstatt für behinderte Menschen erleben. Wer Herrn P. nicht näher kennt, kann sich überhaupt nicht vorstellen, dass er massive Aggressionen zeigen könnte. – Nun war es aber so, dass wir in unregelmäßigen Abständen, etwa alle paar Wochen, bei Herrn P. eine massive Persönlichkeitsveränderung beobachten konnten. In der Regel fing es damit an, dass er sich von der Gruppe absonderte und sich an einen einzelnen Tisch in der Gruppe setzte. Im weiteren Verlauf fing er im Selbstgespräch an zu schimpfen, zuerst in mäßiger Lautstärke, die sich aber mit der Zeit steigerte und durch kräftiges Schlagen auf den Tisch unterstrichen wurde. Solange er von Gruppenleiter und Gruppenmitgliedern in diesem Handlungsablauf nicht gestört wurde, wurde er auch nicht gewalttätig. Leider war es aber immer wieder so, dass ein Gruppenmitglied, gewollt oder ungewollt, seine Aufmerksamkeit auf sich zog, was zur Folge hatte, dass er tretend und schlagend auf diesen Menschen losging. Diese Ausfälle nahmen teilweise ein gefährliches Ausmaß an, und so waren wir gezwungen, ihn sichernd festzuhalten. Es entstand eine Situation, die von ihm selbst, von den zuschauenden Gruppenmitgliedern und noch mehr von uns als handelnden Akteuren als äußerst belastend erlebt wurde. – Nach etwa einer halben Stunde wurde er in der Regel wieder ruhiger und fand zu seinem gewohnten Verhalten zurück. Auffällig war, dass er danach offensichtlich nichts mehr von dem Vorfall zu wissen schien. – Selbstverständlich haben wir mit den Wohnstättenbetreuern und den Angehörigen über die Vorfälle gesprochen; genauso selbstverständlich wurde uns immer wieder unterstellt, irgendjemand habe ihn geärgert und wir würden das nur nicht mitbekommen. Im Rahmen einer Informationssammlung, u. a. auch mit Hilfe unserer Dokumentation, konnten wir dann feststellen, dass Herr P. sich nicht nur in der Werkstatt sondern auch in der Wohnstätte in sein Zimmer zurückgezogen und dort heftig geschimpft hatte. Da er dort ungestört war, kam es auch nie zur Anwendung von Gewalt gegen andere. – In unserem anschließenden Gespräch mit der Ärztin äußerte diese den Verdacht, Herr P. könnte Epileptiker und seine Aggressionsausbrüche könnten Anfallsäquivalente sein. Wir vereinbarten mit ihr, dass wir ihn nach seinem nächsten Aggressionsschub so schnell wie möglich in die ärztliche Praxis bringen würden. – Wir konnten diesen Plan dann relativ bald danach umsetzen, die Ärztin konnte am EEG einwandfrei eine Epilepsie feststellen. Daraufhin wurde sein Anfallsleiden medikamentös behandelt. Seitdem kennen wir ihn nur noch als den freundlichen und höflichen Menschen, der er eigentlich schon immer war.

Sicherlich ist es nicht zulässig, aus einem Beispiel allgemeine Schlüsse zu ziehen, aber an dieser Begebenheit können wir aufzeigen, dass unsere Fähigkeit, sichernde Maßnahmen anzuwenden, uns unsere Handlungsfähigkeit erhalten hat. Dadurch waren wir der Situation nicht hilflos ausgeliefert, unser Verhältnis zu Herrn P. wurde nicht geprägt durch seine Gewaltausbrüche, sondern durch den freundlichen, höflichen Anteil seiner Persönlichkeit. Das ungetrübte Interesse an seiner Person hat uns nicht ruhen lassen, nach den Ursachen dieses unverständlichen Verhaltens zu suchen. Die Tatsache, dass die Ursache entdeckt und behandelt worden ist, war für Herrn P. eine deutliche Entlastung, aber auch für uns selbst und für die Gruppenmitglieder.

Was haben wir im Rahmen unseres Qualitätsmanagements an diesem Fallbeispiel lernen können? Es ist unerlässlich, Abläufe gewissenhaft zu dokumentieren und Informationen systematisch und gezielt zu sammeln. Nur so können vermutete Ursachen ausgeschlossen und andere Erklärungshypothesen gestellt werden, die dann unter Umständen – wie im Fall des Herrn P. – zum Ziel führen.

Über unser Qualitätsmanagement konnten wir einen institutionellen Rahmen für Kriseninterventionen schaffen, konnten auf den einzelnen zu Betreuenden bezogene Handlungsanweisungen für das Personal erstellen und hatten ein System, mit dessen Hilfe wir die Durchführung der Maßnahmen dokumentieren und überprüfen können.

Durch die Offenlegung der Vorgehensweisen können wir eine missbräuchliche Anwendung von Gewalt verringern und das in der akuten Situation handelnde Personal institutionell absichern. Unsicherheiten und Handlungsunfähigkeit im Alltag konnten so durch abgesprochene, situationsangemessene eingeübte Maßnahmen ersetzt werden.

Das komplexe Geschehen einer akuten Aggressionskrise wurde transparent, damit auch anderen Systemen im Leben des Betroffenen mitteilbar und schließlich dient das Dokumentieren und Offenlegen als faktenliefernde Informationsgrundlage in gemeinsamen Gesprächen, in denen wir das weitere Vorgehen planen und festlegen.

Ein zusätzlicher Effekt: Das Personal unserer WfbM in Koblenz sieht sich nicht mehr hilflos solchen Situationen ausgeliefert und – noch wichtiger

– unser Verhältnis zu Herrn P. wurde nicht bestimmt durch seine Gewaltausbrüche, sondern durch die überwiegenden, freundlichen, höflichen Anteile seiner Persönlichkeit.

Im sächsischen Epilepsiezentrum Radeberg in Kleinwachau begegnen uns massiv aggressive Verhaltensweisen »täglich« oder »fast nicht«: So unterschiedlich fielen die Antworten aus, wenn wir Mitarbeiter zu diesem Thema befragten. Es liegt nicht in erster Linie daran, in welchem der Bereiche unseres Zentrums – sei es Schule, Wohnenbereich, Werkstatt für behinderte Menschen oder Krankenhaus – der Befragte tätig ist; es liegt an der subjektiv-persönlichen Einordnung erlebten aggressiven Verhaltens durch den Einzelnen.

In unserem Zentrum sind rund 210 Mitarbeiter(innen) beschäftigt, und nachdem im Herbst 2003 einige Vorkommnisse massiver Aggression zu einer einrichtungsweiten Diskussion führten, wie man sich dazu verhalten und darauf reagieren solle, wurde vom Qualitätsmanagement unserer Einrichtung eine Arbeitsgruppe unter Beteiligung aller Bereiche eingesetzt, um sich diesem Thema fachlich zu nähern. Ein wichtiges Ziel unseres Qualitätsmanagements war es den Mitarbeitern deutlich zu machen, dass das Einrichtungskonzept sie in solchen Fällen nicht allein lässt, und ihnen gemeinsam erarbeitete, abgesprochene und verantwortete Verhaltensmaßregeln an die Hand zu geben, die sicherstellen helfen, dass alle an solchen Situationen massiver Aggression Beteiligten auch bei nicht zu verhinderndem Einsatz von Gewalt mit Würde weiter zusammenleben und arbeiten können.

Nach ersten Gesprächsrunden kristallisierten sich folgende Fragen heraus:

- Wer erstattet wem über die Vorkommnisse wie Bericht?
- Wer muss in weiteren Schritten in Kenntnis gesetzt werden?
- Wer koordiniert die weiteren Maßnahmen verantwortlich und wer führt sie durch?

Einige Besprechungen haben wir darauf verwendet Klassifikationskriterien dafür festzulegen, was eine (meldepflichtige) massive Aggression sei. Obwohl an den Gesprächen für das Thema dafür hochqualifizierte Berufsgruppen wie Ärzte und Pädagogen teilnahmen, kamen wir dabei zu keinem allgemein verbindlichen Ergebnis. Es blieb bei der Verständigung, dass dies eine individuelle Einschätzung bleiben muss, die gegebenenfalls mit den direkt betroffenen begleitenden Betreuungs- und den Bereichleitungspersonen abzustimmen sei.

Einfacher war es, unter Beachtung von Qualitätsmanagementelementen ein Flussdiagramm über Abläufe und Zuständigkeiten zu erarbeiten und ein Formblatt zur Dokumentation* bereit zu stellen. Diese beiden Dokumente fanden im April 2004 dann endgültig Eingang in das Qulitätsmanagementsystem unserer Werkstatt für behinderte Menschen und kamen bisher durchschnittlich dreimal pro Monat dort zur Anwendung. In anderen Bereichen des Kleinwachauer Zentrums fanden sie bisher nur selten Anwendung. Mögen manche Mitarbeiter(innen) unserer Einrichtung über Qualitätsmanagementsysteme immer noch die Nase rümpfen, so zeigt sich an diesem Beispiel, dass ein Ordnungssystem nicht seiner selbst wegen gut ist, sondern dass es eines über lange Zeit reichenden Prozesses bedarf, ein solches System als sowohl für das Personal als auch für die zu begleitenden Menschen mit Beeinträchtigung letztlich hilfreich und entlastend einzurichten und dass mit Hilfe eines solchen Systems das Zusammenleben, -lernen und -arbeiten einfacher und verbindlicher wird. Gelegentlich beobachten wir noch Vorbehalte der einzelnen Mitarbeiter(innen) gegen unser neues System (»Es wäre doch besser, wenn es überhaupt keine Aggressionen gäbe, als sich jetzt auf dieses Reglement einstellen zu müssen!«) – obwohl das Vorhaben ein gemeinsames Anliegen von Mitarbeiterschaft und Einrichtungsleitung war. Hier werden noch manche Gespräche nötig sein, um gemeinsam ans vereinbarte Ziel zu kommen.

Um den Arbeitsalltag der Mitarbeiterschaft nicht zusätzlich und gegebenenfalls unnötig zu belasten, haben wir die Dokumentation bewusst einfach gehalten (siehe Flussdiagramm und Formblattdokumentation). Entscheidender Anlass für die einfache Gestaltung war aber, dass die grundlegenden Sachverhalte auch in diesen Dokumenten deutlich bleiben und nicht überlagert werden. So sind auch aus diesen grafischen Darstellungen die wesentlichen Schritte einfach zu erkennen:

Die Bereichsleitungspersonen sind Anlaufstellen für Meldungen zu massiven Aggressionen.

Einordnung des Vorfalls und Informationsumfang werden gemeinsam von Bereichsleitung und betroffenem fachlichem Begleiter festgelegt und für Dritte kenntlich gemacht.

*) Die Formulare lassen sich im Buch lesbar nicht abbilden. Interessierte können sie anfordern unter: werkstatt@kleinwachau.de; dazu auch: (werkstatt@lichtenstern.de)

Die Einleitung und Koordination der notwendigen Schritte – wie Fallgespräche, Supervision, Krankenbesuche, Beteiligung des Seelsorgers – liegt bei demjenigen, der den Dienst- bzw. Betreuungsvertrag unterzeichnet.

Jeder einzelne Fall massiv aggressiven Verhaltens wird mit einer Langzeitkontrolle begleitet und abgeschlossen. (Auch dadurch soll den Mitarbeiter(innen) deutlich werden, dass auch das sie belastende Erlebnis nicht einfach verdrängt bzw. unbeachtet bleibt.)

Weder Flussdiagramm noch Formblatt können das Handeln des Einzelnen in einer Akutsituation abbilden. Dazu sind ergänzende Stützmaßnahmen erforderlich.

Wir sind uns voll bewusst, dass diese Regelungen im Rahmen unseres Qualitätsmanagementsystems präventive Arbeit im Bereich massiver aggressiver Verhaltensweisen nicht ersetzen kann. So bieten wir allen Mitarbeitern im Betreuungsdienst die Teilnahme am Präventionsprogramm des Herausgebers dieses Buchs an und empfehlen ihnen unsere jährlich dazu stattfindenden internen Fortbildungen. Ob unser Vorgehen, den Umgang mit massiv aggressivem Verhalten im Rahmen eines Qualitätsmanagementsystems zu stützen, langfristig nachhaltigen Erfolg haben wird, bleibt abzuwarten. Gegenwärtig wissen wir nur: Wir haben einen Anfang gemacht, auf dem sich weiter aufbauen lässt.

Die Organisation von Sicherheit und Entspannung unter Finanzierungsaspekten

Winfrid Weber

Begriff und Aufgaben von Organisation

Was meint Organisation in einem Sozialbetrieb, einer Einrichtung der Behindertenhilfe? Was sind ihre Aufgaben? Das gesamte sozialbetriebliche Geschehen vollzieht sich in einer bestimmten Ordnung, d. h. nach bestimmten Festlegungen. Diese Ordnung wird im Hinblick auf die Aufgaben und die Ziele des Sozialbetriebs zunächst geplant und dann mit Hilfe von Maßnahmen und Instrumenten verwirklicht. Die betriebswirtschaftliche Organisationslehre strukturiert die so definierte betriebliche Organisation in der Regel in die Aufbau- und in die Ablauforganisation. Während sich die *Aufbauorganisation* auf die Gliederung des Sozialbetriebs in aufgabenteilige Einheiten bezieht, versteht man unter *Ablauforganisation* die Gestaltung der gesamten Dienstleistungsvorgänge. Verwendet man zur Verdeutlichung ein Bild, dann ist Aufbauorganisation vergleichbar mit dem Bau von Straßen und Wegen in einer Region, während die Ablauforganisation die zeitliche und räumliche Nutzung dieser Straßen und Wege regelt.

Entscheidend für die gewählte Aufbau- und Ablauforganisation des sozialen Betriebs sind seine Ziele und Aufgaben, die er in der Regel über Konzeptionen definiert. Die vollstationäre Betreuung von Menschen mit Behinderungen ist Ziel vieler Sozialbetriebe. Ausdruck institutioneller Kompetenz ist dabei die intensive Differenzierung und Vernetzung der angebotenen professionellen Hilfen. Aufbau- und Ablauforganisation können so gestaltet sein, dass die Hilfen aus einer Hand angeboten werden. Die verschiedenen Hilfen sind in einer abgegrenzten räumlichen Situation aber auch im Verbund mehrerer Sozialbetriebe möglich. Konzepte zur Betreuung von Menschen mit Behinderungen mit aggressiven Verhaltensweisen sind rein zahlenmäßig wesentlich seltener anzutreffen als andere. Dies kann auch mit der Organisation von Sicherheit und Entspannung für diesen Personenkreis im Kontext der Finanzierbarkeit der Aufgabe zusammenhängen. Warum ist das so?

Aufgabe und Zweck des Rechnungswesens

Hilfen für Menschen mit Behinderungen werden auf dem Markt sozialer Dienstleistungen angeboten. Die Privilegierung einzelner Anbietergruppen durch Reha- bzw. Hilfeträger ist spätestens mit dem Inkrafttreten des Sozialgesetzbuchs, Neuntes Buch (SGB IX) am 1. Juli 2001 entfallen. Sowohl die Einflüsse der Wettbewerbsziele der Europäischen Union als auch die immer knapper werdende Mittelausstattung der Reha-Leistungsträger schließt heute nach dem Willen der politischen Organe ein Hilfeangebotsmonopol früherer Zeiten mehr und mehr aus.

Für Teilnehmer am Marktgeschehen des Sozialen Markts ist ein qualifiziertes Rechnungswesen unerlässlich und gesetzlich vorgeschrieben. Das Rechnungswesen hat im weitesten Sinne den Zweck, alle Vorgänge im sozialen Betrieb kostenmäßig systematisch zu erfassen, zu dokumentieren, zu ordnen und zu analysieren. Dies dient als Grundlage für Disposition und Überprüfung. Das Interesse an einem qualifizierten Rechnungswesen geht aber über den Betrieb hinaus. Gerade Sozialbetriebe, die sich im wesentlichen aus Mitteln des Staates und der staatlichen Sozialsolidarsysteme finanzieren, müssen auf der Grundlage eines gut strukturierten und problemlos Auskunft ermöglichenden Rechnungswesens das Informationsinteresse und -bedürfnis staatlicher Stellen und der Öffentlichkeit erfüllen. Verkürzt kann man die Aufgaben des Rechnungswesens wie folgt zusammenfassen:

- Dokumentation des betrieblichen Geschehens;
- Rechenschaftslegung gegenüber dem Träger des Sozialbetriebs selbst;
- Rechenschaftslegung gegenüber dem Staat und der Öffentlichkeit;
- Grundlage für unternehmenspolitische Entscheidungen.

Diese Aufgaben erfüllt das Rechnungswesen mit seinen Teilbereichen

- Buchhaltung und Bilanz,
- Kostenrechnung,
- Analyse und Statistik.

Für die weiteren Ausführungen hier ist davon der Aufgabenbereich der *Kostenrechnung* zentral. Mit ihr werden alle Kosten erfasst, aufgeteilt und zugerechnet, die bei der Erbringung der Hilfen für Menschen mit Behinderung entstehen. Die Kostenrechnung ist üblicherweise so aufgebaut, dass man die Frage »Welche Kosten sind wann, wo und wofür entstanden?« beantworten kann. Dabei gibt die Kostenartenrechnung Auskunft darüber, *welche* Art von Kosten entstanden ist. Bei einer Grobeinteilung in Personal- und Sachkosten sind Sozialbetriebe der Behindertenhilfe durch rund 80-prozentige Personalkostenquoten gekennzeichnet. Die Kostenstellenrechnung gibt so auch Auskunft darüber, *wo* welche Kosten entstanden sind, ordnet also die Kosten dem Ort ihrer Entstehung zu. Schließlich beantwortet die Kostenträgerrechung die Frage, *wofür* die Kosten angefallen sind.

Mit diesem – sicherlich vereinfacht dargestellten – gegliederten System der Kostenrechnung werden, bezogen auf die Aufgaben und Ziele des Sozialbetriebs, Grundlagen für die unternehmenspolitischen Entscheidungen geschaffen.

Die Analyse der Kostenrechung von Sozialbetrieben, die behinderte Menschen mit aggressiven Verhaltensweisen betreuen, zeigt interessante Erkenntnisse. – So ist bei Komplexanbietern die Kostensituation zur Betreuung behinderter Menschen mit massiv aggressiven Verhaltensweisen in Wohngruppen im Vergleich zu anderen Wohngruppen ohne diesen Personenkreis bis zu 100 Prozent höher. Dies erklärt sich aus umfangreichen Personal- und Sachnotwendigkeiten. Oft sind Betreuungsverhältnisse im Schlüssel 1:1 notwendig, Instandhaltungs- und Erneuerungsintervalle sind im Vergleich zur Normalsituation um das Zwei- bis Dreifache kürzer, wobei zu ersetzende Spezialgegenstände hochpreisiger als normale Gegenstände des Alltags beschafft werden müssen.

In der vollstationären Betreuung von Menschen mit Behinderungen werden Pflegesätze (Entgelte/Preise) für die Erbringung der Hilfen durch die Reha- bzw. Hilfeträger gezahlt. Pflegesätze als sogenannte Einheitspflegesätze oder Pauschalentgelte pro Bewohnertag, bezogen auf eine gesamte Einrichtung oder einen abgegrenzten Hilfebereich, sind trotz der Änderung der §§ 75 ff. SGB XII (früher § 93 ff. BSHG) ganz überwiegend noch Praxis. Da nicht die tatsächlichen Kosten über den Preis für die gewährte Hilfe erlöst werden können, entstehen, durch das Entgeltsystem bedingt, Deckungslücken beim Anbieter der Hilfen. Auf Dauer wird sich kein Betrieb – auch kein Sozialbetrieb – diese Deckungslücken leisten können, will er am Markt sozialer Dienstleistungen bestehen. Dies ist eine finanzpolitische Erklärung für die Zurückhaltung der Leistungsanbieter von Hilfen für behinderte Menschen mit massiv aggressiven Verhaltenweisen. – Kann dies durch eine andere Entgeltstruktur für die notwendigen Hilfen geändert werden?

Das Entgeltsystem

Hilfen für behinderte Menschen mit aggressiven Verhaltensweisen werden von den Reha- und Sozialhilfeträgern als Leistungen zur Teilhabe bzw. als Eingliederungshilfe bewilligt. Für die von den Sozialeinrichtungen erbrachten Leistungen übernehmen die Reha- bzw. Sozialhilfeträger die Vergütung, wenn entsprechende Vereinbarungen zur Leistung, Vergütung und Prüfung abgeschlossen sind. Formal existieren diese Vereinbarungen in den Bundesländern. Die mit der BSHG-Reform 1995 angestrebten Intensionen zur Änderung der Vergütungen sind jedoch bis heute nicht umgesetzt. Dies mag ein politisches Novum sein. Vielleicht kennzeichnet es aber auch die Komplexität der Sache. Federführend und mit am weitesten fortgeschritten sind die Anstrengungen zur Umsetzung des früheren § 93 Absatz 2 BSHG (heute §§ 75 ff. SGB XII) im *Bundesland Rheinland-Pfalz.* Die nachfolgenden Ausführungen beziehen sich deshalb auf die Anstrengungen und Bemühungen der Verhandlungspartner in diesem Bundesland.

Bevor wir jedoch die angestrebte Neuregelung im Detail betrachten, lohnt ein Blick zurück: Vor der BSHG-Reform, also bis Mitte der 1990er Jahre finanzierten Einrichtungen der Behindertenhilfe ihre Hilfen im vollstationären Sektor über den Einheitspflegesatz. Auf der Basis von IST-Kosten vergangener Perioden wurden Einheitspflegesätze für die Zukunft festgesetzt, befristet durch den persönlichen Pflegesatzbescheid. Die gesamten Personal- und Sach-IST-Kosten wurden geteilt durch die Zahl der Betreuungstage, so ergab sich der Einheitspflegesatz pro Bewohner und Tag in der Einrichtung. Neben dem Wohnen wurden meist auch Kosten für andere Hilfebereiche wie Kindergarten und Schule, Tagesbetreuung usw. in den Einheitspflegesatz eingerechnet. Kalkulatorisch bildeten so alle zu betreuenden Menschen mit Behinderungen in dieser Einrichtung eine kostenmäßig einheitliche, vereinheitlichte Solidargemeinschaft. Für Menschen mit geringerem Unterstützungsbedarf wurden dieselben Entgelte wie für Menschen mit massiv aggressiven Verhaltensweisen, also mit überdurchschnittlich hohem Unterstützungsbedarf, gewährt. Veränderungen in der Zusammensetzung der Solidargemeinschaft, z. B. durch Neuaufnahmen von Heimbewohnern mit massiv aggressivem Verhalten, gingen zulasten des Sozialbetriebs und konnten erst bei neuerlichen Pflegesatzverhandlungen in der Zukunft berichtigt und angepasst werden.

Dieses Entgeltsystem barg enorme Risiken für die Sozialbetriebe.

Zu Recht wurde die Forderung nach einem prospektiven und verursachungsgerechten Entgelt für die zu erbringende Eingliederungshilfe erhoben. Der frühere § 93 Absatz 2 BSHG (heute §§ 70 ff. SGB XII) verlangte Vergütungsvereinbarungen, die sich aus Pauschalen und Beträgen für einzelne Leistungsbereiche zusammensetzen. Gedacht war an ein Preis-Leistungs-System für Gruppen von Menschen mit Behinderungen und nach Leistungsarten und -bereichen differenziert sowie innerhalb dieser Differenzierung nach Grund-, Maßnahmen- und Investitionskosten pauschaliert. Eine Vergütung, die alle notwendigen (verursachungsgerechten) Hilfen im Einzelfall erfasst, wird es damit auch in Zukunft nicht geben. Pauschalierungen werden von den Gerichten als grundsätzlich zulässig bestätigt, sie mögen im Hinblick auf die behördliche Bewilligungspraxis von Leistungen auch sinnvoll erscheinen. Grundpauschalen der zukünftigen Vergütungen als landeseinheitliche Pauschale für Unterkunft und Verpflegung erscheinen zunächst genauso als akzeptable Komponente wie die für die jeweilige Einrichtung zu ermittelnde Investitionskostenpauschale.

Die Tradition der Träger von Hilfen als auch die gemeinsam zwischen Reha- und Sozialhilfeträgern einerseits und Einrichtungsträgern andererseits vereinbarten Entwicklungen zwingen bei der Investitionskostenpauschale zu *individuellen Lösungen*. Eine so geartete Investitionskostenpauschale bietet die Möglichkeit, besondere Investitionskostensituationen, z. B. ein Zimmer mit den notwendigen Schutzmaßnahmen, zum Aufbau von Hilfen zur Betreuung von Menschen mit massiv aggressiven Verhaltensweisen zu berücksichtigen.

Die Bemessung der *Maßnahmepauschalen* für die zu bildenden Gruppen von Hilfeempfängern wird die Höhe der Vergütung entscheidend beeinflussen. Wenn unterschiedliche Maßnahmepauschalen für verschiedene Gruppen vereinbart werden und es gelingt, die den Vereinbarungen zugrunde liegenden Gruppen auch so zu bilden, dass sie den notwendigen, vergleichbaren Hilfebedarf abbilden, bietet dies die Chance einer leistungsgerechteren Vergütung für Menschen mit massiv aggressiven Verhaltenweisen. Die Praxistauglichkeit für behördliche Bewilligungen von Hilfen verbietet jedoch eine zu große Zahl von Gruppen bei der Bemessung der Maßnahmepauschalen. Dies würde – wie bisher – dazu führen, dass der Betreuungsaufwand für behinderte Menschen mit massiv aggressiven Verhaltensweisen derart weit außerhalb der Bandbreite gebildeter Gruppen fällt, dass damit eine Einbeziehung in die Gesamtkosten einer gebildeten Gruppe zur Bemessung einer Maßnahmepauschale ausgeschlossen ist.

Das zuzumutende Maß an Solidarität innerhalb der gebildeten Gruppen zur Bemessung der Maßnahmepauschalen kann auch in Zukunft durch behinderte Menschen mit massiv aggressiven Verhaltensweisen gesprengt werden. Dann muss es auch in Zukunft Einzelfalllösungen dafür geben. Was ist dafür zu tun? Wie ist vorzugehen?

Insgesamt bietet das neue differenzierte Vergütungssystem für die hilfeerbringenden Sozialbetriebe die Chance, die Diskrepanz zwischen Vergütung und tatsächlichen Kosten zu mindern, sie sogar aufzuheben.

Auch das ab 01. Juli 2004 durch das SGB XII eingeführte Persönliche Budget für die vollstationäre Betreuung eröffnet eine neue Chance für den zu betreuenden Personenkreis. Die Höhe des persönlichen Gesamtbudgets hat sich an den individuellen Hilfenotwendigkeiten zu bemessen, die in einem umfangreichen Hilfeplanungsprozess ermittelt werden. Mit den aufgezeigten Neuerungen erhalten die Hilfeanbieter Instrumente, die ihre Zurückhaltung im Hinblick auf Menschen mit massiv aggressiven Verhaltensweisen auflösen könnten.

Grenzen für notwendige Hilfen und mögliche Gefährdung

Professionelle Hilfe für Menschen mit schweren Verhaltensauffälligkeiten ist sehr teuer – gleich, ob nach einem differenzierten Vergütungssystem oder als persönliches Gesamtbudget bemessen –, dies ist eine schlichte Tatsache. Tatsache ist auch, dass die Kosten für bedarfsgerechte Eingliederungshilfe in der Zukunft dramatisch ansteigen werden. Experten gehen in Schätzungen von mittelfristigen Zuwächsen bis zu 1 Milliarde Euro pro Jahr aus, wenn die bisherigen Rahmenbedingungen für die Hilfegewährung unverändert bleiben. Keiner weiß derzeit, woher diese zusätzlichen Finanzmittel kommen könnten. Vergütungen in einer Größenordnung von mehr als 250 Euro pro Tag, persönliche Gesamtbudgets von vielleicht deutlich über 5.000 Euro pro Monat, Belastungen des Staates von 4 bis 5 Millionen Euro für eine lebenslange Betreuung bei durchschnittlicher Lebenserwartung werden heftige gesellschaftliche (Akzeptanz-)Diskussionen auslösen.

Teilhabe am Leben in der Gemeinschaft wird immer nur in dem Maße gelingen, wie die gesellschaftliche Akzeptanz und Bereitschaft zu den notwendigen Hilfen dafür ausgeprägt ist. Die Höhe der genannten staatlichen

Belastungen lässt vermuten, dass die Kriterien für das Maß des Notwendigen auf den Prüfstand geraten. Kostengünstigere Lösungen, vielleicht auch außerhalb der Zuständigkeit der Reha- und Sozialhilfeträger, werden gesucht. Provozierend formuliert: Vielleicht besteht in Zukunft für Menschen mit massiv aggressiven Verhaltensweisen die »notwendige Hilfe« auch in der medizinisch nicht notwendigen Gabe sedierender Medikamente zulasten der Krankenversicherung, oder der Schaffung einer völlig reizarmen Umwelt, in der sie ohne die pädagogische Förderung von Selbstständigkeit und ohne fachlich-menschliche Begleitung im Alltag sich selbst überlassen bleiben.

Welcher Anbieter von Hilfen, der den Menschen mit Behinderung in den Mittelpunkt seines Handelns und seiner Organisation stellt, wird daran mitwirken wollen, wenn es darum geht, Leben menschenunwürdig zu organisieren, weil die Grenzen notwendiger Hilfe so eng gezogen sind, dass unter dem Diktat des So-billig-wie-nur-eben-Möglich sinnvolle Hilfe nicht mehr zu leisten ist?

Menschen, die anderen Menschen mit Verhaltensauffälligkeiten helfen wollen, sind dabei selbst extremen körperlichen und seelischen Belastungen ausgesetzt. Nicht selten entwickeln sie selbst aus der ständig hohen Anforderung heraus eine »fatalistische« und einer engagierten Berufsauffassung fremde Arbeitshaltung, indem sie oft einfach nur versuchen, die Situation zu ertragen – hier greift das allseits bekannte Burn-out-Muster. Oft fällt es ihnen schwer, der Aggression nicht mit Gegengewalt zu begegnen. Haltungen, Einstellungen, Gefühle und Reaktionen dieser Art helfen kaum, Menschen mit massiv aggressiven Verhaltensweisen ein menschenwürdiges Leben zu ermöglichen, egal ob es bei den Begleitpersonen um professionelle Mitarbeiterinnen und Mitarbeiter in Einrichtungen oder um die Eltern und Angehörigen zu Hause geht. In Einrichtungen der Behindertenhilfe werden die Anforderungen an Mitarbeiterinnen und Mitarbeiter, die bei Menschen mit massiv aggressiven Verhaltensweisen tätig sind, sehr hoch gesetzt.

Erwartet werden:

- eine fach- und persönlichkeitsorientierte Grundausbildung;
- ständige Reflexion ihrer Haltungen, Einstellungen und Gefühle sowie permanente Anleitung zur Analyse von Problemverhalten und eigener Reaktion;

- Beratung und Unterstützung bei der Auswahl von Methoden heilpädagogischer und therapeutischer Vorgehensweisen;
- wesentlich mehr Zeit für Teamgespräche, zur Reflexion, zu gemeinsam zu treffenden Absprachen, inhaltlich und organisatorisch.

Ohne notwendige Änderung der finanziellen Ausstattung in der Betreuung von Menschen mit Behinderung und besonders problematischem Verhalten bewirkt all dies bei der Mitarbeiterschaft schnell nur noch den Eindruck von Unzumutbarkeit, anstatt ihr Engagement zu stärken und eine Annahme dieser fachlichen und menschlichen Herausforderung zu ermöglichen.

Und wie ist es um die Fürsorgepflicht des Arbeitgebers als wesentliches Element jedes Dienstverhältnisses bestellt? Muss der persönliche Arbeitsschutz des Mitarbeiters, der Mitarbeiterin mit all den Risiken, die eine Konfrontation mit massiven Aggressionen mit sich bringt, einer menschenwürdigen Betreuung der behinderten Personen geopfert werden?

Objektive oder gar einklagbare Kriterien für die Beurteilung dieser Fragen wird es nicht geben können. Und wenn dann im konkreten Betreuungsprozess wieder ein besonderes Vorkommnis stattgefunden hat, werden das hinnehmende Verständnis der Kollegen, die duldende Bereitschaft der Vorgesetzten für die ein oder andere »Minus«-Reaktion einer Mitarbeiterin, eines Mitarbeiters allein wohl auch nicht ausreichen. Das vergrößert nur das Gefühl der Unzulänglichkeit und das »schlechte Gewissen« bei Letzteren. Welche finanzielle Ausstattung benötigt man also für einen fachlich gut ausgebildeten, engagierten, beziehungsfähigen und bei seiner Arbeit ausreichend gestützten und geschützten, also eine richtig professionelle Mitarbeiterin, einen richtig professionellen Mitarbeiter? Wo und wie findet man diese Fachkräfte?

Oft kommen Menschen mit massiven Verhaltensauffälligkeiten erst in Einrichtungen der Behindertenhilfe, wenn Eltern und Angehörige längst nicht mehr damit zurechtkommen. Oft sind die Grenzen körperlicher und seelischer Belastungen weit überschritten, haben die Folgen der Isolation durch die Umwelt ihren Höhepunkt erreicht – wenn nicht mehr! Die jahrelange besondere Opferbereitschaft der Angehörigen paart sich mit Perspektivlosigkeit, weil ein Betreuungsplatz nicht in Sicht ist. Um diesem Lähmungszustand zu entgehen, sind Eltern und Angehörige oft bereit, neben ihren großen körperlichen und seelischen Belastungen auch noch finanzielle Sonderopfer zu erbringen, damit sie endlich einen Betreuungsplatz bekommen.

Wie kommen wir aus diesen Gefahrenzonen heraus?

a) Für Gruppen geistig behinderter Menschen mit massiven Aggressionen müssen Maßnahmepauschalen außerhalb der üblichen Entgeltstrukturen und Bandbreiten möglich sein. – Dabei muss vereinbart werden, wie man unter finanzierungstechnischen Aspekten solche Gruppen definieren kann, um entsprechende Maßnahmepauschalen festsetzen zu können.

b) Individuelle Investitionskosten- und Instandhaltungskostenpauschalen müssen für diesen Personenkreis im Entgelt eingeplant sein.

c) Zur Sonderzahlung in der Lage und bereite Eltern oder Angehörige sollten mit Anbietern der Behindertenhilfe bei Finanzierungsregelungen – freier als nach derzeitigen heimgesetzlichen Regelungen möglich – zusammenarbeiten können und mitentscheiden dürfen.

Ohne die Schaffung solcher Möglichkeiten wird die Betreuung von Menschen mit massiven Aggressionen weiterhin eher von Grenzen und Gefahren bestimmt als von Chancen und Lösungsmöglichkeiten. So lange bis von allen Verantwortlichen *individuelle* Konzepte im Einzelfall ermöglicht werden – und nicht nur solche nach dem Gießkannenprinzip – ist die Forderung nach Organisation besonderer Einzelbetreuung im Wege einer speziellen Leistungs-, Vergütungs- und Prüfungsvereinbarung als Ausweg aufrecht zu erhalten und zu fördern. Wie dies gelingen kann, zeigt der nachfolgende Beitrag.

Leistungsvereinbarungen mit dem Kostenträger für einen besonderen Bedarf

Günter Wild

Einführung

Bei der Betreuung von Menschen mit besonderem, herausforderndem, aggressivem oder autoaggressivem Verhalten stellt sich sehr schnell die Situation ein, dass diese z. B. in der Wohneinrichtung mit der herkömmlichen Personalausstattung nicht mehr zu leisten und zu verantworten ist. Dieses quantitative und qualitative »Mehr« wird dann oft durch interne Umschichtung von Personal aus Bereichen mit weniger intensivem Bedarf kaschiert, wobei die Reduzierung von Betreuungsanteilen bei Menschen, die weniger auffallen, billigend in Kauf genommen wird. Eine andere Strategie des Umgangs mit diesen »das System sprengenden« Personen ist es, die Betreuungsleistung des Personals bis an die Grenzen und darüber hinaus zu strapazieren.

Um eine Finanzierung zu erhalten, die das möglich macht, gibt es Wege:

Schon vor der Aufnahme eines behinderten Menschen mit aggressivem Verhalten muss mit dem Kostenträger ein besonderer Pflegesatz vereinbart werden. Beispiele zeigen, dass dies ein gangbarer Weg ist, nämlich als Einrichtung einen erhöhten Pflegesatz zur Aufnahmebedingung zu machen.

Dieser Weg wird nur selten beschritten, obwohl das Leistungsrecht ihn ausdrücklich für solche besonderen Bedarfe vorgibt. In § 9 Abs 1 SGB XII heißt es: »Die Leistungen richten sich nach der Besonderheit des Einzelfalls, insbesondere nach der Art des Bedarfs ...«.

Dieser Bedarf muss eindeutig dargestellt und ausgewiesen werden. Notwendig ist dabei auch, die entsprechende Leistung, die diesem Bedarf entspricht, konkret zu benennen.

Im Folgenden wird ein *Entwurf* einer *Leistungsvereinbarung* dargestellt, der die drei notwendigen Schritte leistet:

- die Darstellung des individuellen Bedarfs;
- die Konkretisierung der Leistung;
- ein Modell der Verpreislichung.

Letzteres geht von einer Analyse des konkreten Einzelfalls sowie von der betreuerischen Situation aus und beziffert explizit den notwendigen Personaleinsatz (vgl. auch SCHIRMER 2004). Dieses Modell verabschiedet sich somit von inkonkreten Personalschlüsseln wie der sogenannten Eins-zu-Eins-Betreuung, die pauschal eine Lösung andeuten, jedoch den konkreten Bedarf der Person nicht zu fassen vermögen.

Die Ausführungen zum Verhalten der Person, um deren Betreuung es letztlich geht, sind in dieser Vorlage bewusst allgemein gehalten. Sie müssen in der Praxis auf das konkrete Verhalten des Einzelnen, auf die Zusammenhänge und die Ausformungen der Aggression oder Autoaggression eingehen und sollten eindeutig die damit zusammenhängenden Gefahren benennen, die eintreten, wenn die angegebene Betreuung nicht geleistet werden kann. Diese ins Detail gehende Beschreibung hat nicht die Absicht ein defizitäres Bild behinderter Menschen zu zeichnen, sondern sie will den leistungsrechtlichen Bedarf so präzise wie möglich benennen. Diagnostik wird hierbei verstanden als vorweggreifende Hilfe, die Voraussetzungen für alternatives Verhalten ermöglicht. Damit wird ein Modell vorgelegt, das sich durchaus im Sinne einer Förderdiagnostik (KOBI 1990) versteht und Angebote vermittelt, die der betroffenen Person eine Perspektive vermitteln können. Das kritische Verhalten wird dabei ausdrücklich nicht als abzuschaffendes Defizit interpretiert, sondern als Chance der Betreuung und der persönlichen Weiterentwicklung der Person.

Leistungsvereinbarung nach dem früheren § 93 BSHG (seit 1. Januar 2005 §§ 75 Abs. 2, 76, 77 SGB XII)

Einzelbetreuung aufgrund eines ausgewiesenen besonderen Hilfebedarfs für N. N. in der Einrichtung XY

Beschreibung des Trägers

Der Träger ist .... .

Allgemeine Angaben

Geschäftsführer:

Anschrift des Trägers:

Rechtsform:

Spitzenverband:

Einrichtung:

Art der Einrichtung

Die folgende Leistungsbeschreibung bezieht sich auf Angebote gem. § 39/40 BSHG (seit 1. Januar 2005 §§ 53, 54 SGB XII).

Grundsätzliches Selbstverständnis

Wohnen wird verstanden als Lebensraum.

Im Sinne eines ganzheitlichen Hilfekonzepts erfolgt eine Vernetzung der Angebote Lernen, Arbeiten und Leben.

Ziel der Betreuung in der Einrichtung XY ist es, größtmögliche Lebenskompetenz behinderter Menschen im Alltag umzusetzen.

Das Leben in einer Wohneinrichtung ist an den gegebenen Bedingungen der Gesellschaft ausgerichtet. Dies gilt insbesondere für die Größe und Ausstattung der Wohnbereiche, für die Wahrung und den Schutz der Intimsphäre, der Selbständigkeit und der Eigenverantwortung im Wohnen unter Berücksichtigung der je eigenen Möglichkeiten.

Hilfen werden nach dem Grundsatz *soviel Selbstbestimmung wie möglich, soviel Unterstützung wie nötig* angeboten. Die erforderliche Unterstützung wird im Sinne und in Form einer Assistenz gestaltet. Der Umfang der Hilfen wird durch den persönlichen Bedarf bestimmt. Die gesellschaftliche Integration wird durch die Gestaltung des Wohnens gefördert.

Organisatorische Struktur

(Siehe Anlage. – In der Anlage sollte eine kurze Beschreibung der Organisationstruktur der jeweiligen Einrichtung erfolgen.)

Leistungsbeschreibung

Allgemeine Angaben

Die Arbeitsabläufe und Angebote des Trägers werden innerhalb des erklärten Selbstverständnisses gestaltet.

Die Hilfeform der Einzelbetreuung aufgrund eines ausgewiesenen besonderen Hilfebedarfs deckt individuelle Bedarfe ab. Diese bedürfen sowohl einer besonderen qualitativen und fachlichen Zugehensweise als auch eines besonderen personellen Einsatzes und sind im Umfang der herkömmlichen Betreuung in Heimen nicht zu leisten. Eine besondere Organisation der Hilfen sowie umfangreiche personelle und sächliche Ressourcen sind nötig. Ohne diese besonderen, herausgehobenen und zusätzlichen Rahmenbedingungen sind angemessene Hilfen nicht zu erbringen.

Anschrift der Einrichtung: ...

Schularten und Ausbildungsmöglichkeiten bzw. Arbeits- und Beschäftigungsstätten: ...

Soziale Infrastruktur

A-Stadt verfügt als Mittelzentrum über eine umfangreiche Infrastruktur im kulturellen, sozialen wie auch im Sport- und Freizeitbereich. Durch die Organisation und Lage der Wohneinrichtung ist ein breites Spektrum von Teilhabe an diesen Angeboten möglich. Die Anbindung mit öffentlichen Verkehrsmitteln (Bus und Bahn) ist gut ausgebaut. Angebote in der Region sind gut zu erreichen.

Die Angebote der Stadt und des Umlands können mit einem heimeigenen Kleinbus erschlossen werden.

Durch die Lage des Heims am Ortsrand von A-Stadt bietet sich zudem der direkte Zugang zur freien Natur. Ein ausgedehntes Waldgebiet grenzt unmittelbar an das Wohngelände.

Leistung, Rechtsgrundlage, Ziele

Rechtsgrundlage

Rechtsgrundlage bilden die §§ 39, 40 BSHG (seit 1. Januar 2005 die §§ 53, 54 SGB XII), bei Einrichtungen für Kinder und Jugendliche zusätzlich: in Verbindung mit §§ 45 bis 48 SGB VIII.

Angebotsform

Das Angebot wird als Heimerziehung in permanenter Einzelbetreuung gestaltet.

Zielsetzung

Primäre Zielsetzung der Einzelbetreuung ist die Sicherung der Voraussetzungen grundlegender Lebensvollzüge aufgrund eines ausgewiesenen besonderen Hilfebedarfs. Diese Lebensbezüge werden ohne besondere Hilfen durch massive bis massivste Verhaltensproblematiken eingeschränkt und in Frage gestellt. Bei gegebenen Rahmenbedingungen können grundlegende Gefahren durch Eigen- und Fremdaggressionen präventiv unterbunden, abgewendet und im Krisenfall in ihren Auswirkungen kontrolliert und gesteuert werden.

Bei N. N. zeigen sich insbesondere folgende gravierenden problematischen Verhaltensweisen: .... . Diese haben folgende Konsequenzen: .... .

Angestrebt wird das Vermitteln einer grundlegenden personalen Orientierung und deren Gewährung, um so eine rudimentäre selbstbestimmte Entwicklung innerhalb sinnvoller Strukturen zu ermöglichen.

Sekundäre Zielsetzung ist die Rückführung der besonderen Formen der Betreuung und das Ermöglichen möglichst normaler Lebensumstände.

Nach und während der besonderen Betreuung aufgrund des ausgewiesenen besonderen Betreuungsbedarfs gelten die allgemeinen Erziehungsziele uneingeschränkt: Das gesamte pädagogische Angebot ist darauf ausgerichtet, größtmögliche Selbständigkeit des Einzelnen anzubahnen, aufzubauen, einzuüben und zu festigen. Gleichzeitig gelten die soziale Integration und die Vermittlung von Lebenszutrauen, Lebensfertigkeiten, Lebensorientierung und Lebenshaltung als Ziele der individuellen Entwicklung.

Innerhalb der *Tagesstruktur* sollen sich verschiedene Angebote in Einzel- oder Gruppenbetreuung abwechseln, alle auf eine differenzierte allgemeine Förderung ausgerichtet.

Hauptziel des Angebots in der Wohneinrichtung ist der Aufbau von Selbstbestimmung. Das soll durch eine zielgerichtete, bedarfs- und alltagsorientierte Betreuung und Förderung erreicht werden, die von der Bedürfnislage und den Entwicklungsmöglichkeiten der Bewohner ausgeht und den nachgenannten Teilzielen folgt:

- Aufbau einer basalen Wahrnehmung des eigenen Körpers, der eigenen Person, des sozialen Umfelds;
- Aufbau von Kompetenzen der Kommunikation und der Möglichkeiten, eigene Befindlichkeiten und Wünsche mimisch, gestisch oder verbal auszudrücken;
- Aufbau angemessener Formen von Bewältigungsstrategien sowie Vermittlung und Intervention in individuellen Krisen;
- Entwickeln einer individuellen Lebensperspektive;
- Aufbau von Lebensfertigkeiten zur Beteiligung an und Bewältigung von alltäglichen Anforderungen;
- Erlernen selbstständiger Handlungen im Alltags- und Lebensvollzug bzw. von Kompetenzen zur Beteiligung an Handlungen im individuellen Lebensvollzug;
- Wahrnehmen von Gruppensituationen bzw. Erleben und Auseinandersetzen mit Gruppenwerten und -normen;
- Erlangen bzw. Wiedererlangen der Achtung vor dem eigenen Körper (persönliche Hygiene, vermeiden von Autoaggressionen usw.);
- Erlernen bzw. Erleben eines Alltagsrhythmus, Gestaltung des eigenen Tagesablaufs bzw. Beteiligung an ihm, Übernahme von bzw. Beteiligung bei Verpflichtungen in der Gemeinschaft;
- Einbringen der eigenen Persönlichkeit in die Gruppe, Erlernen von Toleranz und Akzeptanz gegenüber den Mitbewohner(inne)n;
- Stabilisieren bzw. Aufbau der Persönlichkeit;
- Gestalten bzw. Erleben der Beziehungen zur Herkunftsfamilie, zu Eltern, Geschwistern und weiteren Angehörigen.

Methodische Grundlagen

Permanente, umfassende personale Betreuung.

Heilpädagogische, ganzheitliche Betreuung und Förderung in einem ökosystemischen Gesamtansatz.

Pädagogische Grundleistungen

- Sichern grundlegender Voraussetzungen zum Lebensvollzug durch gewährleistete Krisenintervention und Krisenbegleitung;
- Erarbeiten und Fortschreiben des individuellen Förderplans;
- Erstellen einer Anamnese durch Vorstellungs- und Aufnahmegespräche und durch Daten aus anderen Quellen (Arztberichte, Jugendamtsberichte usw.).

Die Umsetzung der im Förderplan für die persönliche Entwicklung festgeschriebenen Ziele wird durch folgende pädagogische und therapeutische Elemente geleistet:

- Wohn- und Lebensgemeinschaft (Wahrnehmung der Aufsichtspflicht, Strukturierung des Alltags, therapeutisches Milieu);
- Basale Förderung der Erlebensfähigkeit;
- Aufbau grundlegender Kompetenzen zur Kommunikation;
- Wiederkehrende Gruppengespräche mit verschiedenen Inhalten (Tagesreflexion, verhaltenstherapeutische Intervention, Krisenbewältigung, organisatorische Planung, Entspannungssituationen);
- Erlebnispädagogische Maßnahmen (in der Freizeit am Abend bzw. am Wochenende);
- Individuelle Einzelförderung.

Leistungsinhalte der Regelleistung

Pädagogische Grundleistung	Umsetzung
1. Prüfung der Indikation/ Aufnahmeverfahren	– Informationsgespräch über unsere Einrichtung und ihre Angebote vor dem Aufnahmeverfahren, Gespräche zur vorläufigen Feststellung der Indikation, Ressourcen- und Problemerkundung mit: dem Betroffenen, dem Personensorgeberechtigten, dem zuständigen Kostenträger, anderen Institutionen und Einrichtungen; – Auswertung von Diagnosen und Berichten; – Feststellung des vorläufigen Erziehungsbedarfs im Team; – Aufnahmeentscheidung.
2. Erziehungs- und Hilfeplanung	– Interne Erziehungsplanung, Festlegung von Teilzielen, Auswertung und Dokumentation; – Teaminterne Fallreflexion; – Auswertung und Hilfeplanvorgespräch mit Jugendlichem/Kind und Team; – Hilfeplangespräch mit Jugendlichem/Kind; – Dokumentation des Entwicklungsprozesses, Erstellen von Entwicklungsberichten auf Anfrage.
3. Permanente Krisenprävention, Krisenintervention, Krisenbegleitung und -bewältigung	– Ständige Gewährleistung der Einzelbetreuung; – Wahrnehmung der Aufsichtspflicht; – Vorhalten einer Fachkraft 24 Stunden täglich; – Planung individueller Aktivitäten mit den Betroffenen *(bei N.N. insbesondere folgende Aktivitäten: ...);* – Ausgrenzen eventueller Gefahrenquellen *(bei N.N. werden vor allem folgende Maßnahmen ergriffen: ...);* – Beobachten der Bewohner mit entsprechender Konsequenz *(bei N.N. sind dies vor allem folgende Zusammenhänge: ... .)* – Gestalten der Gruppenatmosphäre und des Wohnumfelds *(bei N.N. wird dies wie folgt umgesetzt: ... .);*

	– Bereitstellen eines altersgerechten Lebensbereichs und des dazugehörigen Umfelds; – Gestalten des Lebensbereichs *(z. B. besondere Schutzeinrichtungen, Schutzvorkehrungen, Einbauten: ... .);* – Bereitstellen einer entwicklungsförderlichen Atmosphäre *(bei N.N. insbesondere: ... .);* – Vermeidung krisenauslösender Reize und Situationen *(bei N.N. zum Beispiel ... .).*
4. Vermittlung von Erfolgserlebnissen und positiver Situationen	– Angebote auf Fertigkeiten und Kompetenzen zuschneiden laut individueller Hilfeplanung; – Soziale Verstärker bei positiven Verhaltensweisen (auch ansatzweisen); – Sanktionierende Reaktionen kurz und prägnant; Schlusspunkt setzen.
5. Alltägliche Versorgung	– Bereitstellen eines persönlichen Wohnbereichs unter Gewährleistung der Einzelbetreuung; – Regelmäßige gemeinsame Mahlzeiten unter umfassender Hilfestellung und Aufforderung (Schutzmaßnahmen, besonderes Setting, personelle Untersetzung der Situation bei Mahlzeiten oder Maßnahmen; Ablauf der Krisenintervention benennen und konkret schildern).
6. Gewährleistung körperlichen Wohlbefindens	– Anleitung zu selbstpflegerischen Tätigkeiten *(bei N.N. durch folgendes Angebot: ...);* – Erkennen körperlicher Probleme, Behinderungen, Krankheiten *(bei N.N. insbesondere: ... .);* – Übernahme von Tätigkeiten der Behandlungspflege *(z. B. Gewährleistung der regelmäßigen Einnahme der verordneten Medizin durch ... .).*
7. Einübung lebenspraktischer Fertigkeiten	– Grundsätzliche Beteiligung bei Verrichtungen des persönlichen Bedarfs unter Gewährleistung der Einzelbetreuung *(bei N.N. durch folgendes Angebot im Hinblick auf ... .);* – Erleben alltäglicher Verrichtungen unter Anwendung geeigneter methodischer Zugänge *(z. B. des allsinnigen Prinzips ... .);* – Aufbau bzw. Förderung persönlicher, räumlicher und zeitlicher Orientierung *(bei N.N. durch das Angebot folgender Hilfsmittel ... .);* – Auswahl angemessener Kleidung.

8. Kompetenzen im Umgang mit Medien und Kulturtechniken	– Unterstützung und Begleitung im Umgang mit Fernsehen, Tonträgern usw. *(Neben Förderangeboten notwendige Schutzmaßnahmen wie Abdecken der Bildschirmröhre durch bruchsicheres Plexiglas, besonderer Schalter für die Stereoanlage, sicherer Schrank für TV/Video, benennen);* – Unterstützung grundlegender Kulturtechniken wie Rechnen, Schreiben, Lesen, Umgang mit dem Telefon.
9. Aufbau und Förderung der Beziehungsfähigkeit	– Entwicklung einer vertrauensvollen Arbeitsbeziehung zum Jugendlichen durch Bezugsbetreuersystem; – Hilfe bei Beziehungs- und Gruppenkonflikten *(insbesondere durch Krisenprävention bzw. -intervention, die sich bei N.N. aus folgenden Zusammenhängen konkret wie folgt ... darstellt: ... .);* – Hilfe bei der Auseinandersetzung mit der eigenen Sexualität und der Beziehung zum Körper *(bei N.N. durch folgendes Angebot bzw. durch folgende Absprachen: ... .);* – Hilfen bei der Persönlichkeitsfindung, beim Entdecken eigener Ressourcen *(bei N.N. folgendes ... mit diesen Hilfsmitteln: ... .);* – Erklären und Verabreden von Regeln *(bei N.N. mit folgenden Hilfsmitteln: ... .);* – Einüben der Regeln im Alltag.
10. Aufbau verlässlichen Sozialverhaltens	– Anbahnen persönlicher Kontakte zu anderen *(durch ... .);* – Gestalten des persönlichen Milieus *(durch ... .);* – Abbau von Angstreaktionen gegenüber der Umwelt *(bei N.N. bei folgenden Verhaltensweisen: ... mit diesen Hilfen: ... .).*
11. Vermitteln von Werten und Normen	– Förderung der Akzeptanz gesellschaftlicher Normen und Verpflichtungen *(bei N.N. folgende Regeln und Normen: ... durch folgende Angebote: ... .);* – Auseinandersetzung mit eigenen Vorbildern, Leitbildern und Lebensinhalten *(soweit bei N.N. von Belang);*

	– Basale bzw. verbale Vermittlung wertgebundener Inhalte *(soweit bei N.N. von Belang);* – Hilfen zum Finden des eigenen Platzes in der Welt *(z. B. durch folgende Angebote: ... .).*
12. Zusammenarbeit mit den Eltern	– z. B. Vereinbarung von Regeln für Besuch bei N.N. – z. B. Hilfen bei der Verarbeitung traumatischer Erfahrungen der Eltern/von N.N.
13. Schulische und berufliche Integration	– (z. B.) Anbahnung der Möglichkeit des Schulbesuchs/der WfbM; – Aufbau lebenspraktischer Fertigkeiten zum Schulbesuch.
14. Freizeitgestaltung	– Spiel, Spaziergänge und Erleben in freier Natur; – Förderung musischer Fähigkeiten; – Förderung kreativer Fähigkeiten durch Angebote im ästhetischisch-kreativen Bereich; – Sportliche Betätigungen; – Kulturelle Angebote (Kino, Theater, Disko, ..., Tagesausflüge, Städtetouren); – Feiern, gemeinsame Feste; – Erlebnispädagogische Angebote und Freizeiten.
15. Normalisierungs-bestrebungen	– Ständige Reflexion der Notwendigkeit besonderer Betreuungssituationen; – Möglichkeiten normalisierter Formen der Betreuung anbahnen, einüben und unter verantwortetem Risiko ausloten.

Qualität der Leistung

Strukturqualität

- Sicherung der Anwendung der §§ 45 bis 48 KJHG (SGB VIII);
- Wohnen im Einzelzimmer;
- Überschaubare, behinderungsgerechte Wohneinheit und angepasste, individuelle Wohnraumgestaltung;
- Betreuen, Fördern und Erziehen auf der Basis eines zugrunde liegenden Konzepts;
- gemeindenaher Standort;
- leichte Erreichbarkeit der öffentlichen Infrastruktur;
- Multiprofessionelle Zusammenarbeit;
- Regelmäßige Übergabe-, Dienst- und Fallbesprechungen;
- Aus-, Fort- und Weiterbildung sowie Supervision der Mitarbeiter im direkten und indirekten Betreuungsbereich.

Prozessqualität

- Bedarfsorientierte Hilfeleistung;
- Fortschreiben der individuellen Hilfe- und Förderplanung, möglichst unter Einbeziehen der/des Betroffenen;
- Einbeziehen von Angehörigen, gesetzlichen Betreuern und sonstigen (sorgeberechtigten) Bezugspersonen;
- Fachlich angemessene Dokumentation und Evaluation;
- Zusammenarbeit mit Schule und anderen betreuenden Einrichtungen und Diensten;
- Bedarfsgerechte Dienstplangestaltung;
- Fach- und bedarfsgerechte Fortschreibung der Einrichtungskonzeption.

Für den Einrichtungsträger

Ort, Datum (Unterschrift) ______________________________

Für den Kostenträger

Ort, Datum, (Unterschrift) ______________________________

Betreuungszeiten und -inhalte

Betreuungszeit	Betreuungsinhalte
0.00 Uhr bis 8.00 Uhr: (nach Eingewöhnungsphase: bis 6.00 Uhr)	– Ständige Beaufsichtigung aufgrund eines gestörten Schlaf- Wach-Rhythmus. – Krisenabwendung und -intervention. Abwendung von Selbst- und Fremdgefährdung im Bedarfsfall *(Benennen der intervenierenden Angebote: ... .).* – Vermittlung zeitlicher und räumlicher Orientierung bei nächtlichem Wachsein. *(Benennen der konkret eigensetzten Hilfen und Hilfsmittel: ... .).* – Gewährleisten individueller Schutzbedürfnisse während der Nacht *(z. B. durch Gestaltung des Betts, des Zimmers, bzw. der Dienststruktur des Nachtsdienstes, evtl. eingesetzter Hilfsmittel wie folgt: ... .).*
8.00 Uhr bis 8.30 Uhr:	– Unmittelbares, unablässiges und umfassendes Begleiten bei der Morgentoilette *(z. B. durch permanente Gewährleisetung einer 1:1-Situation).* – Schaffen eines förderlichen Rahmens durch dialogischen Kontakt; – Auffordern, Hilfestellung bei und Einüben selbständigen/r Handlungen bei allen Verrichtungen; – Krisenvorbeugung und -vorwegnahme *(Benennen der bei N.N. möglichen Auslöser der aggressiven Handlungen und Schädigungen sowie der Hilfe gebenden Angebote: ... ., Benennen der konkreten Handlungen bei Krisenintervention: ... .);* – Unablässige Präsenz weiterer Mitarbeiter zum Eingreifen bei Krisen *(z. B. durch Absprachen mit Mitarbeitern anderer Wohngruppen, Benennen des vorgehaltenen Rufsystems: Notfallklingel, Pieper ... .);* – Schutz Dritter bei kritischem Verhalten *(z. B. Festhalten, Time-out-Raum, gerichtlich genehmigte Fixierung oder Spaziergänge in 1:1-Situation bei Spannungsaufbau, ...).*
8.30 Uhr bis 9.00 Uhr:	– Besondere Unterstützung und Gestaltung bei der Situation des Frühstücks unter umfassender persönlicher Betreuung *(z. B. durch Einzelplatz, Sichtschutz zum Vermeiden von Konfliktaufbau usw.);*

	– Aufforderung zur Unterstützung bei der Nahrungsaufnahme und beim Trinken; – Intervention bei Essen- und Trinkverweigerung *(Benennen der konkreten Angebote für N.N.: ... .);* – permanente Orientierung zur Vermeidung von Krisen, aggressiven Handlungen *(Benennen der konkreten Angebote für N.N.: ... .);* – Gewöhnung an die Gruppensituation durch Anbahnen sozialer und verbaler Kontakte zu anderen Bewohnern.
In der Eingewöhnungsphase 9.00 Uhr:	– Anbahnen der Möglichkeit des Schulbesuchs *(z. B. Begleiten zum Bus in 1:1-Situation);* – Kennen lernen der Situation »Busfahren« *(z. B. durch persönliche Begleitung, ...);* – ständige Präsenz zur Vermeidung eigen- und fremdgefährdender Handlungen; – Krisenprävention und -intervention *(Benennen der möglichen Situationen: ... .);* – Begleiten zur Schule, Kennen lernen des Schulwegs, des Schulgebäudes und der Situation in der Schule unter ständiger Gewährleistung der Einzelbetreuung.
Nach Gewöhnung 8.00 Uhr bis 14.30 Uhr:	– Schulbesuch an krisenhaften Tagen mit Begleitung; – Gewährung einer Rückzugsmöglichkeit in das Wohnheim; – persönliche Krisenintervention der Bezugsperson in der Schule *(konkret benennen wie oben: ... .);* – Gewährleistung eines »Time-out« durch das Wohnheim bei akuter Situation; – intensiver Austausch zwischen Schule und Heim *(z. B. durch täglichen telefonischen Austausch, Abgleich der täglichen/wöchentlichen Dokumentation, Abstimmen der Angebote für N.N., wöchentliche/monatliche Teamsitzung zwischen Schule und Heim, ...).*
In der Eingewöhnungsphase, an Wochenenden, Feiertagen und Ferientagen 9.30 bis 12.00 Uhr:	– intensive Betreuung in Einzel- oder Gruppensituation bei ständiger Gewährleistung der Einzelbetreuung *(z. B. durch permanente 1:1-Situation bzw. Hintergrundbetreuung in konkret benannten Situationen);*

	– Fördern in lebenspraktischen, kognitiven und sozialen Bereichen nach Förderplanung; – Notwendigkeit immer neuer und abwechselnder Angebote; – Ständige Unruhe und Umtriebigkeit macht Präsenz der MA unabdingbar; – kleine Spaziergänge, besonderer Aufwand beim Anziehen der entsprechenden Bekleidung; – Umfassende Präsenz der Betreuungsperson; – Ständige Krisenprävention, -antizipation bzw. Krisenbewältigung (wie oben); – Vorhalten mehrerer Mitarbeiter (wie oben); – Abwechselnd zu geplanter Förderung und Betreuung Möglichkeit des Rückzugs, der weitgehend selbstständigen Orientierung im persönlichen Bereich; – Erleben von Zuhause, Beheimatung, dabei ständiges Beaufsichtigen und antizipierendes Verhalten; Unmittelbare Hilfe bei Krise *(Konkret benennen: ... .).*
12.00 Uhr bis 13.00 Uhr:	– Besondere Unterstützung und Gestaltung bei der Situation des Mittagessens unter umfassender persönlicher Betreuung *(evtl. wie Frühstück: ... .);* – Aufforderung zur Nahrungsaufnahme und zum Trinken und Unterstützung dabei; – Intervention bei Essen- und Trinkverweigerung; – Permanente Orientierung aller Situationen und Handlungen zur Vermeidung von Krisen, aggressiven Handlungen *(Bennennen: ... .).*
13.00 Uhr bis 14.30 Uhr:	– Aufenthalt im Gruppenbereich: Beschäftigungsangebote *(wie oben);* – Zeit häufiger Krisen: Kratzen, Treten, Schlagen, Spucken, Umherwerfen von Gegenständen, Demolieren von Möbeln *(Benennen der Toleranzgrenzen und der Maßnahmen: ... .);* – Krisenprävention, -intervention, -bewältigung *(wie oben).*

14.30 Uhr:	– Abholen der Schüler vom Schulbus; – Kennen lernen der Situation »Busfahren«; – Ständige Präsenz zur Vermeidung eigen- und fremdgefährdender Handlungen; – Krisenprävention und -intervention.
15.00 Uhr:	– Angebot zur Teilnahme am Vesper; – Verweigert zur Zeit Teilnahme und beobachtet Situation; – Hilfestellung und Aufforderung; – Gewährleistung einer direkten Bezugsperson; – Gewöhnung an Gruppensituation.
15.30 Uhr bis 17.30 Uhr:	– Intensive Betreuung in Einzel- oder Gruppensituation bei ständiger Gewährleistung der Einzelbetreuung; – Förderung in lebenspraktischen, kognitiven und sozialen Bereichen nach Förderplanung; – Notwendigkeit immer neuer und abwechselnder Angebote; – Ständige Unruhe und Umtriebigkeit macht Präsenz der Mitarbeiter(innen) unabdingbar; – Kleine Spaziergänge, besonderer Aufwand beim Anziehen der entsprechenden Bekleidung; – Umfassende Präsenz der Betreuungsperson; – Ständige Krisenprävention, -antizipation bzw. Krisenbewältigung *(wie oben);* – Vorhalten mehrerer Mitarbeiter *(wie oben);* – Abwechselnd zu geplanter Förderung und Betreuung: Möglichkeit des Rückzugs, der weitgehend selbstständigen Orientierung im persönlichen Bereich; – Erleben von Zuhause, Beheimatung dabei ständiges Beaufsichtigen und antizipierendes Verhalten; – Unmittelbare Hilfe bei Krise *(Benennen: ... .).*
17.30 Uhr bis 18.00 Uhr:	– Direktes, unablässiges und umfassendes Begleiten bei der Körperpflege; – Überwindung Angst auslösender Situationen *(durch folgende Hilfsangebote: ... .);*

	– Schaffen eines förderlichen Rahmens durch dialogischen Kontakt; – Aufforderung zu Hilfestellung bei und Einüben selbständigen/r Handlungen bei allen Verrichtungen; – Krisenprävention und -antizipation *(wie oben);* – Unablässige Präsenz weiterer Mitarbeiter zum Eingreifen bei Krisen *(wie oben);* – Schutz Dritter bei kritischem Verhalten *(wie oben).*
18.00 Uhr bis 19.00 Uhr:	– Besondere Unterstützung und Gestaltung bei der Situation des Abendessens unter umfassender persönlicher Betreuung *(evtl. wie bei »Frühstück«: ... .);* – Aufforderung zur Nahrungsaufnahme und zum Trinken und Unterstützung dabei; – Intervention bei Essen- und Trinkverweigerung; – Permanente Orientierung aller Situationen und Handlungen zur Vermeidung von Krisen, aggressiven Handlungen *(wie oben).*
19.00 Uhr bis 21.00 Uhr:	– Aufenthalt im Gruppenbereich unter ständiger Präsenz der Betreuung; – Begleiten beim Betrachten von Video, DVD oder Hören von Musik mit den anderen Kindern der Gruppe; der Mitarbeiter muss sich in ihrer Nähe aufhalten.
21.00 Uhr bis 24.00 Uhr:	– Toilettengang unter individueller Begleitung; – Ständiges Beaufsichtigen aufgrund gestörten Schlaf-Wach-Rhythmus; – Krisenabwendung und -intervention. Abwenden von Selbst- und Fremdgefährdung im Bedarfsfall *(Benennen der intervenierenden Angebote: ... .);* – Vermitteln zeitlicher, räumlicher Orientierung bei nächtlichem Wachsein *(Benennen der konkret eingesetzten Hilfen und Hilfsmittel: ... .);* – Gewährleisten individuellen Schutzbedürfnisses während der Nacht *(z. B. durch Gestaltung des Betts, des Zimmers, bzw. der Dienststruktur des Nachtdienstes und evtl. eingesetzte Hilfsmittel wie folgt: .... .).*

Betreuungsstundenberechung für besondere Betreuung N.N.

Jahresarbeitszeitberechnung

Der Berechnung liegen zugrunde												
193	Werktage											
172	Tage am Wochenende, Feiertage											

Betreuungszeit an Werktagen

von	6.00 Uhr	bis	8.00 Uhr	mit	1	Betreuungskraft/-kräften		entspricht	2	Betreuungsstunden		
von	15.00 Uhr	bis	21.00 Uhr	mit	1	Betreuungskraft/-kräften		entspricht	6	Betreuungsstunden		
von	21.00 Uhr	bis	06.00 Uhr	mit	0,25	Betreuungskraft/-kräften		entspricht	2,25	Betreuungsstunden		
						Gesamtbetreuungsstunden pro Tag			10,25			
						Betreuungsstunden pro Tag		**10,25**	**mal**	**193**	**entspricht**	**1978,25**
											Betreuungsstunden	

Betreuungszeit an Wochenenden und Ferientagen

von	8.00 Uhr	bis	21.00 Uhr	mit	1	Betreuungskraft/-kräften		entspricht	13	Betreuungsstunden		
von	21.00 Uhr	bis	08.00 Uhr	mit	0,25	Betreuungskraft/-kräften		entspricht	2,75	Betreuungsstunden		
						Gesamtbetreuungsstunden pro Tag			15,75			
						Betreuungsstunden pro Tag		**15,75**	**mal**	**172**	**entspricht**	**2709**
											Betreuungsstunden	
						Betreuungsstunden pro Jahr						**4687,25**
											Betreuungsstunden	

Modell der Nettojahresarbeitszeitberechnung							
Bruttojahresarbeitszeit							
365	Tage	mal	8	Stunden	entspricht	2920	Stunden
				Zwischensumme		2920	Stunden
Allgemeine Minderzeiten							
104	Wochenenden	mal	8	Stunden	entspricht	832	Stunden
31	Urlaubstage	mal	8	Stunden	entspricht	248	Stunden
10	Feiertage	mal	8	Stunden	entspricht	80	Stunden
5	Fortbildungstage	mal	8	Stunden	entspricht	40	Stunden
10	Krankheitstage	mal	8	Stunden	entspricht	80	Stunden
				Zwischensumme		1280	Stunden
Besondere Minderzeiten							
1	Std. Supervision monatlich	mal	10	Monate	entspricht	10	Stunden
1	Std.Verwaltung/Dokumentation wöchentlich	mal	53	Wochen	entspricht	53	Stunden
1	Teamberatung wöchentlich	mal	41	Wochen	entspricht	41	Stunden
				Zwischensumme		104	Stunden
				Minderzeiten Summe		**1384**	**Stunden**
Nettojahresarbeitszeit einer Fachkraft im Gruppendienst						**1536**	**Stunden**

Berechnung des Personalbedarfs		
Jährliche Betreuungszeit	4687,3	Stunden
Nettojahresarbeitszeit einer Fachkraft im Gruppendienst	1536	Stunden
Fachkraft für die Betreuung von N.N.	**3,05**	**MA**

Literatur

Kobi, Emil (1990): Diagnostik in der heilpädagogischen Arbeit. Luzern, Edition SZH/SPC.

Schirmer, Volker (2004): Dynamisierte Personaleinsatzplanung als Konsequenz der Vereinbarung von hilfebedarfsbezogenen Personalschlüsseln in der Behindertenhilfe. In: König, Joachim (u. a.). Soziale Arbeit zwischen Ethik, Qualität und leeren Kassen. Starnberg: Verlag R. S. Schulz.

»Gewalt« im Umgang mit massiven Aggressionen?!

Ein Fragenkatalog

Johannes Heinrich

Wir gehen davon aus, dass massiv aggressives Verhalten durch pädagogische, psychologische und medizinische Maßnahmen fachlich und menschlich beeinflussbar *ist – in den meisten Fällen mit gutem Erfolg.*

Wir gehen auch davon aus, dass aggressives Verhalten, das sich nicht oder noch nicht durch entsprechende Maßnahmen in Häufigkeit, Intensität oder Qualität deutlich verringern lässt, durch angemessene technische, organisatorische und körperliche Schutz- und Sicherheitsvorkehrungen zumindest in seinen massiv störenden und schädigenden Auswirkungen günstig beeinflussen lässt

Primäres Ziel dieses Beitrags, wie des gesamten Buchs, ist eine *Sensibilisierung* der Fachöffentlichkeit, der Angehörigen behinderter Menschen und des Betreuungspersonals für das Thema. Es ist dazu aufgerufen, die Diskussion zu diesem brisanten Bereich aufzugreifen und weiterzuführen.

Leider ist es Herausgeber und Verlag bis zum Redaktionsschluss nicht gelungen, eine(n) der auf dem Gebiet von Aufsichtspflicht und Haftung erfahrene(n) Juristen, eine Juristin zu gewinnen. So ist es dem Herausgeber als juristischem Laien belassen, zumindest jene *Fragen* zu formulieren, die sich ihm stellen, wenn er mit Betreuungspersonal behinderter Menschen, mit Einrichtungsleitungspersonen oder Angehörigen beraterisch oder therapeutisch arbeitet.

Das Thema »*Gewalt*« *in der Behandlung massiver Aggressionen* lässt sich unter juristischen Fragestellungen aus verschiedenen Blickwinkeln beleuchten; daraus ergeben sich folgende vier Aspekte:

1. Rechte und Pflichten des behinderten Menschen, der sichernde Maßnahmen erfährt, jener Person also, die durch massive Aggressionen auffällt und als »*Aggressor*« bezeichnet wird (bzw. seines gesetzlichen Vertreters);
2. Rechte und Pflichten der Mitarbeiter, des *Betreuungspersonals*, das oft körperlich angegriffen wird und sichernde Maßnahmen anwenden muss.

3. Rechte und Pflichten der *Einrichtung* der Behindertenhilfe, in der Krisenintervention bei massiven Aggressionen praktiziert wird. Das können Sonderkindergärten, Schulen, Wohnstätten, Werkstätten für behinderte Menschen oder Tagesförderstätten für Jugendliche und Erwachsene sein.
4. Rechte der *Opfer massiver Aggressionen*; das können behinderte Mitbewohner, Mitschüler usw. sein, die zum Teil täglich direkten körperlichen Angriffen ausgesetzt sind oder indirekt die negativen Auswirkungen von Gewalt erfahren müssen (Angst, zerstörte Möbel, beschädigtes Eigentum usw.).

Die rechtlichen Probleme zur direkten Ausübung von »Gewalt« und zu den mit »Gewalt« einhergehenden Interaktionen und Beziehungen lassen sich ebenfalls auf vier Ebenen betrachten:

1. Bei von der *Institution* ausgehender »Gewalt« in Richtung Mitarbeiterschaft (z. B. Rahmen- und Arbeitsbedingungen; fehlende Sicherheitsmaßnahmen; unzureichende institutionelle Absicherung); in Richtung Bewohner/»Aggressor« (z. B. strukturelle Gewalt, generalisierte Sicherheitsmaßnahmen); in Richtung Eltern (z. B. deren Nichteinbezogensein bei relevanten Entscheidungen).
2. Beim vom *Mitarbeiter* ausgehender »Gewalt« in Richtung Institution (z. B. Überschreiten von Grenzen, Erwartung überzogener Rechtssicherheit); in Richtung Mitarbeiter (z. B. Mobbing im Team, Nichteinhalten von Absprachen); in Richtung Bewohner/»Aggressor« (z. B. Schlagen, Fixieren, Demütigen, unangemessene Strafen).
3. Bei vom *Bewohner/»Aggressor«* ausgehender »Gewalt« in Richtung Mitbewohner (z. B. physische und psychische Schädigungen, Störungen des Wohlbefindens); in Richtung Betreuungspersonal/Mitarbeiter (z. B. physische und psychische Schädigungen, Störungen des Wohlbefindens); in Richtung Institution (z. B. Sachbeschädigungen, hohe Personalfluktuation und -ausfall, organisatorische Störungen); gegen sich selbst (z. B. selbstverletzende und selbstgefährdende Verhaltensweisen).
4. Bei von *Eltern* oder *rechtlichen Vertretern* ausgehender »Gewalt« in Richtung Institution (z. B. Drohen mit Öffentlichkeit und Presse, Verweigern von Informationen und Kooperation); in Richtung Mitarbeiter (z. B. Ausspielen von Mitarbeitern und Leitung, ungerechtfertigte, nicht belegbare Vorwürfe); in Richtung Bewohner/»Aggressor« (z. B. anhal-

tende Gewalterfahrung im Elternhaus, Verweigern fachärztlicher Behandlung).

Die rechtliche Grundlage von Beziehungen, z. B. der Ausübung von (struktureller) Gewalt der Institution gegenüber Bewohnern oder dem »Aggressor« oder gegenüber Eltern, erscheint in der Öffentlichkeit umfassend diskutiert, ebenso die Problematik der Beziehungen zwischen Mitarbeitern, z. B. »Gewaltanwendung« innerhalb der Kollegenschaft und an Bewohnern, z. B. am »Aggressor«.

Weniger klar stellt sich die juristische Situation dar, wenn es im Zusammenhang mit der Behandlung aggressiven Verhaltens um die Beziehungen, um »Gewalt« innerhalb der Einrichtung geht. Wenn im Zusammenhang mit aggressivem Verhalten des Bewohners eine Einrichtung, z. B. durch Vorgesetzte oder Trägervertreter sich gegenüber Mitarbeitern rechtlich problematisch verhält – oder umgekehrt Mitarbeiter gegenüber der Einrichtung und deren Vertretern.

Noch größer erscheint der juristische Aufklärungsbedarf bei der vom Bewohner/»Aggressor« ausgehenden Gewalt. Die rechtliche Situation der von aggressivem Verhalten betroffenen Mitbewohnern, des Betreuungspersonals und der Institution ist unklar – ebenso die juristischen Probleme, die sich in der Beziehung der Eltern/rechtliche Vertreter gegenüber der Einrichtung, den Mitarbeitern oder gegenüber dem eigenen Angehörigen/dem zu Betreuenden ergeben können, der in der Wohnstätte wohnt und dort massive Aggressionen zeigt.

Rechte und Pflichten des »Aggressors« bzw. seiner rechtlichen Vertreter

- Welche *rechtlichen Bedingungen* zur Durchführung Freiheitsentziehender oder -einschränkender Maßnahmen müssen erfüllt sein, z. B. bei Anwendung von »Time-out« (Nutzung eines Sicherheitsraums zur Krisenintervention), zur Fixierung im Bett/auf dem Stuhl usw. oder bei Anwendung körperlicher Sicherungsgriffe zur Beförderung oder zum körperlichen Fixieren (siehe Beiträge Mohs und Crössmann/Etzel in diesem Buch)?
- Welche rechtlichen Voraussetzungen müssen bei der Anwendung technischer Schutzmaßnahmen, z. B. Einbau von Bewegungsmeldern, Videobeobachtung usw. (siehe Kapitel 3) erfüllt sein?

- Wie sind »entwürdigende« Maßnahmen in der Einrichtung definiert?
- Hat der »Aggressor« einen Anspruch oder gar ein Recht auf angemessene fachärztliche, psychologische, psychotherapeutische (verhaltenstherapeutische) und heilpädagogische Behandlung seiner Störung, wenn sie indiziert ist – und wo sollte ihm diese Hilfe angeboten werden: innerhalb seiner Einrichtung, in der er normalerweise lebt, oder ausschließlich nur noch in einer Einrichtung der Psychiatrie?

Wenn wir die Sinnzusammenhänge aggressiven Verhaltens berücksichtigen (Typ A, B, oder C), wissen wir zumindest bei den massiven Aggressionen, die sich aus den Ursachen erklären lassen (emotionale Aggressionen, Typ A) und vor allem bei jenen mit Steuerungs- oder Kontrollverlust (Typ C, eruptive Aggressionen), dass der »Aggressor« Hilfe benötigt, um sein problematisches Verhalten nicht auszuführen.

Abgesehen von zum Teil erheblichen Selbstverletzungen, Verletzungen anderer, erheblicher Sachzerstörung (z. B. der eigenen Wertgegenstände), Einschränkung seiner Freizügigkeit und massiver Veränderung seines emotionalen Beziehungsgefüges, Schädigungen und Einschränkungen unter denen der Aggressor oft selbst leiden muss – meist tut es ihm sogar leid, wieder einmal »ausgerastet« zu sein – sei nachfolgend provozierend gefragt:

- Hat der behinderte Mensch mit aggressivem Verhalten nicht in ähnlicher Weise Anspruch auf Hilfe, auf Veränderung oder Verhinderung seines schädigenden Verhaltens wie z. B. Menschen mit starker Sehbehinderung, die sich wegen ihrer eingeschränkten Wahrnehmungsfähigkeit auch selbst durch Stürze usw. erheblich gefährden können?
- Sind Angehörige oder das Betreuungspersonal eines Menschen mit geistiger Behinderung, der ständig unter hoher Anspannung, psychotischen Symptomen oder überempfindlicher sozialer Sensibilität leidet, der sich selbst nicht helfen kann und deshalb massive Aggressionen ausführen muss, nicht genauso verpflichtet, ihm in diesen Situationen Hilfe zukommen zu lassen wie Eltern ihrem Kind helfen, das wegen heftiger Zahnschmerzen ständig weint? Hat ein solches Kind kein Recht auf Hilfe? – Und was würden Nachbarn oder Lehrer tun, wenn sie feststellen, dass einem Kind, das offensichtlich Zahnschmerzen hat, von Seiten seiner Familie, seiner Angehörigen gar nicht oder nicht angemessen geholfen wird?
  Das Deutsche UNICEF Komitee, Köln, fordert z. B.: Kinderrechte sind Menschenrechte. Von den zehn elementaren Kinderrechten beschreibt

das »Recht auf Gesundheit«: »Jedes Kind hat das Recht, die Hilfe und Versorgung zu erhalten, die es braucht, wenn es krank ist.« Das »Recht auf Betreuung bei Behinderung« besagt: »Jedes Kind hat ein Recht auf ein gutes Leben. Wenn du behindert bist, hast du das Recht auf zusätzliche Unterstützung und Hilfe.«[1]

- Hat bei Menschen mit geistiger Behinderung die Wohneinrichtung das Recht, hat sie die Verpflichtung, eine angemessene Behandlung zu ermöglichen? Welche Verpflichtung ergäbe sich daraus für den Kostenträger?
- Gibt es eine *Pflicht zur Zusammenarbeit* des behinderten Menschen bzw. seines rechtlichen Vertreters zur Abwendung von Selbst- bzw. Fremdgefährdung? (Z. B.: Dürfen Eltern eine vom Facharzt verordnete antipsychotische Medikation mit beruhigender Wirkung verweigern? Dürfen sie die Nutzung eines Time-out-Raums ablehnen, wenn der »Aggressor« nachweislich selbst- oder fremdgefährdende Aggressionen im Wohnheim weiterhin ausführt? Kann der Versorgungsauftrag der Einrichtung daraufhin beendet werden?)
- Inwieweit kann der Aggressor, können seine Angehörigen zum Ersatz von Schäden herangezogen werden? Wie sollte eine Haftungsregelung für den Schadensfall aussehen?
- Inwieweit können (leicht) geistig behinderte Menschen nach massiven körperlichen Aggressionen oder bei sexuellen Grenzüberschreitungen angezeigt und strafrechtlich verfolgt werden (was manchmal aus pädagogischen und psychologischen Gründen dringend geboten erscheint)?

Rechte und Pflichten des pädagogischen Personals, das sichernde Maßnahmen anwendet

Was leitet sich aus den nachfolgend zitierten Paragrafen des Strafgesetzbuchs (StGB) für eine Einrichtung konkret ab: § 32 (Notwehr), § 33 (Überschreitung der Notwehr), § 34 (Rechtfertigender Notstand) und § 35 (Entschuldigender Notstand)?

1 Deutsches Komitee für UNICEF e. V., Höninger Weg 104, 50969 Köln, E-Mail: mail@unicef.de

Auszug aus dem Strafgesetzbuch (StGB):

§ 32 Notwehr[2]

Wer eine Tat begeht, die durch Notwehr geboten ist, handelt nicht rechtswidrig.

Notwehr ist die Verteidigung, die erforderlich ist, um einen gegenwärtigen rechtswidrigen Angriff von sich oder einem anderen abzuwehren.

§ 33 Überschreitung der Notwehr

Überschreitet der Täter die Grenzen der Notwehr aus Verwirrung, Furcht oder Schrecken, so wird er nicht bestraft.

§ 34 Rechtfertigender Notstand

Wer in einer gegenwärtigen, nicht anders abwendbaren Gefahr für Leben, Leib, Freiheit, Ehre, Eigentum oder ein anderes Rechtsgut eine Tat begeht, um die Gefahr von sich oder einem anderen abzuwenden, handelt nicht rechtswidrig, wenn bei der Abwägung der widerstreitenden Interessen, namentlich der betroffenen Rechtsgüter und des Grades der ihnen drohenden Gefahren, das geschützte Interesse das beeinträchtigte wesentlich überwiegt.

Dies gilt jedoch nur, soweit die Tat ein angemessenes Mittel ist, die Gefahr abzuwenden.

§ 35 Entschuldigender Notstand

Wer in einer gegenwärtigen, nicht anders abwendbaren Gefahr für Leben, Leib oder Freiheit eine rechtswidrige Tat begeht, um die Gefahr von sich, einem Angehörigen oder einer anderen ihm nahestehenden Person abzuwenden, handelt ohne Schuld (...).

- Unter welchen Einschränkungen ist der Einsatz körperlicher Schutz- und Sicherungstechniken erlaubt (z. B. Beförderung des »Aggressors« gegen seinen Willen in sein Zimmer oder nach draußen)?
- Hat das Personal Recht auf Schadenersatz oder Schmerzensgeld (wem gegenüber)?

2 Quelle: Siehe Literaturangaben am Ende des Beitrags.

- Was leitet sich aus den nachfolgend zitierten Paragrafen des Arbeitsschutzgesetzes (7.8.1996) für eine Einrichtung konkret ab: § 1 (Zielstrebung und Anwendungsbereich), § 5 (Beurteilung der Arbeitsbedingungen) und § 7 (Übertragung von Aufgaben) des Arbeitsschutzgesetzes?

Auszug aus dem Arbeitsschutzgesetz:

§ 1 Zielsetzung und Anwendungsbereich

Dieses Gesetz dient dazu, Sicherheit und Gesundheitsschutz der Beschäftigten bei der Arbeit durch Maßnahmen des Arbeitsschutzes zu sichern und zu verbessern. Das gilt in allen Tätigkeitsbereichen.

§ 5 Beurteilung der Arbeitsbedingungen

Der Arbeitgeber hat durch eine Beurteilung der für die Beschäftigten mit ihrer Arbeit verbundenen Gefährdung zu ermitteln, welche Maßnahmen des Arbeitsschutzes erforderlich sind.

Der Arbeitgeber hat die Beurteilung je nach Art der Tätigkeit vorzunehmen. Bei gleichartigen Arbeitsbedingungen ist die Beurteilung eines Arbeitsplatzes oder einer Tätigkeit ausreichend.

§ 7 Übertragung von Aufgaben

Bei der Übertragung von Aufgaben auf Beschäftigte hat der Arbeitgeber je nach Art der Tätigkeit zu berücksichtigen, ob die Beschäftigten befähigt sind, die für die Sicherheit und den Gesundheitsschutz bei der Aufgabenerfüllung zu beachtenden Bestimmungen und Maßnahmen einzuhalten.

- Wer kontrolliert Einhaltung von Standards oder Sicherheitsvorkehrungen (z. B. Anschaffung und Nutzung eines Piepers für die Nachtwache usw.)?
- Wie können Mitarbeiter bei Anwendung sichernder Maßnahmen, z. B. bei körperlichem Fixieren, Absicherung durch die Einrichtung erfahren?
  Gibt es für Mitarbeiter einen Anspruch auf klare Anweisungen in Krisensituationen durch den Vorgesetzten, durch die Institution?
- Gibt es eine Verpflichtung zur Arbeitsplatzbeschreibung einschließlich konkreter Handlungsanweisungen für ein Krisenmanagement?

- Unterliegt Krisenintervention der Schweigepflicht?
- Welche strafrechtlichen Aspekte können bei Anwendung willkürlicher Gewalt durch das Personal gegen behinderte Menschen mit Aggressionen eine Rolle spielen?
- Gibt es eine *gegenseitige* rechtliche Verpflichtung des Personals bezüglich »*Gewalt*« im Dienst?
  Was muss eine Fachkraft tun, wenn sie intensive Gewaltanwendung eines Kollegen an einem behinderten Menschen beobachtet? Ist sie zu einer Meldung verpflichtet oder ist direkte oder indirekte Gewaltanwendung nur ein Thema des Gesprächs unter Kollegen oder nur Gegenstand einer Teamsupervision?

Rechte und Pflichten der Einrichtung, in der Krisenintervention geschieht

- Was heißt »Fürsorgepflicht« der Einrichtung für die behinderten Bewohner, die zum Teil massive Aggressionen als Opfer täglich erleben müssen?
- Was heißt »Fürsorgepflicht« für den behinderten Menschen, der massive aggressive Verhaltensweisen zeigt und dem man helfen könnte, sein Verhalten zu ändern?
- Was heißt »Fürsorgepflicht« für das Betreuungspersonal, das Krisen erleben und oft unvorbereitet und unausgebildet eingreifen muss?
- Gibt es in der Einrichtung eine allgemeine Verpflichtung zu *fachlichem* Handeln, zu professionellem Vorgehen, anstatt ständig »aus dem Bauch heraus« Entscheidungen treffen zu müssen?
  Ist die Erarbeitung von Behandlungsplänen, eine Einbeziehung des Facharztes, das Erstellen eines Katalogs von Sicherungs- und Sicherheitsmaßnahmen verbindlich geregelt?
- Welche Konsequenzen ergeben sich für das Fachpersonal aus der »Verpflichtung«, – gerade in Krisen – »nach bestem Wissen und Gewissen« zu intervenieren (z. B. Verpflichtung zu Weiterbildung, zur Entwicklung von Sicherheitsstandards usw.)?
- Was bedeutet eine Verpflichtung zu professionellem Vorgehen für eine »Mindest«-Personalausstattung und -Personalausbildung bei immer wiederkehrenden und absehbaren Krisen?

(In der Krankenpflege z. B. darf nur eine ausgebildete Fachkraft Spritzen setzen, wohingegen in der Behindertenhilfe jeder anwesende Angestellte körperliche Techniken, die »gefährlich« oder die Freiheit einschränkend sind, täglich ohne fachliche Kontrolle anwenden darf.)

- Gibt es innerhalb der Einrichtung eine Schadenshaftung im Falle massiver Aggressionen?
- Was bedeutet Verletzung der Aufsichtspflicht konkret – für das Betreuungspersonal, für den Vorgesetzten?
- Inwieweit und wann ist die *Berufsgenossenschaft* für die Arbeitssicherheit von Personal zuständig, das regelmäßig und vorhersehbar immer wieder körperlichen Angriffen ausgesetzt ist?
- Wie wird »Arbeitssicherheit« in Zusammenhang mit massiven Aggressionen definiert?
- Gibt es eine *Verpflichtung zur internen und externen Kontrolle* Freiheitsentziehender Maßnahmen und des Einsatzes notwendiger körperlicher Gewalt im Rahmen von Schutzmaßnahmen?
- Gibt es eine Verpflichtung zur Dokumentation?
- Wie, wann und in welchem Maße werden Institutionen kontrolliert, in denen systematisch, d. h. im Rahmen der Einflussnahme bei massiven Aggressionen, Freiheitsentziehende Maßnahmen oder körperliche Schutzmethoden angewandt werden?
- Welche Bedingungen sind für eine rechtlich und fachlich saubere Krisenintervention unumgänglich?
  (Darf z. B. eine Praktikantin allein Nachtwachen übernehmen, wenn bekannt ist, dass ein Bewohner nachts immer wieder massive Aggressionen zeigt?)
- Dürfen oder müssen Informationen über massives aggressives Problemverhalten eines Behinderten bei einer Verlegung in eine andere Einrichtung übermittelt werden?
  Welche Konsequenzen (z. B. auf die Kündigung des Heimvertrags) kann der Umstand haben, dass Informationen über Fehlverhaltensweisen absichtlich vorenthalten werden, um den »Aggressor« »los zu werden«?
- Welche Konsequenzen gibt es bei Dienstvergehen (z. B. bei einem Ausmaß einer Art von Gewaltanwendung, die in der Einrichtung für Fälle massiv aggressiven Verhaltens *nicht* abgesprochen ist)?

- Was bedeutet »Zuständigkeit« einer Wohnstätte oder Gültigkeit des Heimvertrags, wenn aggressives Fehlverhalten *nicht mehr beeinflussbar* ist und alle, der »Aggressor«, die anderen Bewohner und das Personal unter diesem Zustand leiden?
- Wann ist ein Heimvertrag für einen Bewohner mit anhaltenden intensiven Aggressionen kündbar oder wann kann er zeitlich befristet ausgesetzt werden?
- Gibt es für Einrichtungen eine Aufnahme- oder Behandlungsverpflichtung?
  (Werk- und Wohnstätten unterscheiden sich stark hinsichtlich ihrer »Zuständigkeit« für Aufnahme und Versorgung behinderter Menschen mit aggressivem Problemverhalten: während die einen sie nicht aufnehmen oder sie schnell wieder entlassen, stellen andere sich der schwierigen Aufgabe.)

Rechte der Opfer von Aggressionen in Einrichtungen der Behindertenhilfe

Sehr oft ist festzustellen, dass andere behinderte Menschen als Mitbewohner oder Mitschüler massiven Aggressionen des »Aggressors« ausgeliefert sind. Sie müssen direkte oder indirekte Gewalt oft über Monate und Jahre tagtäglich ertragen. Ohne dem Personal oder den Institutionen Vorhaltungen zu machen, oder gar den geistig behinderten Menschen, der solche Aggressionen zeigt, als Schuldigen abstempeln zu wollen, scheint es dringend geboten, diesen Sachverhalt auch unter juristischem Blickwinkel anzugehen. Das Recht auf Würde und körperliche Unversehrtheit gilt auch für die *Opfer*, nicht nur für den »Aggressor« (zu dessen Rechten vor allem bezüglich des Umgangs mit seinem Fehlverhalten relativ häufig zu hören und zu lesen ist)!

- Wie wird dieser Sachverhalt juristisch gewertet und welche konkreten Konsequenzen ergeben sich daraus?
- Inwieweit sind rechtliche Betreuer jener behinderter Menschen, die ständig oder immer wieder durch massiv aggressive Verhaltensweisen in ihrer Lebensqualität massiv beeinträchtigt oder geschädigt werden, verpflichtet, dieses innerhalb der Institution anzusprechen und auf Abhilfe zu drängen?
  Was können sie tun, wenn (aus unterschiedlichsten Gründen) massive Schädigung durch »Aggressoren« quasi zum Alltag wird?

Literatur:

SCHÖNFELDER (2005): Deutsche Gesetze. Textsammlung. Ergänzbare Loseblattsammlung, Teil Strafgesetzbuch, in der Fassung der Bekanntmachung vom 13. November 1998 (BGBl. I, S. 3322), (Stand: Januar 2005).

NIPPERDEY (2004): Arbeitsrecht. Textsammlung. Ergänzbare Loseblattsammlung, Teil Arbeitsschutzgesetz, in der Fassung vom 07. August 1996 (BGBl. I, S. 2848), (Stand: Oktober 2004).

Aspekte staatlicher Zuständigkeiten und Möglichkeiten ihrer Regelung in Schottland

Die Entwicklung und Umsetzung nationaler Standards bei Kriseninterventionen

Johannes Beutenmüller

Wie geht man im britischen Gesundheitswesen mit aggressivem Verhalten um?

In Großbritanien sind in den letzten Jahren immer wieder Fälle physischen und sexuellen Missbrauchs in Heimen aller Art aufgedeckt worden. Ein Journalist, der 1999 als Pfleger für einige Wochen in einem Behindertenwohnheim in London arbeitete und dort mit versteckter Kamera menschenentwürdigende Praktiken filmte, löste damit einen Sturm der Entrüstung und dadurch wiederum eine nationale Debatte aus, wie mit den Schwächsten in der Gesellschaft umgegangen wird und wie solche Zustände abgeschafft werden können (MacIntyre Under Cover, 1999).

Dadurch kam aber auch zu Tage, dass andererseits es auch immer öfter zu Übergriffen kommt – auf Personal von Krankenhäusern und Heimen, auf Sozialarbeiter, Lehrer und Angehörige vieler anderer Berufsgruppen, die im Gesundheitswesen tätig sind. Das Risiko als Praktiker in diesen Berufsfeldern Opfer gewalttätiger Konfrontationen zu werden ist steigend.

Daneben hat sich die Gesetzgebung in Großbritanien rund um den Arbeitsschutz dahin entwickelt, dass der Arbeitgeber vermehrt Verantwortung für die Sicherheit seiner Angestellten zu tragen hat und sie vor vorhersehbaren Risiken schützen muss. Ein vorhersehbares Risiko für Angestellte in Behinderteneinrichtungen für Menschen mit Autismus ist die Tatsache, dass sie von ihrem Klientel mit aggressivem Verhalten konfrontiert werden. Demzufolge geht der Gesetzgeber davon aus, dass die Träger solcher Einrichtungen ihre Angestellten im Umgang mit solchem Verhalten ausbilden. Ähnlich wie in den Vereinigten Staaten hat sich aber auch die Bereitwilligkeit einzelner Angestellter merklich erhöht, den Rechtsweg zu beschreiten, wenn dies nicht geschieht. So musste eine englische Einrichtung einem Mitarbeiter über 300 000 Euro als Ausgleich bezahlen, weil dieser nach einem solchen Übergriff auf ihn dauerhaft an Stress litt und der Arbeitgeber nicht die nötigen Schritte eingeleitet hatte, um die Arbeitsbedingungen verträglicher zu machen.

Es besteht also Druck für die Träger von Einrichtungen, ihre Mitarbeiter so auszubilden, dass sie mit schwierigen Situationen und aggressivem Verhalten der von ihnen Betreuten zurechtkommen. Es ist nicht mehr so einfach möglich, den Umgang mit aggressivem Verhalten alleine den Mitarbeitern zu überlassen oder sie gar nach einem Konflikt zu beschuldigen, dass mangelnde Professionalität zu diesen aggressiven Ausbrüchen geführt haben könnte.

Innerhalb dieses Spannungsfelds kristallisierten sich nach und nach folgende Fragestellungen heraus:

- Welche Art der Intervention ist den Menschen mit Behinderung zumutbar? Was ist menschenwürdig?
- Was ist sowohl für die Schutzbefohlenen als auch für die begleitenden Fachkräfte akzeptabel?
- Welche Art der Herangehensweise gibt Hoffnung, Verbesserungen im Verhalten des »Aggressors« herbeizuführen?
- Sind die Hintergründe für aggressive Ausbrüche der »Aggressoren« ausreichend erforscht, damit diese im Kontext der jeweiligen Situation erkannt werden können?
- Wie sehen die rechtlichen Aspekte aus ?

Rechtliche Implikationen

Beispiele aus dem englischen Recht, denen zufolge körperliche Interventionen illegal sein können, sind folgende:

- Nicht erlaubtes Einsperren (der englische Begriff ist false imprisonment), d. h., die nicht erlaubte vorsetzliche oder fahrlässige Einschränkung der Bewegungsfreiheit eines Opfers;
- Angriff (der englische Begriff ist Assault), d. h., wenn eine Person befürchten muss, von einer anderen angegriffen zu werden!
- Tätliche Angriffe (Battery), d. h., jemandem in nicht erlaubter Weise Gewalt zufügen.

Jedoch sieht die Rechtslage auch Fälle vor, in denen Interventionen gerechtfertigt sind:

- zur Selbstverteidigung;
- um der Verletzung Dritter zuvorzukommen;
- um Sachbeschädigungen an Eigentum vorzubeugen;
- unter bestimmten Umständen können Menschen mit Lernschwierigkeiten unter Bestimmungen des Mental Health Act festgehalten/arretiert werden.

Jegliche Form physischer Interventionen muss sich von vornherein rechtfertigen lassen, um im Falle einer Verletzung in einer gerichtlichen Untersuchung bestehen zu können. Ein Richter würde untersuchen, was in vergleichbaren Fällen als angemessen gelten würde. Auf jeden Fall würde überprüft werden, ob die Intervention im besten Interesse der Person erfolgt war und ob das niedrigstmögliche Niveau an Intervention in der kürzestmöglichen Zeit eingesetzt worden ist.

Die Quick-fix-Solution

Träger von Einrichtungen suchen oft nach einer »Quick-fix-Solution«, einem »Wunder-Weg«, der wenig kostet, nicht lange dauert und die Einrichtung von aggressiven Situationen »heilt«. Es ist unwahrscheinlich, dass es so einen Kurs jemals geben wird. Deshalb muss, um Sicherungsmaßnahmen kompetent und sicher zu beherrschen, das Training in regelmäßigen Abständen aufgefrischt werden.

Die Geschichte des CALM-Trainings und die Schottische Gesellschaft für Autismus

Die Entstehung des CALM-Trainings ist eng mit der *Scottish Society for Autism* verbunden. Die Schottische Gesellschaft für Autismus war in den 1970er Jahren aus einer Elterninitiative gegründet worden. Dieser Träger von Einrichtungen stellt die höchsten Ansprüche an sich, um für die betreuten Menschen »die bestmögliche fachliche Versorgung und Begleitung, Unterstützung, Förderung und Erziehung « (aus dem Mission statement) zu erreichen.

Da Angst, aggressives und autoaggressives Verhalten als »Begleiterscheinungen« autistischer Verhaltensweisen akzeptiert wurden, suchte man nach einer »sanften« Deeskalationsstrategie, mit der man aggressives Verhalten entweder verbal beeinflussen kann – bevor es zum Ausbruch kommt – oder mit der man während eines aggressiven Vorfalls physisch nur so lange einzugreifen braucht, bis die betroffene Person wieder in der Lage ist, selbst die Kontrolle zu übernehmen.

Man beauftragte David Leadbetter, einen Sozialarbeiter mit schwarzem Gürtel in Karate, damit, ein System zu entwickeln, mit welchem sowohl die »Aggressoren«, die Mitarbeiter und die Manager leben können, das sicher und fair ist.

Seine erste Erkenntnis war, dass es in der Praxis nicht ausreicht, einen einmaligen Kurs in Selbstverteidigung für fachliche Begleitung anzubieten. Folgende Punkte sind im Umfeld zu beachten:

- Wird das Pflegepersonal für Aggressionen der von ihnen betreuten Menschen verantwortlich gemacht, führt dies nur zu weiteren Aggressionen und weiterem Missbrauch.
- Proaktiv an das Problem der Gewalt heranzugehen, bedeutet weit mehr, als lediglich auf die jeweilige Situation zu reagieren.
- Welche Werte eine Einrichtung vertritt, hat einen großen Einfluss darauf, wie man dort mit Gewalt und Aggression umgeht.
- Es ist wichtig, dass das Selbstbewusstsein *aller* Beteiligten intakt bleibt.
- Der Schlüssel zur Deeskalation ist verstehen zu lernen, was die Motivation des Aggressors ist.
- Der Einrichtungsträger/Arbeitgeber muss bei Schaffung und Weiterentwicklung eines sichernden Systems die Führung übernehmen.
- Gewalt ist sehr kontextspezifisch. Deshalb muss das Deeskalationstraining genau auf die betroffenen Individuen abgestimmt sein.

David Leadbetter entwickelte einen Katalog von Techniken und Haltegriffen, wie man aggressive Personen in Krisenmomenten festhalten bzw. ruhigstellen kann. Dieses Programm nannte David Leadbetter *CALM* (Crisis and Aggression, Limitation and Management). Die spezifischen Prinzipien von CALM lauten:

- Kein absichtliches Zufügen von Schmerz;
- Kein Druck auf oder über Gelenke;

- Minimales Risiko für die Betreuer;
- Kontakt von der Seite und nicht Körper an Körper vis à vis;
- Hierarchie von Techniken, das heißt das Level der Intervention passt sich dem Maß der Eskalation an;
- Ergonomische Prinzipien beachten (Heben und Tragen);
- Ruhigstellung *sitzend*. Personen werden nur in Ausnahmefällen liegend festgehalten/arretiert.

Neben diesen Prinzipien sind folgende Kriterien der »Qualitätskontrolle« in das CALM-Training eingebaut:

- Die biodynamische Überprüfung der einzelnen Techniken ist kontinuierlich. Techniken, die Praktikern beim Einsatz bedenklich oder gar gefährlich vorkommen, werden überprüft und wenn möglich aus dem Trainingshandbuch gestrichen. Das Handbuch wurde seit 1995 circa zwanzig Mal überarbeitet. Es wird darin vor allem auf Gefahren von Techniken hingewiesen, die Personen auf dem Boden halten. Studien in Großbritannien und den Vereinigten Staaten haben gezeigt, dass solche Haltegriffe tödlichen Ausgang haben können, vor allem, wenn Druck auf den Oberkörper ausgeübt wird (Der englische Fachausdruck hierfür lautet *positional asphyxia)*. Solche Haltegriffe dürfen nur in Extremsituationen eingesetzt werden, und erst dann, wenn jeweils im Blick auf die konkrete Person eine *Risikoeinschätzung* vorgenommen worden und diese schriftlich im *Pflegeplan* (care plan) festgehalten worden ist.
- Das Trainingshandbuch ist in leicht verständlicher Sprache geschrieben.
- Die Kompetenz in den Techniken wird jedem einzelnen Kursteilnehmer von einem unabhängigen Prüfer bescheinigt. Kursteilnehmer können bei solchen Überprüfungen durchaus »durchfallen«.
- Das Kurszertifikat läuft nach einem Jahr aus und muss in einem eintägigen Kurs erneuert werden.
- Es besteht eine Datei aller Kursteilnehmer. Wenn diese ihr Trainingszertifikat nach einem Jahr nicht erneuern, werden sie aus der Datei gestrichen. Ihr Zertifikat verliert dadurch automatisch seine Gültigkeit.

Das Safe-System

Wesentlicher Bestandteil des CALM Trainings ist, Täger von Einrichtungen darauf hinzuweisen, dass die Ausbildung von Mitarbeitern in Interventionstechniken nur ein Teilbereich des gesamten Aggressionsmanagements ist. CALM-Training-Services hat von Anfang an darauf hingewiesen, dass es insgesamt *vier Ebenen* sind, auf denen gehandelt werden muss:

- Auf nationaler Ebene: Gesetze und Richtlinien müssen entwickelt werden, an die sich Träger und Anbieter halten müssen.
- Auf der Ebene der Einrichtungsträger: Klare schriftliche Konzepte müssen vorliegen, benötigte Resourcen müssen vorhanden sein, die Wege zur Begrenzung oder Vermeidung von Aggressionsproblematiken müssen wirksam in die Alltagspraxis umgesetzt werden können.
- Auf der Ebene der Einrichtung: Es muss eine positive Kultur bestehen, d. h., alle Situationen, die zu Aggression führen können, müssen in gleicher Weise angegangen werden; die Erwartungen an die Mitarbeiter sind klar und verständlich umschrieben, Mitarbeiter erhalten Unterstützung und wissen, wo ihre Verantwortlichkeit liegt.
- Auf der Ebene der Mitarbeiter: Sie müssen Werte und Ziele vertreten, haben das notwendige Fachwissen, gewinnen Erfahrung, schwierige Situationen zu meistern und verfügen über die Fähigkeit, auf die von ihnen betreuten Menschen eingehen zu können.

Auf der Einrichtungsebene ist das Bestehen des »Safe-Systems« an folgenden Indikatoren zu erkennen:

- Es existieren klare Strategien, wie auf aggressives Verhalten reagiert wird, sowohl längerfristig auch als kurzfristig.
- Es wird eine proaktive Herangehensweise praktiziert, d. h., es ist – wo immer möglich – zu handeln bevor die Aggressionssituation eintritt.
- Es herrscht ein Klima der offenen Diskussion in der Einrichtung zwischen Mitarbeitern und den Betreuten über das Thema »Aggression«.
- Es besteht ein klares schriftliches fortschreibbares Konzept, was im Falle einer Aggressionssituation zu tun ist (vorher, während und danach).
- Die bestehenden Regeln und Erwartungen werden von allen mitgetragen, alle Beteiligten stimmen diesen zu und leben in ihrem Berufsalltag danach.

Das »British Institute for Learning Disability« (BILD) und sein Praxiskodex

Das *Britische Institut für Lernbeeinträchtigungen* hat die Aufgabe übernommen, eine Werteskala für Sicherungstechniken zu schaffen, die zum Ziel hat, die Qualität der angebotenen Trainingskurse in diesem Feld zu erhöhen. Nach einer Studie von Emmerson (2000) kommen circa 50 Prozent aller Personen mit einer intellektuellen Beeinträchtigung und schwierigem Verhalten mit physischen Deeskalationsstrategien in Berührung. Die Gefahr ist, dass beim Einsatz von »Aus-dem-Bauch-heraus-Techniken« sowohl die zu Betreuenden als auch die Betreuer(innen) verletzt werden können. Eine offene Debatte über dieses Thema, welche dazu führt, dass der Einsatz geplanter, durchdachter und erprobter Deeskalationsstrategien und »staatlich geprüfter« Sicherungstechniken eher zur Regel als zur Ausnahme wird, kann die Lebensqualität vieler Menschen mit schwerer und sehr schwerer geistiger Behinderung erheblich verbessern.

Nach ausführlicher Beratung mit etlichen Pflegeorganisationen wurde 2001 der *Code of Practice* erstellt, ein Praxiskodex, der es zum Ziel hat, Umfang und Inhalte der angebotenen Ausbildungskurse zu regulieren. *BILD* wollte damit erreichen, dass sich alle Anbieter solcher Kurse diesen momentan noch freiwilligen Standards unterwerfen. Zur Zeit arbeitet man darauf hin, dass dieser Praxiskodex in der Zukunft zur gesetzlichen Richtlinie wird. Dadurch soll die Qualität der angebotenen Trainingskurse gesichert und verbessert werden. Dies wird zur Folge haben, dass die Fertigkeiten des in Sicherungstechniken ausgebildeten Personals im Umgang mit aggressiven Situationen zunehmen werden. Das wird hoffentlich wiederum dazu führen, dass physische Interventionsstrategien weniger zum Einsatz kommen müssen. Dadurch würde nicht zuletzt die Zahl von Verletzungen sich verringern.

Kernpunkte, die der »Code of Practice« anspricht, sind:

- Wenn ein Ausbilder einen Ausbildungskurs für das Personal einer Einrichtung durchzuführen beabsichtigt, wird er zuerst überprüfen, über welche schriftlichen Unterlagen die Organisation für den Umgang mit aggressivem Verhalten verfügt. Gibt es keine klaren Richtlinien dafür, muss er darauf bestehen, dass diese zunächst von allen gemeinsam erstellt werden, bevor der Kurs überhaupt durchgeführt werden kann.
- Die maximale Zahl von Personen, die ein Trainer in einem solchen Kurs ausbilden darf, ist auf zwölf festgelegt. Besser ist es, zwei Trainer den

Kurs durchführen zu lassen, wobei die Höchstzahl der Teilnehmenden dann bei 16 liegt.

- Die Ausbilder werden während des Kurses mit ihren Ratschlägen aufzeigen, welche Alternativen es gibt, wie mit aggressivem Verhalten umgegangen werden kann. Auch weisen sie auf die Bedeutung guter Pflege- und Entwicklungspläne hin und darauf, dass der mögliche »Aggressor« ein Recht darauf hat, in die Planung von Deeskalationsstrategien mit einbezogen zu werden.
- Die ausgebildeten Betreuer(innen) dürfen nur die Sicherheitsmaßnahmen in der Praxis anwenden, in denen sie ausgebildet worden sind, und die sie kompetent beherrschen. Dies muss ein unabhängiger Gutachter für die Dauer eines Jahres bescheinigen.
- Die Betreuer müssen Gelegenheit erhalten, die gelernten Sicherungstechniken in geregelten Abständen zu üben, um ihr Wissen und Können nicht zu verlieren.

Um diesen Kodex in der Praxis wirksam werden zu lassen, hat BILD damit begonnen, nur solche Anbieter von Kursen zu akkreditieren, die alle Punkte des »Code of Praxis« einhalten. CALM-Training-Services ist eine der akkreditierten Trainingsorganisationen.

Das Weißbuch des Gesundheitamts

Der BILD-Code-of-Practice führte im Juli 2002 zur Veröffentlichung eines Weißbuchs »Leitfaden für sichernde Maßnahmen und körperliche Interventionen bei Personen mit Lernbeeinträchtigungen und Personen mit autistischen Verhaltensweisen in Einrichtungen und Maßnahmen des Gesundheitswesens, der Erziehung und Bildung sowie im sozialen Bereich« (Guidance on Restrictive Physical Intervention for People with Learning Disability and Autistic Spectrum Disorder in Health, Education and Social Care Settings) durch das Gesundheitsamt (Department of Health) und die Erziehungs- und Kulturbehörden (Education authorities).

Dies ist das erste Mal, dass Regierungsbehörden das Thema des Managements in akuten Aggressionssituationen offiziell aufgriffen und mit diesem Leitfaden klare Richtlinien erstellt haben, wie man diese Problematik angehen soll. In diesem Papier wird eindeutig gefordert, dass Träger sozialer Einrichtungen effektive Richtlinien erarbeiten und erproben müssen, wie in

Zeiten schwierigen Verhaltens mit den betroffenen Personen umgegangen werden soll. Es legt auch fest, wann der Einsatz sichernder Techniken gerechtfertigt ist; nämlich nur dann, wenn sie dazu dienen, sowohl den Aggressor als auch die Fachkräfte vor Verletzungen zu schützen. In diesem Zusammenhang wird auch hervorgehoben, das bei allen Erwägungen und Überlegungen zu körperlichen Interventionen das Interesse des Klienten im Vordergrund stehen muss (Best Interest Criteria). Diese Kriterien sind der Prüfstein bei allen Vorüberlegungen. Außerdem wird im Leitfaden betont, dass zunächst alle Formen verbaler Deeskalationstechniken zum Einsatz gekommen sein müssen, bevor es zu körperlichen Interventionen kommt. Ausnahme sind nur solche Situationen, in denen der Einsatz von Sicherungstechniken von vorn herein gerechtfertigt wäre, weil – erfahrungsgemäß – das Unterlassen nur zu einer Verschlimmerung der Situation führen würde.

Durchgängig wird im Leitfaden der präventive Aspekt betont. Darunter ist auch ausgeführt, dass nur solche sichernden Techniken eingesetzt werden dürfen, die in der jeweiligen akuten Aggressionssituation einen geringstmöglichen Krafteinsatz anwenden.

Die schriftlich niedergelegten Richtlinien des Einrichtungsträgers zu sichernden Maßnahmen im Falle akuter Aggressionssituationen sollen zum einen die Erfahrung guter Praxis darstellen. Zum anderen sollen sie auch Vorgehensweisen aufführen, die sich in der bisherigen Praxis als unakzeptabel erwiesen haben, zum Beispiel weil sie vorherseh- und kalkulierbare Risiken umfassen und weil sie mit aller größter Wahrscheinlichkeit eine psychische Beeinträchtigung für den »Aggressor« bedeuten würden.

Jede akute Aggressionskrise muss unmittelbar nach Beendigung protokolliert werden. Dies darf nur im offiziellen sogenannten Incident-Book geschehen, einer fest gebundenen Kladde mit durchnummerierten Seitenzahlen. Nur so kann man durch nachträglichen Rechtfertigungsdruck begründete unstimmige Aussagen von vornherein ausschließen bzw. nachträglich angebrachte Korrekturen und Beschönigungen verhindern. Denn nur der wahrheitsgemäße Umgang mit diesen oft unangenehmen Situationen führt letzlich zu humanen Lösungen.

Der Leitfaden fordert außerdem, dass Betreuungspersonen, für die der Umgang mit akut aggressivem Verhalten Teil ihres Arbeitsbereichs darstellt, ein Recht darauf haben, in spezifischen und qualifizierten Kursen mit sichernden Techniken vertraut zu werden.

Außerdem fordert der Leitfaden, dass begleitende Fachkräfte in der Praxis nur solche Haltegriffe einsetzen dürfen, in denen sie kompetent ausgebildet worden sind. Zur Qualitätssicherung und -weiterentwicklung erwähnt der Leitfaden ausführlich das Bild-Akkreditierungsprogramm. Dies bedeutet für Trainingsanbieter, die den Bild-Kriterien entsprechen, auch eine gewissen Qualitätsnachweis.

Literatur

British Institute for Learning Disabilities (2001): »BILD Code of Practice for Trainers in the Use of Physical Interventions«. Kidderminster.
www.bild.org.uk/

Breakwell, Glynis M. (1997): Coping with Aggressive Behaviour. Personal and professional development. Townbridge.

Calm Training Services: Verschiedene Publikationen. Calm. www.calmtraining.co.uk

Department of Health (2002): »Guidance on Restrictive Physical Interventions for People with Learning Disability and Autistic Spectrum Disorder, in Health, Education and Social Care Settings«. London. www.doh.gov.uk/learning

Powell, Sharon (2002): »A New Code for Physical Interventions«. Veröffentlicht in der Zeitschrift »Learning Disability Practice«.

Ausblick und Konsequenzen

Christian Bradl

Aggressionen gehören zum Repertoire menschlichen Verhaltens und Zusammenlebens. In unserem Fall geht es um Menschen mit geistiger Behinderung, die Aggressionen zeigen, mehr oder weniger häufig oder massiv, gegen andere Menschen, gegen Sachen oder gegen sich selbst gerichtet, in verschiedenster Ausprägung. »Aggression ist ein beobachtbares, manchmal zielgerichtetes Verhalten, das eine Schädigung bewirkt«[1]. Sofern man von einem gehäuften Vorkommen aggressiven Verhaltens bei Menschen mit geistiger Behinderung sprechen kann, können Ursachen dafür in ihrer schwierigen sozio-emotionalen Entwicklung, in erhöhten psychosozialen Anforderungen, oftmals geringeren kognitiven Kapazitäten zur Problem- und Konfliktbearbeitung, häufig eingeschränkten Ausdrucks- und Kommunikationsmöglichkeiten, aber auch in einengenden oder konfliktträchtigen Lebensbedingungen innerhalb und außerhalb von Institutionen liegen. Vermehrte Aggressionen liegen demnach nicht in der Natur der Behinderung und sind auch kein behinderungsspezifisches Phänomen. Gleichwohl ziehen Aggressionen für behinderte Menschen nicht nur physische und psychische Verletzungen für sie selbst und die beteiligten Personen nach sich. Es verstärken sich darüber hinaus soziale Ausgrenzungen und Abwehrhaltungen gegen behinderte Menschen bis hin zu restriktiven Maßnahmen. Mit anderen Worten: Die angestrebte *Selbstbestimmung und Teilhabe* behinderter Menschen am Leben in der Gemeinschaft, beim Wohnen, bei Beschäftigung, Freizeit, sozialen Kontakten usw. wird erschwert und erfordert zusätzliche Anstrengungen aller Beteiligten in der Behindertenhilfe und ggf. der Angehörigen.

Viele Aspekte zum qualifizierten Umgang mit Aggressionen bei Menschen mit geistiger Behinderung sind in vorstehenden Beiträgen beschrieben worden. Was sind die wichtigsten Anforderungen an die Behindertenhilfe?

1 Definition: Heinrich, Seite 11

Offene Diskussion und fachliche Standards

Hilflosigkeit und Unsicherheit, Tabuisierungen, Kränkungen, Ängste, gegenseitige Unterstellungen und Beschuldigungen, außerdem Ausgrenzungen, Konflikte, Zuständigkeitsstreit, Sanktionierungen, offene oder verdeckte Gegengewalt spielen im Umgang mit Aggressionen in den Einrichtungen ein große Rolle. Als die wichtigste Aufgabe erscheint es mir, den Umgang mit Aggressionen bei Menschen mit geistiger Behinderung – in Familien und Einrichtungen der Behindertenhilfe -- in die *offene fachliche Diskussion* zu führen.

Dabei geht es einerseits um die Menschen mit geistiger Behinderung als »Aggressoren« selbst, deren *Ansprüche auf qualifizierte Hilfen und Recht auf soziale Teilhabe* zu sichern und für die fachliche Handlungskonzepte zu entwickeln sind, um die Aggressionen dieser Menschen zu verstehen und ihnen fachlich und menschlich kompetent zu begegnen. Andererseits geht es ebenso um Mitbewohner, Familienangehörige, um das Fachpersonal in Einrichtungen oder andere Betroffene, die Aggressionen erleiden, um deren berechtigte Ansprüche, Verletzungen und Schäden zu vermindern oder abzuwenden. Fachliche Hilfekonzepte für den Umgang mit Aggressionen sind also um *Schutz-* und *Sicherungsmaßnahmen* zu erweitern.

Grundlegende Haltungen, fachliche Standards und Ziele für Handlungskonzepte bei Aggressionen lassen sich[2] in folgenden Punkten zusammenfassen:

(1) Aggressionen sind ein komplexes, aber veränderbares Problem. Veränderungen mit realistischen Zielen sind möglich. Erfolgversprechend erscheinen besonders individuelle Ansätze und Arrangements.

(2) Aggressionen müssen in der individuellen Hilfeplanung und in den Angebotsstrukturen eines Hilfesystems berücksichtigt werden.

(3) Verletzungen und Schädigungen beim »Aggressor« selbst, aber auch bei anderen Betroffenen sowie im materiellen Umfeld, müssen schnellstmöglich verringert oder beendet werden.

(4) Die vielfach mit Emotionen, Konflikten, Verletzungen besetzte Aggressionsthematik muss versachlicht werden. Dafür sind sorgfältige

2 wie im Beitrag Heinrich, Seite 71 ff.

Beobachtungen und Analysen, vor allem biographische und systemische Betrachtungsweisen gefragt.

(5) Umgang mit massiven Aggressionen ist ein Arbeitsauftrag nicht an einzelne Personen, sondern obliegt der Verantwortung eines ganzen Hilfesystems, in dem zusätzliche Ressourcen zu aktivieren sind.

(6) Fachliche Konzepte für den Umgang mit Aggressionen erfordern in Diensten und Einrichtungen den verstärkten Einsatz aller Ebenen (organisatorische und fachliche Leitung, Verwaltung, Fachdienste, Betreuungspersonal) sowie entsprechende räumliche, zeitliche, organisatorische und technische Rahmenbedingungen.

(7) Veränderung massiver Aggressionen bedürfen eines differenzierten, oftmals komplexen und interdisziplinären Handlungsplans unter Kooperation aller Beteiligten, mit Teamarbeit und Kompetenzabsprachen.

Zur Umsetzung von Handlungskonzepten sind Anstrengungen *aller Beteiligter* erforderlich, und das heißt

- der Fachkräfte in den Einrichtungen (Handlungskonzepte);
- der Träger der Behindertenhilfe (Rahmenbedingungen);
- der Fachverbände (fachliche Standards);
- der Kostenträger (finanzielle Ressourcen);
- der Behindertenpolitik (Rechte der Beteiligten).

Herausforderung für Fachkräfte

Aggressionen behinderter Menschen verursachen physische Verletzungen. Noch bedeutsamer sind psychische Kränkungen, Gefühle von Verunsicherung, Hilflosigkeit bis hin zur Resignation. Die persönliche Motivation, das berufliche Selbstverständnis und das Zutrauen in die eigenen fachlichen Kompetenzen können ins Wanken geraten. Aggressionen lösen Unmut, Wut, möglicherweise auch Gegenreaktionen aus. Eigene Empfindlichkeiten, Belastungsgrenzen und emotionale Anteile sind im Spiel. Aggressionen sind insofern *Beziehungsstörungen* der Bezugspersonen mit den betreffenden behinderten Menschen; dies haben Handlungskonzepte bei Aggressionen zu berücksichtigen.

Aggressionen haben außerdem Auswirkungen auf die in einem sozialen Betreuungssystem handelnden Menschen. Unterschiedliche Einschätzungen über Ursachen, Auslöser, Reaktionen, Handlungsansätze usw. spielen eine Rolle:

- Das Verhalten von Kollegen wird für Aggressionen und resultierende Verletzungen verantwortlich gemacht;
- Der Umgang mit Konsequenzen, Regeln, Abläufen, Strukturen wird hinterfragt;
- Kompetenzen Mitbeteiligter werden in Frage gestellt;
- Erwartungen an Unterstützung durch die Leitung werden enttäuscht;
- Belastungsgrenzen werden kontrovers eingeschätzt.

Aggressionen führen insofern häufig zu *Teamstörungen.*[3] *Qualifizierter Umgang mit Aggressionen bedarf dementsprechend geeigneter Qualifikationen, verstärkter Mitarbeiterpflege und Unterstützung der Teamarbeit*[4].

Um die Hilfeansprüche behinderter Menschen mit zusätzlichen herausfordernden Verhaltensweisen in der Behindertenhilfe zu sichern, bedarf es gut qualifizierten Personals. Gerade hier muss dem Trend entgegengewirkt werden, die *Quote für qualifiziertes Personal* in Einrichtungen immer weiter zu senken. In den betreffenden *Fachschulen,* z. B. für Heilerziehungspflege, sollte der Umgang mit herausforderndem Verhalten, Fremd- und Autoaggressionen stärker in Lehrplan und Ausbildungspraxis Berücksichtigung finden. Einrichtungen der Behindertenhilfe sollten *einschlägige Fortbildungen* anbieten oder solche anderer Fortbildungsträger nutzen. Konzepte wie z. B. das hier dargestellte Trierer Aggressionsbewältigungs- und Sicherheits-Programms[5] oder TEACCH[6] sollten genutzt werden können.

Spezielle Weiterbildungen, vor allem *therapeutische Zusatzausbildungen* einzelner Mitarbeiter verbessern die fachliche Kompetenz von Teams

3 vgl. Hinweise darauf in mehreren Beiträgen hingewiesen, z.B. bei Heinrich; Mohs; Sax-Eckes

4 vgl. auch Bradl 2003

5 vgl. Beitrag Heinrich, Seite 147 ff.

6 vgl. Beitrag Kiwitt, Seite 115 ff.

und Einrichtungen. Praxisnahe Schulung in *Methoden zur Deeskalierung und zum Selbstschutz* sollte für Mitarbeiter verpflichtend sein, die mit Aggressionen konfrontiert werden.

Qualifizierte Beratung

Verstärkt gefragt ist die beratende Unterstützung einzelner Mitarbeiter und des Teams durch die *fachliche Leitung*, aber auch Leitungskompetenz zur Abklärung von Erwartungen, des Handlungsrahmens, der Verfügbarkeit von Ressourcen innerhalb wie außerhalb der Einrichtung und für viele rechtliche Abwägungen und Absicherungen[7].

Unverzichtbar ist die Möglichkeit *qualifizierter Beratung*, sei es in Form interner Fachdienste, regionaler Beratungsteams oder auf dem freien Markt verfügbarer Experten. *Team- und Fallsupervision* sind von wesentlicher Bedeutung als Möglichkeit, die genannten Beziehungs- und Teamstörungen unbelastet ansprechen, reflektieren und bearbeiten zu können.

Die Verfügbarkeit von *Beratung für Mitarbeiter(innen) und Betreuungsteams* ist gerade bei der Auflösung institutioneller Strukturen – verbunden mit der Etablierung gemeindeintegrierter Wohnformen und ambulanter Wohnbetreuung – wichtig für die Integration behinderter Menschen mit herausforderndem Verhalten.

In der Praxis haben sich hier verschiedenste Organisationsmodelle entwickelt: Fachdienste in größeren Einrichtungen; Beratungsteams im regionalen Verbund; Kooperationsmodelle mehrerer Einrichtungen, auch z. B. mit Institutsambulanzen; Einkauf ambulant tätiger pädagogischer, psychologischer, (psycho-)therapeutischer und anderer Experten, Supervisoren, Beratern. Besonders verwiesen sei auf die vorbildliche Arbeit der niederländischen »Zentren für Beratung und Expertise«; ein entsprechender Ansatz zur »Konsulentenarbeit«[8] wird auch im Verantwortungsbereich Behindertenhilfe des Landschaftsverbands Rheinland versucht.

Besondere Aufmerksamkeit bei der Bearbeitung von Aggressionsproblemen sollten folgende *Schlüsselthemen* erfahren:

---

7 zu rechtlichen Fragen vgl. Beitrag Heinrich, Seite 329 ff.

8 Näheres unter www.consulenten.lvr.de sowie www.euregioprojekt-handinhand.org

- Systemische Zusammenhänge;
- biographische Analysen;
- Beobachtung individueller Aggressionsverläufe;
- präventive Maßnahmen, insbesondere Überforderungen zur Vermeidung von Aggressionen;
- Reflexion des Umgangs mit gewohnten Abläufen, Strukturen, Regeln, Grenzen;
- Verhaltensalternativen zu Aggressionen für Gefühlsäußerungen, Beruhigung, Spannungsabbau usw.;
- Strukturierungshilfen (z. B. TEACCH); unterstützte Kommunikationsformen; Krisenintervention.

Herausforderung für Hilfesysteme

Probleme bei der Aufnahme in Einrichtungen wegen massiver Aggressionen, Entlassungen aus Heimen, wiederholte psychiatrische Aufnahmen, lange Heimkarrieren, Verschweigen entsprechender Informationen, Zuständigkeitskonflikte, im übrigen auch Widerstände von Mitbewohnern, Angehörigen und Heimbeiräten verdeutlichen, dass Menschen mit geistiger Behinderung, die Aggressionen zeigen, oftmals keiner haben will. Die *Versorgungsverantwortung von Einrichtungen der Behindertenhilfe* auch für diesen Personenkreis wird theoretisch-abstrakt nicht bestritten, bleibt in der regionalen Praxis aber oft unzureichend realisiert. Die Konzentrierung behinderter Menschen gerade mit massiven Aggressionen in zumeist größeren Komplexeinrichtungen belegt dies eindeutig. Ein wichtige Forderung muss demnach sein, dass *regionale Träger* der Behindertenhilfe auch Angebote für diesen Personenkreis bereitstellen, was aber auch entsprechende fachliche Konzepte einschließt, das heißt fachliche Standards und Mitarbeiteranforderungen wie weiter oben beschrieben. Eine *Vernetzung* von Diensten und Einrichtungen wird um so wichtiger, je dezentraler bzw. individueller Wohnformen für behinderte Menschen organisiert werden, um personelle Ausgleiche zu organisieren und kollegiale Unterstützung zu sichern; außerdem ist dabei die *Kooperation mit regionalen Diensten* wie Beratungsstellen, niedergelassen Psychiatern und Therapeuten, Institutsambulanzen unerlässlich.

Ausgeschöpft werden sollten zunächst Möglichkeiten *individueller Hilfearrangements*, Einzelfallhilfen, vorübergehende personelle Verstärkungen usw. im normalen Wohnumfeld – bevor man Überlegungen anstellt, im Einrichtungsverbund *spezielle Gruppen* (Intensivgruppe, therapeutische Gruppe o. ä.) einzurichten, in denen mit geeigneten Mitarbeitern ein therapeutisches Milieu leichter und besser gestaltet werden kann.

Wichtig in einem regionalen Hilfesystem sind Möglichkeiten zur *akuten Krisenintervention* auf allen Ebenen, beginnend mit präventiven Möglichkeiten vor Ort (z. B. zur Beruhigung und zur Deeskalierung von Konflikten) über zeitweilige Personalverstärkung, Absprache zu übergeordneten Sicherungsmaßnahmen bis hin zu verbindlich vereinbarten Notfallsystemen. *Organisatorische Sicherheitsvorkehrungen*[9] tragen zur nötigen Handlungssicherheit von Mitarbeitern bei.

Fachliche Standards für den Umgang mit Aggressionen, außerdem Instrumente, Dokumentationsformen, Arbeitsgremien, Entscheidungsabläufe, legitimierte Sicherungsmaßnahmen lassen sich auch in ein *Qualitätsmanagementsystem* integrieren[10], um Handlungsansätze aufzuzeigen, Regelungen und Verantwortlichkeiten transparent zu machen sowie Kontrolle zu ermöglichen. Fürsorgepflichten des Arbeitgebers gegenüber seinen Mitarbeitern sowie Haftungsfragen sind hier ebenso anzuführen.

Ethische Grundsätze und Kontrolle von Schutzmaßnahmen

Besondere Sorgfalt erfordert der Umgang mit *Freiheitsentziehenden Maßnahmen*. Das Genehmigungs- und Kontrollverfahren ist betreuungsrechtlich (§ 1906 BGB) geregelt. Darüber hinaus sollten klare einrichtungsbezogene Regelungen und Dokumentationen obligatorisch sein. Auch die Anwendung diverser *technischer Schutz- und Sicherungsvorrichtungen* sowie der Einsatz *körperlicher Sicherungstechniken* erfordert klare Regelungen innerhalb von Einrichtungen.[11] Angesichts der Expansion gerade elektronischer Sicherungssysteme sollten all diese Maßnahmen mit fachlicher Beratung, individuellen Vereinbarungen (ggf. mit gesetzlichen Betreuern) und verstärkter öffentlicher Kontrolle verbunden werden. Folgt man den in Großbritannien entwickelten nationalen Stan-

9 vgl. Beitrag Heinrich, Seite 181 ff.

10 vgl. Beitrag Daub/Reichel, Seite 291 ff.

11 vgl. mehrere Beiträge Heinrich

dards[12], sind unsere gegenwärtige gerichtliche Genehmigungspraxis und Heimaufsicht dafür nicht ausreichend.

Deutlicher als in allen Beiträgen wird aus dem Blickwinkel der Heimaufsicht[13] auf *gewaltfördernde Bedingungen* (»strukturelle Gewalt«) in Behinderteneinrichtungen hingewiesen, so z. B. eingeschränkte Rückzugsbedingungen, Unterbringung in Doppelzimmern, gruppenweise Behandlung. In der Tat dominieren in Wohneinrichtungen der Behindertenhilfe Wohngruppen; und dies sind zumeist Zwangsgemeinschaften, die oftmals selbst Konflikte und Aggressionen auslösen oder verstärken. Im Sinne der Prävention von Aggressionen kommt einer verstärkten *Individualisierung von Wohn- und Unterstützungsformen* (Assistenz) oder zumindest der »Veränderung großer Wohngruppen hin zu kleineren *Lebensgemeinschaften, in denen jedem* Bewohner ein Betreuer als Begleitperson zuzuordnen ist«[14], eine große Bedeutung zu, genau so wie der Sicherung individueller Betreuungs- und Lebensqualität.

Die Fachverbände der Behindertenhilfe sind hier gefordert, *ethische und fachliche Grundsätze*[15] zur Lebens- und Betreuungsqualität dieses Personenkreises und für den Umgang mit Aggressionen für Mitarbeiter, Träger und Einrichtungen zu erarbeiten. Insbesondere ist ein *Praxiskodex* für Freiheitsentziehende Maßnahmen, technische Schutz- und Sicherheitsvorrichtungen und für körperliche Sicherungstechniken zu entwickeln.

Herausforderung an Kostenträger und Behindertenpolitik

Zur Realisierung fachlich qualifizierter Hilfeansprüche für Menschen mit geistiger Behinderung und herausfordernden Verhaltensweisen sind erforderlich: das Annehmen der Versorgungsverantwortung, gute Ideen, fachliches Konzept und verfügbare Ressourcen. In vielen Fällen geht es zunächst um kreative Handlungsansätze und individuelle Arrangements, welche nicht notwendigerweise mehr Geld kosten.

12 vgl. Beitrag Beutenmüller, Seite 341 ff.

13 Beitrag Crössmann/Etzel, Seite 275 ff.

14 vgl. Beitrag Heinrich, Seite 88, mit Verweis auf Mühl

15 vgl. Beiträge Irblich, Seite 223 ff.; Crössmann/Etzel, Seite 275 ff.; Beutenmüller, Seite 341 ff.

Allerdings erfordert professionelle Hilfe bei erheblich herausfordernden Verhaltensweisen – gerade bei massiven Fremd- und Autoaggressionen – hohe *materielle, personelle und damit finanzielle Ressourcen*, sei es in differenzierten Vergütungssystemen oder persönlichen Budgets[16]. Das erfordert angesichts der Krise der sozialen Haushalte erhebliche Anstrengungen gerade in der Eingliederungshilfe. Verfügen wir hier nicht über qualifizierte Hilfesysteme, die nur im Rahmen der *Eingliederungshilfe*, nicht in Pflegeeinrichtungen anzusiedeln sind, droht der Rückfall in eine restriktive Verwahrpraxis, die wir im Zuge der Enthospitalisierung überwunden zu haben glaubten und die nicht mehr den erreichten fachlichen Standards und der Würde der Menschen entspricht.

Im System von Budgetierungen und Leistungspauschalen dürfen *höhere und spezielle individuelle Hilfebedarfe* nicht ausgehebelt werden. Individuelle Einzelfallhilfen bzw. Leistungspauschalen[17] müssen möglich sein, oder Maßnahmepauschalen außerhalb der üblichen Entgeltstrukturen und Bandbreiten sowie individuelle Investitions- und Instandhaltungspauschalen[18]. Bei neu einzurichtenden Wohnobjekten sollte den speziellen räumlichen und einrichtungsbezogenen Bedarfen des Personenkreises Rechnung getragen werden können.

Literatur

Deutsche Heilpädagogische Gesellschaft (DHG) (2004): Neue Herausforderungen in der Arbeit mit schwerbehinderten Menschen im Spannungsfeld von Paradigmenwechsel und Kostendruck. Positionspapier (siehe: www.dhg-kontakt.de).

Bradl, Christian (2003): Umgang mit Aggressionen in Wohngruppen. Herausforderungen für Mitarbeiterinnen und Mitarbeiter. In: Furger, Martha; Doris Kehl (Hrsg.): »...und bist du nicht willig, so brauch ich Gewalt«. Zum Umgang mit Aggressionen und Gewalt in der Betreuung von Menschen mit geistiger Behinderung. Luzern: Edition SZH, 37–65

16 vgl. Beitrag Weber, Seite 299 ff.

17 beispielhaft im Beitrag Wild, Seite 309 ff.

18 vgl. Beitrag Weber, Seite 299 ff.

Die Autoren

Dr. Christoph Beuers
Diakon;
St. Vincenzstift Aulhausen, Sonderpädagogisches Zentrum,
Vincenzstraße 60, 65385 Rüdesheim am Rhein

Thomas Beutenmüller
Diplomsozialpädagoge;
14 (3F1) Craighall Crescent,
Edinburgh, EH6 4RY, Scotland, UK

Dr. Christian Bradl
Diplompädagoge;
Heilpädagogisches Heim Düren,
Mecker Straße 15, 52353 Düren

Gunter Crößmann
Leiter der Heimaufsicht Hessen;
Regierungspräsidium Gießen,
Abteilung Hessisches Landesamt für Versorgung und Soziales,
Postfach 100851, 35338 Gießen

Dieter Daub
Diplomsozialpädagoge;
Rhein-Mosel-Werkstatt,
Ernst-Sachs-Straße 10, 56070 Koblenz

Reinhard Etzel
Regierungspräsidium Gießen,
Heimaufsicht, Hessisches Amt für Versorgung und Soziales;
Postfach 100851, 35338 Gießen

Johannes Heinrich
Diplompsychologe;
Freiberuflicher Fortbildner, Berater von Einrichtungen der Behindertenhilfe,
Wilmowskystraße 5, 54295 Trier

Dieter Irblich
Diplompädagoge;
Lochgraben 7, 56357 Auel

Markus Kiwitt
Diplomsozialpädagoge;
Wiesengrund 10, 46514 Schermbeck

Andreas Mohs
Diplompädagoge;
Akademie für Berufe im Sozial- und Gesundheitswesen,
Kreuznacher Diakonie,
Bösgrunder Weg 10, 55554 Bad Kreuznach

Hartwig Reichel
Werkstattleiter;
Kleinwachau, Sächsisches Epilepsiezentrum Radeberg, Werkstatt,
Wachauer Straße 30, 01454 Radeberg

Dr. Ilka Sax-Eckes
Geschäftsführerin;
Heilpädagogische Einrichtungen,
Kreuznacher Diakonie,
Talweg 10, 55590 Meisenheim

Ulrike Schena-Heinrich
Diplompädagogin;
Schulsozialarbeit am Schulzentrum in 54439 Saarburg,
privat: Wilmowskystraße 5, 54295 Trier

Udo Schultheiß
Diplompsychologe;
Bildungs- und Pflegeheim Maria Grünewald,
Franziskusstraße, 54516 Wittlich

Dr. Jürgen Seifert
Klinik für Kinder- und Jugendpsychatrie
und Psychotherapie der Universität Würzburg,
Füchsleinstraße 15, 97080 Würzburg

Markus van der Vorst
Diplompsychologe;
Bildungs- und Pflegeheim Maria Grünewald,
Franziskusstraße, 54516 Wittlich

Winfried Weber
Geschäftsführer;
St. Hildegardishaus gGmbH,
St.-Martin-Straße 33, 56761 Düngenheim

Günther Wild
Sozialpädagoge;
Diakonie-Verbund Eisenach,
Friedenstraße 10, 99817 Eisenach

Kirsten Fath

Verhaltensauffälligkeiten und Bewegungstherapie bei Menschen mit sehr schweren Behinderungen

Theoretische Grundlagen, Praxiskonzepte
und Evaluation

1. Auflage 2005, DIN A5, broschiert, 392 Seiten
ISBN 3-88617-208-2,
Bestellnummer LBF 208
19,50 Euro [D]; 37.- sFr.

Menschen mit sehr schweren Behinderungen stehen im Mittelpunkt dieses Buchs. Während in der öffentlichen Wahrnehmung der Fokus vor allem auf die komplexen Beeinträchtigungen und Defizite ausgerichtet ist, betont Kirsten Fath die Kompetenzen und das Entwicklungspotenzial dieses Personenkreises.

Auf dieser Grundlage entwickelt sie in ihrer Dissertation ein bewegungstherapeutisches Verfahren, das es Menschen mit sehr schweren und mehrfachen Behinderungen ermöglicht, an Sport- und Bewegungsangeboten in der Gruppe teilzunehmen. Sie bleibt nicht beim Theoriebeleg stehen, sondern beweist an Beispielen die positiven Wirkungen ihres Ansatzes.

Das interdisziplinär aufgebaute Integrative Sport- und Bewegungskonzept der Autorin besteht aus Elementen der körperorientierten Ansätze, der Psychomotorik, aus Sport, Spiel und Bewegung, sowie dem neuentwickelten Interventionskonzept für stereotype und selbstverletzende Verhaltensweisen.

Bestellungen an:
Bundesvereinigung Lebenshilfe für Menschen mit
geistiger Behinderung e.V.
Vertrieb
Raiffeisenstr. 18, 35043 Marburg
Tel.: (0 64 21) 4 91-116; Fax: -616
E-Mail: vertrieb@lebenshilfe.de

Ulrich Hähner, Ulrich Niehoff,
Rudi Sack, Helmut Walther

Kompetent begleiten: Selbstbestimmung ermöglichen, Ausgrenzungen verhindern!

Die Weiterentwicklung des Konzepts
»Vom Betreuer zum Begleiter«

1. Auflage 2005, DIN A5, broschiert, 240 Seiten.
ISBN 3-88617-309-7,
Bestellnummer LBS 309
15,- Euro [D]; 27.50 sFr.

Die Autoren des Erfolgsbands »Vom Betreuer zum Begleiter« haben sich wieder zusammengesetzt und dessen Fragestellungen gemäß den neuen gesellschaftlichen und gesetzlichen Rahmenbedingungen weiterentwickelt:

- Wie muss sich das System der Hilfen für Menschen mit geistiger Behinderung unter dem Aspekt Selbstbestimmung neu organisieren?
- Was kann das Persönliche Budget dazu beitragen?
- Wie geht Selbstbestimmung in der Schule?
- Wie geht Mitbestimmung geistig behinderter Menschen im Verband Lebenshilfe selbst?
- Welches Rüstzeug brauchen Professionelle?
- Eltern und Selbstbestimmung – ist das nicht ein Widerspruch?
- Wie entwickelt man Fachkonzepte gemeinsam mit geistig behinderten Menschen?
- Sind das nur Visionen für die »Fitten«? Ist das nicht zu teuer? Ist das nicht zu gefährlich, weil zu geringe Kontrollmöglichkeiten bestehen? Ist das nicht mitarbeiterfeindlich?

Diesen und anderen Fragen gehen die Autoren dieses Buchs nach. In den einzelnen Beiträgen geben sie erste Antworten darauf und versuchen zu zeigen, wie man das Paradigma Selbstbestimmung in der Alltagspraxis leben (lernen) kann.

Bestellungen an:
Bundesvereinigung Lebenshilfe für Menschen mit
geistiger Behinderung e.V.
Vertrieb
Raiffeisenstr. 18, 35043 Marburg
Tel.: (0 64 21) 4 91-116; Fax: -616
E-Mail: vertrieb@lebenshilfe.de